公家と
王権と儀礼の比較文明史的考察
武家Ⅲ

笠谷和比古編

思文閣出版

まえがき

本書は国際日本文化研究センター（以下「日文研」と略称）において、二〇〇〇年四月から二〇〇三年三月までの三ヶ年にわたって開催された共同研究「公家と武家――王権と儀礼の比較文明史的研究――」の成果報告論集である。

この「公家と武家」というタイトルをもつ共同研究のねらいは、今日の日本社会の母胎となっている前近代の社会と、その文化の性格を理解する一環として、前近代社会において大きな力をもった公家（貴族）と武家という固有の階層に焦点を合わせ、それらの身分や職能のもつ意味、その秩序の形式、社会的役割といったものを浮かび上がらせていこうとするところにある。

本共同研究においては、この研究を日本社会の内部だけを対象として行うのではなく、日本以外に視野をひろげ、アジアや中東、ヨーロッパなどの諸地域・諸民族の場合との比較、およびそれら相互間の対比を通して、本問題をグローバルな観点から検討することを基本的な姿勢としてきた。

そしてその中で、武士層（騎士・職業戦士・武官）が成長した地域と、文官支配が優越して戦士階層の出現を見なかった地域との性格の違いに着目し、その歴史的な意味をさまざまな角度から分析し、それらの差異が現代社会における、それぞれの地域・国家の文化的特性と、どのような内的連関性を有しているかを構造的に解明することを研究課題として取り組んできた。

以上のような研究視角のもとに、日文研の共同研究「公家と武家」はこれまで数次にわたって開催されており、その研究成果は『公家と武家――その比較文明史的考察――』（思文閣出版、一九九五年）、『公家と武家Ⅱ――「家」の比較文明史的考察――』（同前、一九九九年）として公刊されており、さらに本テーマをめぐる海外諸国における最新の研究動向との対話を目的として、海外の研究者多数が参加する中で、二〇〇三年三月に日文研において開催された国際シンポジウムの内容は、その成果報告論集『国際シンポジウム　公家と武家の比較文明史』（同前、二〇〇五年）という形で刊行されている。

今回の共同研究においては、これまでと同じく公家および武家といった階層に焦点を合わせつつも、これら階層の上に君臨する王権（天皇制）の存在形態と、王権をめぐる諸々の儀礼の意味作用、秩序形成機能に関する研究を中心的な課題とした。

そしてこれら諸問題を基軸としながら、一方では王権を支え、他方では王権と対抗することともなる公家および武家という社会の支配エリート階層が、これら王権の存在および儀礼体系に対して具体的にどのような形で関係性を取り結び、当該社会の中でどのような政治的・社会的機能を発揮していたのかという観点において研究を進めていった。

その際、そのサブ・テーマとして取り上げたのは、王権の比較類型、王権と国家の宗教儀礼、王権の即位儀礼、王権および公家・武家の婚姻と葬送、宮城・殿舎の儀礼的構成、身分と儀礼、先例と故実、さらには詩歌・管弦、茶道・能楽などの狭義の文化的問題や、仏教・神道・儒教といった思想・宗教上の諸問題などであった。

共同研究会における研究活動および個別の研究報告については、巻末に掲載している「共同研究会活動一覧」に見えるとおりである。

今回の論集には日本・中国・朝鮮・アラブ・ビザンチン・フランス各国の社会を研究対象とした計一七本の論

文が収載されているが、今次の共同研究会の活動成果は、この共同研究会の終了直後に開催された国際シンポジウム「公家と武家――その比較文明史的研究――」にも反映されており、このシンポジウムの報告論集である前掲『国際シンポジウム　公家と武家の比較文明史』に関係論文が収められている。今次の共同研究会の成果は重複を避けつつ、同書と本書とに適宜按配する形で編集したこともあり、同シンポジウム報告論集の方も併せ参照していただければ幸いである。

なお本論集には東アジアの礼法に関する専門研究者であるM・キンスキー氏の江戸時代の食礼に関する論考を、特別寄稿の形で掲載している。これは共同研究会の成果ではないけれども、それと深く関わる重要な儀礼上の問題を扱っていることから本論集に収めた。

「王権と儀礼」というテーマをめぐっては、これまでにも数多の研究が公にされてきている。古くは王権論の古典とも目されるA・M・ホカート『王権』（人文書院、一九八六年）があり、近年では国立民族学博物館におけるアジア・太平洋地域の民族文化を対象とした松原正毅編『王権の位相』（弘文堂、一九九一年）がある。これらは、もっぱら文化人類学方面からする王権研究の成果である。

歴史学の分野における王権―天皇論としては、永原慶二他編『前近代の天皇』全五巻（青木書店、一九九二年）および網野善彦他編『岩波講座　天皇と王権を考える』全一〇巻（岩波書店、二〇〇二年）などが纏まったものとしてある。この他、王権と儀礼に関する個別研究の論著は汗牛充棟ただならずの感があり、歴史学の分野の中でも最も研究の層の厚い分野の一つと言って差し支えないであろう。

このように研究の質量ともに充実している本分野に対して、われわれの共同研究および本論集が果たしうる独自の貢献とはいったいどのようなものであろうか。その第一としては前述してきたとおり、本共同研究の立場が王権を論ずるにあたって、天皇なり君主なりを直接に扱うのではなく、共同研究がその対象として長年にわたって研究を重ねてきた公家（文官貴族）および武家（戦士、武官）という、王権を支え、またこれと対抗関係にもあった支配エリート階層との関係性において、王権と儀礼の意義解明を進めるという研究視座を持している点にあるであろう。

第二には、研究方法論にかかわる問題であるが、本書の研究の基本的立場としては前掲諸研究とは異なり、どこまでも実証主義的アプローチを第一原則として研究を進めていくという方針を採っているところにある。すなわち王権と儀礼に関する研究を行なうにあたって、特定の理論的枠組《フレームワーク》みを設けることなく、研究者各自はそれぞれの個別テーマをめぐる関連諸事象の事実関係の究明に専ら精力を傾注し、そしてそこから帰納的に問題の本性を導き出すという態度をとっている。この事実関係究明型の実証主義が、本書の方法的基調をなしていると言ってよいであろう。

ゆえに細部への拘泥が本書における研究上の特質である。個々の問題における儀礼的事象の、いささか枝葉末節とも感じられるような事柄、外見、様態、等々についても、これを捨て去ることなく執拗に食い下がりつつ、当該問題を考究していくという姿勢を保持することを共通諒解として本共同研究を進めてきた。

はたして本書が、このような共同研究会の戦略的態度をどの程度まで貫徹し得たかについては、読者諸賢の判断にまちたく思う次第である。

今回の共同研究会の開催中には、長年にわたって本研究会に参加されて指導的役割を果たしてこられた二人の方を御病気のゆえに喪うという不幸に見舞われた。大庭脩先生（平成一四年一一月二七日逝去）、杉立義一先生（平成一七年一一月二〇日逝去）のお二人である。

「公家と武家」の共同研究会は第一次のそれから起算して一〇年近くにもなるけれども、両先生ともにその初期から研究会に参加されて、本研究会の充実・発展にとって重要な貢献をなされてきた。

大庭先生は言うまでもなく中国史・東洋史の泰斗であり、その該博な知識と旺盛な研究意欲とをもって、ただに中国史の分野のみならず、日本史上の政治制度や天皇制の諸問題、はたまた江戸時代における日中間の書物の移動に関する問題や、徳川吉宗の享保改革と対外政策といった分野においても卓越した洞察を示され、共同研究会の研究内容とその意義を高めてこられた。

杉立先生は日本医学史の専門家として丹波康頼の『医心方』に関する研究を始めとして、山脇東洋の解剖事績の解明や産科医学の歴史など徳川時代における医学上の諸問題にいたるまで、折りにふれて優れた専門的知見を披歴され、共同研究の活性化のために有形無形の働きをなされた。

いま両先生の御霊前に、刊行なった本論集を捧げられる日を迎えたことは、共同研究員の等しく喜びとするところである。

平成一八（二〇〇六）年九月九日

共同研究代表　笠谷　和比古

公家と武家Ⅲ——王権と儀礼の比較文明史的考察※目　次

I 日本［古代・中世］

後七日御修法から見た国家と宗教

頼富本宏

はじめに

政教という言葉で括られる政治と宗教、それぞれの威力・権力という表現を用いるならば王権と教権ということになるが、両者の関係を歴史的に言えば古代社会から現代社会まで、また国・地域別に見ても各々特色ある展開の歴史を持っている。

世界に広がった普遍宗教の一つの仏教に限定しても、出家して世俗をいったん捨て去り、出世間の中に寂静の境地を見出した釈迦の時代の仏教と、ヒンドゥー教が主流となった王国の中に複合的、かつ民衆的な大小乗混合仏教を保持しようとしたグプタ朝期やパーラ朝期の顕密融合仏教の政教関係とでは、著しくその状況は変化している。

また、巨視的に見れば、多少のスタンスの相違はあれ、世俗の政治権力よりも精神的・文化的な宗教に上位価値を与えたインド世界と、まったく逆に宗教的価値さえも時の為政者・権力者の同意と容認が必要であった中国とでは、まさに発想の方向性が異なっているといっても過言ではない。

とくに、中国では古来、三武一宗の法難という大規模な宗教弾圧がなされてきたように、仏教史の一つの基準軸は、世俗権力との緊張関係にあったといえる[1]。その中国仏教、とくに八世紀の後半から急速に発達してきた密教を自らのバックボーンとして取り入れ、日本の仏教において教理・思想という精神面のみならず、現実の国家体制にも新しい働きかけを実行したのが、のちに弘法大師と諡号された空海である。とりわけ、最晩年に朝廷に対して行った一世一代の働きかけが、後七日御修法の始修である。

この国家護持の大規模な修法は、一二〇〇年近くたった現在に至るまで伝承されているが、その神秘的な密教修法を通して見えてくる古代国家と宗教の関係、とくにその儀礼の意義と仏教史上の位置を再整理してみたい。

一　空海の最初の働きかけ

希望に満ちて中国から帰国したにも関わらず、長く筑紫に留め置かれた空海の入京がようやく認められたのは、天皇が替わった大同四年（八〇九）七月のことであった。

この点に関して、平安後期の文章博士であった藤原敦光（一〇六三〜一一四四）編の『弘法大師御誕生記』などは、空海を京都に住せしめる大同四年七月一六日付の官符を引く。この官符は太政官から和泉国司にあてられたもので、次のようにある。

僧空海、右、右大臣の宣を被るにいわく、請うらくは件の僧を京都に住せしめよといえり。国、宜しく承知し、宣に依りて入京すべし。（官）符到らば奉行せよ[2]

この官符には、当時、春宮亮従五位下兼守右少弁朝臣の小野岑守の署名が見られる。岑守は文人としても著名な人物であり、弘仁五年（八一四）頃にわが国最初の勅撰漢詩集『凌雲集』を編纂し、その序を草した。息子に歌人の篁、曾孫には能書家の道風がいる。弘仁元年（八一〇）に陸奥守となり、息子の篁を伴って奥州へ下向した。このとき、空海は「野陸州に贈る歌幷に序」を贈っており、その交誼を知ることができる。

さて、このような官符が和泉国の国司に宛てられていることは、筑紫からすでに畿内に戻って来た空海が、入京前に和泉国に滞在していたことを意味している。晴れて都に入ることを許された空海は、官符の日付から日を置かない大同四年（八〇九）の七月中・下旬の頃には京都に入っていたらしい。人脈の豊富な空海ではあったが、出身氏族の佐伯氏はすでに没落しており、南都僧が少ない京都では、直ちに居住する寺院は思い付かなかったと推測される。しかし、弘仁元年（八一〇）、後述の「国家の奉為に修法せんと請う表」（『遍照発揮性霊集』第四巻）を上表した中で、「高雄の三（山）門」とあり、のちに最澄が空海のことを「高雄大阿闍梨」と呼ぶことから、当初は高雄の山寺に居住していたと考えられる。

この高雄山寺は、和気氏の私寺として建立された。かつて奈良朝の称徳天皇の頃、弓削氏出身の僧・道鏡が天皇を籠絡して皇位を奪おうとしたとき、九州の宇佐八幡宮の神託をもたらし、道鏡の野心を退けたといわれる和気清麻呂が八幡神の神願に報いんがために河内に神願寺を建立した。その原位置は定かではないが、近年は現在の京都府八幡市に求める説も浮上している。清麻呂の死後、その子の真綱や仲世が、すでに小庵としてあった高雄山寺を神願寺と併せたと現時点では考えておきたい。

和気清麻呂・広世の父子は、桓武天皇側近の能吏であっただけでなく、とりわけ平安京遷都の功労者であった。桓武天皇が平安新仏教の旗手・最澄に肩入れしていた事実はよく知られているところであるが、和気氏も最澄を種々な面から支えた。空海が高雄山寺に入住したのは、空海の入京を心待ちにしていた最澄と和気氏の連携によるものだといえる。

こののち、最澄と空海という平安仏教の両巨星は、数年間の間、主に文通によって、あるときは親しく、またあるときは微妙なスタンスの差を示しながら交遊していく。そして最後には、それぞれの思想、とくに密教の位置と意義が妥協を許さない乖離となって別の道を歩むことになるが、その問題は本稿では別としよう。

空海は、新来の密教の祈禱力の効果を、徐々に関係を築き始めていた嵯峨天皇と彼を頂点とする朝廷に対して働きかけるようになる。

この空海の最初の働きかけに対し、奈良時代に聖武天皇の母后である藤原宮子の治病にあたった帰朝僧・玄昉（?～七四六）や孝謙女帝の看病に功績のあった道鏡（?～七七二）などの前例に注目して、いわゆる看病僧・看病禅師の個人的国王護持行為との関わりを想起することも不可能ではない(3)。

しかし、実際に空海が提案した「護国修法」の方法論は、次に引用する「国家の奉為に修法せんと請う表」に説かれるように、玄昉や道鏡に見られる個人的な呪的看病とは一線を画し、大きく進展した体系的かつ制度的なものであった。そして、ここに記された内容と提案が、のちの後七日御修法への導火線となるので、煩を恐れず、全文を掲げてその目的を確認しておきたい。

国家の奉為に修法せんと請う表　一首

沙門空海言す。空海、幸に先帝の造雨に沐して、遠く海西に遊ぶ。灌頂道場に入りて一百余部の金剛乗の法門を授けらるることを得たり。その経は、すなわち仏の心肝、国の霊宝なり。この故に、大唐開元より已来た丶一人三公、親《まのあた》り灌頂を授けられ、誦持し観念す。近くは四海を安んじ、遠くは菩提を求む。宮中にはすなわち長生殿を捨てて内道場となす。また七日毎に解念誦の僧等をして持念修行せしむ。城中城外にまた鎮国念誦の道場を建つ。仏国（インド）の風範もまたまたかくのごとし。

その将来するところの経法の中に、仁王経・守護国界主経・仏母明王経等の念誦の法門あり。仏、国王のために特にこの経を説きたもう。七難を摧滅し、四時を調和し、国を護り、家を護り、己を安んじ、他を安んず、この道の秘妙の典也。空海、師の授を得たりといえども、いまだ練行すること能わず。伏して望むらくは国家の奉為に諸の弟子等を率いて、高雄の三門において来月一日より起首して法力の成就に至る間で、かつは教え、かつは修せん。また望むらくはその中間において住処を出でず、余の妨を被らざらんことを。茎蛸の心体、羊犬の神識なりといえども、この思い、この願い、つねに心馬に策《むちう》つ。いわんやまた、我を覆い、我を載するは、仁王の天地なり。目を開き、耳を開くは、聖帝の医王なり。報いんと欲し答せんと欲するに、極まりなく際なし。伏して乞う、昊天款誠の心を鑒察したまえ。懇誠の至りに任《た》えず。謹んで闕に詣でて、奉表陳請以聞す。軽しく威厳を触《けが》す。伏して深く戦越す。沙門空海、誠惶誠恐謹言。

弘仁元年十月二十七日　沙門空海上表(4)

この上表文から空海の意図を探ると、まず、中国〔海西〕で灌頂道場に入って金剛乗、すなわち密教の法門を得たことがすべての根拠となっている。これらの密教の経軌は、

すなわち仏の心肝、国の霊宝なり

と説くように、覚者仏陀の心臓や肝臓のごとき精髄であるとともに、国家の重要な宝に相当すると述べる。

同様の表現は、

近くは四海を安んじ、遠くは菩提を求む

にも認められる。世俗にあっては、国土の四方〔四海〕を十分に統治できるにとどまらず、出世間〔勝義〕としては、仏教徒の究極の目的である覚りに至ることができるとする。

そして、具体的に仏教によって国を治め、国を護る新しい方法として、空海は二つの新基軸を打ち出した。その第一は、

宮中には、すなわち長生殿を捨てて内道場となす。また七日毎に解念誦の僧等をして持念修行せしむ。城中城外にまた鎮国念誦の道場を建つ

とあるように、中国仏教の制度的確立のための至上命題であった「仏法によって国を守る」という行動の具体的

な在り方として、中唐の時代に、密教の傑僧・不空三蔵によって促進された宮中の長生殿などを仏教儀式を執り行うための内道場とし、とくに密教の修法によって国家安泰を祈ったことである。

中国・北宋代の仏教僧で、卓越した歴史家でもあった賛寧《さんねい》の『大宋僧史略』によると、(5)宮中内道場は、統一国家と外来宗教・仏教の緊張関係が表面化した北魏時代にまで遡るとするが、その記述はともかくとして、内道場に密教が進出したのは、やはり不空三蔵の働きによるものといえよう。(6)

第二に注目すべきは、空海は、

その将来するところの経法の中に、仁王経・守護国界主経・仏母明王経等の念誦の法門あり。仏、国王のために特にこの経を説きたもう。七難を摧滅し、四時を調和し、国を護り、家を護り、己を安んじ、他を安んず、この道の秘妙の典也

として、不空訳の『仁王護国般若波羅蜜多経』、般若訳の『守護国界主陀羅尼経』、そしてこれも不空の訳になる『仏母大孔雀明王経』など、空海と縁の深い密教経典を前面に打ち出し、それらの念誦法、すなわち密教修法によって、「国を護り、家を護る」威力を説いていることである。

これは、奈良朝の律令的国家仏教において、同じく国の安穏を祈るにあたって、『法華経』、『金光明経』、ならびに『旧訳仁王経』などの読誦と講讃の功徳によって護国祈願を行ったこととは、用いる経典と仏教の内容が大きく異なっている。

空海自らが請来した密教の修法は、師の恵果のまた師(祖父師)である不空三蔵伝来の威力ある秘法であり、歴史的に遡れば不空の献身的な護国祈禱の結果、安史の乱によってひとたび長安の都を放棄した玄宗と粛宗は、再び都に帰還することができたと宣伝されていた。

空海がこの文を上表した一カ月半ほど前の弘仁元年(八一〇)九月一〇日、平城上皇の重祚を計った藤原薬子

と仲成兄妹による世にいう薬子の変があり、それを好機とした、当時まだ新進の空海の働きかけであったが、嵯峨天皇や朝廷が直ちにそれに反応した記録はない。

むしろ嵯峨天皇や東宮、さらに朝廷の高官たちの関心は、空海の持ち帰った漢詩や墨跡にあったようである。少なくとも彼らとの関係の最初の頃は、空海に期待されたのは、生の大唐文化の紹介者という面が中心であった。

二　その後の護国主張

本論は、後七日御修法の意義と役割の解明が本旨であり、必ずしも空海の思想遍歴を追うだけのものではない。しかし同修法の創始者である空海が、仏教・密教と政治・国家の関係に新しいスタイルを持ち込んだことは事実であり、空海の思想と行動が生み出した独自の修法であることは銘記しておくべきである。弘仁元年に高雄山寺から上表した護国の修法の実施は、残念ながら実際に採用されるに至らなかったが、空海は最澄を中心とする僧俗に対し、新請来の密教の灌頂・伝授を行うことによって次第に平安朝の人びとにその存在を認められるようになった。

加えて、空海からの密教の完全修得を事実上断念した最澄が、弘仁六年（八一二）頃から独自の天台宗布教の活動を始めたのに刺激を受け、空海も密教の意味と意義を力説した「諸の有縁の衆を勧めて、秘密法蔵を写し奉るべき文」を撰して、全国の有力な仏教者・外護者に密教宣布の活動を開始した。

その一環として、弘仁七年（八一六）、紀伊の国の霊峰・高野山を密教の専用の修行道場として下賜されるように願い出たことは、周く知られている。そこでは、

聊か修禅の一院を建立せん(7)

として、密教僧の修行の禅院（瞑想所）の必要性を表に掲げるとともに、その根底には、

上は国家の奉為に、下は諸の修行者のために[8]

とあるように、個人の解脱・悟りを求めるのみならず、広くはあらゆる人びとが住み、生活が営まれる国家が安寧であることを強調している。

そして、具体的には、

法の興廃はことごとく天心に繫《かか》れり[9]

として、当時の社会にあっては、政治体制の形式的にでも頂点にある天皇・天子が、仏法に従った善政を敷くことによって、はじめて治世がうまく行くという「正法治国」の意義を力説している。

真言密教の確立者・空海としては、その後、教義の上でも政治・王法と仏教・教法との間の緊張関係を、仏教側の国王教化とそれに対応する仁王の努力によって克服する方法を模索した。

たとえば、天長七年（八三〇）、淳和天皇の勅に応じて真言宗の教義を要約した『秘密曼荼羅十住心論』一〇巻を撰した後に、その改訂版である『秘蔵宝鑰』三巻を再撰した際、第四住心にあたる「唯蘊無我心」の個所で憂国公子と玄関法師を登場させて、一四の問答形式をとって仏教と国家の関係を論じさせている。

その具体的内容をここで詳細に紹介する紙幅の余裕はないが[10]、中国の法琳の『破邪論』などのいわば古典的な王仏論争、三教論争に加え、『大日経』・『守護国界主陀羅尼経』など新しい密教経典が引用されているところに護国思想の展開を見ることができる[11]。

弘仁七年（八一六）の高野山入定所獲得に続いて、ライバル最澄との勢力バランスもあってか、弘仁一四年（八二三）には東寺を下賜され、空海の活動はさらに具体的、かつ積極的なものとなる。

密教修法の中心となる本尊は、官寺としてひとまず成立した段階から出発した東寺では、当時の時代的風潮と呼応して、薬師如来が金堂に安置されている。この頃に造像されたすべての薬師如来がそうだと断言するつもりはないが、現存の神護寺所蔵の薬師如来立像をはじめとして、多くの薬師如来像が政争等によって横死した御霊の慰撫につながる霊威の力を秘めているという説[12]には説得力がある。

しかし、東寺を拝領した空海は、わずか二年後の天長二年（八二五）四月、講堂の建立に新たに取りかかっている。当初のプラン等は定かではないが、少なくとも現存の講堂内部の構成、すなわち空海没後四年にあたる承和六年（八三九）に開眼供養された二十一体の仏像群を羯磨曼荼羅であると判断するならば、それは『新訳仁王経』とその供養儀軌である『仁王般若陀羅尼念誦儀軌』（略称）を基本としたものであり、空海が生涯の最後に仕掛けた後七日御修法の内容を一部先取りした護国祈禱の儀礼を意図したものであったことは疑いない。

三　御修法の上表

齢六〇歳を目前にした天長九年（八三二）頃から、空海は主に高野山にとどまり、山内の伽藍整備を指導するとともに、大自然の中に宿る法身如来の境地を求める瑜伽観法に専念するようになった。

そして、密教世界の中核を確立すべく、承和元年（八三四）八月には、高野山のいわゆる壇上伽藍に仏塔二基と両部曼荼羅を建立するための勧進を始めた。この「仏塔二基」とは、現在の根本大塔と西塔のこととされている。つまり、胎蔵（界）五仏を祀る根本大塔と金剛界五仏を安置する西塔を二つの焦点とする密教空間を構築しようとしたのである。

それとほとんど時期を同じくして、自らの死期の近いことを察した空海は、弘仁元年（八一〇）に初めて上表した「国家の奉為に修法せんと請う表」をさらに充実させ、具体的な修法目的と内容を再構築した「宮中真言院の正月の御修法の奏状」を上表した。

これは、年紀の明瞭な空海の文章としては最後のものであり、徹頭徹尾、密教の経典とその法力によって国家を守護することを目指して努力した空海の絶筆といっても過言ではない。生命力の低下のせいか、必ずしも長文ではなく、むしろ真言密教の総仕上げを願った空海畢生の作であるので、ここに全文を掲げておく。

宮中真言院の正月の御修法の奏状

承和元年十一月乙未、大僧都伝燈大法師位空海上奏してもうさく、空海聞く、如来の説法に二種の趣あり。一には浅略趣、二には秘密趣なり。浅略趣といっぱ、諸経中の長行偈頌これなり。秘密趣とは諸経中の陀羅尼これなり。浅略趣は大素本草等の経に、病源を論説し、薬性を分別するが如し。陀羅尼秘法は方によって薬を合せ、服食して病を除くが如し。もし病人に対《むか》って方経を披《ひら》き談ずるとも、痾《やまい》を療するに由なし。必ずすべからく病に当って薬を合せ、方によって服食すべし。すなわち病患を消除し、性命を保持することを得ん。しかるに今講じ奉るところの最勝王経は、ただその文を読み、空しくその義を談じて、かつて法によって像を画き、壇を結んで修行せず。甘露の義を演説することを聞くといえども、恐らくは醍醐の味を嘗《な》むることを闕《か》きてん。

伏して乞う、今より以後《のち》、一《もっ》ぱら経法によって経を講じ、七日の間、まさに解法の僧二七人、沙弥二七人を択《えら》んで、別に一室を荘厳し、諸尊の像を陳列し、供具を奠《てん》布《ぶ》して、真言を持誦せん。しかればすなわち、顕密の二趣、如来の本意に契《かな》い、現当の福聚、諸尊の悲願を獲得《え》ん(13)

二四年前に奏上したときには、冒頭に新来密教の特長を掲げ、その修法の実修をいきなり懇請したのに対し、「宮中真言院の正月の御修法の奏状」では、「如来の説法に二趣あり」として、顕密の二教がある現状から出発している。

その上で、奈良朝時代から用いられている正月の仏教法要では、義浄訳『金光明最勝王経』を講説して、その内容の理解を通して護国祈願が行われているのに対し、それに加えて、本尊仏画を掛け、修法の壇を設けて実修する密教の法会を行えば功徳が得られると説く。その功徳を、病気の例にあてはめれば、「すなわち病患を消除し、性命を保持することを得ん」としている。

つまり、現実に多様な仏教形態が併存している歴史的事実を、経験を通じて知悉した空海は、奈良朝以来の正月の宮中御斎会（最勝王経法）を一応容認せざるを得なかった。

ここで、興福寺の維摩会、薬師寺の最勝会とともに南都三会と称された宮中御斎会の概要を確認しておくと、毎年正月八日から一四日までの七日間にわたって宮中大極殿（ときには紫宸殿）で斎を設ける。そして、本尊盧舎那仏と観音・虚空蔵の両脇侍に四天王像を加えて安置し、六宗の学僧を招き、新年の始めに国家の安寧静謐を祈願する顕教系の講会であり、天皇・皇子・公卿たちが聴聞したものである。

一方で空海は、これとは別に

七日の間、まさに解法の僧二七人（一四口）、沙弥二七人（一四人）を択んで、別に一室を荘厳し、諸尊の像を陳列し、供具を奠布して、真言を持誦せん

として、宮中に一室を設けて密教専門の道場である真言院とし、自らを大阿闍梨（導師）、一四口の僧侶を供僧（職衆）として、諸仏諸尊の前に壇を設けてそれぞれ供養し、大規模な供養真言法を修することを願い出たのである。

この度は、真言宗開祖としての空海僧都の令名がすでに内裏朝廷にも響き渡っており、また私的ではあったが密教修法を行う機会があったため、奏上からわずか一〇日後、

承和元年十二月乙未（二九日）勅す。請によって之を修して、永く恒例と為せ

と『類聚三代格』にあるように、勅許が下されている。

この上奏を終えた五日後の一二月二四日には、真言宗僧五〇人のうちから東寺の三綱を選定するという、以前

からの請願も勅許され（『類聚三代格』巻二）、さらに念願であった御修法が無事に執り行われた直後の一月二二日には、真言宗年分度者三人が認められている（『続日本後紀』巻四、『類聚三代格』巻二）。

加えて二月三〇日には、空海の私寺としての面が強い一禅院にすぎなかった高野山金剛峯寺が初めて定額寺となり、官寺にあたる資格を得ている。そして、空海が高野山で入定したのは、その三週間後の三月二一日のことであった。

正月の後七日御修法をはさんだ三カ月の慌ただしい動きは、空海個人の最後の力を振り絞った宗派・宗団の制度的確立の努力であるのみならず、御修法そのものが、一つの仏教教団として天皇を頂点とする国家体制に働きかけるという宗教側の示威活動の所産であったと考えることができよう。

さらに付け加えるならば、このような短期間に東寺、金剛峯寺、そして真言宗教団という空海懸案の三つの要素に関してすべて国家の公的支援を得ることができたのは[14]、嵯峨朝廷の中心的なブレーンであった良岑安世や藤原冬嗣亡き後、事実上の筆頭政治家となった右大臣・藤原三守（七八五～八四〇）の理解と支援があったためと考えられる。武内孝善氏の研究によれば[15]、空海入寂直前三カ月に立て続けに行われた諸決定は、いずれも藤原三守の名前で発布されており、何よりも彼こそが天長五年（八二八）に東寺の東にあった別邸を空海に与え、本邦初の庶民の学校といわれる綜藝種智院となったことからも、その支援ぶりをうかがうことができよう。

さらにうがって考えるならば、藤原三守の仕えた嵯峨天皇自身が、弘仁元年（八一〇）の高雄山での国家護持修法の上表以来、高野山の開創、東寺講堂の建立、後七日御修法の始修という空海の提案がすべて密教の威力を天皇を頂点・代表とする国家鎮護に集中していたことを評価した結果と考えて大過ないだろう。

四　以後の御修法の主宰者

空海が大阿となった承和二年一月八日から七日間、宮中真言院で厳修された御修法の内容と役配がいかなるものであったかは、まったく記録として残されていない。京都ということもあって、実慧、真雅、真済などの有力な弟子たちが各尊を供養する供僧として出仕したものと思われるが、残念ながら資料がないために推測の域を出ない。

ところで、承和元年の空海の奏上、ならびにそれに対する勅令では、毎年正月の後七日に営まれる「恒例」の国家的修法であったはずの後七日御修法であるが、空海遷化後、少なくとも仁明天皇の承和一五年（八四八）までの一三年間は宮中において執行された記録は認められない。偉大な宗教家・空海がいなくなった直後は、国家と対抗できる後継者は宗団の中で育っていなかったというべきであろう。弟子たちは、むしろ空海の訃報を中国の青龍寺へ届けたり、東寺・金剛峯寺・神護寺を継続維持することに精一杯だったと判断できる。

事実上の後継者であった実慧（七八六〜八四七）は、真言宗の立て直しに尽力した。承和一一年（八四四）、東寺において結縁灌頂を始修したり、翌一二年には、晩年の空海が立ち上げた綜芸種智院の土地を売却して、学会《がくえ》の費用にあてるなど、宗団護持に努力したものの、師の空海と一二歳しか年齢が違わないこともあって、空海寂後一二年の承和一四年（八四七）、空海と同世寿の六二歳で遷化した。しかし、慎重派であった実慧は、自ら亡き後の真言宗を危惧して、承和一〇年（八四三）に禅林僧都の真紹（七九七〜八七三）に新創の東寺灌頂院で伝法灌頂を授けていた。

これと並行して、早くから空海の弟子であった紀ノ僧正こと真済（八〇〇〜八六〇）は、すでに天長元年（八二四）におそらく高雄山寺で伝法灌頂を受けており、天長九年（八三二）の空海の高野山隠棲以後は、高雄山寺を附嘱されていた。承和元年の御修法奏上以後は、事実上、宮中真言院の主管を任されていたようであり、空海入定後一三年にあたる承和一五年（八四八）の復興最初の後七日御修法は、大阿闍梨をこの真済が勤めている。翌嘉祥二年（八四九）の後七日御修法の大阿闍梨は、その二年前に律師・真済に次ぐ権律師に補された真紹が勤めたが、翌年の嘉祥三年には再び真済がその役に戻り、以後、斉衡三年（八五六）までの七年間は、時の帝・文徳天皇の信任の篤かった真済が連続して導師を勤めている。

これは、真済が仁明・文徳の両帝に高く評価されたことによるもので、その権威のピークであった斉衡三年には、真言宗僧として初の僧正に任ぜられ、引き続いて故空海には大僧正の追贈がかなった[16]。

しかしながら、天安二年（八五八）八月、文徳帝の急逝によって真済の権勢は暗転し、天皇の後継者争いに係るいわゆる祈禱合戦に敗れて以降、清和天皇の護持僧となった空海実弟の真雅（八〇一〜八七九）が、貞観三年（八六一）より遷化の元慶三年（八七九）までの一八年間、ほとんどの年の大阿闍梨を勤めている。

天皇を頂点とした古代国家を守護する鎮護仏教としては、政治と宗教それぞれのトップ同士の関係が大きな意味を持っていたといえる。

五　御修法の儀礼内容

既述のように、空海が始修した初期の後七日御修法については、役配はもちろん、諸壇の結構などの具体的内容は明らかでない。また、鎌倉初期に編纂された『覚禅鈔』巻一三二〜一三四の「後七日御修法」の条や、『続真言宗全書』に収録される、

（1）後七日御修法日記　文治五年（一一八九）　著者不詳

（2）後七日御修法　建久三年（一一九二）　範賢

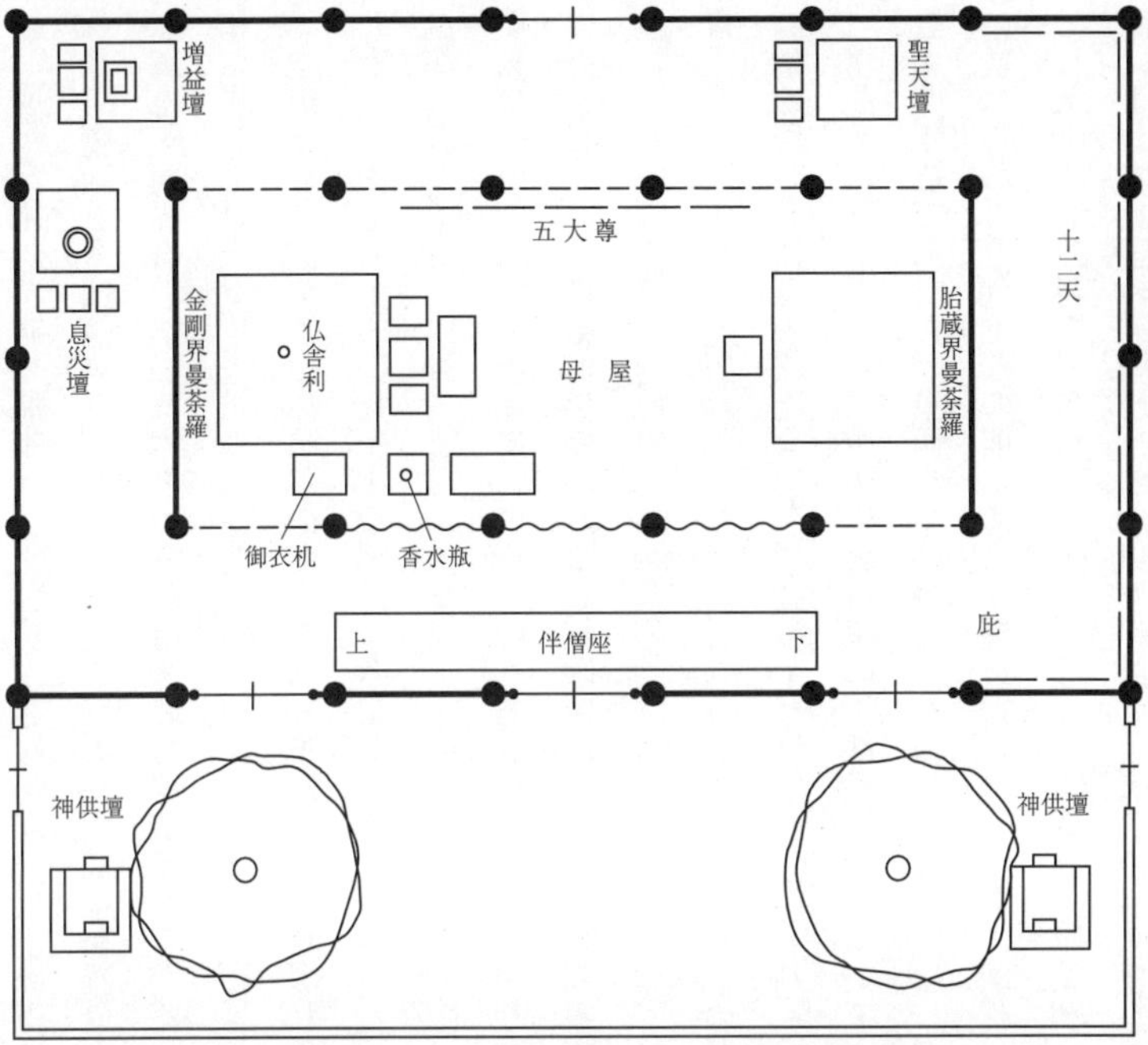

藤井恵介「密教と空間」(『図説日本の仏教２　密教』新潮社、1988年)所収の復元図

など現存するわずかな資料を除いて、平安期の後七日御修法の具体的な儀礼の在り方や構造を復元することは容易ではない。

しかし幸いなことに、二間観音供など一部の例外を除いて、たとえ道場の移動はあっても、修法儀礼の内容そのものには大きな変化はなかったことが知られている。そこで、画像として残っている『年中行事絵巻』の「宮中御修法」の図なども参照しながら、御修法の壇構え等の構造について検討したい。

これらの資料によると、この修法は真言宗最高の大法で、かつ秘法であるために、多壇を基本とした最大の結構で行うものである。具体的には、道場内の周囲に壁代《かべしろ》を引き廻らせた二重構造とする。

まず、内部には東に胎蔵、西に金剛界の大幅の両部曼荼羅を向かい合わせに掛ける。空海が承和二年一月に始修した際には、すでに中国から請来した唐本の原曼荼羅は相当破損しており、おそらく弘仁一二年（八二一）に新写した第一転写本が懸用されていたものと思われる。その大きさは、唐尺を用いた請来原本（一丈六尺）と多少の相違はあったであろうが、たとえ一回り小さいとしても軸表装すれば、縦横とも四メートルを優に超える巨大な両部曼荼羅であったことは疑いない。

両部・両界を教学の基本とする真言密教の秘法であるため、本尊は金胎両界を隔年ごとに主尊とする。胎蔵の年（甲年）は東方が上位、金剛界の年（乙年）は西方を上位とする。

空海とその直弟子や孫弟子の頃までは、まだ法流と呼ばれる特化された儀礼の体系が出来上がっていなかった。しかし、おそらく一〇世紀末の元杲《げんごう》（九一四～九九五）、一一世紀初頭の済信《せいじん》（九五四～一〇三〇）、一一世紀前半の仁海《にんがい》（九五四～一〇四六）、一一世紀後半の常賢《じょうけん》（一〇二四～一一〇〇）などが長年にわたって御修法の大阿を勤めた頃には、すでに法流の差異というものもある程度出来上がりつつあったと考えられる。

そして、一二世紀前半のいわゆる院政期になると、醍醐の勝覚《しょうがく》（一〇五七～一一二九、三宝院開基）、御室の信証《しんしょう》（一〇八八～一一四二、西院流）、醍醐の定海《じょうかい》（一〇七四～一一四九、三宝院流）、勧修寺の寛信《かんじん》（一〇八四～一一五三、勧修寺流）、円成寺の寛遍《かんぺん》（一一〇〇～一一六六、忍辱山流）などの各流の祖が競って御修法の大阿を勤め、それぞれの高僧の用いる任意の法流（いわゆる野沢十二流）で執行されていたものと推測される。

壇配置に話を戻すと、中国密教以来の両部曼荼羅についで中心的役割を果たしたのが、不動明王を筆頭とする五大明王群であった。東西を中心軸とした横長の道場では、内院の北側に五大明王の彩色画像（五大尊図）が一列に並べられ、それぞれの前に簡略な机を据え、その上に華瓶、香華、仏供が供えられる。

五大明王の内容と順位は、西方から順に、大威徳・軍荼利・不動・降三世・金剛夜叉となっており、生前の空海によって護国の道場として構想された東寺講堂の羯磨曼荼羅のうち、西側ブロックを形成する五大明王群（真言系）を平面的一列構造に圧縮したものである。

五大明王は、密教の故郷インドでは見いだせず、おそらく唐代に中国で集成されたものと思われる。その基盤となったのが、不空三蔵が重視した『新訳仁王経』とその注釈書である『仁王護国般若波羅蜜多経陀羅尼念誦儀軌』、さらに加えて『補陀洛海会軌』という別称を持つ『摂無礙経』であったことは、すでに筆者等が論じたところである。(17)

宮中に設けられた真言院の常時の結構と諸尊の配置がいかなるものであったか、それを直接物語る資料は乏しい。しかし、少なくとも後七日御修法においては、金胎の両壇に次いで五大尊(明王)の供養所(立座)が設けられ、そこで一日三度、計二一箇度の修法が担当の供僧によって行われていたことは疑いない。

すでに触れたように、空海によって創案された後七日御修法は、顕教立ての法要として営まれていた『金光明最勝王経』系の御斎会を密教法要化しようと試みるものであった。法要の規模としては、導師(大阿)を含めて一五口のいわゆる大法立てであったので、さらに護摩壇・十二天壇・聖天壇を必須とした。しかし、絶対必要条件ではない五大尊供を設けたのは、護国経典である『新訳仁王経』等に説かれている五大明王による護法の意義を強く打ち出す必要を感じていたためであろう。

六　他壇供養の意義

空海を嚆矢とする最初期の御修法の内容については依然として不詳であるが、諸記録によると、おそらく早くから息災と増益の二護摩壇が修されていたようである。現在でも儀軌に則って、壁代の外側、西北隅(乾)の個所に東向きの増益護摩壇と北向きの息災護摩壇が設置されている。

豊富な内容を誇る密教修法の中でも、種々の供物を火炉で燃やし、火天の働きによって本尊に届け、その功徳を得ようとする護摩儀礼は最もインパクトが強く、大法立てと呼ばれる大がかりな修法では必ず併修される。通例では災厄や障りの除去を願う息災法の護摩が焚かれるが、真言密教（東密）で「四箇大法」と称される請雨経法・仁王経法では、増益護摩を加えて二壇構成の護摩壇が敷設される。

また、壁代の外、東側に十方および日月を含むすべての世界を守護する十二天の画像を掛け、その前で十二天供を修する。密教以前の部派仏教・大乗仏教における仏教世界を守護する護世の諸天としては、長らく四天王が用いられてきた。しかし、密教が流行し始めて、ヒンドゥー教の有力神を取り込み、聖なる世界を守るために護方神として八方・十方に配するようになると、さらに日月を合わせ、すべての空間や世界を守護する尊格の一大グループが形成される。その威力が評価されて、十二天曼荼羅は護国の修法に好んで用いられた(18)。

いわゆる大法としてもう一壇必要となるのは、鬼神等の下級精霊を集めて供養し、その加護を祈る神供《じんぐ》壇である。古代社会では、災害、病気、戦乱などは鬼神等の精霊によって引き起こされると信じられてきた。それゆえ、それらを慰撫し、かつ統御できる呪的効験力が求められていたのであるが、現実の修法では諸神の地位が低いため、結界された道場の外の浄所に簡単な小壇を設けて供養した。インドから中国を経由して日本に伝わり、現在も真言宗、天台宗、そして禅宗で行われている施餓鬼会は、その一例である。

前記の諸壇を同時進行しながら修することによって、今そこにある空間世界、具体的に言えば都、地方、そして国全体が、密教の呪的効験力によって天災や戦乱、疫病などの諸難から総合的に救われるとするのが、空海の創始した後七日御修法であった。

このような結構的（いわゆるハード面）な修法構造に一種のソフト的な軸を提供したのが、七日間の後七日御修法の中で数回、日時を定めて厳修される香水加持と御衣加持(19)である。加持とは、神仏など聖なるものの威力・力を加えることを指すが、狭義には古代インド以来、水もしくは香料を加えた水を対象に降り注ぐ（もしくはその仕草を行う）灑水《しゃすい》加持（プロークシャナ）を指す。

香水加持と御衣加持は、一部に重複する部分もあるが、厳密には概念範囲が相違している。香水を散杖《さんじょう》という小棒でかき混ぜて空中に灑ぐ香水加持は、修法道場を浄め、かつ威力を保持させるのみならず、その加持の対象は国家の主権者である国王そのものであった。すなわち、本来は玉体加持と呼ばれる天皇そのひとに対する加持儀礼であったのである。

そして、現実には国王・天皇の直接の出座が難しいので、当人の衣服だけを道場内に安置し、それに対して香水加持を修することによって呪的な力を与え、天皇を頂点とする日本国全体の安寧を祈願したという。

いま、修法された内容の記録を辿ると、空海の時代から八〇年後に大師信仰の鼓吹に活躍した観賢（八五三～九二五）の頃には、御修法の祈願目的として、

国家の奉為《おんため》に

とだけ掲げられていたのに対し、護国的密教修法が次第に高く評価され始めた雨僧正・仁海（九五一～一〇四六）の頃には、

金輪聖王（天皇）御息災安穏、増長宝寿（天皇の寿命）、恒受快楽、消除天変怪異、所変息災、皆な悉く消除せんが奉為《おんため》に

として、国家の象徴として天皇を加持することが明言されている。

このような香水加持の始修が、時代的にいつまで遡ることができるのか、また唐朝の内道場で不空三蔵が実際にインド伝来の灑水加持を実修したのかは不明である。しかし、後七日御修法の前身となった御斎会の結願の日には、修法僧が参内して結界内論義の功徳が臨御の天皇、参加の僧侶に及ぶように灑水加持（香水加持）したという記録が残っているので、宗教学的に言う類感儀礼の香水加持が、仏教儀礼の中においても重要な役割を果たしていたことを承認してもよいであろう。

おわりに

以上、空海が中国で知識を得た密教の護国修法を、永年にわたる上表・請願の末に死の直前に至ってようやく国家への働きかけで実現させた経過とその具体的な修法内容について、ハードとソフトの両面から総合的に考察を行なってきた。

もっとも、後七日御修法の内容と思想に重点を置いた仏教学的・宗教学的考察を中心としたために、平安前期から中期にわたる貴族社会の時代における国家と宗教の関係について言えば、仏教、とくに密教の内側から見た働きかけとその威力を生み出す呪的空間のアウトラインを指摘するにとどまったきらいはある。だが、その後の後七日御修法が、一、二の体制変化期の特殊状況下を除き、たとえ旧来のような国家規模での法要の意味合いは薄れたとはいえ、現在も同じく一月八日から一四日までの一週間、洛南の東寺灌頂院で一五口（人）の供僧の出仕によって厳修されていることは、政治と宗教が西欧史的な分離を求めていないながらも、やはり相互に引き合う部分が歴然としてあるからではなかろうか。

（1）三武一宗の法難と呼ばれる計四度の広義の宗教弾圧をすべて廃仏と見るかは意見の分かれるところである。しかし、近年の文化大革命も含めて、政教の衝突という面は否定できない。
（2）長谷宝秀編『弘法大師伝全集』二（復刊、ピタカ、一九七七年）一四五頁。
（3）山折哲雄「後七日御修法と大嘗祭」（『国立歴史民俗博物館紀要』七、一九八五年）。
（4）平岡定海「宮中真言院の成立について」（『密教学』一、一九六五年）。
（5）『定本弘法大師全集』八、五三～五四頁。
（6）『大正新修大蔵経』第五四巻、二四七頁中。
不空とその門下の密教僧たちが加わった内道場の所在については、以下の論考が有益である。

（7）岩崎日出男「不空の時代の内道場について」（『高野山大学密教文化研究所紀要』一三）
（8）『定本弘法大師全集』八、一七〇頁。
（9）同右、一七〇頁。
（10）同右、一七〇頁。
（10）その思想的内容と意義については、村上氏の考察がある。
（11）村上保寿「『秘蔵宝鑰』十四問答段に見る護国論」（『高野山大学密教文化研究所紀要』八）
（12）藤善眞澄「密教と護国思想」（『中国仏教』三、春秋社、一九九九年）。
（12）中野玄三「八世紀後半における木彫発生の背景――神護寺薬師如来立像の製作事情を中心として――」（『仏教芸術』五四）。
同「神護寺薬師如来立像再論――丹波国分寺周辺の古代彫像を参照して――」（『仏教芸術』二三四、のち『続日本仏教美術史研究』所収、思文閣出版、二〇〇六年）。
（13）『定本弘法大師全集』八、一六二～一六三頁。
（14）石田尚豊「弘法大師と後七日御修法」（『弘法大師と現代』所収、筑摩書房、一九八四年）。
（15）武内孝善「弘法大師の御修法観に学ぶ」（二〇〇五年一月二五日に行われた仁和寺伝法所第二回研修講座における研究発表による）。
（16）赤塚祐道「真済僧正について」（『豊山教学大会紀要』二七、一九九九年）。
（17）拙稿「五大明王の成立と展開」（『山崎泰廣教授古稀記念論集・密教と諸文化の交流』所収、永田文昌堂、一九九八年）。
（18）拙著『曼荼羅の鑑賞基礎知識』（至文堂、一九九一年）一八〇～一八二頁。
（19）高見寛恭「御修法について」（『密教学研究』七）二五～二六頁。

摂関期の天皇の葬送の実態

朧谷　寿

はじめに

とりわけ古代を対象とした天皇の葬送に関しては、これまでに幾篇かの研究が公表されており、[1]それらの先行研究に学ぶところが多い。それらはおしなべて王権との関わりに焦点を置いているものが多く、そのこと自体、わが国の歴史を考えるうえで重要であることは言うまでもない。小論の意図は摂関期の天皇の葬送儀礼の具体相をさぐることにあり、それを通して貴族（とりわけ公卿層）の葬送との相違点を抽出し、そのうえで皇権の在り方にまで踏みこめればと考えている。その背景には長期に亘る国際日本文化研究センターでの共同研究「公家と武家」において平安貴族の葬送を取りあげた経緯があり、[2]そして小論も「公家と武家Ⅲ——王権と儀礼の比較文明史的研究——」のテーマでの共同研究によるものである。

天皇の葬送に関して西口順子氏は以下のような指摘[3]を行なっている。

在位中に崩じた院政期の堀河天皇の死と葬送過程を詳述し、その前史として平安時代の天皇のなかで在位時に崩御した桓武・仁明・文徳・光孝・村上・後一条・後冷泉の七名の天皇のそれぞれの死と葬送を概観したうえで、「在位中の崩御のときは、譲位の有無にかかわらず、譲位の形式をとることが例となっていたことを思わせる。

だから、天皇は天皇として死んでも、新天皇が践祚して、神璽宝剣を渡した時点で、院として葬られる。それは、前天皇ではあるが、すでに天皇ではない人としての葬送であった」とし、さらに敷衍して次のように述べている。それは、天皇の死は、次代の天皇への剣璽の授受＝践祚ののち始めて葬送次第が定められ、実施された。それは、天皇の死として完結するものではなく、神の子孫たる天皇としての存在を抹消して、ただ人として葬送されることを意味した。天皇の死にとっていちばん大切なことは、譲位が可能な状態であれば生存中に譲位のことを行い、不可能であれば、死後ただちに、いかに譲位らしくことを運ぶか、である。死後の問題は、そのことが終わらないうちは進行しないのである。

因みに院政期に入ってからの在位時崩御は堀河・近衛・安徳の三天皇である。これらの命題の検証をも視野にいれて摂関期の天皇の崩御から埋骨に到る実態を見ていくことにする。なお、この共同研究が諸外国との比較という要素を含んでいることを考慮して天皇の大まかな事績をそれぞれの冒頭に付した[4]。

ところで醍醐天皇皇子の左大臣源高明（九一四〜九八二）が著した『西宮記』には、天皇の崩御から葬送に到るまでの詳密な記載が箇条書きの形であり、葬送過程を知るうえで大きな手がかりとなるので、本題に入る前に取りあげておこう[5]。

詔書事、雖二已崩一如二必在一有二赦令一、大臣已下行レ事、上卿奉レ勅停二音奏一、大祓了初奏時、上卿依レ仰々二外記一、警固・固関、吉時、大臣以下就二大行皇帝御所一、請二神璽等一奉二新主一（割注略）山陵事、検二地形一事、点地、納言・参議・弁・外記・史・式部大輔・主計頭・陰陽寮相二従祭事一、四至中寺破却、給二料物一、放二御鷹一事、任二葬司一事、山作司・作路司・養役夫司・前後次第司、任二諸司二分已上一、踏二一鍬一事、四位、覆レ土事、納言、延長、職掌人々遁隠、或夫、或六位勤云々、挙哀事、有二遺詔一停レ之、仁和天皇崩時有二挙哀一、……閇二宮門一事、仰二左右衛門一、待賢・藻壁・上東門不レ閇、仁和、経二七日一開。近代、不レ閇、内膳供二御膳一事、呪願、御出、弁着レ陵後呪願、被レ定二行事一、行事上宰相着レ陣定二行事所々人一、造レ棺事、内匠寮作レ之、若脱屣者院、作レ之、

また造棺に関しては、

大輿如レ床四角有レ轅、其上四角朱欄、々内立二小障子一、以レ帛作、黒縁、障間内立二同障子一、其中立二小屋形一、々如レ加二廂五間屋一、々上張二紫絹覆一、瓦形廻二五間一施二帛帷一、有二同冒額劔一、内置二須々利一、以レ帛張如レ榔、中有二御榔一、木工・修理・内匠六位官人候、蔵人所人八人舁レ之、二人執レ燎前行、殿上五位一人執レ杖、引道置二御在所縁一、所司撤二小屋形須々利一、御輿長八人、四位二人、五位六人、伝舁到二御所一、六位二人秉レ燭前行、引道者如レ前、御輿長二人、四位、供二御浴服一、

と棺の造作ならびに移動の具体相が記されている。さらに「御入棺事」については、

御輿長十六人、信乃衣袴、生絹下襲、舁二御棺一、載二御輿一、所司等進二須々利具一、蔵人所執レ帛行障、十六基蔽繞、駕丁四十四人、道間相替、以二床子四脚一付二御輿一、蔵人所人四人立二御輿一、四角持二火瓫一居二高坏一、以レ布結着、蔵人四人、以二帛袋一入レ香持レ瓫中焼、雅楽・絵所・作物所人執二歩障一、人数不レ注、調布袴、絹下襲、孝子、着二商布衣袴・絹下襲・布冠・素帯・布鈍色帽・橁袴・藁履・白杖・檜笠一、立二御輿後一、扶持者着二当色一相従、御前僧四十口、導師咒願、念仏等、綱所催、大舎人・内豎・主殿寮人四十人、秉レ燭在二歩障外一、雖二天明一不レ滅、香輿二分在二前後一、旧例共在レ前、一張二大蚫瓶燭一、一居二香花一、大蔵・図書供レ之、四角各所上張二紫絹一、上張二白蕊花形一、下施二朱欄一、侍従迎レ火、数不レ定、（孝子とは父母の喪中にある人。なお傍注は省略した）

とあり、「陵内事」では陵内の設営に関しては以下のようにある。

侍臣鋪二地敷一、内陣張二生絹一、墻外張二調布一、墻内外東南西面開レ門、鳥居垂レ帷、南外門外設二布屛幔一、外陣内西門南東向立二浄庭一、搆二三間屋一無レ棟、上下四辺張二鋪帛一、布板敷、孝子幄在二墻外西四五丈一、南去丈許、東向山作所屋、御輿入二陵庭一、停二喪庭東一、輿長撤レ榔舁二御棺御喪庭一、行障蔽レ之、歩障立二垣外一蔽二喪庭一、進二御膳一、黄幡安二御輿小屋形中一、次建レ之、仰二木工一作レ竿、孝子可レ持二幡端一、御物安二陵中一、硯・平生御物、除二重代一、延長例、御琴調納之平調、上物事、蔵人二人、於二陵良地一焼二御物小屋類一、導師咒願後、御輿長舁二御棺一安二陵中一、初開二陵地一、用二四位一、覆レ土事、納言可レ用、喪庭雑具分二配近辺諸寺一事、供奉陣帰事、孝子向レ壙拝哭事、帰路、小禊、

以上に記載の天皇の崩御から埋葬までの儀が、完全な形というか天皇の葬送の雛形といえるものと思うが、平

安時代には押しなべて倹約を旨とする傾向にあったようで、上掲のことがらを念頭におきながら具体的にみていくことにする。

一　摂関初期の天皇

千年におよぶ摂関体制は藤原北家の独占であるが、それは九世紀中期の良房にはじまる。良房の摂政宣下は貞観八年（八六六）の応天門事件の直後のことであるが、事実上の摂政に近い権限を有したのは、八年前の九歳になる外孫、清和天皇の即位を契機とする。その意味において摂関期の天皇の嚆矢と見なされるのが清和天皇であり、わが国における幼帝もここにはじまった。摂関期を対象とする『大鏡』がこの天皇の父に当たる文徳天皇から起筆していることが思いあわされる。

九世紀初頭、嵯峨天皇の即位直後に起きた薬子の変を契機として設置された令外官である蔵人所の初代の長官、蔵人頭となって北家躍進の契機をつくったのは良房の父の冬嗣であったが、その娘の順子が仁明天皇の女御となって生んだ第一皇子が文徳天皇である。この天皇は、承和の変（八四二年）で廃された東宮恒貞親王（淳和天皇皇子）に代わって皇太子となり、父帝の崩御にともない即位した。この廃太子事件は良房の暗躍とみられる。二四歳で即位した文徳天皇は八年後に崩御し、その九日後に山城国葛野郡田邑郷真原岡に土葬された(6)。

文徳天皇の女御であった藤原明子所生の惟仁親王は第四皇子にもかかわらず、外祖父良房の後見を得て生後八カ月で東宮となり、三二歳の若さでの父帝の崩御によって九歳で即位した。清和天皇であるが、在位中の二三歳の時に摂政良房が薨去すると、後継となった養子の右大臣基経が政治を輔佐した。そして数年後、在位一九年で第一皇子の貞明親王（陽成天皇、母は女御藤原高子で基経の同母妹）に譲位するが、これは基経の要望らしい。

譲位後の清和上皇は、藤原基経の山荘である鴨東の粟田院を中心に嵯峨の棲霞観（源融の別荘）や水尾に住んだが、譲位三年後の元慶三年（八七九）五月四日、清和院から粟田院に遷御し、四日後に宗叡僧都を戒師として落飾した[7]。ここに見える清和院は染殿とともに藤原良房・明子・基経ゆかりの邸宅で、南の清和院は清和天皇の居所に提供されていた。上皇は崩御の四カ月前には水尾山寺に仏堂を建立するために同寺から棲霞観に遷ったが[8]、三カ月後には病も重くなり棲霞観から円覚寺に遷御して[9]一週間ほどで亡くなった。元慶四年一二月四日の申の刻のことで享年三一歳という若さであったが、崩御日の『三代実録』には簡単な事績とともに臨終に到る様子が詳しく記されている。

譲位後の清和上皇は後院として準備された清和院で過ごすことが多く、仏陀に帰依して質素な生活を送り、山城・大和・摂津国などの「名山仏壟」を歴覧し、丹波国の水尾山を終焉の地と定めていた。やがて死と向きあって酒・酢・塩・豉（味噌）を断ち、仏を念じながらの静かな彼岸への旅立ちとなった。

至㆘夫沙門修練者之所㆓難行㆒、艙徒精進者之為㆗高迹㆖、雖㆓尊居㆒㆑極尽蹈㆑之矣、寝疾大漸、命㆓近侍僧等㆒、誦㆓金剛輪陀羅尼㆒、正向㆓西方㆒、結跏趺座、手作㆓結定印㆒而崩、震儀不㆑動、儼然若㆑生、念珠猶懸、在㆓於御手㆒、梓宮御㆑棺、其制同㆑輿、以㆔聖躬坐崩遂不㆓頽臥㆒也、遺詔火㆓葬於中野㆒、不㆑起㆓山陵㆒、使㆘㆓百官及諸国㆒、不㆗挙哀素服㆖、亦勿㆑任㆓縁葬之諸司㆒、喪事所㆑須、惣従㆓省約㆒、是夜、地大震動、五六過及止、

いよいよ臨終という時に上皇は僧たちに誦経を命じ、自らは定印を結び、念珠を手に懸け、結跏趺坐のまま崩じた。その厳かな姿勢は少しも動かず生きているようであったという。したがって通常の寝棺では用をなさないので輿のようなものにしている。死後の儀について上皇は、中野で火葬にして山陵は造らず、内外の諸官の挙哀・素服をせず、葬送に関わる諸司の任命を行なわず、喪事はすべて簡略にするようにと遺言している。なお後文に地震のことがみえるが、実は清和崩御の前後に地震が頻発しており、崩後は連夜のように震動している[10]。この地震について陰陽寮は「合慎兵賊飢疫」と奏上しており（七日条）、不穏な世情を反映しているようだ。

火葬は三日後のことであるが[11]『三代実録』一二月七日条には、

是夜、酉四剋、奉レ葬二太上天皇於山城国愛宕郡上粟田山一、奉レ置二御骸於水尾山上一、

とある。つまり夜に粟田山で荼毘に付され、遺骨は水尾山中に埋葬されたのである。[12]『大鏡』にいう「水尾の帝」をはじめ諸書で清和天皇を水尾天皇とも称するゆえんである。

葬送の時には陽成天皇は素服を着けたが、「太政大臣及殿上近臣、清和院上下諸人」、つまり藤原基経以下の廟堂の重臣や後院の近侍者たちは縞素を着し[13]、他の者たちはそれもなく、上皇の遺言に従っている。続く初七日には、粟田寺、円覚寺、観空寺、水尾山寺といった亡き上皇ゆかりの七カ寺にそれぞれ使者を派遣して転念功徳を修している（『三代実録』一〇日条）。

ところで清和天皇の火葬は葬制のうえで注目される。八世紀中期の聖武天皇以降から続いてきた土葬が清和天皇で火葬になり、このあと一世紀近く土葬と火葬が混在するが、一一世紀初頭の冷泉天皇から火葬に転じていることである[14]。つまり清和天皇の火葬はひとつの転換点としての意味をもつといえよう。

清和の後をうけて九歳で践祚した陽成天皇（二歳で立太子）代は叔父の基経が摂政として政治を後見した。しかし天皇には、宮中で馬を乗りまわし、乳母を手打ちにし、動物を虐待して殺すなどの奇行があり、あげくの果てには病気と称して譲位を仄めかしたという。こういった数々の乱行から基経が廃位を遂行したということになっている[15]。いずれにせよ即位した光孝天皇が、皇太子を経験しないうえに五五歳という破格の高年齢での即位が、そのあたりの事情を暗示している。

在位八年、弱冠一七歳で退位した陽成天皇は、その後六五年間を生きぬき、その間に後継の三代の天皇を見送るかたちとなった。八二歳を迎えた陽成法皇は、天暦三年（九四九）九月末日の早朝に冷然院で崩御、その遺骸は夕刻に円覚寺へ移された[16]。そして三日後に葬送が挙行されたが、その様子は「今夜奉レ葬二陽成院太上天皇於神楽

岡東地二」という記載が知られるのみだが、この記事から土葬が想定される。(17) こんにち左京区浄土寺真如堂町にある神楽岡東陵がそれと伝える。(18)

母同士が姉妹、加えて政治に無関心ということで基経の推挙により帝位に就いた光孝天皇は、在位四年にして仁和三年（八八七）八月二六日に宮中の仁寿殿において崩御した。その前後に地震が頻発している。(19) 崩後に挙哀・喪服のことがあり、五日後に小松山陵に葬られたとあり（小松帝の称はこれによる）、荼毘に付したという記事もないから土葬であろう。(20) さらに六日後の『日本紀略』（八日条）によると、参議左大弁の橘広相らを山陵に派遣して兆域の四至を定め、その中にある八カ寺を壊させているが、事がことだけに仏罰の恐怖を感じなかったのだろうか。

その四至に関して『延喜式』（巻二一「諸陵寮」）には後田邑陵として陵戸四烟とともに範囲の記載が見られ、それによると西と北は峰となっており、東は清水寺東《マヽ》を限り、南は道であった。いっぽう『西宮記』と『江家次第』の一二月の荷前の項で光孝天皇の後田邑陵の場所を仁和寺の西としている。(21) その場所に関して、一世紀余り後の藤原宗忠の『中右記』には注目すべき記事があるので以下に見ておく。(22)

一二世紀初頭のこと、仁和寺の覚行法親王が北（喜多）院僧坊を造作した際に西築垣が山陵内に入り込んで部分的に掘り破ってしまった。その後に山陵が頻りに鳴動して法親王が入滅したという。(23) 加えて堀河天皇の病気とあっては、きっと祖廟の祟りであろうということで、右衛門権左藤原実光を派遣して調べさせたところ事実であった。そこで謝するための山陵使を派遣することになり、宗忠がその任に選ばれたという次第である。

その当日、参内した宗忠は大内記藤原敦光の手になる、内覧奏聞を経た告文を携え、幣物持参の輩を前行に小松山陵（後田邑陵）へと向った。陵前で二拝したあと告文を読み上げ、二拝して幣物を焼いた。そこへ仁和寺別当の覚意僧都が来たので、謝意は天皇の命によるもので、破られた山陵の廻見も仰せられたが、夜陰になったのでこうして木の下にいる、と語った。そこで宗忠は覚意から破損の様子を聞かされた。そして『延喜式』では山陵の四至が不分明なので、二月一三日に実光をして実験せしめたが判然としなかった経緯がある。このことを奏聞してはということになり、深夜に帰参した宗忠は蔵人に報告してその夜はそこで宿している。ところで後田邑山陵の兆域に関して次のような記載が見える。

右就二民部省図帳一、宜三令レ勘二申四至兆域一者、引二勘彼省所進一、大同三年、承和十一年図帳等之処、件子細無二所見一、但如二延喜式一者、件陵四至、東限二清水寺一者、而彼大同三年図帳、葛野郡五条立屋里四坪、注二細清水田一段余歩一、若是一坪内建二立清水寺一歟、然而依レ無二仁和以後図帳一不レ能二勘次一、

重要な点は、『延喜式』にいう東を清水寺とするのは明らかな誤りで、上述の葛野郡五条立屋里四坪(24)に所在の清水田とすべきであろう。なお大同三年（八〇八）は桓武崩後二年、翌年には嵯峨の即位と薬子の変を控えている平城天皇代であり、まさに政情不安定な時であった。そういう時点では山陵使派遣がよく見られる証である。

光孝天皇の短期の在位は当初から予想されたことであるが、関白基経への配慮からか皇子女すべてを賜姓皇族としていたため、関白の意向を入れて、前日に第七皇子の源定省を親王に復し、崩日に立太子、ついで践祚となったのが宇多天皇である。(25)天皇は、阿衡の紛議で辛酸をなめさせられた関白基経の死後、親政を目指して（寛平の治）摂関を置かず、これを引き継いだ皇子の醍醐天皇の在位中まで合わせて四〇年間というもの最初の摂関不置時代を迎えることになった。在位一一年、三一歳の若さで譲位した天皇が御所を転々としたことは有名である。(26)その中には、父が手がけ崩後に完成させた仁和寺も含まれ、ここで落飾した宇多は、その一郭に御堂を建てて居住し、またこの東方の一条南の宇多院にも住んだが、天皇名はこれらに因むものである。そして宇多天皇陵も仁和寺の北方に存在し、山名をとって大内山陵とよばれた。

法皇の初例ともなった宇多は承平元年（九三一）七月一九日に六五歳をもって仁和寺御室で崩御したが、(27)『貞信

公記抄』同日条に「戌一剋許法皇崩二於仁和寺一、此夜奉レ遷二大内山一直置」とあり、遺骸はただちに大内山に運ばれたことがわかる。そして『吏部王記』（史料纂集本）の二〇日条には以下の記述がある。

亥時奉レ移二法皇於大内山魂殿一、式部卿親王（敦実）・京極御息所（藤原褒子）腹童親王喪服、自余依二遺詔一悉停止、御棺先年所二造構一、竹為レ台、鈍色絹覆レ之、以為二小屋形一、大輿上繞二構木一、垂二絹帷一葬レ之、唯以レ瓫焼香、不レ造二香輿一、無二歩障・行障一、御輿長大夫十二人、以二殿上人六位卌〔卅イ〕六人一駕輿也、大夫等秉燈〔燭イ〕云々、

ここに見える魂殿はいうところの霊屋であろう。あらかじめ用意していた棺の造り様も知られ、服喪もごく近親にかぎり、歩障も行障もなし、諸司諸国の挙哀素服を止めるなど倹約を旨とする葬送は天皇の遺言に従ったものであった(28)。『貞信公記抄』の九月六日条に「始従二寅剋一、法皇火葬」とあって火葬されたことを伝え、これによると遺骸は魂殿に一カ月半ほど安置されていたことになる。しかし八月五日の火葬とする文献もあり、他の例に徴しても前者はあまりにも長すぎる感があり、後者を是とすべきではないかと考える(29)。

宇多天皇の後継となった第一皇子の醍醐天皇は親政を引きつぎ、父の訓誡に従って藤原時平と菅原道真を並用して政治を行なった。しかし、道真（右大臣に抜擢）の重用をよしとしない左大臣時平による道真の配流と客死、その後に起こった時平の死（三九歳）、皇太子の相次ぐ死（皇子の保明親王は二一歳、その子の慶頼王は五歳）、清涼殿への落雷と公卿らの霹死など在位中に異変が相ついで起こり、その原因がすべて道真の祟りに結びつけられた。そして落雷の年に天皇も病臥となり、間もなく四六歳の生涯を閉じたのである。それは父の崩御に先立つこと一年であった。因みに在位三三年は古代の最長記録であり、近世までの歴代のなかでも四位である。

代わって帝位に就いたのは実弟、寛明親王（朱雀天皇）である。醍醐上皇が譲位の数日後にこの幼帝に訓誡を与えている(30)ことは注目すべきで、上皇自身が父帝から『寛平御遺誡』を与えられたことは有名である。

延長八年（九三〇）九月二九日、上皇は出家して程なく西枕で崩御すると、二日後に造棺（棺は二重）のことがあり、二人の輿長（両人とも近衛中将）によって沐浴と御服奉仕が行なわれたあと入棺のことがあった[31]。葬送は一〇日に挙行され、棺は右近衛府から発ったとあるから大内裏の西側の殷富門から出ており、出御のあとは陽明・殷富の二門を除く諸門は閉じられた。葬列は「薄倹」の遺言に従って扈従の輩も限定され、「行障」つまり御輿の前後左右は白い布で覆われ、その前に四〇人の御前僧がつき、導師は叡山西塔の仁照がつとめ、基継僧都が咒願を奉仕した[32]。このあたりは先に掲示した『西宮記』の記載と合致している。

以下、葬列の次第や陵墓などについて『吏部王記』ほかの史料で追ってみる[33]。

葬列が醍醐寺北山陵に到着したのは辰の四刻というから夜も明けて完全に明るくなっていたが燎《かがりび》は灯したままで進み（前掲の「雖天明不滅」の通りでこれが慣例であったようだ）、道筋の八十六カ寺は道の両側に幕を設けて、通過の間であろう、鐘を打ちながら念仏を唱え、また宇多法皇の命で醍醐寺と勧修寺の数人の僧が念仏を奉仕するために山陵に召し出されている。山陵の結構は、穴を掘って板を置き地敷（唐筵に大紋の高麗縁をつけた敷物）を設け、御輿長が舁いてきた棺をその上に安置した。また陵中には硯、『楽毅論』などの書物、色紙一箱、倭琴、笛など愛用の遺品を納め、壙戸つまり墓穴の戸を閉め、その上を土で覆った。これも前掲の『西宮記』とよく合う。

そもそも葬送行事の責任者は中納言藤原兼輔と参議藤原当幹であったが、二人とも病を理由に辞退し、奉仕が決まっていた参議の平伊望らは理由も告げずに窃逃したため右衛門尉の阿刀常基が奉仕したが、闕礼が多かったという。初めに陵地を穿つのに先例では四位の者が当たるのに役夫が奉仕したり、墓穴の開閉は木工頭の任務であったが病で辞退したために木工助が当たった。

陵の上に軽幄を設けて墓戸を閉め、黄幡（御輿の小屋形の中に置いてあった）を立てた。その間に左右の衛門尉が上物（辛櫃・御膳辛櫃）および槨小屋形（棺を入れるもの）、須々利（棺）、輿などを陵の東北の地で焼却した。また陵の周囲には柴垣や釘貫を廻らせたが、これらは近辺の諸寺に請け負わせている。翌日には三基の卒塔婆を立てた。因みに陵の広さは東西八町、南北一〇町で八〇町、穴の深さは九尺で広さが三丈、校倉の高さが四尺三寸で縦横が各一丈であった。[34] 校倉の造作が注目されるが、土葬との関わりがあるのであろうか。

なお、嵯峨天皇以降は挙哀・素服・国忌・山陵などの挙行は在位中崩御の天皇に限られ、かつ土葬であり、上皇の場合はほとんど火葬で、挙哀以下は行なわないのを常とした。しかし醍醐上皇は素服と山陵造営を行ない土葬であった。これに関して、醍醐は譲位後に崩御したが、太上天皇の尊号宣下前であり、天皇として扱われたのであろう、との説が示唆的である。[35]

二　摂関中期の天皇

醍醐天皇の第一一皇子にも関わらず八歳の朱雀天皇の即位は、皇太子の相つぐ死と生母が藤原基経の穏子で唯一の中宮ということがもたらしたものである。そしてこのことが四〇年間も途絶えていた藤原北家による摂関再開の道を開き、伯父の左大臣忠平が摂政となって幼帝政治を輔佐することになった。醍醐上皇の崩御はこの践祚の一週間後であった。

朱雀天皇は帝位にあること一七年（その間は一貫して忠平が摂関）、それは承平・天慶年間にあたり、天下を騒がせた争乱（平将門・藤原純友の乱）が起きている。二四歳になった天皇は実弟成明親王（村上天皇）に譲位し、[36] 六年後の天暦六年（九五二）八月に崩じたが、それに先立って天皇は不任喪司、不行喪料、不置山陵国忌、止挙哀素服などを遺詔していた。[37] 葬送は五日後に挙行され、それについて『吏部王記』には次のようにある。[38]

御前僧廿人、大僧都善喜咒願、律師鎮朝為二御導師一云々、……自二郁芳門路一東行、経二東路一従二七条路一渡二鴨河浮橋一、亥時至二陵所一、諸寺夾レ路設レ幕念仏、院殿上四・五位人招二迎火一候二外陣辺一、御輿入二南門一、王卿退就

レ幄、其山作之、□左中将藤原朝臣朝忠乃至僧二口奉二仕荼毘事一云々、其上物并御輿等於二内墻北一焼レ之云々、

（二、三の誤字・脱字は意味をとって改めた）

そして翌日条には「朝奉レ遷二御舎利醍醐寺東一、左中将藤原朝臣朝忠捧持、律師鎮朝・醍醐寺座主定助法師・陰陽助平野宿禰茂樹相従奉レ安云々」とある。

遺言に倣って質素倹約を旨として挙行されており、御前僧も半減している。朱雀上皇の遺骸は郁芳門路つまり土御門大路を東行し東路（京極大路か）を七条まで南下して鴨川を浮橋で渡って夜遅くに陵所に到ったとあるが、肝心の上皇の崩所が詳らかでない。嵯峨天皇の創建による累代の後院といわれ、諡号ともなった朱雀院は譲位後に生母の穏子とここに遷御して後院としたが、崩御の二年前に焼失したので崩御の場所ではなかった(39)。遺骸は左中将らにより山城国の来定寺近くで荼毘に付され、翌朝に醍醐寺の東に埋葬されたが、そこは父が眠る醍醐陵の傍らであった(40)。上物や御輿などを内垣の北方で焼却しているが、この行為も慣例であった。

次代は朱雀の実弟で醍醐天皇の第一四皇子の村上天皇（二一歳）である。即位四年目で関白忠平が薨じたあと崩御までの一七年間というもの親政が行なわれ、摂関不置の最後の時期となった。村上天皇代は大きな事件もなく、自らは漢詩や和歌および管絃を嗜むなど文化人でもあった。後世の「延喜・天暦聖代観」の存在が示すように醍醐天皇とともに聖代視された所以であろう。

四二歳の天皇は、康保四年（九六七）五月二五日の巳の刻に在位のまま清涼殿で崩御し、戌の刻に固関使派遣や諸衛による警固のことが決められ、所司が木契や松明のことを奉仕し、二日後に入棺が行なわれた。なお村上天皇も素服・挙哀・宴飲・作楽の停止を遺言しており、それが実行されている(41)。

葬送は入棺から六日目のことであるが、この時期の日記が残っていないため詳細を知ることはできないまでも、ある程度のことはわかる。天皇の棺は、夜の八時ごろに清涼殿のすぐ真西にある陰明門、その西の内裏外郭の宜

秋門を出て西へ、宴の松原を抜けて殷富門で大内裏を出て西進し、「葛野郡田邑郷北中尾（長尾）」の山陵に到っている。親王や公卿以下が供奉したが、宜秋門のすぐ東北に所在の内膳司の南門のところで観理僧都が御導師、法蔵権律師が咒願をつとめた。(42) 埋葬の五日後には両衛門府に山陵への植樹が命ぜられ、かつ陵戸五烟が充てられている。(43)

村上陵の所在地の「葛野郡田邑郷北中尾」については「仁和寺西」(44)とか「仁和寺長尾」(45)とあり、近世の地誌書には長尾は鳴滝の古名としている。(46) これらにより明治に治定された今日の陵からは南西に京都の市街が遠望される。

村上天皇は土葬であったが、(47) 次代の冷泉天皇からは火葬が続くので一つの画期といえよう。もっとも土葬を遺詔していたのを誤って火葬にしてしまったという一条天皇の例もある。(48)

おしなべて天皇の在位中の功績が葬送に反映されるということは全くなく、むしろ名君ほど倹約を遺詔している例が認められ、葬送はそれを尊重して挙行されることが多い。これらの確認も含めて摂関盛期の天皇の葬送を通覧した後に総括をしたいと考えている。

（1） 山陵（天皇陵の称で、皇后、皇太后、皇子女、天皇の父母・祖父母および有功臣の墓は御墓と称し、両者を合わせて陵墓との和田氏の分析による）に視点を置いた論考で管見に入ったものに、和田萃「殯の基礎的考察」（『史林』第五二巻五号、一九六九年、同著『日本古代の儀礼と祭祀・信仰』上（塙書房、一九九五年）に再録）・「陵墓治定の問題点」（日本史研究会・京都民科歴史部会編『陵墓からみた日本史』青木書店、一九九五年）・「日本古代中世の陵墓」（森浩一編『天皇陵古墳』大巧社、一九九六年）、服藤早苗「山陵祭祀より見た家の成立過程」（『日本史研究』第三〇二号、一九八七年、同著『家成立史の研究』（校倉書店、一九九一年）に再録）、岡田荘司「天皇喪葬の沿革」・小松馨「後一条天皇の喪葬儀礼」（上野竹次郎編『山陵』〈初版は一九二五年〉〈新訂版〉名著出版、一九八九年）、渡部眞弓「古代喪葬儀礼の研究――奈良時代における天皇喪葬儀礼の変遷――」（『神道史研究』第四〇巻第二号、一九九二年）、荒木敏夫

「即位儀礼と葬送儀礼――古代を中心として――」(『講座前近代の天皇』第四巻『統治的諸機能と天皇観』青木書店、一九九五年)、北康宏「律令国家陵墓制度の基礎的研究――『延喜諸陵寮式』の分析からみた――」(『史林』第七九巻四号、一九九六年)・「律令陵墓祭祀の研究」(『史学雑誌』第一〇八編第一一号、一九九九年)、田中聡「陵墓にみる天皇の形成と変質――古代から中世へ――」(日本史研究会・京都民科歴史部会編『陵墓から見た日本史』、前掲。なお、同書末尾に掲載の田中氏編の「七～一二世紀「陵墓」関連年表」は詳細で便利である)、西山良平「〈陵寺〉の誕生――嘉祥寺再考――」(大山喬平教授退官記念会編『日本国家の史的特質 古代・中世』思文閣出版、一九九七年)、堀裕「天皇の死の歴史的位置――「如在之儀」を中心として――」(『史林』第八一巻一号、一九九八年)、谷川愛「平安時代における天皇・太上天皇の喪葬儀礼」(『国史学』第一六九号、一九九九年)、山田邦和「元明天皇陵の意義」(『考古学に学ぶ――遺構と遺物――』〈同志社大学考古学シリーズⅦ〉、一九九九年)・「桓武天皇柏原陵考」(『文化学年報』第四八輯、一九九九年)・「淳和・嵯峨両天皇の薄葬」(『花園史学』第二〇号、一九九九年)などを挙げ得るが(なお成稿時の二〇〇四年三月まで)、重要文献の見落としもあろう。他に視覚史料をふんだんに盛りこんだ近作、『歴史検証天皇陵』〈『別冊歴史読本』第二六巻第一七号〉(新人物往来社、二〇〇一年)も参考となるが、摂関期の天皇の陵墓についての記載はほとんどみられない。なお、京都新聞に連載の「森浩一の京都学事始め」で山田邦和氏との三回の対談(二〇〇〇年四月二四～二六日付朝刊)「平安京を取り巻く天皇陵」では薄葬・散骨・造墓など多岐に亘る問題を取り上げ言及されている。

(2) 朧谷『平安貴族の葬送の様態――平安時代の公卿の死・入棺・埋骨――』自費出版、二〇〇一年(「平安時代の公卿層の葬墓――九・一〇世紀を中心として――」〈笠谷和比古編『公家と武家Ⅱ―「家」の比較文明史的考察』、思文閣出版、一九九九年〉に一一・一二世紀の公卿の葬送を書き下ろして一冊としたもの)。

(3) 西口順子「天皇の死と葬送」(『仏教』別冊二、法蔵館、一九八九年)。

(4) 笠原英彦『歴代天皇総覧』〈中公新書〉(中央公論新社、二〇〇一年)、米田雄介編『歴代天皇・年号事典』(吉川弘文館、二〇〇三年)などを参照。

(5) テキストは「新訂増補故実叢書」本『西宮記』〈巻一二、天皇崩事〉および土田直鎮・所功校注『西宮記』(『神道大系―朝儀祭祀編Ⅱ』神道大系編纂会、一九九三年)によった。

(6) 『三代実録』天安二年九月二・六日条。『延喜式』巻二一「諸陵寮」には「田邑陵 平安宮御宇文徳天皇、在山城国葛野郡、兆域東西四町、南北四町、守戸五烟、」とある。こんにち京都市右京区太秦三尾町に御陵が所在。

（7）『三代実録』元慶三年五月八日条。なお同史料には「円覚寺者右大臣粟田山庄也」「山庄即是円覚寺也」とあるので、ここでの基経の粟田山庄は円覚寺のことを指称しているとみてよく、清和上皇の出家以降この寺名になったらしい（『平安時代史事典』〈角田文衛監修、角川書店、一九九四年〉の三山進「円覚寺」の項）。

（8）『三代実録』元慶四年八月二三日条。

（9）『三代実録』元慶四年一一月二五日条。なお円覚寺について「是先太上天皇（清和上皇）始二於落餝一、終二於登遐之地一也」とある（同、仁和二年六月二〇日条）。西山良平氏は円覚寺を清和天皇の陵寺とみている（注1）。

（10）元慶四年一二月六日「子時地大震動、自レ夜迄レ旦十六度震、大極殿西北隅竪壇長石八間破裂、宮城垣墻、京師廬舎、頽損者往々甚衆矣」、七日「是夜自レ戌至レ子、地二震動」、八日「自レ辰至レ丑、其間地四震」、九日「夜地震二度」、一〇日「此日、地惣五度震」、以下年末までほぼ連日の震動である（『三代実録』）。

（11）注（1）所引の谷川氏論文では清和上皇の火葬は三条上皇とともに崩御から火葬まで三日という最短期間と指摘する。

（12）『尊卑分脈』第三篇には「十二月七日火葬於粟田山白川陵歛御骨於水尾山陵号水尾帝、後日奉号諡於清和天皇」とある。つまり粟田が清和天皇の火葬塚ということになる（山田邦和編「平安京周辺陵墓一覧表」〈一九九二年九月稿〉）。山田氏には奈良・平安期の天皇陵の文献と考古学を比定した一覧があるが、その最新版は「天皇陵への招待」（『図説　天皇陵』〈『別冊歴史読本』第二八巻二一号〉、二〇〇三年）に所掲の「奈良・平安時代の天皇陵判定表」である。以下、山田氏の引用はこれによる。ところで清和にとっての水尾山寺は陵寺といえるもので、その嚆矢は九世紀中期の仁明天皇に遡る。つまり天皇が清涼殿で崩御したことで次代の文徳天皇はこれを深草の仁明陵に移築して嘉祥寺としたことに始まる（注1所引の西山論文）。なお清和天皇には二〇人を超す妃がおり、皇子女は二世までにほとんどが臣下となり源氏を称した（清和源氏）。

（13）素服も縞素も白地の喪服であるが、前者は穢れの規制が強いのであろうか。増田美子『日本喪服史　古代編――葬送儀礼と装い――』（源流社、二〇〇二年）参照。

（14）注（1）所引の谷川氏論文に掲載の表を参照。なお清和の三代前の淳和上皇は火葬であるが、彼は山陵造作の否定と散骨を遺言し、それが実行された（『続日本後紀』承和七年五月六・一三日条）。それゆえの火葬であった。谷川氏は、平安時代について在位中に崩御した天皇はみな土葬で、譲位後に崩御した場合で嵯峨・醍醐を除けばほとんど火葬と指摘している。なお火葬は八世紀初頭の持統天皇を嚆矢とするが、その後には火葬と土葬が行なわれるなど奈良から平安時代にかけて葬制の変化が指摘されているが、小論では必要最小限に触れるにとどめており、詳細は注（1）に掲げた諸論文によられたい。

(15) 角田文衞氏はこの説に異を唱え、基経が摂関政治の確立と維持を目的に後宮を巻き込んで行なった強硬手段と解している(「陽成天皇の退位」〈同『王朝の映像』東京堂出版、一九七〇年〉)。

(16) 『日本紀略』・『九暦』天暦三年九月二九日条。

(17) 『日本紀略』天暦三年一〇月三日条。前掲の谷川氏も表で「土葬ヵ」としている

(18) 神楽岡東陵に関して谷森善臣(一八一七〜一九一一)の『山陵考』(三)には「山城国愛宕郡岡崎村荒芝の内、真如堂門前 今は人家立ならびたり、 の西方、神楽岡の東麓の地に、高さ三尺余、東西六丈許、南北七丈許あり、陸上に竹生茂れり、先輩達の説に、此帝(陽成天皇)の御陵なるよし云伝へたるに……」とある(『大日本史料』第一編之九〈天暦三年一〇月三日の項〉所引)。

(19) 『三代実録』仁和三年八月二六日条および七・八月条。

(20) 『日本紀略』仁和三年八月二九日・九月二日条。

(21) 『西宮記』巻六には「在仁和寺西」、『江家次第』第一一(大江匡房著で一二世紀初頭)には「在仁和寺西大教院艮」とある。

(22) 『中右記』嘉承元年二月一九・二八日条。『百錬抄』二月二八日条に「発二遣参議宗忠卿於後田邑陵一、謝三申堀損之由一、去十三日令三左衛門権佐実行実二撿之一、寛行親王修二造喜多院一之間、誤堀損、云々、任二式文一可三修固二之由宣下」とある。

(23) 覚行法親王は白河上皇皇子で仁和寺に入って出家、その後に親王宣下を受け、法親王の初例となった。長治二年(一一〇五)一〇月に自ら関わった新造の北院に渡り、一カ月余後にそこで三一歳の生涯を終えている(『中右記』長治二年一〇月三日、一一月一九日条)。ところで仁和寺子院の一つである北(喜多)院は済信(九五四〜一〇三〇)の創建で、この済信を師と仰ぐ性信法親王(一〇〇五〜八五、三条天皇皇子)もここにおいて出家。宗忠に状況を語った覚意(一〇五一〜一一〇七)も寛行も性信の弟子で北院に住持した。覚行が新造直後に他界したことで、山陵損傷を鳴動に結び付けてことさら非難されることになったというべきか。

(24) 金田章裕「郡・条里・交通路」(角田文衞監修『平安京提要』角川書店、一九九四年)の「図6 平安京周辺4郡の条里プラン概要」の葛野郡五条に立屋里が明記されており、そこが仁和寺の西南で鳴滝辺り(金田「平安京郊外の条里と荘園」〈足利健亮編『京都歴史アトラス』中央公論社、一九九四年〉)、今日の後田邑陵の場所を包含している。また『中右記』(二八日条)には寺主の言として「彼清水寺近代全無二其跡一、又立屋里在二広隆寺辺一之由」とある。

(25)『三代実録』仁和三年八月二五・二六日条。

(26) 目崎徳衛「宇多上皇御所」（朧谷寿・加納重文・高橋康夫編『平安京の邸第』望稜舎、一九八七年。なお初出の「宇多上皇の院と国政」は一九六九年に発表）。

(27)『日本紀略』承平元年七月一九日条。

(28)『貞信公記抄』『日本紀略』承平元年七月二〇・二五日条。また『続古事談』（第一　王道・后宮）に「寛平法皇ハ、コトニ倹約ヲ好ミ給ケリ。御アトノ事、葬礼ノ事ナド仰セラレヲキケルニハ、莚ニテ棺ヲツ、ミテ、カヅラニテコレヲカラゲヨトゾノ給ケル。重明親王、吏部王記ニカキ給ヘルナリ」とある。

(29)『大日本史料』（第一篇之六）は火葬を九月六日の項目で掲示しつつ八月五日のことを注記している。『扶桑略記』八月五日条に「火二葬山城国葛野郡大内山一、依二遺詔一不レ造二山陵一不レ入二国忌一」とあるのをはじめ『吏部王記』、『大鏡』（裏書）、『帝王編年記』などがそれである。九月火葬を伝える『貞信公記抄』の記事を八月の誤入とは考えられないか。そのことで着目すべきは『日本紀略』九月五日条の「夜、奉レ改二葬太上天皇於大内山陵一」の一文である。つまり九月は改葬とみれば八月のそれと齟齬を来たさないことになるが、いずれにしても問題は残る。なお、戸原純一氏は八月五日火葬説には触れず、九月六日未明の火葬のあと拾骨せずそのまま土を覆って陵所としたとする（吉川弘文館『国史大辞典』の「大内山陵」項）。

(30)『吏部王記』（史料纂集本）延長八年九月二六日条。

(31)『吏部王記』延長八年九月二九日、一〇月一日条。御服は「綾冬直衣・綾袴・紅絹下襲等一襲、加御冠・烏犀革帯・靸鞋・襪、及金平塵御剣・蘇芳枕云々、剣是平生所御也、又錫紵一襲、河渡御衣等云々」というものであった。末尾に三途の川を渡る装束まで用意しているのは面白い。

(32)『吏部王記』延長八年一〇月八・一〇日条。棺の出立所を右近衛府とするのは『扶桑略記』（裏書）一〇日条で、重病に陥った上皇は朱雀院への遷座を断念して右近衛府に遷り（『日本紀略』九月二七日条）、二日後の九月二九日の未刻にここで崩御した（『日本紀略』『扶桑略記』裏書）。

(33)『吏部王記』延長八年一〇月一一・一二日条。なお醍醐寺北山陵は宇治郡山科陵とも称し、醍醐寺の北、笠取山の西、小野寺の下《（マヽ）》に所在した（『日本紀略』一〇月一〇日条）。いっぽう『政事要略』（巻二九、荷前）には「醍醐山陵号二後山階一、寄二陵戸五烟、徭丁廿五人一」とある。

(34)『貞信公記』（逸文）延長八年一〇月一〇日条。その所在地を「亥四剋奉レ葬二於醍醐寺北、笠取山西方一」とする。

(35) 谷川愛氏の前掲論文。また堀裕氏の前掲論文も参照（いずれも注(1)）。

(36) 『日本紀略』『貞信公記抄』天慶九年四月二〇日条。異常に若い譲位は生母である穏子の偏愛からくる病弱とみられるが、譲位後に方々への御幸が見られるからそればかりとも思えない。この譲位の背景には「朱雀院幸二太后一之時、令レ奉レ問二思食置事御一、太后被レ仰云、不レ見二宮在位之時一事遺恨也者、朱雀院為レ叶二彼御意趣一忽遜位、村上践祚、仍天暦御時為二先院宣一、参内人先可二参院一之由被二宣下一、依二母后一言一忽有二即位事一」（『山槐記』永暦元年一二月四日条）とあるように皇太弟成明親王の即位を見たいという穏子の意志が介在していたのである。

(37) 『吏部王記』『扶桑略記』天暦六年八月一五日条、『北山抄』巻第四、上皇皇后崩御事。

(38) 『吏部王記』天暦六年八月二〇日条。

(39) 上皇と太皇太后穏子の朱雀院への遷御は譲位三カ月後のことで（『貞信公記抄』天慶九年七月一〇日条）、そこでは詩歌管絃の遊びが催され（同、八月二七日、九月一七日条）、翌年の天暦元年四月一五日には穏子の御悩で村上天皇が行幸しているから（『貞信公記抄』）この時点で母子ともに居住していたことがわかる。しかし天暦四年一〇月一五日には焼失している（『園太暦』文和二年二月五日条に掲載の「仙洞火事例」参照）。

(40) 『扶桑略記』には「葬二愛宕郡山一、置二御骨於醍醐山陵傍一」（天暦六年八月一五日条）、『帝王編年記』には「葬二来定寺一、或記云、葬二法性寺東一、中尾（鳥辺野）南原陵、置二御骨於醍醐山陵傍一」（同八月二〇日条）、『大鏡』裏書（第一巻）には「葬二山城国来定寺北野一、置二御骨於醍醐寺之山陵傍一」（同八月二〇日）とある。今は廃寺となっている来定寺に関して京都の地誌書の中で早い成立の『山州名跡志』（一七一一年刊）には「古へ法性寺ノ東ニ在リ、案スルニ此所東福寺ノ境内歟、此ノ寺天暦年中ニ存ス、東福寺建立ハ後也」とみえる。

(41) 『日本紀略』康保四年五月二五日、『本朝世紀』『日本紀略』同二七・二八日、六月二日条。なお葬送までの八日間は廃務としている。

(42) 『本朝世紀』『日本紀略』康保四年六月四日条。田邑郷北中尾の村上陵は近隣の仁和寺の管理下にあった（『中右記』嘉承元年二月二八日条参照）。

(43) 『本朝世紀』『日本紀略』康保四年六月九日条。

(44) 『兵範記』仁安三年四月三〇日条。

(45) 『山槐記』治承四年七月二一日条。

(46) 宝暦四年（一七五四）に成った浄慧の『山城名跡巡行志』（第四）に「村上天皇陵　在二御廟山一、古記在二仁和寺之長尾二云々、長尾者鳴滝之古名也、」とある。

(47) 谷川氏は村上天皇を「土葬を行い、山陵を造営した最後の天皇」とし、堀氏は「在位中の天皇でありながら、殯儀礼が確認できない最初の天皇」と位置づけている(いずれも注1に所引の論文)。

(48) 『小右記』寛弘八年七月一二日条。

日本婚姻史の一視角——摂関家の特異性を考える——

辻垣晃一

はじめに

中世史研究に婚姻史という分野がある。周知のように日本の全時代にわたる婚姻史体系をうち立てたのが高群逸枝氏である。[1] 高群学説を一言で言うと、「南北朝時代を境に貴族・武士・庶民ともに婿取婚から嫁取婚へ移行する。ここに女性の地位転落を見る」というものである。この説はのちに文明史的転換を南北朝時代に求める「南北朝内乱期分水嶺説」[2] の根拠の一つとなるくらい日本史研究に大きな影響を与えている。

ところで、高群学説の問題点は大別して三つある。

①南北朝時代に歴史的転換を見いだしていること。
②身分の差異をまったく無視していること。
③婿取婚から嫁取婚へ展開するなど単系発展的婚姻図式を当てはめようとしていること。

私は、これらの問題を批判するために貴族の婚姻形態が鎌倉時代中期の嘉禎三年（一二三七）を境に婿取婚から嫁取婚へ移行すること、武士の婚姻形態はもともと嫁取婚だったことを明らかにした。[3] また、古代家族研究者の間で古代においても嫁取婚が婿取婚と並行して見られることが指摘され、[4] 必ずしもすっきりとした高群図式が成り立たないことが分かってきた。

その後、自身の旧稿「嫁取婚の成立時期について――公家の場合――」(5)を読み直していると、問題点②にかかわる新たな仮説を得るに至った。すなわち、貴族とはいえ摂関家と一般貴族を分けて考えるべきではないかと。「武士と貴族」という区分だけでなく、貴族の中にも身分の差異を見いだすことが出きるのではないかと思いついた。

本稿の目的は、婚姻史を「王権」や「儀礼」といった家族史とは違う別の角度からアプローチし「摂関家の特異性」を明らかにしたい。それによって、婚姻史や家族史に新たな視点を提示できるのではないかと考える。

一　入内と嫁取婚との関係

(1) 嫁取婚は入内のごとき婚姻

なぜ摂関家の特異性を思いついたのか。それは次の史料がきっかけになっている。

左府被レ迎二第二娘一、此四五年頻以有レ被二催召一、必雖レ不レ可レ然、不レ能二固辞一（中略）、其義最密々了也、又平治例如二入内一、不レ足レ為レ例、承万（永万の誤り）、承安、建仁不快、仍今度無二迎車一、只自レ是可二迎遣（送カ）一之由、前関白有レ命、(6)

当婚姻は、嘉禎三年（一二三七）に行われた近衛兼経が九条道家女任子を迎えた嫁取婚である。嫁取婚を実施するにあたりその先例を探ると平治の例があった。これは藤原基実が藤原信頼妹を迎えた例である。(7) ところがこれは「入内」のごとき婚姻ということで先例にすることができなかった。「入内」とはすなわち、天皇が女御等貴族の娘を迎え取る婚姻を指している。永万・承安・建仁の例も「不快」だった。永万の例は藤原基実と平清盛女盛子の婚姻、承安の例は藤原基房と花山院忠雅女忠子の婚姻、建仁の例は九条良輔と坊門信清女との婚姻を指している。これらも「入内」のごとき婚姻であったためである（詳しくは五～七頁）。そこで、近衛家は九条家に対して、

「入内」のごとき婚姻にならないよう近衛家から妻を迎えるための車を出さずに九条家から直接近衛家に娘を送るよう指示をした。つまり、「入内」は天皇が妻を迎えるための車を用意する形式をとるということになる。

九条家の家司・葉室高嗣の日記からも上記の事実を確認できる。

〔高嗣記〕今夜左兼経（中略）、可下令レ通二摂政殿御息女（中略）一給上也、代々婚嫁之例、多者為二執婿之礼一、或者為二新迎之儀一、平治建仁等、皆被レ進二御迎車一、彼例等不レ宜、仍有二検儀一、自レ此可レ有二御渡一也、（中略）今夜御出儀、准拠還雖レ有レ恐、高陽院参二鳥羽院一給之時、偏被レ准二臣下之例一、其時前駈八人出車三両也（下略）[8]

当記録によると、摂関家の婚姻は代々婿取婚を先例としているが、近年になって「新迎」式の婚姻が行われているという。おそらく、嫁取り式の婚姻を指しているのであろう。ところが、平治や建仁の例はやはり先例にはふさわしくないということで夫が妻を迎える車を出すべきではないとする。そこで近衛家が嫁取婚の先例として引っ張り出してきたのが、藤原忠実の娘高陽院泰子の鳥羽院入内であった[9]。

（2）摂関家における嫁取婚の先例

妻方から直接来るよう指示をした近衛家が高陽院入内を先例としたからには、高陽院入内も必然的に泰子が直接鳥羽のもとへ参上したことになる。高陽院入内にかかわる記事を見てみよう。

酉刻、上皇自二白河殿一又御幸、御直衣衣冠、供奉公卿直衣、殿上人衣冠、右大臣（中略）、着御後供奉人々多退出、殿上不レ居レ膳、亥了上皇出御、始顕頼、後関白為二御使一往反、上皇可レ令レ渡二彼御方一歟、将彼人可レ被レ参二此御方一歟間沙汰云々、有レ議上皇令レ入二御方一給、此後無二指事一、関白三ケ日祗候、令レ挙レ燈給云々、前太相国、内大臣、治部卿、左大弁、右大弁候二此殿一、不レ供二奉御幸一、小一条院嫁二入道娘一之外、無二此例一云々、[10]

鳥羽院が白河殿から忠実の修造した土御門東洞院殿に御幸し、その後藤原顕頼や藤原忠通（忠実の長男、泰子の兄）が院と忠実の間を御使いとして行き来し、何度かの相談を経て鳥羽院は泰子の対に渡御した。このような入内に際して夫の方から女の邸宅を訪れるというのは、寛仁元年（一〇一七）に藤原道長の娘寛子が小一条院・敦明親王に嫁いだ例を除いて他にないという(11)。

そこで小一条院と寛子との婚姻を確認しよう。

院今夜可レ坐二高松一云々、以二大殿高松腹太娘《（藤原寛子）》一被レ奉レ合云々、左大将教通・左衛門督頼宗指燭、已坐二重喪一、令《（今カ）》婚礼、疋夫豈然乎、嗟々、可二弾指一(12)

小一条院が藤原寛子を「高松」まで迎えに行っている。鳥羽院は泰子を迎えに行っているのであって泰子は直接参上していない。では、なぜ高陽院入内が近衛家の先例になり得たのか。それは、夫が妻を迎える嫁取りは「臣下の例」であって天皇の婚姻形式ではないからである。次節で述べるが、天皇は自ら御所から外出して妻を迎えるようなことはせず御所にどっしりと腰を据え、そこに女御が入内する方式をとる。それに対して、「臣下の例」は夫が妻を迎えにいく嫁取りのタイプであり、これこそが先の『高嗣記』に見る「新迎の儀」を指しているのではないだろうか。

高陽院入内に際しては、妻方が用意した家に鳥羽院がやって来て泰子を迎え取った。近衛家と九条家の場合は妻方から直接夫方へ妻が向かった。いずれも基本的に婚姻の経営は夫方が主体であるが妻方が一定の役割を果たしている点で共通している。こうした妻方の役割が婚姻に入り込んでいるのが夫方で賄われる入内とは違う貴族（摂関家）特有の嫁取り形式であったのではないか。

(3) 入内の一般的方式

入内の一連の経過を知るときに便利な書物が『皇室制度史料』である。当書を参考に中世における入内の一例を紹介したい。まず、「入内定」という装束や調度品など婚礼道具の担当者を決めた文書が作成される。そして、「御書使」が「入内定」を舅宅へ持参する。次に、「輦車宣旨」が出され、女御の予定者に車が用意される。女御は車に乗ってお供を従え参内する。天皇が寝所に参上し、もてなしのための「饗饌」が振る舞われ、「後朝使」が女御のもとへ送られる。その後、舅と婿が対面する「露顕」が行われる。「女御宣下」で女御の地位を頂いた後、よろこびの意志を伝える「奏慶」があり、「三箇夜餅」で結婚のお祝いをする。もちろん、時代や女御の出身によって違いもでてくるであろうが、だいたいこのような流れで入内が執行されたのだろう。

さて、夫が妻を迎えに行くかどうかという視点に基づけば、天皇（夫）は御所に居たまま女御ら（妻）を迎えるのか、はたまた妻を迎えに御所から天皇が外出するのか、いずれが正しいか確認しておこう。

亥刻先陣来渡、三方殿上人・本家□司・職事・諸大夫四位以下・蔵人五位以上百余人前駈、次御車（略）、別当馬頭重衡朝臣候御後、次出車十両（略）、次下仕車一両（略）、次公卿車（略）、入二御上東門一（略）仰二輦車宣旨一、次召二移輦車一院御車、二條院儲君之時、被レ模二造貞信公一輦車云々、諸大夫十二人役之、登華殿西面寄二御車一、弘徽殿為二御在所一、兼日供奉御装束左少弁経房奉行之、次内侍勾当、伊与参二三品御方一、申二御旨一、次給レ禄、主上入二御夜御殿一之後、権大納言重盛卿取二御草鞋一給預之、[14]

これは、高倉天皇のもとに参内した平徳子の入内記事である。徳子の乗った「輦車」は御所の「登華殿」の西面に寄せられ、「弘徽殿」を在所とし、天皇は「夜御殿」に入った。その後、一二日経って天皇は初めて「女御殿御方」に渡り、「露顕」が行われた[15]。妻が御所に参るのであって天皇が妻を迎えに行ったりはしていない[16]。

（4）入内のごとき婚姻を避ける理由

ところで、なぜ摂関家の人々は入内のごとき婚姻を避けるのであろうか。近衛兼経の婚姻で不快な先例として取り上げられた事例をもとに確認してみたい。

①承安の例

今日、摂政、室家嫁娶之後、初被レ行被レ向二華山、院一云々（中略）還了後、摂政相共被レ渡レ北、邦綱卿家云々日来摂政所レ被レ居二此家一也、而為二此事一、暫被レ申二請中宮御所一、以二彼家一、故摂政殿娶二白川殿一給、依レ為二不吉之例一、故被レ違二彼例一云々、中宮御同宿云々、頗以見苦事也[17]

これは、藤原基房と花山院忠雅女との婚姻である。婚姻儀式は基房妹の二条天皇の中宮育子御所で行われたと思われ、基房夫婦は育子御所から舅方の華山院へ挨拶に行っていることが分かる。しかしながら、育子と新婚夫婦が同居することは、育子が基房の妹である一方で天皇家でもあるためか「見苦事」であり、また育子御所でかつて基実が嫁取婚を執り行った悪い例（永万の例、但し史料は伝存していない）があるので、基房夫婦は育子御所を離れ、基房父忠通の家司である藤原邦綱の家に移った。ここでは、皇族と同居する嫁取りを非としている。

この婚姻を行った基房は治承三年のクーデターで遠流となり、子の師家が義仲に担がれて摂政になったが摂籙の家の流れを断ってしまった家系である[18]。

②永万の例

史料として残っていないが、藤原基実と平清盛娘盛子との婚姻と思われる。夫の基実は二四歳の若さで早世し盛子は摂関家領を押領した[19]。

③建仁の例

明日此御新妻行始給云々、或可レ献二出車一、或可二御共一、様様有二其沙汰一、（中略）右金吾深恐二仙洞一之間、頗異二普通之儀[20]一

これは、九条良輔と坊門信清女の婚姻である。夫が妻を迎えるための車・供の者を出すべきかどうかで議論があった。妻の兄弟坊門忠信によると、それは後鳥羽上皇の機嫌を損ねるものであり、「普通之儀」ではないという。しかし、翌日条を見ると、「今夜猶可㆓御共㆒、率爾雖㆓見苦㆒、可㆑参之由申了」とあることから、結局、軽率で見苦しいとはいえ、迎えの供が夫側から出されることになった。上皇の機嫌を損ねるのを覚悟で嫁取りを実施している。当婚姻を行った良輔は疱瘡にかかり三四歳で逝ってしまった[21]。

他にも、「サルホドニ松殿ノムスメヲ、サヤウニモイワレケレバ、次ノ年建仁元年十月三日ムカヘラレニケリ。年ハ廿八トキコヘキ。ソノ年十二月九日母ノ政所ウセラレヌ」[22]とあるように、九条良経が基房女寿子を迎えているが、良経の母が年内に死去している事例がある。

どうやら、嫁取婚の先例は摂関家にとって不吉な例ばかりであるようだ。不吉な結果を将来する理由は、妻が夫の家に夫の用意した車に乗って参上する「入内のごとき婚姻」をとったからと考える。近衛家は入内に似ないよう妻を迎える車を用意しなかった。しかし嫁取りの先例が必要なので摂関家の先祖が良い嫁取りを行っていない以上、高陽院入内を参考にせざるを得なかった。当入内は夫が妻を迎えにいく「臣下の例」という特殊な入内であり、天皇の入内と区別されるものであった。どうやら摂関家は「入内」と気にしつつもきわめて入内に近い嫁取婚を行える特異な地位にあったのではないか。つまり、摂関家は天皇に非常に近い存在であり一般貴族と隔絶した場所にいることを意味する。

(5) 親王の嫁取り

摂関家が天皇家に遠慮しつつも入内のごとき嫁取りを実践できるとすれば、より血縁関係が深い親王家の場合も摂関家同様嫁取婚を遠慮しつつ実践できるはずである。

次の事例は、為平親王が源高明女を迎えた記事である。

此ノ夜上野大守親王昭陽舎ノ宿廬ニ於テ右大臣ノ息女ヲ娶ス。禁中ニ於テ婚礼ヲ行フハ、頗ル便無シト雖モ、予在範ノ時、天慶年中、飛香舎ニ於テ故中納言ヲ納ル。蹤跡有ルニ依リ之ヲ許ス、(23)

文中、「禁中ニ於テ婚礼ヲ行フハ、頗ル便無シ」とあることから、為平は妻から直接御所に来させて婚姻を行ったのだろうか。村上天皇の東宮時代にも同じ形態で嫁取婚を行ったのでその先例に従い実施されたようだ。成明親王と藤原安子との婚姻も、「天慶三年四月十九日、成明親王在二飛香舎一、納二左衛門師輔長女一、未レ聞下人臣在二禁中一行中嫁娶礼上、頗可レ恠者也(24)」とあり、やはり禁中で嫁取りを行うのは非とされ敬遠されている。これもまた天皇の婚姻と似てしまうからであろう。皇族も摂関家と同様嫁取りを行うことを憚かったが理由を付けて実施している点は同じである。

(6) 気兼ねなく嫁取婚を実施する一般貴族・武士

嫁取婚に気をつかっているのは、どうも摂関家と皇族だけであったようだ。一般貴族や武士は何の気兼ねもなく嫁取りを実施している。

たとえば、「今夜司農少卿密々迎レ女、可レ為二妻室一云々、以二北対一白地為二居所一(25)」とあるように、藤原信光が妻を迎えた史料があるが、先例を探ったり儀式の内容を確認するなどしていない。また、藤原実躬の妻が実躬の家に「行始」めた例があるが——これは恐らく婚姻の開始だろう——先の例と同じく近衛家のようにあれこれ先例にまつわる議論をして記録に留めていない(26)。一般貴族にとって、嫁取婚が天皇の入内に似るかどうかという話は全く関心外の事柄であるようだ。

また、次に紹介する九条良経と一条能保女との婚姻例では武士の一般的婚姻方式を嫁取りであったと見なすことができる。

此日以二使者一大将迎レ婦之儀、猶不レ可レ然、随又無二其家一力不レ及之由、示二遣能保卿之許一了、返報云去夜自二関東一、此間事、偏可レ随二殿下御定一之由申送候、仍於レ今者、可レ奉レ迎二大将一也、進レ娘之儀不レ可レ候云々日来頼朝卿不レ可レ奉レ迎之由、依レ令レ申、力不レ及之由彼卿再三示レ之、然而、近例皆不快、加レ之、当時可レ進レ娘、事体頗懦弱、仍廣元下向之次、示二遣子於頼朝卿之許一、仍聞二披子細一諷二諫能保一歟、最神妙也而其家猶不作、（中略）仍一條家可レ宜之由仰レ之[27]

能保の義兄である頼朝が嫁取婚を勧めるのに対して、良経の父・兼実は不快であると見なし、婿取婚を主張する。結局、良経は舅方の一條家に迎えられた。摂関家の兼実にとって嫁取婚の挙行は慎重に扱うべき事柄と認識されていたようだ。逆に、頼朝の頭には嫁取り＝入内という認識の微塵も感じられない。やはり、嫁取りに慎重な人々は摂関家と皇族のみである。

二　後宮女性に手を出した男の処遇

（1）　お咎めなし

摂関家が特異な地位にあることを示すためには、「密通」を視点に説明するとより一層分かりやすい。「密通」は女性と非公認の肉体関係を結ぶことを意味する用語である。古代において、帝の妃ら後宮女性と密通した者は殺害されていたが、天皇の聖性を維持するために、間男を殺害せずに流罪や解官するなどして寛刑として処理されるようになったという[28]。これは、中世でも引き続き行われているようで、一般的には後宮女性と懇ろになると解官や京外追放など何らかの処罰をされるのが通常である。ところが、摂関家が後宮女性と懇ろになっても処罰されるようなことにはならない。

御殿籠りてあるに、御腰打ちまゐらせてさぶらふに、筒井の御所の夜べの御面影ここもとに見えて、「ちと物仰せられむ」と呼びたまへども、いかが立ち上がるべき。動かで居たるを、「御寝にてある折だに」など、さまざま仰せらるるに、「はや立て。苦しかるまじ」と忍びやかに仰せらるるぞ、なかなか死ぬばかり悲しき。御後にあるを、手をさへ取りて、引き立てさせたまへば、心のほかに立たれぬるに、「御伽には、こなたにこそ」とて、障子のあなたにて、仰せられ居たることどもを、寝入りたまひたるやうにて聞きたまひけるこそ、あさましけれ。とかく泣きさまたれ居たれども、酔ひ心地やただならざりけむ、つひに明けゆくほどに帰したまひぬ。我過ごさずとは言ひながら、悲しきことを尽くして御前に臥したるに、ことにうらうらとおはしますぞ、いと堪へがたき(29)。

『とはずがたり』は、後深草上皇が養育し愛情を注いでいた二条と彼女に言い寄る男たちとの性愛の様子が二条自身の手で綴られている。もちろん、文学的要素が入っているため全面的に事実であるとは言えないが、誰が二条の相手をしており、その相手の処遇がどうなったかについて見ることは意味のあることだと考える。

先の記事は、「近衛の大殿」が二条に言い寄り、後深草も二条に誘いに応じるよう勧めている。近衛の大殿は鷹司兼平を指すと考えられており、彼は建長四年以降三度摂関の地位についている人物である。一般貴族や武士が近衛の大殿のような振る舞いをすることはおそらく無理であろう。

(2) 寛容な処罰

摂関家出身の男性が後宮女性と寝ても天皇からお叱りを受けないのとは対照的に、一般貴族の男性が密通すると天皇の勘気を蒙った。

内には万里小路大納言入道師重といひし女、大納言の典侍とて、いみじう時めく人あるを、堀川の春宮権大夫具親の君、いと忍びて見そめられけるにや、かの女、かき消ち失せぬとて求めたづねさせ給ふ。二、三日こそあれ、程なくその人とあらはれぬれば、上、いとめざましく憎しと思す。やんごとなき際にはあらねど、御おぼえの時なれば、厳しくとがめさせ給ひて、げに須磨の浦へも遣さまほしきまで思されけれども、さすがにて、つかさみなとどめて、いみじう勘ぜさせ給へば、かしこまりて、岩倉の山庄にこもりゐぬ。花の盛りにおもしろきをながめて、

うきことも花にはしばし忘られて春の心ぞ昔なりける

典侍の君はかへり参れるを、つらしと思す物から、「うきにまぎれぬ恋しさ」とや、いよいようたがらせ給ふを、さしもあらず正身はなほすき心ぞたえずありけんかし。

たえはつる契りをひとり忘れぬもうきも我が身の心なりけり

とて、ひとりごたりける。末ざまには公泰の大納言、いまだ若うおはせしころ、御心と許して給はせければ、思ひかはして住まれし程に、かしこにて失せにき。(30)

後醍醐天皇の妃に手を出した堀川具親が処罰されている。最初は流罪も考えられたという。『増鏡』は『とはずがたり』のように、公家社会をある程度誇張して描いている可能性もあるが——当記事も『源氏物語』を意識していると思われるが——、後宮女性と懇ろになって処罰されている点は『とはずがたり』とは異なる。他にも、藤原季通が待賢門院璋子と密通し白河法皇の怒りを買い昇進の道を断たれてしまった例(31)、内蔵人泰友が崇徳天皇の女房と密懐したことにより除籍されている例(32)、後鳥羽天皇が女房と密懐した「童」を追放している例(33)などがある。

(3) 厳格な処罰

時代は下るが、室町時代、称光天皇に仕える女官と密通したため処刑された「御所侍」がいる。(34)

仙洞御所侍去十七日於二六條河原一被レ刎レ首了。此御所侍院御気色快然。傍若無人也。而女官密通懐妊了。露顕之間夫婦被二追出一了一両年。事云々御所侍籠居之間、御免事就二内外一連々雖二歎申一、無二勅許一之処、去十六日仙洞へ推参直奏申、只今無二御免一者生涯可二存定一之由、嗷々申之間、門番衆讃州被レ仰被二召捕一了。以二廣橋一室町殿へ可レ被レ討之由被レ申、然而公家御沙汰誅戮如何之間可レ被二流罪一之由被レ申、猶只可レ被レ討之由重被レ申之間、其上事可レ為二時宜一之由被レ申云々、仍十七日被レ刎レ首了。公家御沙汰以外事云々。(35)

後小松上皇の御所に仕える侍が天皇に仕える女官と密通し妊娠させてしまった。事実が明らかとなったので、侍夫婦は御所から追い出されてしまった。侍が抑留されているとき、処罰の減刑を求める動きがあったが、称光天皇のお許しがなく侍は後小松上皇に直訴した。ただいまお許しがなければ、死んでしまうとやかましく言ってきたので、天皇は門番衆に命じて召し捕り、武家伝奏の廣橋兼宣を通して将軍足利義持へ討つように命じた。しかし、貴族が斬刑を決定することに疑問があるので、流罪に処せられてはと将軍は話された。天皇は処刑すべきであることを再度命じてきたので、その時の事情に基づけばよろしいと将軍は申されたという。よって、一七日に侍の首を刎ねられた。

これは貴族らが公職停止などの社会的制裁を加えているのに対して、極刑でもって解決しており天皇の密通に対する処罰の有りようは一様でないことが分かる。天皇は密通に寛容であったり厳しかったりとその時々の天皇のお気持ち次第ということになろうか。しかしながら、天皇が侍を処刑できたのも間男の身分の低さ故に可能だったと考えてよいだろう。

三　性の収奪

(1) 天皇の場合

さて、次に「性の収奪」という観点から摂関家の特異性を考えたい。そのためには、まず天皇による「性の収奪」事例を見る必要がある。『古今著聞集』には、後嵯峨天皇が貴族の妻を召し上げる話を載せている。

後嵯峨天皇は、宮中での蹴鞠や仏事の最勝講に参加する女房の中に気に入った女性（人妻）を見つけた。後嵯峨は、その女の家がどこにあるか探させた。すると……。

三条白川に、なにがしの少将といふ人の家なり。このよしを奏するに、やがて御ふみあり。

あだに見し夢かうつつかなよ竹のおきふしわぶる恋ぞくるしき　この暮にかならずとばかりあり。蔵人、御書を給ひて、かの所に持てゆくに、をとこある人なれば、わづらはしうて歎くに、御使心もとなくて返事を責むれば、いかにもかくれあらじと思ひて、ありのままに語れば、少将、さすがにわづらはしげに思ひて、「をとこの身にて、左右なく参らせんもはばかりあり。あなかしこといさめんも、便なかるべき事なり。人によりて事ことなる世なれば、ひとつは名聞なり。人のそしりは、さもあらばあれ、とくとく参らせ給へ」と勧むるに、女うちなげきて、かなふまじきよし、返す返すいなびければ、少将申しけるは、「この三とせがほど、おろかならず思ひかはして過ぎぬるも、世々の契なるべし。今またためされ給ふもあさからぬ御契ならんかし。やうやうしくて参り給はずは、さだめてあしざまなる事にて、我が身も置き所なき事にもなりぬべし。よもあしくは、はからひ申さじ。とくとく参り給へ」と勧めければ、女、うち涙ぐみて、御文をひろげて、「この暮にかならず」とある下に、「を」といふ文字をただ一つ、墨ぐろに書きて、もとのやうにして御使にたまはせてけり。[36]

後嵯峨天皇が某の少将の家に住む女性（少将の妻）に恋をしラブレターを送った。妻は返答に困り夫に相談したが結局妻を差し出さねばよからぬことになるので妻は泣く泣く夫の元を離れ宮仕えをした。そして夫はこれを機会に昇進している。天皇が人妻を召し上げたことになるのだが、こうした行為が現実的にあり得るのかまでは断言できない。しかし、こうした主題の主人公に天皇を設定している点は興味深い。

(2) 貴族の場合

こうした「性の収奪」は、天皇だけが行っているわけではなかった。

ある年の正月、藤原時平が伯父の大納言国経の邸に新年のあいさつに行くことになった。伯父は大臣のお出ましに盛大な宴を準備した。時平は酔った悪ふざけに、「家礼ノ為ニ此ク参タルニ、実ニ喜ト思食サバ、心殊ナラム曳出物ヲ給ヘ」と国経に迫った。国経は酔った勢いで「此ル者持タリケリト見セ奉ラム」と、こんな若い妻がいますぞと申し出て「此レヲ曳出物ニ奉ル」と言って妻を呼んだ。時平は、「北ノ方ヲ掻抱テ車ニ打入」れて車に乗って帰っていった。[37]

妻を取られた国経はただただ悔しく悲しがるだけであった。先ほどの少将の例とよく似た内容である。貴族の中でも最も地位の高い立場にあたる者は、物語上のことではあるが「性の収奪」を天皇と同様実行できたことになる。摂関家の位置を考える上でも大変有効な史料となろう。

次の史料は「性の収奪」に該当するか判然としないが、念のため掲載しておこう。

往年禅閤密通の時、夫あり。名を基章という。字は高蔵人という。況女を生む。禅閤の子と称す。禅閤争わずして子を養う。なおわが子にあらざるを疑う。（略）禅閤涙を流していう。年来わが子や否やを疑うなり。

今すなわちわが子と知る。(38)

元木泰雄氏によると、藤原忠実には事績の分からない娘が二人いて、況所生の娘がその一人であった。況には夫がいたが、それは忠実の家人だった(39)。忠実は、家人の妻を召し上げたのであろうか。あるいはひそかに通っていたのか。仮に召し上げたとするならば、摂関家においても天皇と同じ下位身分の妻を召し上げる行為を実践していたことになる。

(3) 武士の場合

ところが、武家の世界では、上司に当たる将軍が部下（御家人）の妻に手を出すととんでもない事態に発展する。

至二暁鐘之期一、中将家遣二中野五郎能成一、猥召二景盛妾女一。点二小笠原弥太郎宅一、据二置之一。御寵愛殊以甚云々。是日来重レ色御志依レ難レ禁、被レ通二御書一。御使往復雖レ及二数度一、敢以不二諾申一之間、如レ此云々(40)。

鎌倉幕府二代将軍で源頼朝の子ども頼家が、鎌倉幕府草創の功臣・安達景盛の「妾女」を手に入れようとした話である。妾は貞操の堅い女性だったようで何度も頼家の誘いを断った。しかし頼家の寵愛は深く、「召二件好女景盛妾於北向御所一。自今以後、可レ候二此所一」（同書同年同月二六日条）とあるように、今後、頼家の側近くの御所に住むことになった。頼家はかなり強引な人物だったのであろう。こうした頼家の一連の所行に対し、夫の景盛が「怨恨」を抱いていると頼家に讒言した者がいた。

有二讒佞之族一。依二妾女事一、景盛貽二怨恨一之由、訴二申之一。仍、召二聚小笠原弥太郎・和田三郎・比企三郎・中野五郎・細野四郎以下軍士等於石御台一、可レ誅二景盛一之由、有二沙汰一(41)。

「讒佞の族」とは、「景時の讒により、命を殞し、職を失ふの輩、勝《あげ》て計《かぞ》ふべからず。（中略）すなわち景盛も去るころ誅せられんと欲す」とあるように、梶原景時であった(42)。

注目したい点は、御家人である夫景盛が、鎌倉殿である主人頼家に対して怨恨の念を抱いているという事実である。景時が景盛を讒言した前提には、人妻を奪われた夫は当然復讐しようとする恨みの感情を抱くはずだ、という認識があったからに他ならない。

この事件から、武士の場合、密通により夫に恨みの念が生じ、それが原因となって夫と間男との争いへと発展する可能性が十分にあったことを読み取られる。いくら将軍とはいえども部下の妻に手を出せないのである。先に見た天皇や摂関家などの密通事例と対照的である。中世の社会は、天皇や摂関家といった高位にある人々による世界と一般貴族や武士といった下位の地下人との間とで文化的な棲み分けがされていた。これは家族形態の相違を背景としているからと考えたい。

おわりに

少し乱雑になったが、本稿では、婚姻・密通の視点から摂関家の特異性を確認した。第一節で摂関家の婚姻方式がきわめて天皇の婚姻と近い内容であり一般貴族や武士とは隔絶した位置にあったと考えた。第二節と第三節では、文学作品も使いながら天皇と摂関家の密通に対する共通した姿勢を見いだした。さらに補足するならば、以前、拙稿「鎌倉時代における密懐」(43)の中で、貴族のコキュは密通に対して復讐観念が弱かったこと、武士のコキュは復讐観念が強かったことを述べたことがあった。今回の視点で細分化するならば、貴族とは言っても摂関家と下級貴族のコキュに違いを持たせてみたいのである。つまり、摂関家では藤原忠通が寵愛する女性の密通を目撃しても復讐らしき行為をせず憔悴しきって亡くなった事例(44)、ある殿上人の家に忍び込んで密通した間男に復讐せず妻に別れの歌を送っただけの事例(45)から分かるように、天皇の後宮女性に対する処遇と同じく復讐観念が弱かった。これに対して、下級貴族の場合は、「陰陽大允」が好色妻の相手(殿上人)の顔を傷つけた事件(46)、外記の中原師範が間男高階成棟を殺害した事件[47]から分かるように、かなり荒っぽい武士まがいの復讐をしている。

摂関家と一般貴族と武士を細分化できるという仮説が妥当ならば、今後の家族研究は三者の相違に留意しながら論じる必要があると考える。

（1）高群逸枝『招婿婚の研究』（一九五三年）。
（2）網野善彦『日本の歴史10　蒙古襲来』、坂田聡「中世の家と女性」（『岩波講座日本通史』一九九四年）。
（3）「嫁取婚の成立時期について――公家の場合――」（『比較家族史研究』第一五号、二〇〇一年）、「嫁取婚の成立時期について――武家の場合――」（『龍谷史壇』第一一七号、二〇〇一年）。
（4）栗原弘『平安時代の離婚の研究』（一九九九年）。
（5）注（3）を参照。
（6）『玉蘂』嘉禎三年（一二三七）正月一四日条。
（7）「廣季記、平治元年七月一日、六条摂政殿、迎信頼妹給、山車女房、廿人装束、（中略）女郎（新婦か）花唐衣箱形薄織物色裳大文ノ薄物白腰濃張袴泥絵ノ夏扇童女二人装束（中略）半物四人（中略）下仕二人（中略）雑仕四人（中略）御樋澄二人（中略）已上下仕以下自閑路参入、同記平治元年七月四日、今夕女房以下給芸装」（『桃華蘂葉』胡曹抄所収『廣季記』平治元年〈一一五九〉七月一日条）。
（8）『玉蘂』嘉禎三年（一二三七）正月一四日条。
（9）泰子入内の経緯については、加茂明日香「高陽院泰子――入内に至るまで――」（『国文鶴見』三八号、二〇〇四年）に詳しい。
（10）『長秋記』長承二年（一一三三）六月廿九日条。
（11）加茂明日香氏前掲論文。
（12）『小右記』寛仁元年一一月二二日条。
（13）『水左記』承暦五年一〇月二七日条。
（14）『兵範記』承安元年一二月一四日条。
（15）『兵範記』承安元年一二月二六日条。

(16) 高群逸枝氏は徳子入内を擬制婿取形式とみなす。また入内は民間の婿取婚を天皇家が輸入したと見なす。しかし、擬制婿取婚の事実は確認できないことを旧稿で確認したし（注(3)参照）、天皇家が民間の婿取婚を真似したというよりは、摂関家が天皇の婚姻に似ないように注意しつつも真似るようになり、後世民間にも広がっていたという仮説を立てた方が良さそうである。
(17) 『玉葉』承安元年（一一七一）八月二二日条。
(18) 高橋秀樹『日本中世の家と親族』（一九九六年）。
(19) 同右書。
(20) 『明月記』建仁二年（一二〇二）四月一九日条。
(21) 前掲注(18)に同じ。
(22) 『愚管抄』巻六。
(23) 『撰集秘記』。
(24) 『西宮記』巻一一裏書。
(25) 『民経記』天福元年（一二三三）四月暦記二〇日条。
(26) 『実躬卿記』正応元年（一二八八）正月一〇日条。
(27) 『玉葉』建久二年（一一九一）六月二日条。
(28) 西山良平「古代王権の〈侵犯〉伝承——『古事記』中・下巻を中心に——」（『長岡京古文化論叢Ⅱ』一九九二年）、同「王朝都市の王権と《色好み》」（『日本史研究』三六四号、一九九二年）。
(29) 『とはずがたり』巻二・三。
(30) 『増鏡』秋のみ山。
(31) 『殿暦』永久五年（一一一七）一〇月一一日条。
(32) 『長秋記』保延元年（一一三五）六月二五日条。
(33) 『明月記』元久元年（一二〇四）六月九日条。
(34) 『看聞御記』応永二八年（一四二一）九月二〇日条。
(35) 同右書同条。
(36) 『古今著聞集』巻八好色。

(37)『今昔物語集』巻二三「時平大臣、国経大納言の妻を取ること」第八。
(38)『台記』康治元年(一一四二)六月七日条。
(39)『藤原忠実』(吉川弘文館、二〇〇〇年)一九〇頁。
(40)『吾妻鏡』正治元年(一一九九)七月二〇日条。
(41)同右書同年八月一九日条。
(42)同右書同年一〇月二七日条。
(43)上横手雅敬編『中世公武権力の構造と展開』(吉川弘文館、二〇〇一年)所収。
(44)『明月記』嘉禄元年(一二二五)一〇月二五日条。
(45)『今昔物語集』巻二八「ある殿上人の家に忍びて名僧通えること」第一一。
(46)『明月記』嘉禄元年(一二二五)二月一三日条。
(47)長久二年(一〇四一)三月二七日・同二八日条。

室町の十字架――足利義嗣と一休宗純――

平山朝治

はじめに

足利義満は、子息義嗣の登極によって、易姓革命・王権簒奪を狙ったとされてきた[1]。しかし、異姓養子による家長位の継承を正統とするような法理や慣行がすでに確立していた当時の人々にとって、義嗣が後小松天皇の猶子となって親王扱いされたのだから[2]、それは同一王朝内での正統な皇位継承手続きであって王朝交代・易姓革命を帰結するような出来事ではなかったと考えるべきではなかろうか。

皇位継承は父系血縁によるという原理は、アマテラス神話に照らして明らかなように、古代日本には見られなかったものである[3]。日本の女帝は譲位とともに皇位継承者を指名する方策を開拓し[4]、それによって非皇族を天皇にすることすら不可能でなかったことは、道鏡の例から明らかであろう。皇位継承資格として父系血縁を絶対視する思想は、道鏡事件の後、光仁・桓武が天智からの父系直系血縁を高く掲げて自らの皇統を正統化したためようやく確立した。しかし、藤原道長のころから父系氏族を解体しつつイエが成立して[5]異姓養子がみられるようになり[6]、天皇家についても母系による血統存続を図りつつ、異姓養子が皇位に就くことが可能になった。そのような可能性が半ば現実化した事例として、足利義嗣のケースをとらえるべきではなかろうか。

本稿は、そのような観点から、共に応永元年（一三九四）生まれの義兄弟である、後小松天皇実子・一休宗純[7]と猶子・足利義嗣との間の相思関係に着目しつつ、日本の社会や思想の歴史を考え直す手がかりを求めるものである。

一　四皇統並存

足利義満の母紀良子は、後嵯峨の皇胤、石清水祠官尚清の子息通清と、順徳の曾孫智泉尼聖通との間の娘である[8]。彼女は、大覚寺統と持明院統が並立する以前の順徳・後嵯峨の血をひいているのであるから、極めて高貴な女性皇胤であると言ってよいであろう。

さらに、義満の母良子は、後円融の母崇賢門院広橋仲子と姉妹（同母姉妹であるか否かは不明）であるから、義満と後円融は母方平行いとこになる。このように、母方を通じて天皇の血をひき、同年生まれの現天皇と母方平行いとこであるというように、義満は母系血縁を通じて天皇家と緊密に結びつき、身内として振る舞うことができたのである。

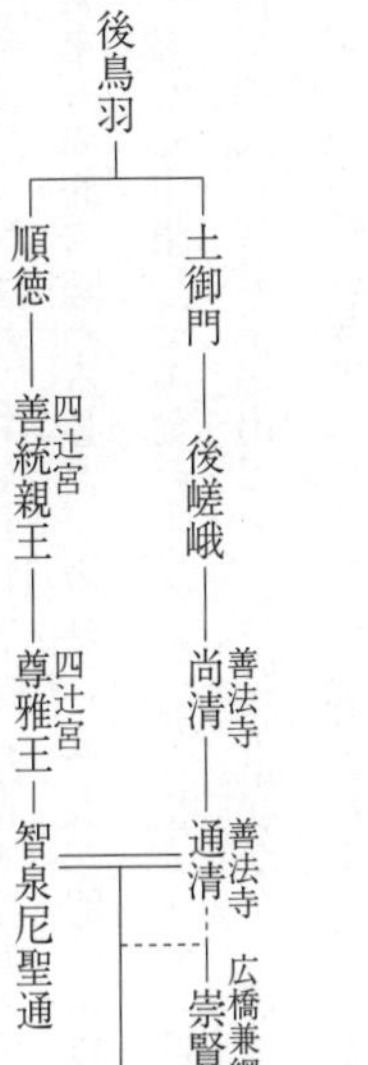

皇室と足利家の関係を神話の皇統譜と照らし合わせれば、通清＝イザナキ、聖通＝イザナミ、良子＝アマテラス、義満＝アマノオシホミミ、義嗣＝ニニギという神話との対応が成り立つ。義嗣が伊勢参宮の直後に親王の儀

によって元服し、後小松の猶子となったのは、同一王朝内で皇位に就く資格が彼にはあることを、神話に依拠して示したものであろう。すなわち、皇位を独占してきた後光厳皇統に、皇位から遠ざけられてきた大覚寺統、伏見宮家と、アマテラス神話に依拠して皇位を望む義満以降の足利家を加えた、四つの皇統の間の合従連衡として、事態を大局的に眺める必要がある。しかも、院政期以降日本では、通例の皇帝・皇太子の二つの椅子と比べ、治天の君たる上皇、その他の上皇、天皇、皇太子と、四つ以上のポストをかかえているため、二統迭立も可能で、仮に足利家から天皇が出ても、他の諸皇統が全て排除されるとは限らない点にも注意を払わなければならない。

従来の正統性の規準からすれば大覚寺統や伏見宮家に比べて遜色がある後光厳皇統を、さらに劣位にある母系皇胤義満が支えているという出発点そのものが、第三位・第四位連合である。明徳三年（一三九二）の南北朝合一時の和平条件として、第一に、大覚寺統後亀山から後小松への譲位という形式をとり、第二に、皇位は大覚寺統と持明院統の間で交互に迭立するという合意が成立していた。しかし、実際には譲位形式はとられず、安徳と後鳥羽の並存という事態の後、平家が滅亡、安徳が崩御して神器が西海から帰洛したときの例に従うことで、大覚寺統排除が目指された。大覚寺統の代わりに足利家が迭立を組む皇統に昇格することは、それによって三・四位連合迭立による皇位独占が確実となるならば、後光厳皇統にとっても満足すべき成果たりえたのではなかろうか。

このような見通しのもとで、後小松と義満の間のネゴシエーションを整理してみよう。

明徳四年に後円融院が崩御し、一七歳の後小松が義満と対峙することになった。まず、明徳五年二月に義満は南朝大覚寺統の後亀山院に尊号を奉った。一条経嗣は義満の意向に半ば逆らって、南北朝合一は後亀山から後小松への譲位ではないとする北朝の立場を貫き、非登極帝に対する礼敬という文案を通すことに成功したが、尊号によって後醍醐の子孫が皇位に就く可能性が生じたとも認識している(9)。

応永八年（一四〇一）三月五日に、義満は相国寺を五山之上の南禅寺に次ぐ五山の第一とするが、これは、後小松天皇に称光が誕生した同月二九日の直前の出来事であり、男子が生まれればいずれ譲位したいという後小松の期待はこれによって脆くも崩れ去っただろう。五山の序列で、南禅寺と天竜寺という大覚寺統ゆかりの二寺院の間に、義満の相国寺が置かれることは、正平一統のごとく北朝を捨てて南朝と与するという暗示ともとれる。

このように意味深長な五山序列変更や、応永九年三月一二日に後亀山法皇を訪れた直後の三月一六日から崇賢門院、夫人康子と愛娘喝食御所を伴って伊勢参宮をするといった義満の動向が意味するのは、次の皇位については大覚寺統を支持するという後亀山との秘密交渉が進展している可能性である。本当に交渉しているのか、そうみせかけているだけなのかは、後小松にはわからない。いずれにしろ、義満は北朝に皇位を独占させる気はないと後小松が判断するに至ったことは間違いないのではなかろうか。南北朝和平条件第二条に従えば後小松の後を北朝が継ぐことは不可能で、大覚寺統からの登極も後小松や持明院統正統を主張する伏見宮家にとって承服しがたいのであるから、このままでは両統が対立して皇位継承者が決まらなくなり、母系皇胤足利家が漁夫の利を得るだろうことは目に見えている。皇位継承候補が複数いて絞れないまま、院政を行う資格のある後亀山院も後小松も崩御すれば、足利家が簒奪との非難を受けることなく、たなぼた式に皇位を得るのは必定であるし、そのためにこそ義満は大覚寺統を丁重に扱い、伊勢参宮を繰り返していたのだろう。後小松は、そのような最悪の事態を回避し、自らの子息に皇位を継承させるための代案を用意しなければならなかったはずである。

そのような状況において、後小松と義満の息子同士の恋愛という、思いがけぬ事態が生じた。後小松のおそらく最初の皇子である一休宗純の母は南朝貴族の娘で、懐妊中讒言によって後宮を去り、足利義嗣にはすでに兄義持という継嗣がいた。そのため、二人は共に仏門に入るよう定められるという似た境遇にあり、共に応永元年生まれでもあった。応永一三年、一三歳の春ころ一休と義嗣は相思の仲になり、南朝との接触を恐れて一休には監視の目がつきまとっていたためであろうが、二人の関係を父親たちに知られ、義嗣は元服の際後小松の猶子になって親王として遇された[10]。

他方、応永一三年三月、将軍義持は父義満の勘責を受けており、義満と義持の間の亀裂に乗じて、後小松と関白一条経嗣は義嗣をこのころから積極的に取り込んで、義嗣登極への主導権を握ろうとした形跡すらある。その年の暮れに義満の妻日野康子が経嗣の推挙で後小松の准母となり、翌応永一四年三月には北山院の院号宣下があった。三月二三日の北山院入内始の直後、四月九日から義満は北山院らを伴って伊勢参宮をしており、天皇の准母となり院号宣下を受けた彼女をアマテラスの如き「女帝」と意味づける狙いがあっただろう。このころにはすでに、義嗣がニニギに相当すると、義満は考えていたことになろう。

義嗣は関白忠実の佳例によって応永一五年（一四〇八）二月二七日に童殿上し、東坊城秀長が義嗣と命名した。「〇嗣」は近衛家嫡流が代々使い、二条家、一条家の嫡子にも広まっていたので、義嗣は摂家嫡流の仲間とみなされたのであり、彼を自陣営に迎えることは摂家全体の利益となったのであろう。義嗣の習楽の相手となった山科嗣教も義満によって元服とともに「嗣」の字を賜っており、山科家一門が義満と義持の不和の原因であるらしい[11]ので、経嗣は山科家と連携して義満と義持の不和につけ込んだか、不和そのものを生み出すかして、義満に義嗣を売り込んだのであろう。

義嗣は摂家嫡子並の格を確保した後、その上に位置づけられた。応永一五年三月の北山殿行幸[12]における関白経嗣の義嗣に対する態度にそのことが明らかにあらわれている。この月には、左大臣近衛良嗣が改名して忠嗣となっている（『公卿補任』応永一五年）。義満・義嗣は四月一〇日から伊勢参宮をし、長谷寺で北山院と合流して参詣し、帰洛した直後の四月二〇日に、忠嗣は経嗣と交代して関白になっている（同）。これは、関白ですら義嗣と同じ音の名を憚って改名するということを意味し、その上、義嗣への忠義を誓うべく「忠」の字を選んでいるので、皇帝や皇太子に対する処遇と言ってよいであろう。義嗣という命名も、このことを予定したものであったのだろう。

このように、摂家が一致して義嗣を後小松の後継に推薦したことを受けて、後小松は彼を猶子として内裏にて親王の儀によって元服させていたのであり、義満が強引に義嗣を親王並にしようとしたならば生じたであろう反発はどこにもみられないので、義嗣に禅譲するという策は後小松・経嗣が主導権を握って立案し、それに他の摂家も義満も乗ったというのが真相であろう。

義嗣を皇位に就けることが、簒奪や新王朝樹立であるとする従来の説は、後小松と一条経嗣が義満と義持の不仲につけ込んで、義嗣登極へのお膳立てを積極的に整えたことをうまく説明できない[13]し、一休と義嗣の相思にも気付いていない。後小松と経嗣の最優先目標はあくまで、このままでは潰れそうな後小松の実子の登極である。そのためにこそ、後小松は義嗣に譲位することで、子息の登極という義満にとって満足すべき成果を与えることと引き換えに一休の立太子を果たして後小松院と経嗣がその後も主導権を握り続け、大覚寺統、伏見宮家と将軍義持の率いる足利幕府とを一網打尽にすることを狙っていたのは明らかであろう。

二　北山殿行幸による相思の聴《ゆる》し

応永一五年三月八日にはじまった北山殿行幸のクライマックスは、翌日に予定されながら、晴天吉日を待って三月一四日まで延引された舞童御覧であった。舞楽は、左右から一人ずつ二人が舞う振鉾《えんぶ》ではじまり、少数の例外を除いて左方舞と右方舞に分かれ、左方舞一つとこれに応ずる右方舞（答舞）一つの組み合わせを順に行う番《つがい》舞《まい》が通例である。しかしこのときは「まづまいり音声。春庭楽一曲。舞童二人。左亀丸。右はれわか丸これをまふ。ゑむぶ三せつなどれいのごとし」（『北山殿行幸記』）とあるように、春庭楽、振鉾三節（振鉾を左、右、両者で三度舞う）、番舞の順に舞われている[14]。振鉾は武王による天下平定・周王朝創設にちなんで、邪気を払い会場を鎮めるため、舞楽の始めに行われるもので、その前に参音声の春庭楽が舞われることは異例である。さらに春庭楽は左方舞であるにもかかわらず、振鉾と同様左右から一人ずつ二人で舞うことも破格である。[15] このような春庭楽には特別な意味が込められていたはずである。

舞楽では左右は番《つがい》を意味するので、春庭楽を左右一人ずつ二人で舞うのは、番う二人にかかわる儀式という意味合いがあるはずで、婚約ないし成婚にふさわしいが、ここでは男女ではなく一休と義嗣という童子二人であり、義嗣が天杯を賜ったことと合わせて、北山殿行幸の本質は、一休の父後小松が義嗣の実家に赴いて一休と義嗣の相思を聴《ゆる》すという大祭礼である。春庭楽は立太子礼で演じられるので、二人の立太子を暗示する。[16] 法制的には同時に二人が立太子することはありえないので、後小松から義嗣への譲位と一休の立太子を同時に行うプランがあり、そのことを皇室と足利家が確約するための儀式が行幸であったと言ってよいであろう。振鉾では舞人が「天地長久、政和世理、国家太平、雅音成就」と唱えながら舞うので、一休と義嗣という相思カップルの治世を予祝する意味を込めるべく、普通は舞楽の冒頭に舞われる振鉾が、二人の相思と「立太子」とを祝った春庭楽の次に置かれたと解釈できる。

二人の舞振りを合わせるのが難しいとされる青海波は、特別な趣向をこらして、とりわけ印象深いものであった。「散かふ花の中より青海波のかゞやき出たるさまなど。物がたりのおもかげもいまさらおもひいでられたり」(同) とあるように、若き光源氏と頭中将の二人が青海波を舞った物語(『源氏物語』「紅葉賀」)を連想させたのであり、この二人の関係が同性愛的に描かれていること[17]や、義嗣が光源氏になぞらえられていることを考慮すれば、特別な趣向を凝らした青海波もまた、一休と義嗣の相思を祝う意味が濃厚である。

最後の納蘇利で、晴若丸と栄玉丸の二人がピッタリと呼吸のあった二匹の龍を巧みに舞ったのもまた、相思を祝うための演出と言えよう。

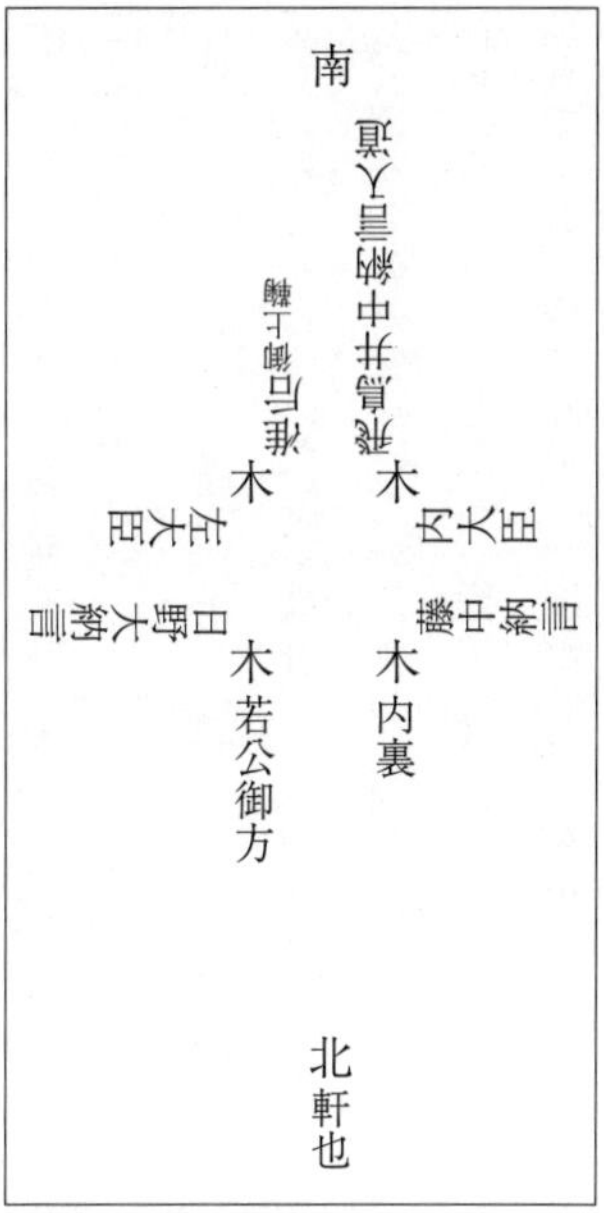

(御鞠『教言卿記』応永一五年三月一七日)

　関白経嗣は「代々行幸のまひ御覧は。鳥羽殿にてもこの北山殿にてもたび〳〵有し事なりしかども。けふのやうにかい代の上童などのいかめしき事は。ためしもあらじとぞおぼえ侍る」(『北山殿行幸記』)と総括している。垣代上童二〇人のうち、一〇人は北山殿のちご、一〇人は諸門跡のちごであり、諸門跡のちご一〇人は一休、北山殿のちご一〇人は義嗣を寓意していると言えよう。また、青海波の垣代童殿上人一四人[18]に若公義嗣を足すと童殿上人は一五人になり、この人数は一休と義嗣が共に一五歳であることを寓意している。

　一七日の御鞠では、図のように、北側に後小松と義嗣が並んで義満ら臣下に南面しており、義嗣が皇子として認められたことを暗喩していると言えよう。『北山殿行幸記』が「さて御まりあすは一ぢやうとぞ奉行権の弁へとし。けふよりふれ侍るとぞ聞えし」と一六日で終わっているのは、翌日の御鞠が重大な意味を込めたものであることを暗示する工夫のように思える。

　北山殿行幸が義嗣登極への布石であることは間違いなかろう。しかし、義満が足利家への禅譲による王朝交代を意図していなかったことは、彼が南側にとどまっていることに示されている。北山殿行幸のさいの和歌・連歌(『北山殿行幸記』条々、所収)からも、このころの義満にはもはや新王朝樹立の野心などなかったことが読みとれる。三月二三日の和歌御会は「題花契万年」であり、「げにたゞいまさき出るはなともてはやされたまへる」(『北山殿行幸記』)義嗣が皇統の永続を契るのである。この題は、一一日の連歌が、御製発句「山水の長閑にすめる汀かな」、義満「風もおさまるよろつ代の春」、義嗣「ちらてなを盛久しき花を見て」と、御製に義満が「万代」、義嗣が「花」と続けたことをふまえたものであり、二一日の連歌も義満の発句「千代まてと花を行幸のはしめかな」で始まっている。

このように、童殿上・北山殿行幸から内裏での元服に至る出来事を通じて、相思の恋人一休との義兄弟の契りとして義嗣が後小松の猶子となることで、王朝の安定的・長期的存続が目指されたのである。しかし、義満は義嗣元服の翌々四月二七日に疾んで五月六日に薨去し、幕府が義満への尊号を辞退したため、義嗣登極計画は頓挫した。そして義満に代わって足利家督として義持が登場して、後小松・関白経嗣と対峙することになった。

三　上杉禅秀の乱と東大寺の乱

義嗣践祚策を率先して進めた一条経嗣は、応永一七年（一四一〇）八月二八日、内々に内覧を仰せつけられ（『諸家伝　二』）、同年一二月三〇日に三度目の関白となり、応永二五年（一四一八）一一月一七日に亡くなるまで務めた。応永一八年一一月二五日、称光への親王宣下とともに、前関白近衛忠嗣（旧名良嗣）が内覧になり（『諸家伝　二』）、経嗣の嫡子一条経輔に代わって足利義嗣が権大納言になったように、経嗣の信頼する公卿達が、皇位継承に備えて糾合された。

他方、『一休和尚年譜』によれば、一休一八歳の応永一八年、清叟師仁が自分の寿像にひそかに金襴の袈裟を着せていると聞きつけた将軍義持が、その寺庵に渡御して像を見たいと言ったとき、居合わせた一休が軸を差し出し、義持の寵愛をうけていた評判の美少年赤松持貞がそれを受け取ろうとしたので、一休が持貞の手を握って色目を使ってみせたところ、慌てた義持は、像を見るのもそこそこに持貞を連れ帰るという事件があった。将軍が皇胤である小僧に敗退した衝撃的な出来事であっただろう。弟義嗣や寵臣持貞に手を出して繰り返し義持を窮地に追いつめる一休が、後小松や称光に対する義持の敵対的態度を喚起したという面は少なくあるまい。

義嗣は、応永一五年四月二五日の親王元服と同時に参議従三位となり、翌年七月には権中納言、応永一七年には正三位となっていたが、応永一八年一一月二一日に従二位、称光親王宣下のあった四日後には一条経輔に代わって権大納言になって正三位権大納言の二条持基を抜き、二年余り後の応永二一年一月五日には正二位になり、従一位内大臣である兄義持のすぐ下の官位まで登っている。このように、義嗣は一条家・二条家といった摂家嫡子よりも優遇された（『公卿補任』応永一五〜二一年を参照）。義嗣は称光践祚を推進する勢力の要として、兄義持が官位昇進すればただちに大臣・摂関に就任しうるところまで順調に出世した。

他方、鎌倉では尊賢法親王が応永一七年五月に鶴岡八幡宮別当となっていた（『鶴岡八幡宮寺社務職次第』[19]）。尊賢は、義満の推挙で親王となった亀山法皇の曾孫常磐井宮満仁親王の兄で同時に法親王となっていた（『後愚昧記』[20]永徳元年一二月二四日）。常磐井宮家は亀山法皇が嫡嗣と定めていた系統であるから、父の譲りによる継承という当時の規範から言えば、後嵯峨─亀山─常磐井宮家こそが最も由緒ある正統だったが、後宇多─後醍醐に大覚寺統を乗っ取られて無力化し、このままでは皇族からはずされるところを、義満や北朝傍流の後光厳皇統の庇護によって親王家として存続できるようになったという経緯があり、尊賢は後小松院に忠誠を尽くすと、鶴岡八幡宮別当となったときから期待されたはずである。尊賢は応永一八年七月八日、八幡宮で供僧三〇人らを率いて長日本地愛染王護摩を始行しており（『鶴岡八幡宮寺社務職次第』）、同年一一月の称光親王宣下で皇位継承を始動する際、鎌倉を支持勢力とする意味があったと思われる。そもそも、尊賢が八幡宮別当となった後で経嗣が内覧となっているように、別当尊賢を介した鎌倉とのコネクションこそが称光への皇位継承を実現する鍵だと後小松は当初から考えていたと思われる。

後小松は応永一九年八月二九日に称光への譲位を断行した。しかし、称光の即位がなかなか実現しないため、後小松院は関東との連帯を強めた。応永二一年（一四一四）四月一三日の院宣で、鎌倉鶴岡八幡宮の、八幡神を安置した若宮御影堂を勅願寺として八正寺と号し、八幡宮別当尊賢法親王に、「国家安寧、聖祚無疆」を祈らせ、同年一〇月一〇日には、八正寺供養で、曼荼羅供の舞楽と、僧二〇口を率いての尊賢の祈禱があった。そして一二月一九日の称光即位が実現し、翌年正月二五日に、後小松院は二〇ヶ所の供僧職諸坊の坊号を永院号に改めさせた(21)。

しかし、即位の次の皇位継承儀礼である大嘗祭や代始改元を巡って義持との対立は激しさを増した。応永二二年五月一五日より、尊賢は最勝王経の毎月一部講読をはじめたが、四月二五日以降、関東管領上杉氏憲（禅秀）が鎌倉公方持氏の逆鱗に触れて屛居し、五月一八日には憲基が関東管領に任ぜられた。かくして、尊賢の最勝講によって、鎌倉の尊皇意識を強化しようとする試みは不発に終わった。禅秀失脚の背後には義持の工作があったのかもしれない。天皇の即位に伴い、通例その翌年までには改元が行われるものだが、称光即位翌年である応永二二年中に大嘗祭はあったが、ついに改元はなかった(22)。

挙行された大嘗祭も惨憺たる結末に終わった。主基節会の際、内弁を勤めた権大納言・右大将久我通宣が、関白経嗣に相談の上で、義持を通さず挿頭花進献を直に行おうとしたところ、先例ではどちらでもよいのに、義持はひどく立腹して通宣から右大将・権大納言を奪い、所領源氏町（洛中）を取上げたので、通宣は丹波国穴有に籠居し、遅参した洞院満季らも義持に参仕を停められるというトラブルがあり、先例を軽視して自己の意思を強引に押しつける義持の専断は「諸人履薄氷時節歟、可恐々々」（『称光院大嘗会御記』）と評されている(23)。通宣は、上杉禅秀の実子で尊賢の灌頂弟子である怪尊を猶子としており（『鶴岡八幡宮寺社務職次第』）、後小松院と尊賢・禅秀を繋いで鎌倉を皇位継承推進に動員する役割を果たしていたことが、大嘗祭における義持との衝突の背景にあっただろうし、義持は鎌倉の政変に際して持氏の禅秀排除を支持していたことも、通宣処罰から分かる。前日の悠基節会では、義満が後小松の内弁を勤めたのに今回義持が固辞したことが特筆されているので[24]、このトラブルは義持が故意に仕組んでおいたものであろうし、経嗣も義持の意思を明確化するために、罠と覚悟の上で逆らうよう通宣にし向けたのであろう。

尊賢は応永二〇年二月に密厳院別当を尊運に譲っている。尊運は、今川範満を父とするが母方の扇谷上杉を名乗った式部大夫朝広の子で、扇谷上杉氏定の養子になっていた。尊賢が尊運に密厳院別当を譲ったのはちょうど、称光の即位がなかなか行われなかったころであり、扇谷上杉や今川を味方にし、関東と東海の支持を得て称光即位への圧力をかけようとしたようだ。尊運は、北山院の兄で応永二〇年五月〜同二四年（一四一七）五月にかけて院執権だった烏丸（日野）豊光の猶子にもなっており（『鶴岡八幡宮寺社務職次第』）、尊賢が尊運を後小松院派に組み入れようとして、豊光との猶子縁組みをとりもったのであろうか。しかし、禅秀の乱で尊運は鎌倉公方に与した扇谷上杉の一員として戦い、論功行賞で戦死した怪尊の後任別当となった。他方、豊光の実兄持光は、義持追討の回文を書いたとして応永二五年二月一三日に配所の加賀で誅殺されており[25]（『看聞日記』同年三月一二日）、豊光も乱に関与していたことは間違いなかろう[26]。

摂家に次ぐ清華家の筆頭久我家の当主で、主基節会内弁を勤めた通宣の罷免追放は、義持が大嘗祭を握りつぶしたに近い事件である。さらに、光明以降の北朝天皇は従来、在位期間が短く大嘗祭を行えなかった崇光も含めて、大嘗祭よりも前に代始改元を行っていたが、後小松は、代始を理由とした改元を行っておらず、甲子革令改元前に大嘗祭を行っていた。後円融院崩御後の応永への改元はその欠を埋めるための治天代始改元であったと思われ、後小松院派は代始改元の成否に敏感だったはずである。つまり、称光の場合代始改元より前に大嘗祭を行うという日程自体が、代始改元を行わないという意味合いを帯びていたと思われたため、大嘗祭で経嗣・通宣と義持の葛藤が起きたのではなかろうか。そして、近い将来に革年もないため、大嘗祭後に改元が行われる可能性は、このままでは失われるという判断を、後小松院や経嗣は下したのではなかろうか。悠基は過去、主基は未来に関わり、主基節会には皇統の未来への永続を願うという意義があり、代始改元には、新天皇登極を全国津々浦々にまで周知する意味があるので、代始改元をせず主基節会内弁を罷免追放するとは、簒奪意図をかなり露骨に表明したことにもなろう。

さらに、翌応永二三年（一四一六）二月二九日には、義持の申沙汰で禁裏舞御覧があったが、「参音声賀王恩・安摩・二舞、左右万歳楽・地久……」（『看聞日記』当該日）[27]という奇妙な構成であった。おそらく振鉾の代わりに安摩と二舞が舞われたと思われるが、安摩の雑面や二舞二臈の腫面に象徴されるような滑稽さは、大嘗祭後の舞御覧という、新天皇を祝う催しの冒頭に、どうみてもそぐわない。内容に踏み込めば、龍女が好む雀の面をつけて竜宮に忍び入り、宝玉を盗み出すという安摩は、天皇が騙されて神宝＝皇位が簒奪されることを暗示している。なぜなら、竜顔や竜車が天子の顔や車を意味するように、「竜」は天子の事物を形容するので、竜宮＝内裏と解することができるのである。また、老いの悲しさを表現する二舞も、若い新天皇にふさわしくなく、王朝衰亡の呪詛と解釈できる。このように、事後的に無効とされたに近い主基節会直後の内裏舞御覧で振鉾に代えて安摩・二舞を置くのは、天皇の権威を地に堕とし、皇位簒奪を準備するものであろう。

義持がかくも露骨に新天皇称光の権威を踏みにじることができるのも、関東が分裂しているからであり、事態打開の鍵も関東の動向が握っているという展望のもとで、猶子怪尊を通じて上杉禅秀とつながりのある通宣は、関東との調整役となって、籠居後密かに、後小松院、関白経嗣や足利義嗣と共に軍事作戦を練ったのではなかろうか。

応永二三年一〇月二日に関東で勃発した上杉禅秀の乱は、足利義嗣が画策したものとされており、後小松院、関白経嗣や久我通宣が関与したことを示す直接的証拠は残されていない。しかし、通宣は応永二六年七月一〇日に出家し、その「前年籠居以後無出現之儀」（『公卿補任』応永二六年）とあるように、応永二五年一月に義嗣が殺されて以降彼も世間との接触を一切絶ってしまったのであり、主基節会で義持と対立して罷免された彼が義嗣や禅秀の一味であることは間違いなかろう。

応永二五年二月一〇日に権大納言正二位中院通守が自殺していることもその傍証となる。中院家は久我家流の大臣家であること、『看聞日記』同年三月八日に通守自殺の記事があるように、義嗣殺害との関連が話題とされるのを避けるべく暫く伏せられていた可能性があること、著者貞成王が「併狂気歟」「不思儀事也」と評しているように、自殺の動機が不可解なことなどからみて、久我通宣とともに上杉禅秀の乱に深く関与し、義持に逆らってきたため、義嗣処刑で追いつめられて自殺した可能性が濃厚であろう。

尊賢が応永二三年六月四日に亡くなると、禅秀の実子で通宣の猶子怪尊が後任別当となって、乱の準備が着々と進捗しているさなかの八月一五日、別当坊に移徙した。また、関白経嗣の嫡子だったが、義嗣と権大納言を交代させられていた一条経輔は、八月二五日に出家しており（『公卿補任』応永二三年）、彼の出家も禅秀の乱と関連するものであったのかもしれない。たとえば、当時吉野にいた後亀山院に対して、大嘗祭をぶちこわし、代始改元をさせない義持に皇位簒奪の意図があるとして、旧南朝勢力の同調を求める工作をする、あるいは後亀山院の身柄を確保する、摂家ゆかりの興福寺・春日社に協力を要請するなどの密命を帯びていたのかもしれない。後述するように、その前日義持も南都下向を俄に決めており、関東大乱が刻一刻と近づく八月末から九月にかけて、南都や後亀山院の取り込みに両陣営は鎬を削ったのではなかろうか。

乱を目前に控えた九月二三日、後小松院が山科教豊に琵琶の秘曲を伝授していたこと[28]は、後小松院関与の決定的な状況証拠となろう。というのも、一〇月三〇日高雄に出奔した義嗣と、山科教高・同嗣教が行動を共にしていた（『看聞日記』応永二三年一一月二日）。嗣教は教豊の弟、教高は又従兄弟であり（『尊卑分脈　第二篇』）、教豊・嗣教・教高の三人は、義嗣元服直前から始まった修楽の常連であり、とりわけ教豊・嗣教兄弟には小袖等を賜るなど、極めて親密な関係があった(29)。第一節でみたように教豊・嗣教兄弟の叔父山科教冬ら、山科家一族が義満・義持父子不和、さらには義持・義嗣兄弟対立の原因らしいこととあわせると、後小松院が山科一族に肩入れし、山科家で当時最高官位にあった参議・従二位山科教興（『公卿補任』応永二三年）の嫡嗣教豊に、密談の機会にもなるような秘曲伝授をこの時期にしていたことだけでも、院が義持追討の策謀に関与していたことは、否定しえないだろう。

尊賢は神護寺に、貞治五年（正平二一＝一三六六）ころいたことがあり(30)、関東に下向した後も影響力を残していたと思われ、関東と連動した動きの京都近郊での拠点となっていたため、義嗣の出奔先になったのであろう(31)。また、久我通宣が籠居した穴有は、西国三三ヶ所の第二一番穴太寺のあたりであろうから、高雄とは清滝川・保津川に沿って容易に往来できることにも留意すべきであろう。

神護寺が拠点とされたこと自体が、皇統の危機を象徴している。神護寺はかの道鏡の野望を打ち砕いた和気清麻呂が創建した神願寺と和気氏の氏寺である高雄山寺が合併したもので、正式には神護国祚真言寺であり、道鏡と同様の野望を抱く義持を追討すべしとの院宣を発するに最適の地であり、後小松院と称光も機を見て神護寺に遷座する手はずだったのではなかろうか。

そうなれば、神護寺にいる天皇や上皇を軍勢で囲むこと自体が義持を道鏡と同列に置くことになるので、義持は手の出しようがなく、後小松院と称光の安全は保障されるし、仙洞と天皇の権威を踏みにじった義持の罪過を咎める追討の院宣には十分な正統性があるので、神護寺で院宣が発せられ、関東では鎌倉公方が敗れたとなれば、遠からず幕府は滅亡していただろう。事が成就した暁には、当時四歳の義嗣嫡子を称光の東宮に立てることによって後光厳皇統と足利家の両統迭立策が復活していたのではなかろうか。

しかし、このような義持追討の筋書きが成り立つためには、後小松院に代わって治天の君となりうる皇位経験者がいないという前提が必要であろう。南朝最後の天皇だった後亀山院が、称光への皇位継承の準備を後小松と一条経嗣が始めて間もない応永一七年（一四一〇）一一月二七日、吉野に潜幸し、抗議の意思を表していた。畿内で事態がどう展開するかは、後亀山院の動きに大いに左右されたと言ってよかろう。後小松院の側からも何らかの対策はあっただろうがおそらく成功せず、後亀山院は応永二三年（一四一六）九月一六日以前に管領細川満元の斡旋で義持と和睦して帰京し、大覚寺に入った（『看聞日記』応永二三年九月一六日条）。おそらく、幕府は関東での不穏な動きを察知し、南朝方の動きと連動することを防ぐため、後亀山院との和睦を急いだものと思われる。

義持はこの年の八月から東大寺大仏に金箔を押す作業に着手し、九月一一日からは将軍になって初の春日社晴の社参などのため南都に下向するなど、奈良で大いに威信を誇示しており、義嗣元服直前の伊勢参宮と比較すれば、この年の義持が伊勢参宮をとりやめ、東大寺大仏の、古びて輝きを失った金の上に、相国寺で数百両の金を打たせた箔（『看聞日記』応永二三年九月四日）を貼ったことに、皇位簒奪意図が込められていたことは明らかであろう。(32)春日社参が八月二四日俄に決まったことからして、大々的な南都制圧は、近い将来起こるだろう関東大乱に南都が呼応することを予防する策であろう。

これらによって、もし後小松院が反幕の院宣を出しても、後亀山院を擁し、奈良を掌握した義持は南北朝平和条件を持ち出して対抗できることになり、後小松院は封じ込められたことになろう。しかし、関東の兵乱はもはや止めようのないところまで事態は進展していたのではなかろうか。義持は、後亀山院を便宜上擁立して後小松院と称光を廃しさえすれば、南朝方と伏見宮家を対立させて後継天皇を決められないままにしばらく放置し、機を見て天皇家に将軍家が取って代わるという見通しを持っていたのではなかろうか。漁夫の利で、たなぼた式に新王朝が誕生するのは、もはや時間の問題だと義持は勝利を確信し、この機会に関東を内輪もめで徹底的に衰弱させれば、後醍醐が夢見た専制王制を確立できると見込んでいたのではなかろうか。大仏新装完成の賀詩に、「聖武後身今上台」「聖武招提七百年」とあるので[33]、義持は自らを聖武の生まれ変わりとし、聖武即位七〇〇年である一四二四年二月四日に東大寺大仏前で足利新王朝を開くプランを持っていたのであろう。

鎌倉公方足利持氏が駿河国へ没落して京都に合力を求める飛脚が、義嗣隠遁の前々日夕に到着したのを受けて、前日に将軍義持は諸大名を評定に召して、鎌倉を押さえた禅秀らを敵方とみなして諸大名同心を命じている（『看聞日記』応永二三年一〇月二九日）。このような素早い対処も、後小松院らと禅秀が結んでいることを察知した上でのことであろう。

後亀山院と義持の和睦で事実上勝敗が決した後、過去の経緯からして後小松院に与せざるをえなかっただろう義嗣に対して、後小松院の陰謀を告発するよう義持は説得していたかもしれず、兄の誘いがなくとも義嗣には率先して後小松院を見捨てる選択肢があった。常識的に考えて、義持にとっても義嗣にとっても、勝利の見込みのない後小松院の陰謀を義嗣が告発することは最適戦略であり、その場合義嗣は前王朝壊滅の決定打を放った第一の殊勲者となるので、近い将来の足利王朝において義持は自分の院政と息子の立太子を認めるならば義嗣を初代皇帝にするというような極めつけの美誉を準備していたのではなかろうか。にもかかわらず、義嗣が、義持の期待ないし申し出を蹴って、自ら謀叛人首謀者の汚れ役を買って出たことは、義持の理解を超える珍事だっただろう。

義嗣が出奔した直後、称光の諱の躬仁は、身に弓があると義持が難癖をつけ、実仁に改めさせた（『看聞日記』応永二三年一二月一四日）。義持が称光の諱の「躬」の字を問題にしたのは、義持自身に弓引いたことを非難したと解釈でき、諱を替えさせることには武装解除の意味がある。確たる証拠はないものの、後小松院が乱の黒幕であると義持は確信しており、義嗣の犠牲的行為のため称光廃位の機会は逸したが、その代わりに諱を改めるよう強いることで屈服させ、天皇の権威を徹底的に貶めようとしたのであろう。

義持は応永二四年八月二四日から再び南都に下向した。『満済准后日記』は「内々」「密（々）」といった表現を多用しており、何か聞きつけたら『看聞日記』に記録しないはずのない貞成王には南都の様子が全く伝わっていないらしいことから、義持らは南都で貞成王に知られたくない内密の工作、すなわち皇位簒奪正統化の準備をしていたのではなかろうか。「長老達被相伴。相国寺。鹿苑院。勝定院。等持寺。崇寿院五人云々。」（『看聞日記』八月二四日）や、ブレーンの満済も同行していることからして、相国寺の金箔で光り輝く新装大仏が象徴するように、五山のごとく義持の意思に忠実な南都にリニューアルしようという意図は見え透いており、後小松院が手を拱いていたはずはなかろう。果たせるかな、「一応永廿四八月十九日、少河殿（足利満詮）ノ為ニ執金剛神開帳、如意輪屋ヨリ出之、色々乱事出来」（『東大寺雑集録』[34]）という事件が起こり、欠損が多く解読困難な『満済准后日記』八月二九日条からも、金箔新装なったばかりの大仏を義持が見た後、満詮が執金剛神を開帳し、その後種々異常があったことは読みとれる。

東大寺執金剛神像は平将門謀叛のとき朝廷の祈禱によって蜂になり、将門を調伏したというような伝説があり（『扶桑略記』天慶三年、『七大寺巡礼私記』）、怨敵退散祈願のときにだけ勅命によって開帳された[35]。したがって、勅願もないのに満詮が開帳したことは勅封破りであるし、その場に義持が立ち合っていなかったのも奇妙である。その直後に神異があったので、義持は執金剛神に参拝できないような非望を持っていたため開帳に立ち合わず、神異は勅封破りや足利家の非望に対する執金剛神の怒りの表れだと解釈されたことだろう。しかし、前年宝蔵を開くために勅使を要請した東大寺が勅許なしの開帳を容認するとは思えないので、義持らをそのような罠にはめて非望を打ち砕くべしという密勅が東大寺に下されていたと解するしかなかろう。ここから先は想像の域を出ないが、大仏新装直後禅の長老たちを伴っての義持南都下向に、後小松院は危機感を募らせ、一休に相談して、勅許なしに執金剛神を開帳させて朝敵であることを立証するという計略がまとまり、一休が特命勅使として南都に下向し、陰で臨機応変の指揮をとっていたのではなかろうか。

いずれにせよ、禅秀の乱勝利と大仏新装に奢って隙を見せた義持が執金剛神の蜂に刺されて大打撃を受けたことは間違いない。九月三日に帰京したにもかかわらず、九月一日、二日の行事が諸記録に欠け(36)、『満済准后日記』が「一日。癸丑。降雨。小川殿及夜陰渡御此宿坊。南□転経院」とだけ記していることは、混乱のため諸行事を遂行できなくなったことを示唆する。さらに、その年の一一月春日祭が行われなかった(37)ことは、南都で義持の受けたダメージの大きさを推測させる。

義持は九月三日に帰洛する際、伏見宮家の菩提寺である伏見大光明寺に片時入り、一〇日から七ヶ日の石清水八幡参籠の後ただちに、一七日からは伊勢の大神宮に参籠している(『看聞日記』『満済准后日記』当該日)。九月六日にこのような日程が決まったらしい(『康富記』当該日)ので、義持が南都での敗北に対処すべく急遽打ち出したのだろう。義持の石清水・伊勢参籠と入れ替わるように、九月二二日から貞成王が伊勢に代参人を派遣することも、義持参宮出発時には決まっており(『看聞日記』九月一七日)、義持と貞成王の相次ぐ伊勢参宮・代参は一連のものであろう。九月二二日には、称光の諱変更に関与し、大仏荘厳の祝詩を作り、南都に同行していた鹿苑院主鄂隠が伏見大光明寺を訪れ、一〇月八日に貞成王が鄂隠から受衣した(『看聞日記』当該日)ことからも、東大寺で一敗地にまみれて以降、伏見宮家への配慮が義持にとって尊皇の証として急に重要な意味を持つようになったことが裏付けられる。おそらく義持は、諱変更をはじめとする後小松院・称光に対する数々の不敬は皇位簒奪を狙ったものではなく、実は伏見宮家擁立を模索していたのだ、といったことを示唆して貞成王の支持をとりつけようとし、おそらく費用も出して登極祈願の代参を促し、称光諱変更に関与した鄂隠を近づけたのであろう。すなわち、義持は伏見宮家を持ち上げ、八幡・大神宮に参詣することで、非望容疑から逃れようとしたのであろう。しかし、『大日本史料総合データベース』で「義持」と「大神宮」の語を含む綱文を検索すれば確認できるように、以後、自身や室日野栄子、夫妻、幕臣による伊勢参宮が増えているのは、その後も非望容疑が義持に重くのしかかり続けたからであろう。

中院通守は自殺前、応永二五年（一四一八）二月の春日祭上卿を固辞し（『看聞日記』応永二五年三月八日）、次いで今出川中納言公富も固辞したが、日程を延引し、祖父の左大臣公行が同行して勤めている。(38) 執金剛神開帳後の乱事のため、義持に対する南都神仏の怒りを恐れた公卿たちが翌春の春日祭上卿を固辞することになったのではなかろうか。後小松院の意向も背景にあっただろう。それに対して義持は、叛意がありそうな公卿を狙って踏み絵として上卿を命じ、見せしめのため義嗣・日野持光・山科教高を処刑して、立て直しを図ったのではなかろうか。義嗣は林光院に押し込められていたが、応永二五年正月二四日、義持の命で林光院に火をかけられて殺された。一月二〇日に旗雲が天に聳え、「兵革瑞也、背御意輩急ニ可被討伐、若不然者兵乱可在干近」（『看聞日記』応永二五年一月二五日）との占いによって義嗣が殺されたということを伝え聞いた公卿たちは、春日祭上卿固辞に対する義持の報復を想像して震え上がり、義持への忠勤を強いられたことだろう。通守はその前に上卿固辞を続け、公富に候補が変更されていたので、通守は踏み絵を踏まなかったことになり、追いつめられた結果自害したのであろう。また、公富も固持してきたが、義嗣処刑翌日に祖父の左大臣公行が、受諾したと語っている（同）。

義嗣の死について「勝定院の天下をたもち給へき果報にてこそすちなくはならせたまひけめと、不思議なりし事ともなり」（『椿春記』）と記した貞成親王も、勝定院＝義持が自分の権力を維持するため、筋の通らぬ弟殺しを犯したという印象を持っていたのであろう。

四　雨宝童子と十三仏

『満済准后日記』応永二五年二月一三日に記録された「於相国寺林光院御仏事」は、義嗣の三七（二一）日法要と思われ、他の忌日法要も相国寺で行われていたであろうが、それとは別に後小松院が密かに義嗣の追善供養をしたことが明らかになれば、上杉禅秀の乱の黒幕が院であるという前節の議論が確証されるだろう。

　義嗣殺害の前後から、京都を中心に怪異が起こり、化け物が出没し、大火・旱魃が襲った。『看聞日記』応永二五年二月二一日条によれば、正月一〇日に六条殿後戸伊勢八幡社で怪異があったが、年始なので暫く秘された後、後小松院に知らされ、占いに「公家御薬事、御堂炎上之怪異云々」とでたため、院は、六条殿で七ヶ日の大般若転読を行わせている。林光院炎上・猶子義嗣の死の予兆が正月一〇日の怪異だったと後小松院は思い、義嗣の怨霊を鎮める目的で大般若転読を行ったのであり、二月二一日は四七（二八）日ないし前日である。「仙洞御祈焔魔天供開白」（『満済准后日記』同年二月二九日）も、冥界に堕ちた亡者や鬼霊を祀ってその救済を図る密教修法であり、同様の目的を持っていたと思われ、閻魔大王が六道のどこに転生するかを決めるとされる五七（三五）日の法要ということになろう。[39] しかしその甲斐なく、三月三日には京で大火があり、禁裏・仙洞に火が迫った（『看聞日記』当該日）。三月一三日には六条殿で御経供養があった（『看聞日記』同年三月一四日）が、これは七七（四九）日ないし前日にあたる。

　怪異の記録としては、同年二月二〇日の「夕日事外赤色。諸人奇異□語云。先規不快云々。但不知□今夜月又変色。頗如蝕云々。日□希代事驚入也」（『満済准后日記』当該日）「夕陽有赤気、日二ニ破云々、主上被御覧、占文炎旱、焼亡・兵革之由申云々」（『看聞日記』同年三月一四日）が際だっており、赤気を帯びて二つに割れる夕陽を見た称光は、義嗣の死を連想して衝撃を受けたものと思われる。なぜなら、夕陽が沈む西方には極楽浄土があるので、夕陽の異常はやはり、成仏できない義嗣の苦悩・祟りを連想させたと思われる。

　後小松院は、義嗣の慰霊に努めたようであり、六歳の遺児の助命と泉涌寺への受け入れを計ったようだが、おそらく幕府の意向で、四月五日には泉涌寺から出さざるをえなくなり、その直後の一一日夜には東方から南西に向かって光るものが飛び渡った後、京で火災があった（『看聞日記』同年正月二八日、四月五日、四月一一日）。旱魃も四月下旬には深刻化し、祈雨の奉幣や寺院での祈禱が行われた（『看聞日記』四月二一日～六月一九日、『満済准后日記』四月二六日～六月二三日）。

四月二八日に後小松院は院宣で、伊勢国魚見の宏徳寺を御祈願寺とした（『宏徳寺記』）[40]。これは、おそらく、義嗣の怨霊を鎮め、火災や旱魃から逃れようという意図に発したものであり、義嗣百箇日法要のためであろう。『看聞日記』によれば、応永二五年七月ころから称光の病気の記事が目立つようになり、一〇月一二日条には禁中に化け物があり、女房は下半身がなかったといい、称光が大便所で御覧になられてから、体調を崩されたとある。おそらく、後小松院は称光の病状を義嗣の怨霊と結びつけ、自身か子息の登極への未練と解釈し、百箇日法要後も義嗣の供養に心を配っただろう。

義嗣は称光と後小松院を庇って謀叛首謀の罪を一人で引き受けて殺されたと思われる。そのようなことは公にできず、尊号を追贈するなども不可能である。そのために、宏徳寺を勅願寺とし、百箇日法要を皮切りに、伊勢の地で義嗣のことだと明示することなく、彼の怨霊を鎮めるための祈禱・修法がなされたのではなかろうか。死後七七日までは七日ごとに仏事が行われ、その後百箇日、一周忌、三回忌、七回忌、十三回忌、三十三回忌としだいに間隔を長くして行われる十三仏事はこのころすでに見られ、死霊が七七日仏事の後山に入り、しだいに祖霊と一体化し成仏するという、日本仏教特有の信仰が形成されつつあった時期である。したがって、百箇日を伊勢で行う際には、伊勢の山へと義嗣の霊を導いて鎮めようという意図を伴っていたはずであり、その山としては、古来雨乞い習俗があったらしく、一二世紀後半に浄土教の影響で経塚群が形成され、山中浄土とされていた朝熊《あさま》山（岳・嶽）以外、考えられないだろう。

このような推論と、時期・内容ともに符合すような、伊勢信仰の変容がみられた。応永末年の一四一九～二八年ころに、伊勢国朝熊岳金剛証寺を中心に雨宝童子信仰が形成されたと思われ、のちにアマテラスはしばしば雨宝童子として信仰されるようになり、江戸時代の大衆的なお伊勢参りの際には、「朝熊かけねば片参り」と俗謡にうたわれるほど民衆に親しまれるようになったのである。(41) 童殿上や北山殿行幸で華々しくデビューし、伊勢参宮・長谷寺参詣をした直後に、後小松の猶子として親王元服したころの義嗣は、彼の生涯で最も輝いていたので、彼を知る人々の記憶に刻まれたであろう。応永年間において彼ほど眩しい光を放った童子はいないので、雨宝童子のモデルとなりえる候補は、義嗣以外考えられないのではなかろうか。雨宝童子が頭上に五輪塔を載せているのは、死者供養の意味を帯びているので、最も印象深かった元服のころの彼の姿に供養すべく、このような像姿が考案されたのではなかろうか。金剛証寺の像が開帳のさい「天照太神十六歳之御姿」(『朝熊岳金剛証寺開帳幟並略縁起差留一件』(42))と宣伝されたように、一五歳前後の年齢という印象を与える像姿であり、元服当時一五歳であった義嗣に似つかわしい。

雨宝童子信仰の最も古い内容を伝えている『朝熊岳儀軌』(43)によれば、熊頭蛇衣の童子に代えてアマテラスは麗しい姿の雨宝童子を朝熊山の護法神とし、アマテラスが口から吐いた五輪を雨宝童子の頭頂にすえ、虚空蔵が口から吐いた白色宝珠を童子の額に授けた。宝珠のなかには仏舎利の変形と説かれるものもあるので、白色宝珠は遺骨を暗喩している可能性が高い。そう考えると、この白色宝珠は『朝熊岳儀軌』に登場する変成男子《ノ》舎利ではないかと思われる。それは「円満白色」「左《ノ》脇《ノ》歯《ノ》御舎利」「白色《ノ》細《ウスイ》紅《ノ》光在《イマス》二正身《ニテ》一。中青色《ニ》在《ノリ》二円玉一。六波羅蜜《ノ》畳《デウ》蜜也。長《タケ》一寸三分四方一寸八分」とあるから、色も形も大きさも、雨宝童子の額に授けられた白色宝珠にふさわしいだろう。つまり、高野山安養院から再分骨した遺骨を朝熊山に埋葬し、墓標の五輪塔を立てることを、死者の生前の姿に似せた護法神にそれらを授けることで暗喩しているか、あるいは文字通り遺骨で作った白色宝珠が像の額に付けられたのではなかろうか。

いずれにせよ、虚空蔵とアマテラスの行為は、遺骨の上に供養のため五輪塔を据えたという意味であり、『朝熊岳儀軌』によると、「其時《ノ》童子持《ノモチ玉フ》 自《リ》㆓赤色《ノ》宝珠《ノ》内㆒現㆓在《シテ》 地蔵菩薩㆒六道衆生《ノ》抜苦与楽《ノ》説《ヘ玉フ》㆑偈《ヲ》」とあり、この地蔵は後述するように、人の身代わりとなって危難を救う矢負地蔵と伝えられているので、虚空蔵とアマテラスの供養によって、身代わりに矢を負って死んだ者が矢負地蔵のようになったという意味が暗喩されていることになろう。つまり、後小松院と称光を護るために身代わりとなって囚われ、義持非望疑惑の際見せしめに殺され、供養された義嗣の像が、雨宝童子の本来の意味であると思われる。「御皃《カタチ》具《ス》㆓八十《ジッ》種好《ヲ》㆒」(『儀軌』)という雨宝童子は、絶世の美少年だった義嗣童子像にふさわしい。

義嗣は上杉禅秀に禅僧をつかわして決起を促し、自らは京での挙兵に失敗すると、発覚前に高雄(高尾)に逃れて出家したとされているように、禅秀の乱における京と鎌倉間の連絡などに禅僧と真言僧あるいは真言系(当山派)修験者が密接に関わっていた。他方、金剛証寺は鎌倉建長寺第五世仏地禅師が伊勢内宮参詣時の神告によって禅院として再興したと『朝熊嶽縁起』にあるが、『鎌倉五山住持位次』等によれば彼は建長寺七十一世東岳文昱であり、乱の直前応永二三年二月に亡くなっていた[44]。

鎌倉後期の作とされる円覚寺所蔵の虚空像菩薩像(重要文化財)の下に、南知多方面から見た海に聳える朝熊嶽三山が描かれているように[45]、知多半島南部には対岸の秀峰朝熊山に対する信仰があったと思われ、その地から野間宗祐が仏地禅師に随行し、金剛証寺に源義朝佩刀(重要文化財)を寄進して住みつき、秘薬・万金丹を感得して創業している[46]。南知多の野間は安楽寿院領として皇室や高野山とつながりがあるだけでなく、ここで謀殺された義朝の廟堂(のちの真言宗大御堂寺・通称野間大坊)に、頼朝が上京の途次訪れて法会を修した(『吾妻鏡』建久元年一〇月二五日)ように、鎌倉・清和源氏ともつながりが深いため、宗祐は仏地禅師に随行し、鎌倉と伊勢、禅と高野山とを繋ぐ役割を果たしたと思われる。

金剛証寺の雨宝童子信仰形成にも、禅と真言系修験道が関わっており、大和を中心とする真言系修験の寺院からなる当山三十六先達衆には、高雄神護寺も、後述するように金剛証寺型雨宝童子の元型を提供したと思われる童子像のある長谷寺も含まれている。(47) 仏地禅師は、真言宗の八幡宮別当尊賢とならんで応永二〇年ころ鎌倉宗教界の頂点にあったから、禅と真言系修験の交流には、この二人が関係していたのではなかろうか。

雨宝童子は、詳しくは、金剛赤精善神雨宝童子と呼ばれる。金剛童子や石精童子は、平安末にできた伝菅公筆『長谷寺縁起文』に登場し、「石」が同音の「赤」に置き換えられて「赤精」という表記が生まれたと考えられている。(48) 長谷寺の本尊十一面観音は古来アマテラスの本地とされ、開帳には勅許が必要とされており、天皇の権威と結びついていたので、義満らはしばしば伊勢参宮のあと、長谷寺に訪れて勅許開帳を行っていた。本尊の右脇侍童子が金剛童子・石精童子であり、その童子がやがて雨宝童子とされ、本尊ではなく雨宝童子像の前に、比較的新しい「天照皇大神」の額が掲げられている。

元服直前の義嗣が伊勢参宮ののちに猶母・北山院と合流して長谷寺に詣でた際にはすでに現在の像と似た右脇侍童子があったので、(49) 母なる「女帝」北山院がアマテラス＝十一面観音に、彼自身が右脇侍童子になぞらえられ、天孫ニニギとみなされ、践祚を期待されたことが、雨宝童子信仰の発端であったかもしれない。

「石精」が「赤精」に置き換えられたことから、次のような意味を読みとることができる。「赤」は火を連想させるが、古い字形も「烾」であり、「精」の訓義は「もののけ」である。したがって、「赤精」は大火や炎旱を引き起こすような怨霊を意味していると考えてよく、応永二五年前半の一連の出来事と結びつく。さらに、「赤精」に続く「善神」とは怨霊が供養によって善神になるという意味であり、大火や炎旱を引き起こす怨霊が善神になれば、炎を消し、渇水を癒す雨を降らせるはずであるから、「雨宝」と結びつくことになる。したがって、「赤精善神雨宝」からは、大火・炎旱の怨霊が供養によって慈雨を降らせるようになるという意味が読みとれる。かつて長谷寺の右脇侍である金剛石精童子になぞらえられた義嗣が殺された後、大火や炎旱が人々を苦しめたが、供養の甲斐あって、慈雨を降らせる善神になったという意味が込められていると見て良いであろう。

外来の十王思想に、大日如来による成仏を付加して形成された十三仏信仰は、日本独自のものであり、一三～四世紀にまず東北地方で十三塚が成立し、(50) やがて十三仏中最終の三仏の順番が阿閦、大日、虚空蔵で定型となり、虚空蔵が主尊とされるに至るが、応永年間においてはまだ十三仏の最後の三尊の構成や順番は流動的で、主尊は大日如来だった。(51) つまり、応永年間は、十三仏信仰が定型化する途上にあった。十三仏の末尾三尊の構成と順番が決まり、虚空蔵菩薩が大日如来を抑えて主尊となるに至る経緯を追跡する手がかりを、『朝熊岳儀軌』に見いだせないだろうか。定型では十三仏にはそれに対応する王があるが、十王の本地十仏から十三仏に拡張されるのと平行して、十王に新たに末尾三王が加えられたのであるから、三王を連想させるものを『儀軌』に探っていくことにしよう。

七回忌の蓮上王は、「朝熊嶽有レ池連珠《ツレマノ》池。ト云有レ橋連珠橋」ト云（『朝熊岳儀軌』）とある池や橋を連想させ、蓮池にかかった橋の上の王と解することができる。池は俗界と聖地を隔てるとされ、(52) 橋を渡った先の雨宝堂に雨宝童子が祀られているので、俗界から橋を渡って聖地の雨宝堂に至る途上の童子が蓮上王と表現されているとすれば、池の整備・架橋・雨宝堂への像の安置といったことが七回忌に行われたのではなかろうか。義嗣の七回忌は応永三一年（一四二四）正月以前に行われたはずであり、正長元年（一四二八）には雨宝童子像が多楽院に安置されていたことと符合する。(53) 多楽院は像を奉安する雨宝堂のことであろうが、タラクは虚空蔵菩薩の種字𑖝𑖿𑖨𑖯𑖾の音でもあるから、虚空蔵と雨宝童子の関係をふまえて名付けられた多楽院に像が安置されたのであろう。しかし、虚空蔵を第十一尊とする板碑はない。応永年中から阿閦を第十一尊とする例がかなりあるのは、三回忌阿弥陀の西方浄土の上に阿閦の東方浄土を置き、さらにその上に大日を置くという、阿弥陀信仰に対抗する密教的浄土観によると思われる。[54]

七回忌直後の応永三一年六月に、五代将軍義量が痢病に罹った際、義嗣の祟りと思った義持は毎月七日間の加持祈禱を沙汰し、まず六月一九日から金剛童子護摩が行われた（『満済准后日記』応永三一年六月一四日、七月四日）。この金剛童子は金剛赤精善神雨宝童子であろう。このことからも、義嗣七回忌には雨宝童子が祀られていたと思われる。

金剛証寺に伝わる双鳳鑑は、神宮の神宝であったものを正長元年に内宮禰宜荒木田守房が雨宝童子尊前へ奉納したものである。[55] 後述するように義嗣十三回忌は永享元年に行われたので、その前年である正長元年の神宝奉納は別の理由によると思われる。鳳凰は、聖王が正しい道を行うと現れるとされており、義嗣が謀叛首謀の濡れ衣を独り被って殺されたのち、義持が称光より早く死んだためついに崩御直前に称光代始改元がなり、[56] さらに後花園践祚も滞りなく行われたため、義嗣を聖王と称えて尊号を追贈するという意味が、神宮御神宝双鳳鑑を、義嗣の遺骨と供養五輪塔をつけた雨宝童子像に捧げることにはあったのであろう。義持は、義嗣を殺したちょうど一〇年後の同じ月に亡くなったので、本人も含む多くの人が義嗣の怨霊の祟りだと感じたに違いない。

「称光」という追号は、称徳と光仁から一字をとっており、その間に道鏡事件があったことをふまえると、皇位簒奪の危機を乗り越えて弟・天武系の称徳＝孝謙から兄・天智系の光仁へと皇統が繋がれたことを、称光の代になぞらえて、弟・後光厳系から兄・崇光の子孫へと繋ぐ間にやはり簒奪の危機を乗り越えたことを証す意図を持った追号であると言えよう。したがって、後小松院は、義持による皇位簒奪を阻んだ最大の功労者として、義嗣に双鳳鑑を捧げたものと思われる。

双鳳鑑は瑞花双鳳八稜鏡とも呼ばれる、径三一センチの大型鏡である。他方、内宮の御神体の鏡は、内径約四九センチの容器に収められた大型鏡であり（『皇太神宮儀式帳』[57]）、鎌倉時代に出来た「神道五部書」[58]において「八頭花崎八葉形」（『伊勢二所皇御大神御鎮座伝記』）、「花崎八葉鏡」（『造伊勢二所太神宮宝基本記』）とされたように、御神体は大型八稜鏡であると信ずる人が多かった(59)。おそらく双鳳鑑は御神体を象ったものと信じられ、御神体に準ずるものとして内宮に伝えられてきたものであり、「神道五部書」におけるご神体のイメージそのものが、双鳳鑑に発するものかもしれない。ご神体に準ずる鏡を奉納することは、並の尊号を超越した意味を持ったはずであり、後小松院ないしその皇胤一休による内密の指示がなければ、内宮禰宜が禅寺にこのように重要な意味を持つ神宝を奉納することは、考えられないのではなかろうか。義嗣はこれによって、並の天皇を凌駕した聖王とされ、ご神体アマテラスと不可分の存在となったのである。後に雨宝童子がアマテラスと同一視され、長谷寺では本来の本地十一面観音に代わって右脇侍童子が天照皇大神とされるに至ったのも、このような破格の処遇からすれば肯けるものであろう。

翌永享元年（一四二九）に金剛証寺二世・高岳禅師が創立した与楽院の本尊は、人の危難を救うために身代わりとなって矢を負われた、像高一四三センチ、一五歳程度の少年と等身大の矢負地蔵であり(60)、この地蔵も義嗣を連想させる。遅くとも文安五年（一四四八）ころには完成していたと思われる『朝熊岳儀軌』に、「𑖪𑖽字地蔵与楽院云𑖪𑖽字水上《ノウエ》也《ナリ》。自《リ》二赤色宝珠一出現《シ玉フ》地蔵菩薩在《ニテマシマス》。仁明天皇之乞《コイ》二御衣《キヨイヲ》一着《シ》二夢中《ニ》一在《イマスナリ》」とあるので、与楽院本尊の矢負地蔵は当初より雨宝童子とつながりを持ち、天皇の御衣を着すことで、やはり尊号を奉られるのに准じた待遇を受けていた(61)。「夢中」とは矢負地蔵の表情を指しているのであろう。死と眠りとは意味が通底するので、「夢中」の地蔵像は死者の像を暗喩し、死者供養のために天皇の御衣を着せたという風に解釈できる(62)。

十王を十三王に拡充する際、十三回忌に抜苦王が割り当てられたのは、𑖪𑖽字地蔵が六道衆生抜苦与楽の偈を説くことに由来しているのであろう。𑖪𑖽（バン）は金剛界大日如来の種字であり、大日如来は定型十三仏信仰において十三回忌に割り当てられる。義嗣が殺されたのは一四一八年であるが、正月に年忌仏事は好ましくないため、遅らせるよりも前年のうちに十三回忌をしたとすれば、符合する。(63) したがって、十三回忌の金剛界大日を抜苦王に対応させることは、𑖮字地蔵＝矢負地蔵に由来することになろう。

後小松院は永享五年に亡くなったが、その後義嗣の三十三回忌が行われた痕跡も指摘できる。『朝熊岳儀軌』の最期に、「変成男子《ノ》舎利《ノ》伝」が掲載されており、その末尾は、「応永廿三季丙申八月廿三日御出現《ニ》。《シ玉フ》写《シ》置《ク》事文安五季丙辰七月十八日、記《スル》之《ヲ》処《ロ》也。(64)」となっている。応永二三年秋は上杉禅秀の乱に伴う義嗣の出奔・押込めのあった頃であるから、応永二五年一月の義嗣死後、仏事と並行して『朝熊岳儀軌』が作られ、三十三回忌準備のため文安五年に書き写され、翌年に法要が営まれたと思われる。

義嗣三十三回忌直後の宝徳三年（一四五一）、ついに虚空蔵を十三仏の主尊とする板碑が関東で作られており、(65)「板碑造立の流れからみて、あまり重要視されなかった虚空蔵菩薩をあえて十三仏の主尊に据える変革として注意を要する」(66)と指摘されている。刻銘に、妙秀逆禅尼修とあり、上杉禅秀ゆかりの女性の碑であるかもしれない。義嗣の三十三回忌に際してとくに主尊を大日如来から虚空蔵菩薩に変更し、真言系修験者たちが、関東をはじめ全国に散って、『朝熊岳儀軌』にのっとった虚空蔵信仰を広めるための大キャンペーンを展開することをもって、弔上げとしたのではないかと思われる。だとすれば、義嗣の死以来の仏事が、その後の日本仏教における死者供養のモデルになったと言えよう。

十三仏の最後である虚空蔵菩薩に対応する慈恩王は、玄奘の弟子で法相宗の開祖、慈恩大師基（窺基）に由来する。玄奘は天竺から帰国したころ路上で眉目秀麗かつ非凡な器の童子を見つけ、父である唐の太宗の猛将・尉遅将軍に懇望して弟子にしようとしたところ、童子は情欲・葷酒（肉食と飲酒）・過中食（昼を過ぎた食事）の三事を許すという条件を玄奘に認めさせて出家したと伝記にあり、将軍の息子にして、逆行三昧の一休と意気投合しそうであるなど、義嗣になぞらえやすい存在である。

以上のように、金剛証寺における義嗣年忌供養は、十三仏にあわせて十王が十三王に増補され、十三仏信仰が完成する過程であったと思われ、蓮上王、抜苦王、慈恩王という、十王に新たに加えられた三王はすべて、一休にとっての亡き恋人義嗣の姿を表現したものである。新たな三王の成立とともに、十三仏の末尾三尊の顔ぶれや順番も確定したのではなかろうか。

おわりに

義嗣が後小松院を庇って謀叛首謀者の汚名を被った結果、武家の権力闘争と朝廷とを隔離する道が生まれたと言えよう。それは、保元の乱にはじまり、南北朝並立に至ったような、皇位を巡る争いと武家の権力闘争の連動や絡み合いとは全く異なる状況をもたらした。一休が自らの子孫の登極を潔く諦め、後花園―後土御門を揺るぎない正統としたのは、義嗣が切り拓いた道をさらに先に進んだものと言える。

もしも、一休が後小松院の遺志に従って実子・孫の登極をめざしていたならば、あるいは南朝と姻戚関係を結んでいたら、後花園―後土御門との確執が応仁の乱に至る将軍家の混乱とからみあい、戦国乱世ののち専制的新王制が成立していたのではなかろうか。

天皇制存続の理由を、権力と権威が分化し、権力なき権威となったため逆に武家権力によって担がれ続けたというようにとらえることが多いが、室町～戦国期に着目すると、それは正確ではない。武家の権力闘争の帰趨に自らの浮沈を託さずにすむような慣行ができたという点こそが、この時期に天皇制が存続しえた理由であろう。

（1）田中義成『足利時代史』（明治書院、一九二三年、講談社学術文庫、一九七九年）「第七章　義満の非望」がこの説の嚆矢であり、渡辺世祐「足利義満皇胤説」（『史学雑誌』第三七編第一〇号、一九二六年）、同『室町通史』（創元社、一

九四八年）は母系皇胤という新しい論点を付け加えたが、それを田中説の補強材料としている。
（2）田中『足利時代史』文庫版、七四頁を参照。
（3）古代の女帝を父系継承のための中継ぎとする説は誤っている。この点をはじめ、本稿と密接に関連する、天皇制についての多面的考察を、『筑波大学経済学論集』（http://www.tulips.tsukuba.ac.jp/ でＰＤＦ版公開）に連載している。初回は、平山朝治「天皇制を読み解くⅠ　母系原理の進化」（『筑波大学経済学論集』第五二号、二〇〇四年）。
（4）村井康彦「王権の継受——不改常典をめぐって——」（『日本研究』国際日本文化研究センター、第一集、一九八九年）「はじめに」を参照。
（5）平山朝治『イエ社会と個人主義——日本型組織原理の再検討——』（日本経済新聞社、一九九五年）を参照。
（6）坂本賞三『藤原頼通の時代——摂関政治から院政へ——』（平凡社、一九九一年）一四一～六頁を参照。
（7）今泉淑夫校注『一休和尚年譜1』（平凡社東洋文庫、一九九八年）一五～二五頁を参照。
（8）渡辺「足利義満皇胤説」、同『室町通史』、平山「天皇制を読み解くⅠ」注32を参照。
（9）『大日本史料　第七編之二』応永元年二月二三日、臼井信義『足利義満』（吉川弘文館、一九六〇年）八〇頁を参照。
（10）一休は、自身の前世を妙心寺開山・関山慧玄とし、永遠の恋人は虚堂智愚→宗峰妙超→義嗣→森女と転生したとみていたことを『一休和尚年譜』『狂雲集』『自戒集』『開祖下火録』などによって証明できる（詳しくは別稿＝平山朝治「天皇制を読み解くⅡ　一休の恋人」〈『筑波大学経済学論集』第五三号、二〇〇五年〉に委ねる）。
（11）臼井『足利義満』一六九頁を参照。
（12）院政ののちに復活した「女帝」大宮院と広義門院（平山「天皇制を読み解くⅠ」第四節を参照）は共に藤原氏西園寺家の娘であり、西園寺という家名は大宮院の祖父公経が北山に営んだ豪奢な山荘の御堂名に由来する。義満がその地を西園寺家より譲り受けて築いた北山殿は、大覚寺統と後光厳皇統という二つの皇統を基礎付けた西園寺家の二人の国母・女院の由緒をふまえた、足利家からの登極を正統化するための舞台であったと言えよう。北山殿沙汰始は応永八年（一四〇一）二月一七日であり、三月五日に相国寺が五山の第一となったのと同様、三月二九日称光誕生直前の出来事である。そのような北山殿に、義満はおばで後円融院生母の崇賢門院と妻で後小松の准母・北山院という、二人の「女帝」の御所を設けていたのであり、そこに「女帝」北山院の猶子となった後小松の行幸を仰ぎ、後小松同様に北山院の猶子である義嗣が破格の待遇を得ることの意味は、言わずもがなであろう。
（13）従来、後小松も関白経嗣も、義満や幕府の意のままになる操り人形であるかのようにみなされがちであった。しかし実際には、後円融院崩御ののち、後小松と経嗣は義満と激しく衝突し、みるべき成果を挙げていた。すでに触れたように、経嗣は後亀山院の尊号問題で義満の案を斥けているほかに、以下を指摘できる。①後小松が治天の君代始改元を手がけた際、義満の意中の案であった、明の当時の年号「洪武」から一字をとった「洪徳」を酷評し、廷臣たちをまとめて「応永」を通した（『大日本史料　第七編之一』応永元年七月五日を参照）。②経嗣の関白左大臣と義満の太政大臣のいずれが上であるか曖昧であった（序列を定める宣下はおそらく意図的になかった）が、応永二年（一三九五）四月七日、義満の父義詮の三十三回忌初日を狙って経嗣は左大臣を辞し、義満を抜いて公卿のトップとなった。これに対して義満は、多数の廷臣たちと共に出家して位階序列から抜け出すことで何とかとりつくろった。③その後一三九五～六年ころには、義満が取り次いだ人事案件について後小松は宸筆小折紙を書くことを意図的にサボタージュし、関白経嗣が代行することで叙任除目が滞りなく進んでいる（村井章介『日本の中世10　分裂する王権と社会』中央公論新社、二〇〇三年、二一三～五頁）が、これによって、出家後の義満といえども、朝廷の位階秩序に依存せざるをえず、後小松に加えて経嗣もサボタージュすれば困惑するだろうと言外に示唆することで、二人とも義満の意のままになる場合に比べて朝廷の威光を高める効果があっただろう。かくのごとくしたたかに義満と対抗してきた彼らが一致して、義嗣登極を推し進めたのは、彼らにとっても利益となったからだと考えざるをえないだろう。

(14)『北山殿行幸記』は『群書類従　巻第三十九』所収。一曲という舞は左右二人で行われるが、舞うのは左だけであり、さらに他の記録には「一曲」の記載がないので、参音声＝春庭楽の次に一曲が二人で舞われたという解釈は成り立たず、参音声は春庭楽という一曲で、それを二人が舞ったと解する。

(15)『北山殿行幸記』条々では、参音声の曲名春庭楽も、それが左右一人ずつで舞われたことも記されておらず、『教言卿記』では、左右の番舞の前に春庭楽が記されているが、振鉾三節は省略されている。前者は、参音声の春庭楽が舞われたことは異例なので記すのを躊躇ったのに対し、後者は、春庭楽の次の振鉾三節が春庭楽の一部であるかのように感じられたために春庭楽のみを記したのであろうか。いずれにしろ、番舞が始まる前に行われたことは変則的なため、三つの記録に大きな違いが表れたと考えることができるだろう。

(16)立太子を挙行できない場合、舞御覧の春庭楽（春庭花）によってそれを暗示させる先例を挙げることができる。応安三年（一三七〇）三月二四日の後光厳舞御覧では春庭花に趣向が凝らされていたようであり（『日本古典全集　体源鈔』一六五二頁）、翌年三月後円融が親王宣下の翌々日立太子なしに後光厳から譲位されているので、一年前の春庭楽は立太子に准ずる意図を込めたものであったと思われる。

(17) 河合隼雄『紫マンダラ――源氏物語の構図――』(小学館、二〇〇〇年)一六二頁を参照。
(18) 垣代殿上人の人数を『教言卿記』のみ一三人とするが、懸琵琶で注目された孝長がここには算入されていないためである。
(19) 『群書類従　巻第五十三』。応永五年(一三九八)六月一四日、弘賢は鶴岡八幡宮別当職を尊賢に譲っていたが、尊賢が実際に八幡宮別当となるのは弘賢の死後である。
(20) 『大日本古記録　後愚昧記　三』。
(21) 『大日本史料　第七編之二十』応永二一年四月一三日、『鶴岡八幡宮寺社務職次第』、『大日本史料　第七編之二十二』応永二二年正月二五日を参照。後小松上皇院宣とその解説が、貫達人・三浦勝男編纂『鮮明鶴岡八幡宮古文書集　釈文・解説篇』(鶴岡八幡宮社務所、一九八〇年)四一～二頁にある。僧二〇口による祈禱と二〇ケ所の永院号は、二〇という数が一致するので因果関係にあると思われる。
(22) 田中『足利時代史』「第七章　第九節　五、改元問題」は称光代始改元の欠如に着目している。後小松院が代始改元を望んだが義持が阻止したことは、『大日本古記録　建内記　一』九〇頁を参照。即位も大嘗祭も、義持の専横によっていかに恐るべきものとなったかは、以下で述べる点も含めて、横井清『室町時代の一皇族の生涯――『看聞日記』の世界――』(講談社学術文庫、二〇〇二年、原著は一九七九年)一一三～八頁にまとめられている。義満・義持と二代続けて、改元間もなく新将軍が誕生するという風に将軍代始と改元の関連性がみられたが、応永三〇＝一四二三年の義量将軍就任にちなむ改元はなかった。おそらく、改元によって称光の皇位継承が完結することを避けた措置である。そのため応永年号は、一世一元の制がとられた明治より前において、三〇年を超えた日本で唯一の年号となった。
(23) 『大日本史料　第七編之二十三』の、応永二三年一一月二三日、同二八日を参照。
(24) 同右書の、応永二三年一一月二二日を参照。
(25) 『続群書類従　補遺二　看聞御記上』(応永二三～永享三年分)『図書寮叢刊　看聞日記　一』(応永二三～二六年分)。
(26) 豊光は応永二七年(一四二〇)一〇月に広橋兼宣(崇賢門院仲子猶父兼綱の嫡孫)、日野有光(豊光の次の院執権)らと共に義持を呪詛したとして閉居させられた(『史料稿本』〈東京大学史料編纂所『所蔵史料目録データベース』http://www.hi.u-tokyo.ac.jp/ships/shipscontroller〉応永二七年一〇月二三日を参照〈二〇〇六年四月九日チェック〉)。彼らはおそらく関東の乱で上杉禅秀に与したと義持に疑われていたのであろう。
(27) 中点・読点は、『大日本史料　第七編之二十四』二八五頁による。貞成王は、『称光院即位記』『称光院大嘗会記』を残したように、義持の専権ぶりをよく知っていたので、この舞御覧について、「太鼓拍子遅々間、舞楽不思議云々、後日有沙汰、景清異失歟」「大炊御門中納言長保楽急残之時、笛吹損、仍早速吹云々」などと、失敗に対する義持の逆鱗を恐れており、異様な雰囲気のなかで、廷臣たちが失敗を恐れて萎縮していたことが推察される。貞成王の父栄仁親王も活躍した北山殿行幸について「これぞ御思出とも申ぬべき」(『椿葉記』)と記しているのと対照的であり、皇族の重鎮として、義満と義持のどちらが天皇家の脅威であると彼が感じていたかは、明らかであろう。

(28)『大日本史料　第七編之二十五』応永二三年当該日を参照。

(29)『大日本史料　第七編之九』応永一五年四月一日、『同　第七編之十』応永一五年一〇月一一日、『同　第七編之十一』応永一六年二月一日、二月二九日を参照。

(30)『神護寺交衆任日次第』(『大日本史料　第六編之二十七』六七一頁、『大日本史料　第六編之二十八』七三九頁)。

(31)義嗣の出奔先について、『看聞日記』応永二三年一〇月三〇日は高尾とするが、『八幡宮愛染法雑記』同日(『大日本史料　第七編之二十五』同日所収)は「栂尾梅佃辺」、『満済准后日記』(『続群書類従　補遺一　満済准后日記上』応永一八年〜正長元年一〇月分)一一月一日も「栂尾辺」としており、後二者は幕府側の情報によるとすれば、幕府は義持に皇位簒奪意図があると暗喩する高雄＝神護寺出奔という事実を隠蔽すべく、栂尾説を流したのではなかろうか。神護寺には重要文化財の足利義持二九歳像(応永二一年)が奉納されており、称光即位が同年末にようやく実現しているので、即位礼を遅延させることが皇位簒奪疑惑を呼ばないよう、尊皇の「証」として奉納されたのであろう。その神護寺を義嗣が出奔先に選んだこと自体が、義持非望告発をかなりあからさまに意味していたはずである。

(32)『大日本史料　第七編之二十五』応永二三年九月一一日を参照。大仏彩色について「室町御夢想以下有慎事。仍被発大願有御祈禱」(『看聞日記』応永二三年九月四日)とあるが、慎事とは、大仏の夢告を慎んで受けたといった意味であり、国家にかかわる大願は王朝交代と同義であろう。貞成王が室町殿とせず呼び捨てているのは、その可能性を感じたせいかもしれない。また、義持が東大寺宝蔵を開くので、至徳二年の義満の先例に従って勅使を派遣するよう、九月八日夜になって東大寺雑掌が要請してきたため、急遽九月一二日開封の勅使に勧修寺経興が任じられており、義持からの開封申請はないことから、彼は勅封破りを目論んでいたものと思われる。八月ころあったと思われる夢告の内容は本文で述べるように、義持が聖武の生まれ変わりだということであると思われ、勅願・勅許なしに大仏に金箔を押し、宝蔵を開こうとするのは、聖武の再来にふさわしい地位を求める、つまり臣下たる将軍に満足せず、天皇ないし上皇たらんとするに等しい。義持は応永二三年五月二日(聖武忌日)、東大寺に須真天子経三巻(聖武天皇宸翰)、不空羂索経一巻、大愛道比丘尼経二巻（光明皇后御筆）を寄付し、「誠是吾寺之光華、希代之重事也」と特筆されており（『大日本史料　第七編之二十四』当該日）、このころから、東大寺や聖武を皇位簒奪正統化に利用する準備に着手していたのではなかろうか。

（33）『大日本史料　第七編之二十七』応永二四年七月三日所収。中国では上中下台は三公を意味し、上台は内大臣義持を指すとも解せそうだが、内大臣は下台なので奇妙である。淳仁が即位した際、百官・僧綱が孝謙に上台宝字称徳孝謙皇帝、光明皇太后に中台天平応真仁正皇太后の尊号を奉っており（『続日本紀』天平宝字二年八月一日）、上台は天皇ないし上皇の尊称であることをふまえなければなるまい。「今」を近未来とすれば、「聖武後身今上台」は義持の簒奪意図に迎合したものと解せる。七五八年八月勝宝感神聖武皇帝の尊号が奉られた翌月に帰朝した渤海使によって、七五五年末に安禄山が挙兵して大燕聖武皇帝と称し、聖武の年号を定めたことなどの情報がもたらされた（『続日本紀』天平宝字二年八月九日、九月一〇日、一二月一〇日）。したがって、中国史に精通していなくても『続日本紀』を読めば「聖武」が逆臣安禄山をも意味し得ることは容易に知られるのであり、義持を「聖武後身」とする際、追従の裏に非難・告発の意味が密かに込められたと思われる。花山院長親（明魏耕雲）の「世を照す君が光をかりてこそ仏ももとの姿みせたれ」（『大和名所記　和州旧跡幽考　第二巻』）という和歌も、一見、君＝義持、かり＝借りのようだが、世を照す君は天子にほかならないとすれば、かり＝狩り・刈りという、簒奪の含意がある。そのころ長親は猶子に花山院家を嗣がせており（『看聞日記』応永二三年一一月九日）、義持の了承を得るべくとりいったとも、義持の簒奪意図を暴露したとも解釈できるだろう。南方近衛の子息を猶子として花山院家を相続させることができたのは、南朝重臣だった長親が上杉禅秀の乱直前に義持と後亀山院との間をとりもったためかもしれない。長親は一休の母方祖父と推定でき（平山「天皇制を読み解くⅡ」第七節を参照）、大仏新装を巡って義持の簒奪疑惑が僧たちの間で高まり、長親から後小松院や一休に伝えられた可能性があろう。鄂隠は応永二五年三月に義持から「御一期不可見参」と言われて鹿苑僧録を失脚し、土佐に出奔しており（『看聞日記』応永二五年三月一八、二四、六月一五日）、義持を聖武の後身とする際彼が重要な役割を担っただろうことから推して、「聖武」が逆臣安禄山を意味しうることを義持も知るに至り、鄂隠に嵌められたと思ったためではなかろうか。

（34）『大日本史料　第七編之三十』二六七頁。一九日は二九日の誤り。

（35）平岡定海『東大寺辞典』（東京堂出版、一九八〇年）一八七頁。

（36）『大日本史料　第七編之二十七』応永二四年八月二四日。

(37)『増補　史料大成　康富記　二』応永二七年一〇月二九日に、応永二三年冬以降行われた春日祭が挙げられているが、応永二四年冬はなく、他の諸記録にもない。応永二四年一一月一四日に執金剛神像開帳があり(『大日本史料　第七編之二十九』二八二頁)、ちょうど冬の春日祭が行われるべき頃に執金剛神を開帳して怨敵退散祈願が行われたとすれば、義持に対する後小松院の攻勢と解釈することができよう。

(38)『大日本史料　第七編之三十』応永二五年二月五日。

(39)応永二五年は正月が大(三〇日)、二月が小(二九日)、三月と四月は大である。義嗣が殺された時刻は丑(午前二時ころ)であり、寅(午前四時ころ)から日付が改まるとすれば二四日だが、『看聞日記』は二五日条に記載しており、その騒動で目を覚ました人や早朝知った人にとっては二五日の出来事という印象が強くなるだろう。「丑を昨日の終わりとし、寅は今日の初とす。故に丑寅の両時は昨今の交り也」(『暦林問答集下・昼夜時剋法』)とあるよう、深夜の出来事が前日と今日のいずれに属すかは、実際上曖昧であり、現代でも今日の午前一時を前日の二五時と表すこともある。一月二四日から数えると焔魔天供開白の二月二九日が五七日翌日となり、普通仏事は忌日かそれ以前に行うので、後小松院は当時、一月二五日に義嗣が殺害されたとしていたのではなかろうか。

(40)『続群書類従　巻第八百三』。安養院が競望していた魚見宏徳寺の寺領を四月二三日に義持が安堵した直後に院宣が下されたので、院宣は義嗣慰霊のためのものだと義持も承知していただろうが、義持も当時の深刻な炎旱は義嗣の祟りだと思っていたので賛成し、寺領安堵で財源も提供したのではなかろうか。当時安養院は複数あったが、将軍の祈願寺であった宏徳寺の脅威となるのは高野山安養院に絞られよう。高野山安養院は代々の足利将軍(義持・義量は記録なし)やその家族の分骨所であり(『増補　史料大成　蔭凉軒日録　三』長享三年五月一二日)、義満の弟・権大納言・贈従一位左大臣満詮も納骨されているので、将軍の弟公卿として同じような立場にあった義嗣も納骨されたかもしれない。将軍家の山中浄土である安養院が、やはり山中浄土信仰が盛んだった朝熊山に進出しようとするのは自然なことで、鎌倉の仏地禅師が真言だった金剛証寺を再興した後、禅師の死や禅秀の乱で鎌倉の影響力が低下したのに乗じて宏徳寺と安養院が金剛証寺支配を巡って対立し、将軍家の威によって安養院が宏徳寺領を競望してきたのではなかろうか。応永一九年には「守護国司之違乱」のみが問題とされていたが、仏地禅師が示寂し、金剛証寺をバックアップしてきたと思われる禅秀らが滅んだ後、応永二四年に安養院との寺領を巡る争いが始まった(「宏徳寺記」)ことはその傍証となる。また、禅秀の乱後の伊勢における真言と禅の争いが禅主導で両者協力して義嗣供養を行うという風に解決されただろうことも、応永末年に金剛証寺で形成された雨宝童子信仰が義嗣供養を起源とするものであることの傍証となる。

(41) 西田長男「雨宝童子像管見(一)、(二)」(『神道及び神道史』第一、二号、一九六六年)久保田収「天照大神と雨宝童子——朝熊山の信仰を中心として——」(萩原龍夫編『伊勢信仰 I』雄山閣出版、一九八五年)を参照。

(42) 神宮文庫所蔵、一七五〇～一年(西田「雨宝童子像管見(一)」を参照)。

(43) 『神道大系 神社編十四 伊賀・伊勢・志摩国』。

(44) 久保田「天照大神と雨宝童子」一四六頁、『大日本史料 第七編之二十四』応永二三年二月二三日を参照。仏地禅師が金剛証寺を再興したのは明徳三年(一三九二)との記録があるようだ(『宝物目録』〈伊勢朝熊岳金剛証寺宝物館、年不明〉にある「金剛証寺年表」)。また、尊賢は「明徳元年庚午五月六日奉二請下一也」(『鶴岡八幡宮寺社務職次第』)とあり、応永五年(一三九八)六月一四日、弘賢は鶴岡八幡宮別当職を尊賢に譲っている(尊賢が実際に八幡宮別当となるのは弘賢が死んだ応永一七年五月)。関東が金剛証寺と深い関係を持つようになったのは、南朝の無力化～南北朝合一によって、伊勢と関係を持つことが南朝方に通じることを意味しなくなったと同時に、鎌倉公方は朝廷との関係を密にして幕府と対抗しようとしはじめ、そのための方策として、真言系の尊賢法親王を鶴岡八幡宮に迎えたり、京から離れ、東国に近い伊勢を重視して仏地禅師を派遣したためではなかろうか。したがって、後小松院らが称光への皇位継承を実現しようとする際関東に依拠するに至ったのも、そのような明徳～応永初年からの鎌倉における尊皇運動の高まりに乗ったと言うことができるだろう。

(45) 貫達人(文)・荒牧万佐行(写真)『円覚寺』(大本山 円覚寺、一九九六年)四七～八頁を参照。

(46) 「金剛証寺年表」、宗田一『新装版 日本の名薬』(八坂書店、二〇〇一年)三七頁を参照。『勢陽五鈴遺響 度会郡十五』(前々注『大日本史料』所収)にもほぼ同趣旨のことが伝えられている。

(47) 伊豆国走湯山密厳院は関東における修験道の拠点で、醍醐寺三宝院とのつながりが強く、別当職を巡って、三宝院の准三后満済ら醍醐寺の有力者と、鶴岡八幡宮別当弘賢から応永九年(一四〇二)に譲られていた尊賢との間で相論があったが、尊賢の八幡宮別当就任二年後の応永一九年(一四一二)四月二七日に鶴岡八幡宮前別当弘賢の譲状によって幕府は尊賢に安堵した。尊賢が早くから神護寺や密厳院とかかわっていたことから、彼と真言系修験との間に密接な関係が窺われ、そのため、上杉禅秀の乱や雨宝童子信仰の形成に真言系修験が深くかかわるようになったのであろう。

(48) 鳥羽重宏「天照大神の像容《イメージ》の変遷について——女体像・男体像から、雨宝童子像にいたる図像学——」(『皇学館大学神道研究所紀要』第一三輯、一九九七年)一三四頁を参照。

(49) 現存の童子像は天文五年(一五三六)の火災ののちに本尊とともに大仏師運宗らによって造られたが、当時の像は現存像と基本的に似た姿であったと思われる（像姿は室町時代初期に制作されたと考えられる絹本著色像の童子まで遡ることができる。鳥羽「天照大神の像容《イメージ》の変遷について」一三四頁を参照）。

(50) 佐野賢治『虚空蔵菩薩信仰の研究――日本的仏教受容と仏教民俗学――』（吉川弘文館、一九九六年）一二〇～一頁を参照。

(51) 県敏夫「関東の十三仏板碑について」（神奈川大学日本常民文化研究所編『十三塚――実測調査・考察編――』平凡社、一九八五年）五四頁表2をみると、応永年中においては末尾の二尊ないし三尊を全て大日とする事例と末尾を虚空蔵とする事例はいずれも六である。なお、虚空蔵を十三仏の最終尊とする板碑に、永和三年（一三七七）、埼玉県岩井市東陽寺のもの（岩井市板碑調査会編『岩井市の板碑』〈岩井市史編さん委員会、一九九二年〉一〇七頁、佐野『虚空蔵菩薩信仰の研究』一一六頁）があるとはいえ、応永までの間を埋める他の例はないようだ。

(52) 『伊勢朝熊岳　金剛証寺』（金剛証寺、一九九四年）一八頁を参照。

(53) 岡直己『神像彫刻の研究』（角川書店、一九六五年）には「三重県度会郡の金剛証寺において有名な雨宝童子像を伝えていたのが多楽院であったと正長元年（一四二八）文書が伝えている」（六〇頁）とあり、この文書そのものは公開されておらず、西田も岡のこの記述によって正長元年には雨宝童子信仰が成立していたと論じている（西田「雨宝童子管見（二）」四頁注5を参照）。

(54) 伊勢内宮・外宮あたりからみると朝熊岳は東南東に位置し、日の出のときに太陽光線を遮って隈となるため朝隈と呼ばれたのが朝熊岳の原意である（桜井徳太郎「山中他界観の成立と展開――伊勢朝熊山のタケマツリ――」〈『日本歴史』第二四九号、一九六九年〉一頁）ことは、朝熊岳の山中浄土信仰が東方阿閦浄土と結びつくことを支持する。

(55) 「金剛証寺年表」を参照。おそらく注(53)で触れた未公開の正長元年文書に、「金剛証寺年表」記載の双鳳鑑奉納の件が書かれているのであろう。

(56) 称光代始改元を差し止め続けた義持の死後、新将軍に内定した義円（のちの義教）が義持薨去を理由とする改元を申請したのに対し、後小松院は武家ないし重臣薨去による改元の先例があるかと問い、関白二条持基が称光代始と兼ねるという妥協案を示したが後小松院が拒否したため、それを受けた評議で先例があればそれにより、なければ代始の儀によると決まり、重臣薨去による改元の先例として、近衛兼嗣・二条良基・万里小路仲房薨去による「多失賢良」に詔書で触れた北朝嘉慶三年（一三八九）の康応への改元が挙げられた（以上、『建内記』菊亭本第三巻、応永三五年三月）。その後の交渉の経緯は不明だが、適当な先例なしと結論されたらしく、「依代始無赦事」（『薩戒記正長元年改元記』）と、義持薨去を事由からはずした代始改元となった。「正長」年号は、元弘二年（一三三二）の光厳代始改元の際、いったん内定しながら、「建長」「応長」など関東有事のため「長」字を関東が忌むという風聞があったので「正慶」に決まったといういわく付きの年号である（『史料纂集　花園天皇宸記　三』元弘二年四月二八日）。したがって、「正長」を避けたにもかかわらず改元直後鎌倉幕府が滅亡したことに因んで室町幕府滅亡を祈願するという呪詛が「正長」年号には込められており、そのことに気付かない幕府側人材の知的劣位も示されたことになろう。管領畠山満家は文字の理解力に欠けるので、和語をもって平易に示すべしとされて、改元奏状案も和字で書かれたものが検討された（『建内記』同上）。改元の後に新将軍が就任するという慣行に従って、正長二年（一四二九）三月一五日に義教が将軍になったが、その前の二月初旬にはすでに後花園代始改元の作業が動き出していた（『満済准后日記』正長二年二月七日）。後小松院が将軍宣下を遅延させてきた（佐藤進一「足利義教嗣立期の幕府政治」〈『法政史学』第二〇号、一九六八年〉五頁を参照）こととあわせると、あわよくば新将軍就任前に改元することで、将軍代始とみなせる改元をなくそうと、称光崩御ののち後小松院は狙ったようである。義教将軍宣下の後に改元されたものの、新天皇の即位前に代始改元をするのは、元暦（後鳥羽）、延慶（花園）、文和（後光厳）と先例が少ない（『皇紀年代記』肩書）ことからも、新天皇代始改元を急いで新将軍代始を非公式事由とする改元の意義を削減しようという後小松院の意図が読みとれよう。義持没後、改元を巡る朝幕交渉は攻守交代した感がある。

(57)『神道大系　神宮編二』。

(58)『国史大系　第七巻』。

(59)小林行雄『古鏡』（学生社、一九六五年）六七頁。

(60)『伊勢朝熊岳　金剛証寺』一二三頁を参照。

(61)仁明天皇は深草陵に葬られたので、深草天皇・深草帝とも呼ばれており、持明院統の祖・後深草以降、後光厳・後円融・称光・後小松をはじめとする十二帝、伏見宮栄仁親王や二人の女院が納骨された法華堂（深草北陵）が、当時所在不明となっていた仁明天皇陵にも擬され、従来後深草法華堂と称していた。これは、嵯峨から弟の淳和を経たが仁明＝深草へと正統が伝わったように、後嵯峨の正統は後深草だと主張していることになろう。しかし、後光厳院納骨時以降は深草法華堂というようになった。それは、仁明＝深草を出発点にとれば仁明——文徳——清和——陽成という皇統が跡絶えたのに対して文徳の弟である光孝以下が正統となったから、崇高院の弟後光厳院を正統化することができるからである。ところで、後小松という諡号は、仁明の皇子で新しい皇統をはじめた光孝が小松山陵に葬られたので小松帝とも呼ばれることに因んでおり、やはり文徳の弟である光孝以下が正統となったことにあやかって、崇光院以降の伏見宮家ではなく後光厳皇統が正統として確立できるようにという願いを込めて、後光厳院納骨以降、後深草法華堂が深草法華堂に改められたのであろう（後円融という諡号も兄冷泉でなく弟円融が正統を嗣いだことにちなんでいる）。つまり、仁明＝深草天皇の御衣を賜るとは、兄崇光と弟後光厳の対立以来、後光厳の子孫にとって弟が正統を嗣ぐという皇位正統化の拠り所となってきた仁明――光孝への正統の継承と結びつけて、後光厳皇統の天皇に准ずる待遇を与えるという、極めて重い意味を込めた、破格の待遇であると言えよう。おそらく仁明に仮託して後小松院自身の御衣が賜られたか、義嗣元服のときに賜った御衣が保存されていて、矢負地蔵像に着せられたのであろう。『朝熊岳儀軌』には、子宝に恵まれない仁明天皇が、雨宝童子の如意宝珠の滴を与えられて王子を得たとあるが、第一皇子文徳は一八歳、光孝は二〇歳のときに生まれているので、事実と合わず、これも仁明の王子誕生に託して、後小松の後を継ぐべき称光の、困難を極めた代始改元を暗喩していると解釈できる。

(62)　金剛証寺の雨宝童子像（重文）は、貞観時代のものとされてきたが、修理が重ねられているので、最初から雨宝童子像であったと断定できず、原初から伝えられている体躯の造立年代は鎌倉時代と一応され（岡直己・上原昭一「三　垂迹彫刻」〈奈良国立博物館監修『垂迹美術』角川書店、一九六四年〉八二頁）、文献との整合性から室町時代の作とすべきだとも説かれている（西田「雨宝童子像管見（一）」三頁）。矢負地蔵像も『伊勢朝熊岳　金剛証寺』には鎌倉初期とあるが、再検討の余地があろう。室町期の作とすれば、それらの像は元服前の義嗣の生き写しである可能性があるし、それ以前のものだとしても、義嗣に似た像が選ばれたのであろう。

(63)　この年の八月一一日に林光院が新廟に移転し、九月一七日には義嗣に従一位が贈られている（『柳営御伝』永享元年九月一七日）のも、義嗣の十三回忌に因んだものと思われる。

(64)　「写置《シク》事」云々は龍谷大学図書館本や金剛三昧院本にはなく、神宮文庫本系統の書写の際に付加されたと思われるので、『朝熊岳儀軌』の成立時期は応永二三年以降文安五年以前に絞られる（久保田「天照大神と雨宝童子」一四六頁）。『儀軌』によれば、空海はかつての勝鬘夫人であり、勝鬘が輪廻転生を繰り返して生まれる際に手に持っている舎利が、勝鬘にちなんで変成男子舎利と名付けられた。つまり、空海は転生して（高野山で入定留身したという信仰に従えば、再び高野山を出て）応永二三年ころ巷で生き、変成男子舎利が出現して以降の出来事を見た上で、『儀軌』を完成させたという風に解せば、空海没後のことが『儀軌』で応永二三年まで書かれているにもかかわらず、空海作とすることに、論理的な矛盾はい。ところで、応永二三年のみ単に「御出現」とあって、出現場所も様態（飛行、比丘形、羅漢御姿など）も書かれていない。その応永二三年の御出現について著者はよく知っているにもかかわらず、空海の後身を自認し、あるいは周囲からそうみなされた著者とは誰であるのかも、応永二三年に何が起こったのかも具体的に述べることはできないような事情があったと思われ、著者は一休であろう。「童子帰縁《ノ》時《キ》定《テ》二坐所《ヲ》一現《ゲンス》也」とあって、赤精童子所化身たる覚紹上人が七五八〜八〇七年の五〇年間朝熊にいたとしつつ、変成男子《ノ》舎利も七三三〜八〇八年の間朝熊にいたとしているのも、雨宝童子と変成男子《ノ》舎利の密接な関係を示そうとしたものだろう。これらからも、変成男子《ノ》舎利＝雨宝童子＝義嗣という暗示が読みとれる。

(65) 斎藤慎一著・青梅市郷土博物館編『青梅市の板碑——多摩川上流とその周辺の中世を求めて——』（青梅市教育委員会、一九八三年）三二六・四一七頁を参照。

(66) 県「関東の十三仏板碑について」六〇頁。虚空蔵直下の二尊が金剛界大日と阿弥陀（キリク。おそらくが第十二）なのは、阿弥陀信仰が強いためであろうが、それでも虚空蔵（タラク。下部のみ残存）が主尊にして最終仏となっていることはなおさら重要であろう。

Ⅱ　日本［近世］

禁裏と二条城をめぐる政治的表象——近世の国制と天皇——

笠谷和比古

はじめに

本稿が対象とするのは京都にある、いわゆる京都御所と二条城という二つの建造物である。江戸時代において前者は「禁裏」(1)と称せられ天皇の居所にして朝廷の政庁であり、後者は京都市中に構えられた将軍の城郭にして幕府の対朝廷政策を遂行するための拠点であった。しかも両者は京都を南北に走る堀川通りを中にして相近接した位置にある。

この両者は家康の征夷大将軍任官から始まり、幕末の大政奉還そして王政復古へと続く朝幕関係の最も重要な事件の舞台をなしてきた。ここでは禁裏と二条城という二つの相近接した建造物について、その建造経緯と建造物の形状、構造そのものに即して概観し、それらの内に暗黙のうちに語られている、当時の社会における天皇と徳川将軍との政治的関係を読み解いていきたい。

一　中世の里内裏から近世の禁裏へ

天皇は平安京遷都以来、京中に築造された大内裏の中にある内裏の空間に居住していた。しかしながら、大内裏と内裏が焼亡ないし腐朽することにともない、平安時代の末以降、天皇は京中にある貴族などの私邸内に設けられた仮の居所である里内裏に住まうことが多くなり、こちらに本来の内裏の機能が移されるようになった。

鎌倉時代には幕府の源頼朝が二条堀川の東南にあった閑院里内裏の大修復を行い、同時代を通してこの閑院里内裏が用いられた。閑院里内裏は里内裏の白眉と称せられるもので、紫宸殿・清涼殿・仁寿殿・宜陽殿・校書殿以下、平安京内裏を構成する各殿舎や回廊を数多く備えるなど、内裏を模して造営されていたことから、事実上、新しい内裏としての意義をになうこととなった(2)。

この閑院里内裏が亡失したのち、鎌倉末から南北朝内乱期において歴代天皇はその居所を転々としていたが、一四世紀半ば、北朝の後光厳天皇、後円融天皇の頃から今日の京都御所の区域である土御門東洞院の地が里内裏の場所として定着するにいたった。

この地はもと後白河法皇の女子であった宣陽門院の所有するところであり、新長講堂が建てられていたが、鎌倉時代には宣陽門院の孫にあたる陽徳門院の御殿となっていた。そのように皇室にゆかりの深い場所であったことから、平安末から鎌倉期にかけてしばしば里内裏として用いられることがあり、南北朝期以降は室町時代をとおして正式に内裏として定着することとなったのである。

二　天下人と禁裏造営

戦国時代には天皇の権威は凋落の一途をたどり、その居所も荒廃を極めていた。このような歴史の流れの中にあって、状況を一変したのがほかならぬ織田信長であった。永禄一一年（一五六八）、信長は足利義昭を奉じて入洛するけれども、この上京のいま一つの動機は、時の正親町天皇の要請を受けて天皇御所の修造を遂行するところにあった(3)。

信長は入洛した翌年五月から、内裏の四足門外に瓦小屋を設けて瓦の製作に着手し、翌永禄一三年二月に土御門内裏の作事始めを行っている。そして工事は紫宸殿から始めて各殿舎・廊・門を順次修復するという形で進められ、五年の歳月をかけて天正三年（一五七五）四月に工事をすべて完了させている。

このときは信長とて財政的に余裕があるわけでもなかったので、それまでの伝統に則って、一国平均役の一つである造内裏役の系譜を引く段銭や軒別銭を、京の内外に賦課することによって造営資金を調達している。そしてまた、このおりの禁裏修造はあくまで改修工事にとどまり、新築にはいたっていなかった。

その後に天皇御所の築造に携わることになるのは豊臣秀吉である。正親町天皇の譲りを受けて後陽成天皇が天正一四年（一五八六）に即位するが、すでに関白に就いていた秀吉は同一七年正月に禁裏築造の意向を示し、翌一八年四月から工事に着手する。

天皇の日常居所である常御殿の建築から始まり、内侍所・紫宸殿以下の築造が進められた。この秀吉による禁裏築造は、信長のそれとは異なって、修築ではなく全面的な再建であった。豊臣政権の力を注いで行われた工事は同一九年三月頃に完了している。

ついで徳川家康の手による慶長度の禁裏造営である。すなわち後陽成天皇の譲位にともない慶長一六年（一六一一）四月に後水尾天皇が即位するが、家康はこれにともなって天皇御所の造営を執行する。この時、家康は全国の諸大名に禁裏周囲の築地を修築するための普請役を賦課している(4)。すなわち、築地一間につき銀二貫五〇〇目の作料を要するけれども、この費用が全国の大名に賦課されたのである。

禁裏殿舎の造営は、京都所司代である板倉勝重を総奉行として同一七年一二月に始められ、内侍所・清涼殿・常御所・紫宸殿・小御所といった主要殿舎については翌一八年一一月中旬に上棟を見た。そして同年一二月一九日、後水尾天皇が仮御殿から新造の禁裏へ移徙することによって、工事は完了した。

寛永六年（一六二九）一一月六日、後水尾天皇は紫衣事件に端を発した朝幕軋轢の中で突如譲位し、興子内親王が践祚する。明正女帝である。この譲位にともない後水尾上皇は新造なった仙洞御所に移徙し、禁裏は同一八年になって明正天皇のために全面改築された。

三　火災と数次にわたる禁裏再建

そののち寛永度造営の禁裏は承応二年（一六五三）に焼失したために、幕府は翌三年三月から再建に取りかかり明暦元年（一六五五）一一月に造営を完了している。今回は慶長度の例にならって、五万石以上の諸大名から築地課役の名目で一万石につき銀一貫目を徴した。(5) しかしこれはあくまで築地造営のための課金であり、殿舎の建築は幕府の官費でおこなった。

こうして承応度禁裏は完成したのであるが、悲運にもこの禁裏は新築間のない万治四年（寛文元＝一六六一）正月、公家町から出火した火災によって一宇も余さず炎上してしまった。のみならず承応度の火災の折りには無事であった後水尾法皇の仙洞御所もまた、このたびの火災を免れることはできなかった。

寛文度の造営は寛文二年（一六六二）五月から始められ、翌三年正月に完成を見ている。今回は度重なる禁裏造営で幕府の財政も窮迫していたことから、慣例を破って四人の大名、すなわち浅野内匠頭長直（赤穂藩五万三千石）・有馬左衛門佐康純（延岡藩五万石）・伊達宮内少輔宗純（伊予吉田藩三万石）・島津但馬守久雄（佐土原藩三万石）に禁裏殿舎造営のお手伝普請を命じている。(6) すなわち、これまでも禁裏を取り囲む築地に対して大名助役を命じることはあったが、今回は禁裏を構成する殿舎そのものの造営に大名を動員したのである。

しかしながらこの寛文度禁裏もまた一〇年を経た霊元天皇の寛文一三年（一六七三）五月、公家町から生じた火災によって三たび焼失することとなった。

幕府は火災の翌年である延宝二年（一六七四）二月、禁裏造営の助役を松平伊予守綱政（岡山藩三一万五千石）に命じ、伏見奉行仙石因幡守久俊を普請総奉行として造営に入った[7]。今回は仙洞御所・女院御所の再建から着手し、そののち延宝三年正月から禁裏の造営を始めた。そして同年一一月に上棟式と七日間の安鎮法が修されて禁裏は完成した。

この延宝度禁裏は元禄時代を通して存続したが、その時代の終わりにあたる東山天皇の宝永五年（一七〇八）三月、京町中から発した火災はまたたくまに燃え広がり、禁裏・仙洞御所は余さず焼失した。

幕府は六度目の禁裏造営を余儀なくされ、禁裏は有馬玄蕃頭則維（久留米藩二一万石）、仙洞および女院御所は松平中務大輔昌平（福井藩二五万石）・伊達遠江守宗贇（宇和島藩一〇万石）・京極甲斐守高住（豊岡藩三万三千石）・分部若狭守信政（大溝藩二万石）、院中（新院東山上皇の御所）は京極若狭守高或（丸亀藩五万千五百石）、中宮御所は木下肥後守公定（足守藩二万五千石）・池田内匠政倚（鴨方藩二万三千石）という担当であった。

禁裏・仙洞御所の一帯が全焼したこともあって、再建の態勢も前例を見ぬほどに大掛かりなものとなっている。なおこのうち禁裏造営を命ぜられていた久留米藩主の有馬則維については、おりから国元が大水害に見舞われたことから担当をはずされ、本多能登守忠常（大和郡山藩一一万石）・松平丹波守光熈（加納藩六万石）・亀井隠岐守茲親（津和野藩四万三千石）が代わって受け持つこととなった[8]。工事は宝永五年九月に始まり、翌六年九月に完成している。

なお幕府はこの宝永度の禁裏造営に際しては、敷地の大幅拡張を行い、禁裏に七二三六坪、仙洞・女院御所のために一七八七坪、新院・中宮御所に六六〇二坪を進献した。これによって禁裏の敷地は、天正度以来二度目の拡張となり、これによって東西の大きさはほぼ今日と同じとなった。

この宝永度禁裏は、それから約八〇年余にわたって無事に存続したが、天明八年（一七八八）正月、建仁寺町通四条付近より出火して京都市中を襲った火災は、応仁の乱以来といわれる未曾有の大火となり、町中を焼き尽くし、公家町・禁裏もまた一宇も残さず灰燼に帰した。光格天皇はこの火災を避けるため、聖護院宮方へ立ち退き、ここを仮内裏とした。

四　寛政度の禁裏造営

天明の大火による禁裏焼亡という事態を受けて幕府はその再建に乗り出すのであるが、時の老中筆頭であった松平定信はこの御所造営の御用掛りに任命され、禁裏再建を直接に指導することとなる(9)。松平定信が徳川吉宗の孫にあたり、御三卿のひとり田安宗武を父とするという出自の持ち主であることは周知のところである。のち松平定邦の養嗣子となって白河藩主の地位につき、天明七年からは幕府老中に任ぜられていた。

賀茂真淵の庇護者でもあり国学者として一家をなした父田安宗武と同じく、自らも国学に深い造詣を有していた定信は、この禁裏御所の再建に際して平安京内裏制の復原を試みることを考えていた。そもそも幕府老中が禁裏再建の御用掛りに任命されるのは異例の事であり、定信自身の意気込みの程が感じられる。

定信は幕府儒官柴野栗山らに命じて旧制復元のための検討を指示していたが、朝廷側からも、公家の裏松光世(固禅)が一〇年の歳月をかけて平安京大内裏に関する考証を重ねた労作『大内裏図考証』に基づく再建プランが要望として提出されており、ここに朝幕両者の思いは一致して、平安京内裏制の精密な考証復原を基本とする再建に着手することとなったのである。

そして紫宸殿と清涼殿の両殿舎、および紫宸殿の前庭と日華・月華・承明の三門とそれらをめぐる朱塗りの回廊、紫宸殿・清涼殿の間の坪庭、滝口の周辺が主に復原の対象となった。

寛政度造営は寛政元年（一七九一）三月に始まって翌二年八月に落成を迎え、平安朝の往事をしのばせる雅やかにして格調の高い構造物が現出した。この寛政度禁裏はそれより六〇年後の幕末に焼失することになるけれども、その建築構成は安政二年（一八五五）の再築に際しても忠実に継承されて今日にいたっている。

五　徳川家康の将軍任官と二条城造営

家康が将軍宣下を受ける前年の慶長七年五月頃から、京都の二条堀川の地に新しい城郭が造営されつつあった。[10]京都にはすでに伏見城があったが、家康はさらに京都の市街に新たな城郭を構えようとしていたのである。二条城の完成は慶長八年の初めであり、これは同年二月に行われた家康の征夷大将軍任官と時を同じくしている。両者が時を同じくしているというのは決して偶然のことではなく、家康の将軍任官という事柄をめぐる、いわばコインの裏表のような関係にある。

慶長八年二月一二日、伏見城にあった家康は、勅使広橋兼勝・勧修寺光豊の両名を同城に迎えて将軍任官の宣旨を受領する。一般には、これで将軍成りの儀式は完了したと受け止められているのであるが、しかしながら将軍任官儀礼において、右の宣旨伝達の儀式は実はその前半分でしかないのである。これに引き続いて、宣旨を受領した将軍が天皇御所に赴いて任官の御礼を行う「任官拝賀の儀」が執り行われるのであり、この二つの儀式をもって将軍任官という国家的な行事が完遂されることになるのである。

すなわち家康は、前述のとおり将軍任官宣旨を受領したのち、同年三月二一日に伏見より入洛して、竣工間もない二条城に入った。そして同二五日の巳下刻、家康は二条城を出て禁裏に参内する。[11]家康は衣冠の装束に身をつつみ、檳榔毛で飾った牛車（檳榔車）を仕立て、その前後に所司代板倉勝重および諸大名・旗本たちによる騎馬・歩行の長大な行列を連ねる形で禁裏へと向かった。

家康は禁裏の常御所において後水尾天皇に拝謁して征夷大将軍の任官を謝し、天皇より祝いの天盃を賜るという形をとる。そののち家康は、「将軍勅許の御礼」（『慶長日件録』）として、銀子を朝廷に献上する。後陽成天皇へ銀子一〇〇〇枚、女院新上東門院へ同二〇〇枚、政仁親王へ同一〇〇枚、女御中和門院へ同一〇〇枚、長橋局へ同五〇枚、局それぞれの女官へ同三〇枚ずつである。家康は、ついで女院の御所に赴いて御礼を行ったのち、同日の儀式を滞りなく終えて午下刻に禁裏を退出している。

以上が、三月二五日に禁裏を舞台にして執り行われた家康の将軍任官拝賀の儀式の概要である。この任官拝賀の儀式を終えて、はじめて家康の征夷大将軍への任官という事柄は完成する。それ故にこそ、家康と徳川幕府にとってこの極めて重要な儀式を執り行うための拠点として二条城は要請されていたということであり、そこにこの二条城なるものの存在意義があった(12)。

そのことは二条城の建築が将軍任官の前年から急ピッチで進められており、そしてその竣工を待って家康は同城に入り、任官拝賀の儀が行われているという事実からも裏付けられる。家康が伏見城で将軍任官の宣旨を受領した二月一二日から、一カ月半近くも経過してから任官拝賀の儀が執行されたという事実が、同儀式における二条城の重要さ、必須不可欠な性格を示すものと言わねばならないだろう。

将軍任官における二条城の不可欠な意義は、第二代将軍秀忠、第三代将軍家光についても同様に指摘することができる。すなわち秀忠の場合、慶長一〇年（一六〇五）三月に上洛して伏見城に入り、四月一六日に将軍宣下の勅使を同城に迎えて宣旨を受領したのち二条城に移り、そして同月二六日に同城から参内して任官拝賀の儀式を執り行っている(13)。

三代将軍家光の場合も元和九年（一六二三）七月に上洛して同じく伏見城に入り、七月二七日に勅使を迎えて将軍任官の宣旨を受領したのち二条城に移り、八月六日に参内して任官拝賀の儀を滞り無くすませている(14)。

このように徳川幕府の初期三代の将軍は、将軍任官に際して同じパターンを取っていることが知られ、上洛して伏見城に入り、ここに勅使を迎えて将軍任官の宣旨を受領し、そののち二条城に移り、同城から禁裏へ参内して天皇に任官の御礼をなす任官拝賀の儀を執り行っていた。これをもって将軍任官の儀式は滞りなく完了するとされていたのである。

二条城とはまさに、将軍就任儀式の最重要事項である任官拝賀の儀を執り行うための拠点に他ならなかったということである。二条城とは徳川将軍にとって、将軍という地位を公式に確定するために不可欠の儀礼的装置であった。二条城の本質はこの点にあったと見るべきである。

しかしもちろん、二条城の意義はそれにとどまるものではない。二条城はさらに、元和六年（一六二〇）に挙行された徳川和子の後水尾天皇の女御としての入内に際しても、その儀式を執り行う拠点としての意義を有し、さらには後水尾天皇の行幸を仰ぐという行幸行事の舞台として用いられた。

六　寛永二条城行幸

徳川和子の入内から六年を経た寛永三年（一六二六）九月、後水尾天皇の二条城行幸の儀が盛大に執り行われた[15]。この年、さきに将軍職を退いた大御所秀忠と新将軍家光は相次いで上洛し、行幸の儀に臨んだ。

これより先、この行幸にあわせて二条城の大改修が行われ、西の方角へ敷地を拡張することによって現在の本丸の部分が新たに設けられ、従来の区画は二の丸とされた。また造営奉行小堀遠州（遠江守政一）の指揮の下に御殿・庭園の装いが一新され、また二の丸の中に天皇を迎えるための行幸御殿を始めとして、中宮御殿、そして夥しい数の御付女官たちの長局などの殿舎が新築、増築されていった。武家風の勇壮な気風を漂わせる石組みによって印象づけられる池を中心とする回遊式の庭園と、池を前面にして雁行式に展開する二の丸御殿も、この寛永行幸のおりに小堀遠州の考案によって造営されたものと考えられる。

このような周到な準備を経たのち、同年九月六日、後水尾天皇の二条城行幸が催された。それより同一〇日までの五日間にわたる行幸行事においては、日ごと夜ごと詩歌管弦、舞楽・能楽の絢爛絵巻が繰りひろげられ、公武一体の姿を内外に印象づけるとともに、幕府の勢威のほどを天下に知らしめたのであった。

二条城が将軍任官拝賀の儀式を始めとして、徳川女子の入内や天皇行幸の場となるなど朝幕関係上の儀礼的舞台としての役目を果たしてきた事実が示すが如く、二条城はあくまでも儀礼装置としての城郭であった。ここに城郭としての外観を持ちながらも、自余の近世城郭とは異なる二条城の特性があった。

二条城の性格が軍事よりも儀礼に重点があることは、同城の城郭構造の中に示されている。堀および城壁という城郭の軍事機能にとって最重要な部所が、二条城の場合ははなはだ規模が小さいのが特徴である。曲輪の形も軍事的配慮をほとんど施さない一重堀の単郭であった。のち寛永行幸のおりに西方面に規模が拡張されて今日の本丸が増築され、いわゆる輪郭式縄張りの構成になったが、それでも郭全体の形状は単純矩形であって、軍事的な工夫は依然として見られない。

さらに二条城の非軍事的性格を際だたせているのが城門の構造である。すなわち近世城郭に特有の、そして最も軍事的意味の強いのが城門の枡形構造であるが、二条城には枡形門の見られないのが著しい特色となっている（搦手門や本丸と二の丸との連絡門に枡形に近い構造が認められるが、江戸城や大坂城などに見られる定形の枡形門ではない）。二条城の大手門は渡り櫓を備えた堂々たる櫓門で知られており、江戸城の大手門などと比較したとき、見た目の豪壮さは二条城の方がはるかに抜きんでているが、これは要するに二条城が枡形門の構造を有さないことによっているのである。

軍事機能を第一義として枡形門の構造を全面的に採用している江戸城などでは、櫓門は枡形の後門としてあり、正面に見える前門には敵軍の侵入を防ぐ意味からも入口の小さな高麗門をすえている。軍事的な機能が第一義と

二条城東大手門付近（「洛中洛外図屏風」左隻部分　サントリー美術館蔵）

され、城門の外見的な見映えは二の次とされているのである。

この城門構造の点からも、儀礼の舞台としての二条城の特殊な性格が、よく示されることになる。今日の我々が受ける印象とは異なって、堀川通に面した二条城の大手門の姿は、同城が軍事的機能を具備していないことを表明するメッセージともなっていたのである。

さらにこの二条城の城門については、まさに儀礼の観点からして今一つ驚くべき問題がある。それは前述の寛永三年に挙行された後水尾天皇の二条城行幸に際して、二条城の大手門をなしているかの壮大な櫓門が撤去され、高麗門様の平門に造り替えられていたという事実である(16)。

すなわち慶長年間の二条城を描いた洛中洛外屏風絵では、同城の堀川通に面した東大手門は例外なく堂々たる渡り櫓を備えた櫓門の形式となっているのであるが、寛永三年の二条城行幸を描き込んだ洛中屏風絵では東大手門は高麗門風の平門の形となっている。さらにこの行幸のもようを記録にとどめた古活字版「二条城行幸絵巻」の挿し絵も大手門は高麗門として描かれているので、行幸当時には鳳輦の通過する東大手門は、櫓門が撤去されて高麗門風の平門に付け替えられていたことが知られる。

そしてこの事実は建築史家小沢朝江氏によって明確に論証された。同氏は京都府総合資料館に伝存する中井家文書「二条御城東御門櫓御材木積帳」によって、寛文二年（一六六二）に東大手門が櫓門形式に付け替えられた経緯を確認し、これによって二条城の東大手門は慶長創建以来、本来は櫓門形式であったものが、寛永行幸に際して撤去されて平門の形となり、それが行幸から三〇年余を経た寛文二年になって、現在見られる櫓門として再築造されていたことが判明したのである。

この事実は言うまでもなく、徳川時代における天皇（朝廷）と将軍（幕府）との相互関係、特に礼的秩序における両者の序列関係、より立ち入って言うならば、両者間に存在する礼的優劣の度合いというものを考察するに際して、きわめて重要な論拠を提示しているものと受け止めなくてはならないであろう。

おわりに

天皇の居所である近世の禁裏（内裏）は、中世の里内裏を継承するものとして、また平安朝大内裏制下の正式の内裏が最終的に消滅したあとを受けて、正式の天皇御所として政治的に重要な意味をもった。その位置は土御門東洞院の地にあって、近世を通して一度も変わることはなかった。

信長が正親町天皇の要請に応えて永禄度の御所造営を受け持ってより、秀吉は後陽成天皇のために天正度禁裏の、家康は後水尾天皇のために慶長度禁裏の造営をそれぞれ行っており、禁裏造営はそのときどきの天下人にとって、みずからが天下人であることの存在証明としての意義をになっていたと考えられる。

すなわちここには、天下人にとって最も重要な任務であり、自らが天下人であることの社会的認知の根拠をなすのは、天皇を守護することに他ならないとする観念が伏在しており、禁裏造営とはこの天皇守護という観念の可視的表現であったと理解できるであろう。ゆえに、禁裏各殿舎はなお使用可能であるにもかかわらず、三人の天下人は自ら擁立する天皇の即位にあわせて、前代の殿舎を解体して、新たに禁裏造営に取りかかるのであった。禁裏造営が現実的な居住事情の要請に基づくものではなくして、すぐれてシンボル的行為にほかならなかった所以である。

明正女帝の後は、天皇の交替ごとに禁裏が再建されることはなかったが、これに代わって火災炎上による再建が頻繁に行われることとなつた。すなわち、承応三年・寛文元年・延宝二年・宝永五年・寛政元年・安政二年の実に六度にわたって、火災炎上した禁裏の再建が執り行われている。

この一七世紀半ば以降に見られる、禁裏の度重なる焼失と迅速な再建という事実の意味するところについては、従来の研究では論及されることがなかったのであるが、これは近世の朝幕関係史を考察する上で見落とすことのできない重要な問題を提起しているのである。

禁裏の造営はもとより莫大な財政支出を要する事柄である。しかも明暦大火によって深刻な打撃をこうむった幕府にとっては、家康・秀忠時代に見られたような財政的余裕があるわけではなく、相当に困難な問題であったことが推測される。

そのうえに考慮されるべきことは、徳川初期三代には徳川和子の入内と、徳川系皇子の天皇即位を目指すという外戚戦略が存在していたのであるから、禁裏造営にも多大の財政支出を惜しまないという事情があった。しかし紫衣事件を機とする朝幕軋轢と幕府の外戚戦略の破綻以後においては、それまでと変わらぬほどに幕府の財力を傾注して遂行しなければならないような、対朝廷問題で差し迫った政治的事情が存在していたわけではない。

それにも拘わらず、初期三代と変わらぬ禁裏再建の優先的遂行という事実が幕府に認められるのである。しかも再建に際しては焼失前の殿舎の忠実な再現を実践しており、従前の殿舎の省略、統廃合、規模の縮小といった財政軽減につながるような措置すらもとられていないという事実にも着目しなければならない。

そして極め付きとなるのが、老中松平定信の指揮の下に行われた寛政度の禁裏造営であろう。ここでは朝幕双方における入念な調査・研究を踏まえて、紫宸殿・清涼殿の主要二殿舎を中心とする平安京内裏制の忠実な復元が再建の基本方針とされていた。

信長・秀吉・家康らにとって禁裏造営は、かれらが天下人として天皇を守護する存在であることを天下に宣布するための象徴的行為としての意義を有していたが、その関係は以後も変わることなく引き継がれていき、徳川幕府は焼失した禁裏の忠実な再建事業を繰り返していたのである。天皇の御所を造営・再建することは将軍に課せられた責務と見なされており、幕府はその財政的な困難にもかかわらず、そして度重なる火災焼失という事態に見舞われながらも、禁裏造営は幕府にとって常に最優先の課題として位置づけられていたのである。

徳川二条城についてはこれまで、その存在意義についての理解が充分ではなかった。ただ漠然と、徳川将軍が上洛したときの京中の居館であるとか、朝幕関係上の儀礼を司る場所であるとか、あるいはまた古くは、徳川幕府が京の街と天皇を威圧しこれを支配するための拠点であるといったような理解がなされてきた。

しかしながら、これらの理解は二条城の本質的な部分を把握していないことからもたらされたものであった。本稿で指摘したように二条城とは、徳川将軍が「将軍」として公式に自らの地位を確定するための儀礼的舞台、そして不可欠な装置であったということに他ならない。家康・秀忠・家光という徳川三代将軍は、いずれも上洛して二条城を中心に将軍任官儀礼を執り行っていたのである。結果的には初期三代で絶えることとなったが、それは本来的には総ての将軍が永続的に執り行うべきものと考えられていたのである。

ここに二条城の本性があると言ってよい。そのほかの徳川和子の入内儀式の拠点であるとか、後水尾天皇の行幸の場所というのは、その派生であると位置づけられるであろう。

徳川二条城は京の街と天皇・朝廷を支配するための幕府の拠点であるよりも、むしろ幕府がそれらを守護する存在であることを象徴的に表現する構造物であった。二条城は、堀川通りをはさんで禁裏の南西方向、いわゆる裏鬼門の方角に位置しているが（鬼門の守護は、言うまでもなく伝統的に比叡山延暦寺）、この存在位置それ自体がすでに二条城の意義、すなわち天皇と禁裏を守護する役割をになうものとしての政治的意義を表現していたと言うことができるであろう。

（1）天皇の居所を指して「禁裏」と称するようになるのは平安時代末、鎌倉時代以降のことである。「皇太后宮出御禁裏」（『山槐記』応保元年八月一一日条）、「有火、三条坊門油小路云々、禁裏近也」（『岡屋関白記』寛元四年閏四月二日条）、「依禁裏火事無宴座」（同、建長元年二月一五日条）あたりが初期の事例である。
（2）藤岡通夫『京都御所』（中央公論美術出版、一九八七年）四九頁。以下、本稿において禁裏に関する叙述は、特に断りの無いかぎり本書に拠る。
（3）田中義能「織田信長の勤王に就いて」（『國學院雑誌』一七巻一一号、一九一一年）、朝尾直弘「幕藩制と天皇」（『大系日本国家史』3近世、東大出版会、一九七五年。のち朝尾『将軍権力の創出』岩波書店、一九九四年に所収）。
（4）『大日本史料』（東大史料編纂所）慶長一六年三月条。
（5）『徳川実紀』（『新訂増補国史大系』吉川弘文館）承応三年四月一七日条。
（6）『徳川実紀』寛文二年一〇月二四日条。
（7）『徳川実紀』延宝二年二月一一日条。
（8）『徳川実紀』宝永五年五月一四日条。
（9）徳富蘇峰『近世日本国民史・松平定信時代』（時事通信社、一九六四年）、藤田覚『松平定信』（中央公論社、一九九三年）。
（10）林屋辰三郎「二条城の歴史」（村田治郎・関野克編『二条城　元離宮』小学館、一九七四年）二一四頁。
（11）『大日本史料』慶長八年三月二五日条。

(12) 岡佳子「徳川二条城と大坂の陣」(『二条城』学習研究社、一九九六年)。
(13)『大日本史料』慶長一〇年四月二六日条。
(14)『徳川実紀』元和九年八月六日条。
(15) 拙稿「禁裏と二条城——徳川家康の対朝廷政策——」(『関ヶ原合戦と近世の国制』思文閣出版、二〇〇〇年)。
(16) 小沢朝江「東大手門と天皇行幸」(前掲『二条城』学習研究社)。

近世民衆、天皇即位の礼拝見

森田登代子

はじめに

近世では、庶民が御所内に入って天皇即位式を拝見することは特別なことではなかった。おそらく中世から続く慣行であったと思われるが、寡聞にしてこれまで天皇即位儀礼と庶民との関わり合いを考察する先行研究は知らない。そこで近世では庶民が禁裏内で即位式が見学できたことを、国際日本文化研究センター紀要『日本研究』第三二集「近世庶民、天皇即位式拝見」で論究した。即位儀礼に列席する公家達とは別の門が開放され、禁裏内の南庭で式を見学し竜顔を拝した。即位式拝見のために切手札が配られたこと、入場人数、その男女比などについても考察し、天皇即位式に臨んで洛中で忌避された事柄についても追及をおこなった。また庶民の天皇即位式を遊楽の一つとして楽しむ姿も見られたことも指摘した。

前掲論文では庶民側の史料を中心に論証したが、本稿では、宮中側の史料や公家日記や寺院日次記をも突き合わせ、庶民が天皇即位式を見物したという議論の前提をさらに押し進めるつもりである。

一　大嘗会と天皇即位式

譲位は新天皇の立場からは践祚、受禅ともいい、実際的には皇位継承を行うことをいう。皇位に即いてから若干の時日をおいて、これを天下に公示する儀式が即位式である。即位式の後に実施される大嘗会は、新天皇と天皇家の祖先との交感という私的な面を強調し、神祭りの儀式と考えられている。これに対し、即位儀礼は公的な就任儀礼と考えられる。つまり大嘗会が宮廷側のみの集団内で実施されるのに対し、即位式は庶民に天皇の権威を知らしめる役割を押し出した公的な行事といえよう。

過去に遡ってみると、即位式は天皇が崩御や践祚、譲位や受禅の度に行われたが、大嘗会はそうではなかった。承久三年（一二二一）仲恭天皇の践祚後、承久の乱が勃発、即位・大嘗会の儀式を行うことができなかったことがあったし、とくに室町時代、後柏原天皇からおよそ二百余年、大嘗会は中絶し、践祚・即位はおこなえても大嘗会のできない事態が続いた。貞享四年（一六八七）一一三代東山天皇即位のときに一度再興になるがそれも続かず、大嘗会が正式に復興となったのは、徳川吉宗の尽力による元文三年（一七三八）一一五代桜町天皇からである。

吉宗はこの大嘗会の記録を荷田在満に依頼する。それが『大嘗会便蒙』である。[1] しかし元文四年刊の書は幕命により版木が没収になり、在満は閉門となった。[2] 大嘗会が天皇家の日神の子孫ないしは日嗣の位（『日本書紀』）であることを天皇家祖先に顕示する聖なる秘儀であり、それを一般庶民に知らしめることは忌避されるべきことであったから、公刊することは許されることではなかった。

しかし庶民の側から見ればどうであろうか。当時『大嘗会便蒙』がどれほど流布していたかについては不明だが、現時点での所蔵をあたってみると、例えば大阪府立中之島図書館では荷田在満『大嘗会便蒙』の写本を七種類所蔵する。この元文三年の大嘗会を記録した『大嘗会便蒙』には儀式で使用された建物・事物・衣裳の挿絵が数多く挟みこまれている。(3)その中から衣裳の項目で「小忌着用之躰」に注目してみると、「私小忌、諸司小忌、出納小忌、如形小忌」を着用した人物像が描かれる。よく見ると同じ人物を描いているのに、ある人にはひげが添えられたり、小忌の摺り文様が消えたりなど写本段階で少しずつ変化が見られる。そこには筆写した人々の意識的・無意識的見解が加えられたことが読みとれる。

この小忌は歌舞伎衣裳へと転用された。首のまわりにきらびやかな別布の襟襞と前身頃を華鬘紐で結ぶ小忌衣はおもに武将役や貴人役の部屋着として利用される。小忌と小忌衣は衣裳の形状や材質は全く似ていないにもかかわらず、高貴な人の着衣衣裳という共通性が認められる。かくして歌舞伎衣裳の小忌衣は大嘗会で斎戒を行う小忌の位以上が着用する青摺りの衣裳を濫觴としたことが推察されるのである。(4)近世再興となった大嘗会にたいする庶民の関心が新しい歌舞伎衣裳をうみだす契機の一つとなったことは間違いない。

庶民が拝見できない大嘗会を唯一知ることのできるのが『大嘗会便蒙』であった。その写本の種類の多さや衣裳の意味的転化は大嘗会に対する庶民の好奇心の高さを物語っているのではないだろうか。

ところで大嘗会で着用される衣裳は前述した小忌のほかに衣冠・束帯が中心である。これに対し、天皇即位式では唐の様式を取り入れた王冠や服装も用いられた。

ところが明治四二年（一九〇九）明治天皇は王政復興の精神により、長年親しんだ唐制を廃止し古式の祭式に戻そうと「登極令」を発布した。譲位・受禅・践祚という言葉を使用しなくなり、大嘗会・天皇即位式ともに衣冠・束帯に統一された。そのうえ一般庶民が天皇即位式を見物するということはなくなって、何らかの特権をもった人々が天皇即位式に参列するように変わった。

このような歴史的展開をみる天皇即位儀礼だが、徳川時代では同じ天皇即位儀礼でも、崩御（あるいは譲位）・践祚・受禅という一連の天皇即位式は短期間に速やかに行われた。崩御の場合は二三日以内に践祚を済ませ新天皇を定める。即位式は喪を明けるのを待ってであるから譲位の場合の即位式よりは遅れる。例えば後桜町天皇は桃園天皇崩御後の一年後に即位式、二年後に大嘗会を行った。大嘗会は準備期間も必要だからであろう。桜町天皇の大嘗会も践祚から四年後、即位式から三年後の元文三年（一七三八）であったし、桃園天皇、後桃園天皇、光格天皇、仁孝天皇、孝明天皇も即位式のおよそ一年後の実施であった。

同じ天皇即位の儀礼のなかでも、大嘗会は連綿と継承されてきた霊性を新天皇へ引き継がせるための儀式であり「みせられないもの、みてはいけないもの」であった。言い換えると秘儀性に普遍的価値を見いだしていた。これに対し、譲位・受禅・践祚に続く剣璽渡御行列を含む天皇即位式は政治ショーであり天皇の権威を「みせるもの」なのであった。たとえそれが厳粛な儀礼であったとしても世俗に向けられたものであり公開されるものなのであった。譲位や践祚それに剣璽渡御自体の儀式は非公開だが、式が済んだ後は禁裏内への入場は許されていることが、次に述べる洛中洛外へ告知する町触れの内容から知れる。

さてその町触れであるが、『京都町触集成』には元禄五年（一六九二）からの町触れを記載する。大嘗会や天皇即位儀礼が洛中洛外で告知されるようになったのは、天皇即位式の記述では宝永七年（一七一〇）一一月一一日の一一四代中御門天皇からで、大嘗会は寛延元年（一七四八）桃園天皇からである。(5) なお新嘗祭は延享二年（一七四五）の桜町天皇からで、その後毎年記載されている。(6) そのような事情から元禄以前の天皇即位については町触れからは見いだすことができない。しかし次節で述べるように諸史料から庶民の天皇即位式見学は検証可能である。

二　正親町天皇から明正天皇

本節では町触れに記載されない元禄以前の天皇即位式から検証したい。まず正親町天皇からみよう。

一〇六代正親町天皇の場合、弘治三年（一五五七）一〇月二七日践祚、時に四二歳、剣璽渡御のない簡素な即位式であった。(7) 庶民の見学云々については管見する限り史料が見あたらない。

一〇七代後陽成天皇の場合は、天正一四年（一五八六）元服後、先帝譲位を受け一一月七日受禅、剣璽渡御の式を執り行い、二五日には紫宸殿で即位の礼が行われた。『多聞院日記』は「御即位無事在之、関白殿御出仕、後伴衆美々敷事々敷、近来見物不可過之云々(8)」と、見物衆の存在を記している。ちなみに関白は豊臣秀吉である。

一〇八代後水尾天皇も元服後、慶長一六年（一六一一）三月二七日譲位があり受禅、四月一二日に即位式があった。「堂上堂下雑人仰検非違使令払之」と「京都御所東山御文庫記録」の御即位次第は伝える。(9) 即位式は大雨で晴れになるのを待って巳の刻から始まった。それまでの間、庶民が南庭や内侍所辺りで談笑していた。当日は裹頭《かとう》姿の徳川家康が南の階下で見学している。「予禁庭へ参、初而奉拝儀式、厳重ノ事也(10)」とあり、その警護もあったのであろうが、一般の見学衆の態度が良くなかったものと見え検非違使に追払われたのである。

寛永六年（一六二九）一一月八日、後水尾天皇が突然譲位。東福門院との女一宮、内親王興子に受禅が下された。数え七歳。剣璽渡御の儀はなかった。寛永七年九月一二日、数え八歳で一〇九代明正天皇が誕生する。紫衣事件以後、後水尾天皇側と徳川秀忠側との緊張関係は弥が上にも増している。後水尾天皇の譲位を受けてのことであり、女帝ということも手伝ってさまざまな話題をもたらした即位であった。『明正院寛永御即位記』はそのような問題も孕んでいることを仄めかす文面であり、後水尾天皇の譲位を惜しむ文面から始まる。

寛永七年秋九月十二日、御即位ノ御コトアリ、是ハ去年ノ冬俄ニ後位ヲ第一ノ皇女ニ譲リ給フ、女帝ノ立セ給フ事、昔奈良ノ京ニテハ数代ヲハセシガ、平安城ニウツラセ給シ後ハ八百年ニ余リテタメシスクナキ御事ナリ、此事江戸ニキコシメシ及デ驚セ給ヒ、本朝ハ神国ニテ、天照大神ノマサシク姫神ニテ、天日嗣ヲ万世マデ伝ヘ給フトイヘドモ、久クマレナル御事、サレバ若後ノ世ニ御外戚ノ御イキオヒニテカヽル事モアリケルヤラント、云ハン名ノコトゴトシカラン事ヲ慮ラセオハシマス、イトメデタシ、然ハアレド御脱屣ノ叡慮弥カタクモノナシ給ヘバ、ツヨク諫サセ給フニ及バズ、兎モ角モ叡心ノマ、ニト思食コトニナリヌ、武家ヨリ禁裡ヲ崇敬シ給フコト外ニ異ニシテ、頼朝卿ヨリコノカタナラビナキ御事ナリ、其ウヘ御歳モサカリニシテ、万機ノ政ヲイトハセ給、堯ノ舜ニ譲リ、舜ノ禹ニ譲シ昔ハ皆年ヨリテノ事也、シカルニ今春秋ニ富セオハシマシテ姑射ノ雲ヲナガメ、汾水ノ風ヲ玩ビ給ハン事、シカルベカラザル御ハカライナリト、武家ニハ思食ドモ、叡心ノオモムク処ハ、武家ノ政タヾシク明ニオホヤケヲウヤマヒ給ヘバ、御幼帝ノ御事ニテモ其タスケマモリトナリ給ハン事、イトヤスカルベシトテ、遂ニヲリキサセ給ヘバ、武家ニモダシガタクヤムコトヲ得タマハズ、去程ニアラカジメ今日御即位アルベキニ定リヌ（以下略）[11]。

明正天皇即位式には慶長一六年の後水尾天皇大礼の際の御訪帳や出納大蔵の写しや借用書の写しが参考にされた。諸卿の礼服は古物を修理して使い、明正天皇が式当時に着る御服（袞衣《こんえ》）は新調された[12]。列席する公卿たちの玉冠・礼服もまた新調された[13]。泰重は日記に「明日見物衆数多有之也[14]」と予想する。即位式の一部始終を書きあげる『明正院寛永御即位記』では、終了を告げる香煙と鉦の音の中「月卿雲客簀子ニ徘徊シテオガミ奉ラル、又衣被ノ女房殿中ニ集ツドヒテ、我サキニト拝シ奉」ったと記す。公家たちも明正天皇の即位を興奮気味に見物したことが読み取れる。一方武家側といえば、「板倉侍従周防守重宗ハ京兆ノ所司代ナレバ士卒ニ命ジテ警固セラル」と、専ら警護する方にまわった。というのも「見物ノ貴賤庭上ニ充満[15]」していたからであった。つまり即位式を見学しようと階層を問わず押しかけたのである。即位式に多くの見物衆が臨んだことは第八節で取り上げる明正天皇「御即位行幸屏風図」からも十分観察・推察できるが、八〇〇年ぶりの女帝登場という話題性も相俟って、公家階層ばかりでなく庶民階層も多く禁裏内に集ったことがこれらの史料から看取される。

三　後光明天皇、後西天皇、霊元天皇の即位式

『隔蓂記』は鹿苑寺の住持鳳林承章が寛永一二年（一六三五）から寛文八年（一六六八）の三三年間書き綴った日記で、近世前期の公家文化を知るうえで欠かすことのできない書物である。そのなかに寛永二〇年一〇月三日の後光明天皇即位式にふれている。

今日、御即位天子《(後光明天皇)》十一歳。御諱　紹仁。仙洞《(後水尾)》皇子也。御母園基女京極局也。国母《(東福門院)》御方成御養子。午刻　御即位也。為見物、飯後、赴勧修寺亜相《(常弘)》公也。明王院《(円盛)》・高雄上人《(正円)》令同道。雖然、禁中之御門堅鎖。曾以不入見物之故、即位不。《(見物)》成也。前代未聞之義《(儀)》也[16]

これらの文言について、ことの次第を順序立てて考えてみたい。

後光明天皇は寛永一九年（一六四二）九月一九日、東福門院の養子となり、一二月一五日、立親王宣下により紹仁と賜り、同二〇年九月二七日数え一〇歳で元服し、理髪・加冠する。一〇月三日午後、明正天皇の譲位節会と同時に受禅が下され、二一日の即位の礼へと続く。紹仁親王の元服を待っての明正天皇の譲位であった。即位の礼に先だって、三日に実施された剣璽渡御路次行列では大人数の公卿が参列し麗々しかったことが『寛永記』や『後光明院御元服即位等記』より知れる。鳳林承章もこの行列を見学している。もちろん剣璽渡御の神事は「一公卿以下の僮僕等儲御所におゐて四足の内に入へからさる事」「一此外見物の輩は四足門より一人も不可入者也[17]」であるから、庶民には禁裏内で行われる剣璽渡御の式自体を拝見できないことはいうまでもない。つづいて一二日には即位式当日着用する衣裳を改める礼服御覧があった。幼主ゆえ摂政二条康道がその代わりを務めた。

問題は二一日の天皇即位式である。鳳林が昼食後出かけると、徳川側の武士によって門が閉められ禁裏内での

見学ができなかった。彼が記述するように後光明天皇即位式は「依不入門、不成見物」であったのかもしれない。それゆえ「今日不見物、空帰者也。自関東、被相副武士、御門前之誓（警）固行新法、不　禁闕之作法也。法度以下絶王者乎[18]」と憤慨するのである。徳川側の武士が御所の警護を固めていたという話は、後世から見れば、後水尾天皇と徳川側との軋轢が尾を引き、それで見物衆を禁裏内へ入れなかったと推理させるのに十分な内容であろう。見物ならずというのは、徳川側を牽制する後水尾上皇が打ち出した矢継ぎ早の籠絡策の結果といえるかもしれない。徳川家から天子を輩出したいという秀忠の野望は潰えたわけで、後光明天皇への風当たりがきつかったことが『隔蓂記』のこの条からも読み取れるかもしれない。

　確かに譲位した先代の明正天皇即位の時は、彼女が秀忠の娘東福門院と後水尾天皇の女一宮であったことや八〇〇年後の女帝出現という相乗効果が奏して多くの一般庶民が見学した。が、後光明天皇の場合はどうも事情が違うと思ってしまう。

　しかしながら天皇即位式を見物させないように禁裏内への門を閉めたのは前代未聞と鳳林が憤慨していることについては検証が必要である。彼は昼食後天皇即位式を見学に出かけた。ではもう少し早い時間から禁裏内に入ってしまえば彼のように門を閉められて見学できなかったかどうかは定かではない。またこれは想像の域を出ないが、おそらく一般の人々が入場できる四つ足門と推測されるが、『隔蓂記』ではどの門を閉めたのかも不明である。

　後水尾天皇の実弟近衛信尋の日記『本源自性院記』では「依御即位遅参不見陣議伝聞[19]」とある。彼は遅れて行ったために公卿が列座する座席で即位式を観ることができなかった。そこで列席した公家たちから即位式の有様を聞いて日記にしたためた。即位式は巳の刻から始まる。とすれば物見高い見物衆は早朝から禁裏内に詰めかけていたと考えられるのではないか。『後光明院御元服即位等記』には「堂上堂下雑人仰検非違使払之[20]」との説明がある。後光明天皇即位式にも庶民階層が朝早くから禁裏内に陣取っていた。庶民の見物席は東側の日華門と南門の承明門の近くであり、堂上堂下は公卿等の見物席である。おそらく早朝より御所内に入場し、禁裏内を徘徊する雑人の姿が見うけられたのではあるまいか。それで雑人は式開始直前に検非違使に追払われたのである。

鳳林がいうように、徳川側に即位式の主導権が握られていたかどうかについては十分検証すべきであろう。見物衆のうち武士集団は「酒井讃岐守、松平伊豆守、板倉周防守、候庭上見物、桜庭、以上三人、雖堂上在庭上、天野豊前守、高木伊勢守於同所見物、讃岐伊豆両人、就御即位為武家代官従関東当月朔日上洛也(21)」とあって、彼らは庭上で見学した。堂上ではなく庭上で見物したのは後水尾天皇即位式では徳川家康が庭上から見物した先例があるからで、堂上での観覧はまずあり得ないと考えるべきだろう。いずれにしても即位式には関東からの武士が上洛する。ただ今回多いのは事実である。

再度確認しよう。鳳林が武士が警護し禁裏内に入れないのは前代未聞で、武士の法度で禁裏内を治めるのかと怒ったことは、第一に、天皇即位式は後光明天皇以前から庶民が見物していたなによりの証左となろう。庶民は天皇即位式を行幸と併せ見物できたことで、それは近世以前より続いていた慣行であったことが『隔蓂記』からも確認できる。ただ天皇側と公家側の軋轢が物々しい警護になったことは否めない。これが第二の点である。

宸儀所見後、図書が焼香する。それは天に向かって香を燻べる行為である。「今日香炉台高踏物焚香庭上程遠見物群衆不分明(22)」とあり、禁裏内の紫宸殿の階（堂上）までなら見えたであろうが、庭上や門外から遠く見ていた見物衆には燻べた香の煙が判然としなかった。見物群衆とは公卿や女房たちはもちろんのこと、庶民も含まれるのではないか。たしかに禁裏内で拝見していた庶民階層については正確な確認は難しい。そうはいっても禁裏内に入ることができなかった見物衆が御所の築地の外で、鼓師と鉦師の撃つ音に耳を澄ませ煙が天上に上がるのを今か今かと待ち受け、式の進行をうかがっていたことは間違いがないだろう。もちろん中には鳳林承章のように見物が叶わず憤慨して空しく帰る人たちもいたわけだが。

かくして後光明天皇即位の礼では、庶民が見学可能であった父後水尾天皇、おばの明正天皇の場合とは少し異なった御所内南庭の様子がうかがえた。

第一一一代後西天皇は後光明天皇の急死を受けて、残雪の承応三年（一六五四）一一月二八日、践祚、時に一八歳。剣璽渡御の行列を観ようと人々が見物にやってきた。(23)『後光明院御弔記』にはこの剣璽渡御の行列次第が掲示されるが、服喪の関係上、天皇即位式は催されなかったようである。

つづいては第一一二代霊元天皇である。霊元天皇は即位に至る諸々の通過儀礼が記述が多い。承応三年（一六五四）五月二五日誕生、明暦四年（一六五八）一月二八日数え五歳二品宣下識仁、一一月二一日深曾木の儀、寛文二年（一六六二）数え九歳御紐直しの儀、一一月二八日お歯黒の儀、一二月一一日仙洞御所にて元服の儀、理髪加冠、そして一ヶ月後の寛文三年一月二六日に受禅があった。同日午刻譲位がすみ剣璽渡御行列へと続いた。

数え一〇歳の天皇である。後水尾天皇後の天皇たちの即位年齢は後光明天皇の急死を受けて即位した後西天皇は一八歳だったが、それ以外の三人の天皇は八歳から一〇歳までである。幼少の即位はおそらく父親の後水尾上皇が意のままに指揮できるためとの穿った見方もできよう。

正親町天皇から後西天皇までの即位について公家側の諸史料から検討してみた。譲位と死去では自ずと即位式に至る儀礼の異なる場合もあった。基本的には剣璽渡御行列と式は行われた。が、明正天皇のように即位式とそのための行列は華やかであったが、剣璽渡御行列のない場合もあった。また公家側と徳川家との軋轢が即位式に影を落とすことも生じた。しかし基本的には、庶民階層が天皇即位の礼を見学できた点は変わらない。すなわち近世前半期、庶民階層が禁裏内に入場し、天皇即位式を見学し、高御座をはじめ様々な珍しい調度品を拝見したことは間違いがない。その点について庶民側の史料から検証を進めて見よう。

四　『京都町触集成』から天皇即位式を見物する

即位儀礼の最初の触れの記述は宝永七年（一七一〇）一一月一一日の一一四代中御門天皇の即位式から見いだせる（以下『京都町触集成』の本文通り引用。同じ内容の触れで漢字や送り仮名の違う場合も原文通り記す）。

口触

当十一日御即位候、火之用心之儀、先達而相触候へ共、年寄家主無油断借屋等迄相廻り弥念入候様ニ、洛中洛外へ急度可相触者也

寅十一月九日

口触

明十一日御即位ニ付拝見ニ参候儀、僧尼并法躰之ものは不罷成候条、此旨洛中洛外江可令触知者也

寅十一月十日(24)

朝廷行事への庶民参加も、そうたびたびではないが伝達されていたようである。町触れには禁裏への見学が何例か記載されている。たとえば元禄一六年一二月二六日の触れに「来月内侍所江参詣人之儀、元日昼八つ時ゟ七つ時迄之内、参詣いたし候様ニ可申聞事(25)」と、元旦参詣が認められている。くわえて庶民が禁裏で催される能狂言を観劇することも可能であった。

延享四年一〇月二六日と二七日禁裏で能狂言が開催された折、拝見するための札を所持すれば観劇できる旨を

伝えている。[26] 時代は下るが、弘化三年（一八四六）正月七日の触れには「明八日節分ニ付、内侍所江参詣之儀、例年之通り相心得可申候事　但、暮時限ニ而参詣不相成候、尤御場所柄之儀、込合不申様相心得可致参詣候事　右之趣洛中洛外へ可相触もの也[27]」とあって、毎年節分参賀が催されたことや節分参詣で内侍所が混み合ったことがわかる。なお弘化三年は一二月にも「来ル一八日節分ニ付（以下略）[28]」と二度節分があった。本来節分は四季の変わり目を意味するから、実際はもっと御所参詣があったのだろう。

　このように見てくると、庶民が御所へ伺候することはやぶさかではなかったことが十分理解される。同じく弘化三年の話ではあるけれど、仁孝天皇の重病時、「禁裏御違例ニ付、来ル八日初午当日前日共、所之稲荷社にて大業之儀無之様可致、尤御所近辺者猶更之儀、太鼓抔打候儀も可致遠慮候、此旨〔早々〕洛中洛外町続江可申通事　午二月五日」の布告があった。その後、御所の内情が逐一庶民に知らされる一方で[29]、御所近辺では初午行事で太鼓を叩くことを禁止するなどの細かい禁止事項が添えられた。これらを慮るに、両者の関係には相応の親近の情があったと見なせるのではないか。

　このように御所の諸行事を通じて、御所と庶民との間には連繋が見られる。それゆえ各天皇即位式にも必ず庶民の拝見が許可されており、右記の町触れからも知れるように入場許可条件が逐一布告されたのである。

　天皇即位式を観覧する場合、儀式進行を乱す行動は厳として慎まれるべきであり、禁裏内を走り回ったり騒いだりすることが禁止されるのはいうまでもない。また死穢の忌避と解すべき仏事関係者、たとえば僧衣着用者の観覧も忌避されることが察せられる。

　このほか、朝儀を冷静に見守る地域住民の心得として火の元始末も通告された。これらを遵守すべき基本的事項としたうえで、庶民に即位式観覧の機会が与えられたのである。庶民が天皇即位式を見物することは特別なことではなく、ともに言祝ぐものとして認められていたわけである。また即位式の触れは京都だけに限ったことではなく、後述するように大坂へも伝達されていたようである。

五　庶民の生活と天皇儀礼――鐘・鉦・銅鑼禁止、火の元用心

寛延二年（一七四九）一一六代桃園天皇新嘗祭では「一来ル廿二日新嘗会ニ付、廿一日朝六つ時ゟ同廿二日朝六つ時迄、御築地之内、僧尼法躰之輩往来停止之事　一御築地之内、不浄之輩往来停止之事　一火之元之儀、弥無油断裏借や至迄可入念事　一来ル廿一日晩七つ時ゟ同廿三日朝五つ時迄、洛中洛外寺院者勿論、町方共鐘鉦之音不致様可相慎候、尤法事執行候共穏便可仕事　一諸勧進之僧尼等、鉦打候儀致間敷事　右之通洛中洛外へ可相触者也　巳十一月九日(30)」と報告されている。

前年の寛延元年執行の大嘗会では「大嘗会御神事中出火之節はやかね之儀、仏事類之鐘とは訳も違候故つき候間、廻候、以上(31)」や「来ル十七日、大嘗会被行候、勿論諸人拝見不相成候、此旨向々江可申聞候事　辰十一月十四日(32)」の町触れに代表されるように、新嘗祭・大嘗会ともにどんな鐘鉦の音も自粛・禁止するように指導され、出火時のみ鐘撞が認められただけであった(33)。明和元年の後桜町天皇の大嘗会でも「大嘗会御神事中、寺々者勿論鐘鉦打候儀、堅停止候得共、千本屋鋪早鐘撞候儀、御神事中ニ候得とも、仏事類とハ違ひ出火之節平日之通無構鐘撞可申候、然なから寺々ニ而早鐘撞候儀者停止ニ候間、此旨心得違無之様可致事　申十月廿六日(34)」とあって、鐘鉦の音には非常に神経質になっており、寺院での鐘撞は御法度である。ただ火事の場合のみ鐘を撞いても構わないことになっていった。

このような町触れが通達されるのも、京の町では寺院の鐘の音が常時聞こえていたからであろうし、鉦を叩きながら市中で勧進する僧尼や法体の人々の姿も多く見られたからであろう。また生活の音として、町屋からは日常的に朝夕勤行・読誦する音が聞こえていたことなどがこれらの町触れを通して読み取れるのではないか。

元文三年の桜町天皇大嘗会でも、御所より二里四方に鐘やどらを鳴らすことを停止する触れがでた。前回も警告したのに未だに鐘をつくものがいたので「急度可相止」ように、あるいは「堅ク差控候様」と告知された[35]。くわえて火の元用心についても注意が喚起された。桜町天皇が譲位し桃園天皇が即位する時、興味深い触れが出た。

来月二日、御譲位、御移徙行幸ニ付、洛中者別而火之元念入、朔日夜五ツ時時より二日暮時迄、年寄五人組代りく町内相廻り、裏借や等迄、火之元之儀可申付候、右刻限之家ゝ火焼候儀相慎可申候、翌日給候飯等、前夜たき置候而も事足り申儀ニ候、尤商売筋ニ而紅屋・茶染屋・菓子屋・粽屋・餅屋・酒屋等者、大火焼候得共、右之内者相止可申候、御所御用承候菓子屋等ハ当日御用も可有之候間、其儀ハ格別ニ候間、火之元念入、御用之品ハ御差支無之様ニ可致候、御用之外者難成候、且又洛外ニ而者瓦焼之儀遠慮可致候[36]

火の始末は儀礼のある度に毎回告示されているが、これは奇妙な触れである。儀礼の最中に火事が起これば儀式の最中である御所としては迷惑極まりないから、火の用心を指示するのはやむを得ないとしても、儀礼当日の煮焚きものを禁止し、前日までに食事の準備をするようにと庶民生活の細かい点まで規制を加えている。そのうえ火を使わないと商売ができない染め物屋、菓子屋、酒屋などの商売に対して当日の仕事は休むようにとまで命じる。そう言っておきながら、御所で儀式当日の予約を承った菓子屋だけは仕事をしても良いという。それに洛外の瓦製造にまで口を挟み、当日の商売を休むように指示する。確かに瓦を焼けばたとえ洛外からでも多量の煙がのぼるだろう。しかし甚だ身勝手な触れというべきではないか。どうしてこのような奇妙な触れが出るのだろうか。

一言でいえば紛らわしいのである。太鼓や鐘鉦の音と煙が、である。

天皇即位の礼には基本的には鼓師と鉦師が対になって左近の桜側に一組、右近の橘側に一組が座る。式の進行に応じて内弁が鐘や鉦を打つことを命じると彼らは太鼓を打ちならし、鉦を叩く。式終わりには太鼓を九声打つとそれに呼応して諸門の太鼓が応じる。神聖な式の進行のしるしに打つ鼓鉦が、寺院や町の鐘鉦の音と紛らわしいのではないか。御所内での太鼓・鉦と御所外の太鼓・鐘・鉦・銅鑼の音とを聞き間違えば、大嘗会や天皇即位式の進行上大変なことになってしまうのではないか。

図書が天に向かって香を焚く。「図書立テ香合ヲ開テ三度焼、其烟天ニノボルハ位ニツカセ給フ事天ニ告ル焼香ナリ、漢帝即位ノ壇ニテ柴ヲ焼テ天ヲ祭レルモ此心ナルベシ」(37)とある。その紫煙が即位儀礼の標となり、天皇家祖先への橋渡しとなるわけである。ところがその煙と台所からの煙とは紛らわしい。ありていに言うと、その日の紫煙は禁裏内だけでよく、他の煙があがると困る。だから禁止したのである。聖なる儀式に日常生活が混濁することは避けねばならない。庶民生活に結びついた日常行為と本来神聖であるべき天皇即位儀礼のしるしとが重なるのは何とも許し難いことであって、それゆえ洛中洛外での鐘の音と煙については自粛するよう告知する必要があったのである。

六　天皇即位式入場券

一一四代中御門天皇に続いて、享保二〇年(一七三五)一一月三日、一一五代桜町天皇が即位式する。まず受禅後の三月二一日に譲位節会が行われる。御所南門を開けておくので南門の外の往来が禁じられ、僧尼・重服《じゅうぶく》・軽服《きょうぶく》の輩は三日間参内できなかった(38)。

大嘗会や新嘗祭は天皇家の神事であり一般庶民が拝見できなかったことはすでに述べた。天皇即位式では庶民階層の見学は許可されても、僧尼・法体姿の入場が禁じられることはもちろん、父母の喪に服する者ばかりでなく(重服)、遠方の親類の服喪(軽服)の人も入場が憚られた。おしなべて天皇関係行事である神事の厳格さや神聖性を強調し、穢れや仏教的な様相全般が禁忌視されたのである。ゆえに町触れには必ず僧尼・重服・軽服の忌避事項が添えられた。

口触

来月三日、御即位拝見ニ参候儀、僧尼并法体之もの者不罷成
候、尤拝見之もの立ちさわき不申、不作法無之様ニ可仕候事
右之通洛中洛外江可相触者也
　　卯十月(39)

さらに今回の即位式では見学用手続きが明確に提示された。

明三日、御即位拝見之儀、此度者切手札を以男ハ御台所門、女者日之御門より入レ候之条、其通可相心得候、
切手札無之者ハ不罷成候、尤南門開候節、右御門前一切諸人通候儀不相成候、此旨可相触知者也
　　卯十一月　　　町代　誰
右御触唯今早々相触候様ニ被仰渡候、以上

昨日御築地之内ニ而致怪我候者之内、年比五十才余之坊主、
表紬ニ茶裏之小袖、絹花色両面之小袖あわせ羽折を着し、怪
我いたし候而、右之者人々不相知候故、今出川河原に番ヲ付
指置候、心当り之もの有之候ハヽ、右之所へ参、見届候上、御役所へ可申出候、相渡させ可申事
右之趣洛中洛外可相触者也
　卯十一月五日(40)

この二つの触れから、即位式観覧券ともいうべき切手札が発行されていたこと、南門の承明門は即位式に参加する公家達が入退場する門なので当日は庶民側の通行が規制されたこと、見学者のうち男性は御台所門から女性は日華門から御所に入場し、即位式の参賀に浴することができたことなどがわかる。

さらに生々しい情報も補足された。それは実際に拝見した人たちの後日談で、見物客同士で喧嘩があったようで、怪我人が出た。その中に坊主姿の老人が発見された。隠居の身のようで法体し剃髪しており、いわゆる認知症であったらしい。結局彼は即位式の翌日、着用衣服を詳しく記した触れが出、今出川の河原で心当たりの親類縁者を待つこととなったのである。

このような見学衆の行状に懲りたのであろう。延享四年（一七四八）九月二一日、一一六代桃園天皇即位式には前回より拝見仕様を厳しく規定した触れが出された。三通のうち一番目は前回同様火の始末など注意を促す町触れである。列ねて

来ル廿一日、御即位ニ付、前日拝見堅停止之事

一右御当日あけ竹之内拝見男百人、女弐百人切手札を以日御門ヨリ入、日御門江出候事

附り、僧尼并重軽服之輩可相慎也

一御当日南門之開候間ハ往来停止之事

一同廿二日廿三日拝見、卯ノ半刻ゟ申ノ半刻迄入候事、切手札ニ不及、日ノ御門ヨリ入、四つ足御門ゟ出候事

但し、右両日惣御門ノ内清和院口、堺町、中立売、今出川、右四ヶ所之御門ゟ拝見之者可罷通候、其余之御門ヨリ

往来堅不罷成候
右之通御当日ハ勿論、老人幼少の足弱類堅拝見ニ罷出間敷候、
万一右躰之者参り候ハヽ、吟味之上後日ニ急度可申候、
洛中洛外江相触者也
卯九月(41)

これらの町触れを見るかぎり、天皇の即位式が厳粛な雰囲気のなかで執り行われたと考えるのは早計といえるかもしれない。後にふれる後水尾天皇と東福門院の娘、明正天皇の「御即位行幸図屏風」を見ていただくとよくわかるのだが、それは禁裏内での庶民の賑々しさが聞こえてくるような絵で、見物衆には老人や子供の姿も含まれる。彼らは即位式見物の光景はあたかも物見遊山に来ているかのように見える。おそらく享保二〇年の桜町天皇即位式もこの屏風図と同様に大勢の見物衆のざわめきのなかで挙行されたに違いない。その結果、一四年後の桃園天皇即位式では不祥事を防ぐためと即位式本来の厳粛さを醸し出すために、幼児や老人などの観覧が禁止されたと推察されるのである。

もう一つ見逃せないのは入場者数である。先の桜町天皇では即位式観覧入場券(切手札)の説明があったものの、正確な入場数については記述がなかった。しかし今回の桃園天皇では男性一〇〇名、女性二〇〇名とその数が明らかにされた。都合三〇〇名の庶民が禁裏内入場を許され即位儀礼を見物した。

もっともこの女性数が男性の二倍なのはなぜか、その意味や背景は現時点では謎である。そのうえ切手札発行元が不明である。もし有料ならば観覧入場切手の値段はいくらか。その値段を決めたのは誰か。切手収入は公卿の臨時収入になったのか、それとも禁裏番衆の懐にはいったものなのか、それとも冥加金の役目を果たしていたのか。あるいは有料ではなく無料で公家の縁故の人を対象に切手札が配られたのだろうか。現時点ではわからな

い。

つづいて一一七代後女帝御桜町天皇の即位式をみよう。

宝暦一二年（一七六二）七月二三日桃園天皇崩御、二七日践祚、翌日から触穢の儀があって、喪が明けた翌年の一三年一一月二七日に女帝後桜町天皇即位の礼が催された。一三年二月に即位式用の道具新調の御用係が発令され、七月三日は紫宸殿に於いて唐人装束の虫払いが実施されたりして、一一月の即位式の準備が整えられた(42)。さらに大嘗会は一年後の明和元年一一月に行われた。

町触れから即位式の様子を拾ってみることにする。一通目は以前と同じなので省く。二通目は、

来ル廿七日御即位ニ候、前日拝見停止之事

一右御当日あけ竹之中拝見男百人女弐百人、切手札を以日御

門ヨリ入、同御門江出候事

右者局方客上ニ而拝見難成分斗、附タリ僧尼并重服之輩

可相憚事

一御当日僧尼拝見停止之事

一御当日南門被開候間者往来停止之事

一同廿八日廿九日男女僧尼拝見、卯半刻ゟ申半刻迄入候叓、

札切手ニ不及日御門ゟ入、四足御門江出候事

但、右両日惣御門之内清和院口、堺町、中立売、今出川、

右四ケ所御門ゟ拝見之もの可罷通候、其余之御門ヨリ往来

堅不罷成候

右之通御当日者勿論、老人幼少足弱之類堅拝見ニ罷出間敷候、
万一右躰之者参候ハ、吟味之上後日急度可申付候、此旨洛中
洛外江可相触者也
未十一月廿二日(43)

即位式前日の二六日、御所内見学は全面禁止で、庶民は翌二七日の即位式当日には日華門から入場し見学が叶った。入場数は前回と同様に切手札を所持した三〇〇人。男女比一対二は変わらない。従来通り承明門からの入場は禁止で、その前を往来することもできない。僧尼はもちろん拝観禁止であったが、今回の即位の礼では服喪者は近親者の喪に服する重服者だけにとどまり、軽服者の入場は許された。即位式の翌日以降の二八日、二九日の午前八時頃から午後五時頃までの日中には僧尼の拝観も許された。日華門から四つ足門へ通り抜け出るよう指示を受けているが、切手札が無くても構わないし、風体を問わず入場できた。式典で使用した旗や幢、紫宸殿の高御座などの調度品は二日間展示される。それらが拝見できた。前回同様、混雑の中での事故を避け幼児と老人、足の悪い人の拝見は許されていない。

なお後述する岡國雄の宝暦一三年の記録によれば、後桜町天皇即位式は前夜からの雪で当日は巳の刻から始まった。彼は降雪をものともせず、即位式観覧に臨み感涙にむせんだとある。即位式は人々の関心事でもあり、多くの人が臨席を望んだことが知れる。

後桜町天皇は明和七年(一七七〇)譲位し、一一八代後桃園天皇が即位する。その過程を町触れで追うと、まず一一月一三日に新嘗祭が執り行われ、二四日に譲位受禅の式が行われた。町触れでは、

来ル廿四日御譲位ニ付、廿三日朝ゟ廿五日朝迄、洛中洛外自
身番可仕旨可申触事

寅十一月廿一日

明廿四日、御譲位御受禅ニ付、至廿六日三ヶ日重軽服僧尼参
内参院有之間敷事
献上物も可為廿〔七〕日事
右之通洛中洛外〔へ〕可相触もの也
寅十一月廿三日〔夜〕(44)

二四日から三日間はいつもの皇室行事通り、僧尼や服喪者の参内が禁止された。

後桃園天皇に関する町触れは譲位・受禅にとどまり即位式についての記載はない(45)。翌年の大嘗会関係の四通の触れのみである。それによると翌明和八年一〇月二九日の御禊日から一二月朔日朝の神事まで一連の大嘗会行事の間、鐘撞禁止と僧尼法体と服喪者の往来が禁止された。特に一九日の大嘗会当日は「勿論諸人拝見不相成」であり、一九日を挟む一八日から二三日まではいつも通りの火の始末の注意があった。それに芝居禁止の触れも出た。

此度大嘗会御大礼ニ付、先格之通四条芝居相休、右ニ付御所
近辺其外寺社方境内芝居打等も明十九日相休、翌廿日ゟ来
ル廿二日御規式相済候迄穏便ニ可致候、此段向々へ可申通事
卯十一月十八日(46)

この触れによれば、四条芝居や御所近辺の社寺境内での芝居も休演が要請されている。新嘗祭や大嘗会の皇室行事執行期間には普段の生活が規制され、芝居のような娯楽まで禁止されたことになる。皮肉な言い方になるが、

だから庶民は日常生活を規制する大嘗会や新嘗祭、また即位式を含めた皇室行事を等閑視できようはずがないのである。

大嘗会では生活上の拘束や不浄者や仏教関係者の参内禁止がともない、譲位や受禅でもそれに準じるかたちがとられた。しかし町触れからは、受禅の儀式当日を除けば一般庶民の内裏参上が可能であったことが読み取れた。

また安永元年の入内では

御入内当日重軽服者、僧尼可憚参内参院院事

女御御殿江御入内之日ゟ重軽服之輩三ヶ日、僧尼五ヶ日可憚参入事

右之趣洛中洛外裏借屋至迄不洩様可相触者也

辰十一月七日(47)

まず右記の触れが出た。この年の新嘗祭は一一月二四日、入内は翌一二月四日であった。新嘗祭、後時を経ずして婚姻の儀式が執り行われている。入内に際して以下のような町触れもあった。

今度御入内ニ付、拝見之もの一切不罷成候条、此旨洛中洛外へ可相触もの也

辰十一月廿九日(48)

入内当日も受禅と同様、庶民は見学できなかった。僧尼は入内当日から五日間、服喪者は三日間、参内できなかった(49)。そうはいっても、庶民が天皇家の婚姻という最大の関心事に興味を示さないことなどあり得るはずがない。おそらく入内の話は市中でもちきりであったろう。とすれば禁止された入内当日以降に庶民の参内があったことも十分考慮されるべきであろう。

今度御入内為御祝儀諸大名之使者参内之節、御築地之内込合

候間、銘〻用達之町人為案内相添罷越候共、壱人宛より外ニ
罷越間敷旨可申聞候事
辰十二月三日(50)

築地は入内を祝う大勢の人々で混み合う。そのため大名からの使者には各大名御用達の商人一人だけが供として入場を許された。混雑するから人数制限するということをわざわざ町触れで知らせているのである。奇妙である。どうしてなのだろうか。

使者は御成婚を祝する口上を述べるだけではなく、祝儀の品も持参するはずである。その品を持参するのが供の大名御用達商人だろう。大名たちから朝廷への婚礼贈答品は夥しい数にのぼった。明正天皇即位のときも「各傳送ヲモツテ進物ヲ捧ラル、其外諸大名御イワヒノ捧物アリ、官位ノ尊卑ニヨリテ差アリ、乃至食封十万斛以上ノ人コトゴトク皆捧物奉ルト、イトモカシコク目出度シ(51)」と報告されている。即位ばかりでなく婚礼においても夥しい進物品が届けられたことは想像に難くない。

加えて大名からばかりでなく、商人を含む庶民階層からも多くの婚礼祝儀品が朝廷へ送り届けられたことも推察される。「御築地之内込合候間」という文言からは、想像の域を出ないけれども、祝儀を巡る人間臭い交流のあったことが読み取れるのではないだろうか。

最後に一一九代光格天皇即位式の町触れにもあたっておこう。

来月四日御即位ニ付、三日之朝ゟ五日之朝迄洛中洛外自身番
可致候、尤火之元之儀弥以無油断入念、洛中者別而洛外迄も
三日之夜ゟ夜中、年寄五人組代〻町内裏借屋等ニ至迄見
廻り、火之元之義可申附候、勿論商売筋ニ候共大火焼候儀、

堅可致無用候
右之通洛中洛外裏借屋至迄可相触もの也
子十一月廿九日

来月四日御即位ニ付、前日拝見停止之事
一右当日あけ竹之内拝見、男百人女弐百人切手札を以御門ヨリ入、同御門江出候事
右者局方客上ニ而拝見難成分斗
附、僧尼并重服之輩可相憚事
一御当日ゟ三ヶ日重服可憚、軽服者不苦、且御当日庭上江廻り候事、相憚事
一御当日、僧尼拝見停止之事
一御当日、南門被開候間ハ往来停止之事
一同五日六日、男女僧尼拝見卯半刻ゟ申半刻まで入候事、札切手ニ不及、日御門ゟ入、四つ御門江出候事（以下は前回と同じ文言ゆえ省略）(52)

従来の町触れとそれほど変わってはいない。ただ「一御当日ゟ三ヶ日重服可憚、軽服者不苦、且御当日庭上江廻り候事、相憚事」の条が増え、軽い服喪者の当日見学は構わないことになった。なお当日、内侍所や紫宸殿内の見学は許されていなかった。後述の明正天皇や後桜町天皇即位式では内侍所や紫宸殿内の簀子から観覧する女性群の存在が認められる。徳川時代中期までと後期とでは若干の変化があったものと考えられる。光格天皇即位

式については図8を参照していただきたい。

文化一四年の一二〇代仁孝天皇の即位式も光格天皇のそれと変っていないが「一明廿日ゟ廿三日并迄、九門内牛馬車往来差留候事」[53]の条が増えた。また即位の布告四通のうち一つは「御即位ニ付、明廿二日明後日廿三男女僧尼拝見之儀、廻廊外ニ而拝見可致旨相触置候所、此度者稀之御大礼ニ付、廻廊左腋門ゟ入、段上ヲ右腋門江差出候様被仰出候間、此旨洛中洛外へ可相触もの也　丑九月〔廿一日〕[54]」となっている。僧尼の即位式当日の拝見は禁止されていたが、今回彼らの廻廊見学が特別に許可された。これは今回の即位式が稀な大礼でもあると謳っている。

七　小結

天皇即位式について、天皇側からと庶民側からの両方の史料に基づき論究した。これらをつきあわせるとより現実味のある天皇即位式について内情が理解されたと思う。

公家側の史料からは、即位の礼とひとくちに言っても様々な儀礼を重ねたものであることが理解された。譲位節会から受禅や践祚があり、剣璽渡御式が王権継承として必須である。しかし剣璽渡御式も即位式もなく受禅や践祚だけで済ますこともあったし、剣璽渡御の儀はあったが即位式のなかった場合、剣璽渡御の式を行わなかったが即位式は実施した事例など多様に対応していた。

第二に明正天皇即位式の一部始終を詳細に記録した『明正院寛永御即位記』や『隔蓂記』からは、譲位や即位をめぐっての公家側と武家の立場や対立の背景となる展開もうかがえ、町触れのみではわからない内部事情も読み取れた。町触れに火の元禁止や鐘鉦禁止と告示されていても、なぜそこまで禁止するのかその実体までは明らかにされてこなかったが、両者の史料を照らし合わせ即位式の実際の進行状況がわかってこそ禁止の本当の理由が読み取れたわけである。つまり公家側と庶民側との対峙する史料を網羅することで天皇即位式の全体像が理解できたことは間違いがないであろう。

第三に、町触れを通じて天皇即位式と庶民の関わりが理解できたことがある。庶民が天皇即位式を見学できたことは天皇の即位記や公家の日記などからも示唆されたが、より明確になったのは町触れからである。禁裏内で庶民は即位式を見学でき、その人数は三〇〇人で男女比が二対一ということまでわかった。

また朝廷行事は神事であって仏事とは違い、穢れを忌み嫌うので僧尼や服喪者の入場が禁止された。もっとも初期の後水尾天皇や明正天皇の即位式では僧の見学が許されていたようである。混雑時の事故を防止するために、幼児や老人、足の不自由な人たちの入場が制限されていたことなども町触れからわかったことである。

第四に天皇即位儀礼の実施は庶民生活を規制するものであったことである。大嘗会の儀式当日の芝居禁止から鐘撞禁止、火の元確認や調理禁止といった庶民生活の細々したところまでも自粛を求めた触れも出された。何度も述べたように庶民にとって天皇即位に関する儀礼は、極めて身近な問題として処されていたと考えねばならない。

即位の大礼は神聖な儀式であることにはかわりがない。それでも見学を許された庶民にとっては遊楽行事であったことは紛れもない。天皇即位式を物見遊山のようにとらえ、禁裏内の築地を歓楽地よろしく闊歩する不埒な輩もいたことも看取できた。庶民が素朴に天皇即位式を楽しんでいたことは、次節で述べる明正天皇「御即位行幸屏風」からさらに確証できるもの思われる。

八　授乳する女性、幢で遊ぶ子供――明正天皇「御即位行幸図屏風」から

寛永七年九月一二日の明正天皇即位式については第二節を中心に述べたが、その歴史的史実が図像化されてい

るのである。詳しく見ていこう。

即位図屛風としては第一に、父親の後水尾天皇の即位式の図があげられる。六曲一双、金地着色のもので現在米国カンザスシティー、ネルソン美術館蔵である。(55) もう一方は二つ現存する明正天皇即位図「御即位行幸図屛風」(56)で、一つは萬野美術館蔵（現在閉館）で、もう一つは宮内庁三の丸尚蔵館蔵である。宮内庁所蔵は六曲一双、縦一六二・八センチ、横二四九・六センチ、紙本金地着色である。ネルソン美術館、宮内庁ともに右隻には禁裏内で参列する公卿たちと夥しい数の見物衆が観察できる。仲町啓子氏によれば、明正天皇の「御即位行幸図屛風」はネルソン本の複製あるいは模写として制作され、寛永の盛儀の模様を再現した作品であること、狩野探幽登場以降に流行した江戸狩野風の瀟洒な画法に則っており、制作時期は一七世紀後半にはいると推定している。(57) また萬野美術館蔵は宮内庁の屛風とほとんど変わらないという。つまり「御即位行幸図屛風」は寛永時期の即位儀礼を映し出していることは間違いがない（図1）。

儀式を執行する公家たちの表情がおしなべて同じような表情であるのに対し、見物する老若男女の庶民の姿形や表情はさまざまで生彩に富んでいる。そのうえ当時の庶民の生活情景をも彷彿させ、近世前期の庶民の風俗を知るうえで貴重な史料であることが理解できる。

「御即位行幸図屛風」から即位式を拝見する人々の位置、服装、しぐさをみよう。見物衆はおもに紫宸殿の前南庭辺り東側左近の桜付近と日華門を挟んだ両脇の二ヶ所に座す。そのなかに袈裟をつけ僧とおぼしき男性が一四名識別できる。帽子（頭巾）をかぶる者、かぶらない者とその姿はさまざまだが、左近の桜の前に陣取る僧二人のうち、一人は裹頭《かとう》姿で扇子をかざし紫宸殿簀子縁に座る被衣《かずき》姿の女性に話しかけているように見えるのは明らかに徳川家康を意識してのことであろう。もう一人も紫宸殿内に陣取って見学する女性群を眺める。日華門の前辺りに柿色の帽子をかぶる僧が一人、同じく六人並ぶ外弁たちの後方で首に帽子を巻く僧が一人座る。内侍所の前

図1－2　同左　右隻右部分

図3　幢をゆらす子供

図2　欄干(女性？)を見上げる僧二人

図１－１　「御即位御幸図屏風」　六曲一双　右隻左部分（宮内庁蔵）

図５　授乳中か（？）胸をはだける女性二人

図４　紫宸殿高欄の下で休息する行列の従者

に座る袈裟姿四人。軒廊には袈裟をつけた僧が二人立つ。ほかに法体姿と識別できる男性が一人承明門の前辺りに侍る。

前述したように町触れでの記載は宝永七年（一七一〇）中御門天皇からで、即位式には僧尼の参内・見学は禁止であった。この屛風図からはそれ以前の寛永年間の天皇即位式では僧尼の拝観が禁止されていなかったことになる。明正天皇「御即位行幸図屛風」に描かれた隣に小姓を侍らせた裹頭姿は後水尾天皇即位の礼に参列した徳川家康を意識したものに違いない。履物も廻りの見物衆に比べ良質である（図2）。明正天皇「御即位行幸図屛風」が後水尾天皇の即位式の粉本であるというのも正鵠を得ている。

第二は女性の姿と見物する場所である。女性の見物者数が多いのは町触れに告知された切手札枚数の男女比率からもわかる。

何人かの女性は紫宸殿内廊下（簀子）に座って即位式を見学する。明らかに識別できる人数が女性は一三名。全員が被衣で顔を覆う。内侍所にも一二名の女性が識別できる。彼女達も被衣姿である。庶民は地面に座るのがふつうであるから、庶民階層の女性とは考えにくい。簀子縁（廊下）に侍っているのは特権階層に相当する女性で、おそらく女房たちであろう。それとも庶民であっても即位式関係者との間に強い縁故関係があって特別待遇を受けたのかもしれない。内侍所には日頃は神器や御物が保管されているにもかかわらず、その前の廊下も観覧場所になっていることにも注意を喚起しておきたい。剣璽などは式典場所に移動しているとはいえ、内侍所の簀子縁に座る女性達はよほどの信頼の篤かった人たちであることは想像に難くない。

日時は旧暦九月一二日。時候もよい。庭下にいる女性たちは顔を被衣で覆っているので、老若の判別がつきにくい。それでも老女とおぼしき人が三人識別される。ほかに杖をつき手を引いてもらったり、腰が曲がった姿だったり、白髪姿から老女と知れる。

第三は子供―幼児の描き方である。幼児は四人認められる。日華門から内侍所までの軒廊に母に手を引かれた幼児一人、日華門近くで下級武士の風体の男と手を繋ぎ話す子供、おそらくここが主要観覧席に該当すると思われるがその群衆の中に立つ子供一人、そしてもう一人の男児は銅烏・日像・月像・青龍・朱雀・白虎・玄武七本とその左右に纛《とう》の幢が立つなかで、右端の纛を両手で握る（図3）。あるいは揺らそうとしたのか。隣に母親とおぼしき女性がいるが、息子の悪戯には気がつかない。纛の幢以外の七本の幢の前には紋つきの直垂姿の下級武士が一人ずつ座るが、誰も男児には目もくれない、彼の悪戯に注意する者もいないようなのである。

そのほか、紫宸殿西の階《きざはし》の下に、欄干内の着飾った公卿たちとは全く異質の風体を目にする。床下に陣取る蓬髪の男性である（図4）。彼には色彩が施されておらず、浮浪者と見紛う。水干姿のようにも見受けられる。ならば即位行列の従者であろうか。一人は眠り、もう一人は休んでいる。なぜこのような人物が怪しまれず紫宸殿近くに侍ることができたのか。またなぜ絵師は敢えて彼を描き込んだのか。謎である。

最後に授乳場面について。乳房が丸見えの女性が二人（図5）。一人は胸をはだけているのは確かだが、授乳させているかどうかは不明。もう一人は明らかに子供を抱き授乳中である。式の最中に乳児が泣いたので母親が授乳したのであろう。天皇即位式のさなか授乳をするというのは、現代の身体感覚や天皇に対する歴史観から眺めると驚愕する光景かもしれないが、当時としてはさして奇異なこととは思われなかった。乳児が泣けば授乳するのは当たり前のことで、公衆の面前での授乳姿が恥ずべき行為と見なされなかったのは周知のことであり、絵師が屏風図に描きいれたのも自然な行為であった。授乳する女性の隣に後ろ姿の幼児が見える。男児の横の女性は重箱と酒器を携える。もう一人後向きで重箱をつつく女性がいる。多くの庶民が紫宸殿の南庭、承明門と日華門をつなぐ辺りに賑々しく座しており、この場所が一般用の見学席だったとわかる。

見物席で乳幼児が泣き、走り回り、騒ぐ。このような雰囲気は神事を拝見するのに好ましい状況とは思われない。早晩、子供や騒ぐ群衆の見学が禁止されていくのも当然だったのである。

屏風図に描かれた天皇即位の礼を見物する庶民の様々な姿形像を取り上げた。表情豊かに活写された姿は当時の庶民階層を彷彿とさせることは間違いがない。かくして即位の大礼であり神事であることは十分承知のはずにもかかわらず、見物衆の一部には芝居や物見遊山に近いものと認識する輩も存在したことが「明正天皇即位式屏風図」からもうかがい知れる。即位式が厳粛な雰囲気のなかで進行していったことは紛れもないことであるが、庶民にとって即位式は祝祭のひとこまであり、遊楽に近いものと認識されていたこともまた現実であったと解されるべきであろう。

九　なぜ天皇即位式に庶民が見物しないと考えるように至ったのか

庶民が天皇即位式を見学できた事実を探ってきた。近世史料に目を通せば通すほど、庶民が間近で天皇即位の礼に見学したことが確証できる。にもかかわらず、私達は、天皇即位式は大嘗会と同じく天皇家の行事であるから、貴族などの特権階層しか列席せず庶民階層が見学することなどあり得ないと思いこんできた節があるように思われる。

そのような認識にいたった理由としては、第一に明治四二年の登極令の公布が考えられる。公布以来、大嘗会は言うまでもなく、天皇即位式も庶民とは無縁のものと考えられた。列席できるのは一部の特権階級であり、庶民が天皇即位式を見学することなどあり得ないと思いこんでしまったのである。

第二に、従来から一般に流布した天皇即位図、即位屏風図、即位式庭上図の存在も論議すべき対象になろう。江戸時代に即位した天皇は後水尾天皇から数えて一四名。筆者はそれらのうち六種類の天皇即位図を参照したが、そのことごとくは禁裏内の幡（＝幢）や高御倉などの数々の調度品と職掌を記した公卿たちの姿だけであって、庶民の姿はどこにも描かれていなかった[58]（図6）。というのも、天皇即位式の様子を知ろうとすれば、その場に同席する庶民の姿は必要がないからである。限られた空間には参列した公家の姿あるいは名前と陳列された調度品を書きこむのがせいぜいである。ではそのように考えて天皇即位式のあるごとに見物衆のいない図版だけを出版していてはどうなるであろうか。二〇〇年から三〇〇年近く経った現代の私達がその図版を目にした時、天皇即位式をどのように位置づけてしまうであろうか。そして登極令がさらに追いうちをかけたのである。

第三に天皇即位式の見聞記を考えてみよう。実際に天皇即位式を見聞し公刊された書物は見物衆をどのように書き加えているであろうか。

江戸時代を通して、即位儀礼の記録は公家や有職故実関係者の筆になるものや無記名、さらに無名の人たちなど数多残されている[59]。例えば庶民が読むことのできた即位式次第の一つに「宝永七年次庚寅冬十一月辛卯十一辛丑の日　御即位　高倉院嘉応の礼に準したまひて大極殿の粧を移し給ひ紫宸殿に於て行ひ給ふ」ではじまる中御門天皇即位式の見聞記『御即位見聞私記』がある[60]。作者は神祇道学頭の平興胤である。注解の部分では一般的には聞き慣れない朝儀用衣裳や幢鉾などの調度品を説明する。一例を挙げると、天皇が位に即したことを天に告げるために香を熏る「白銅火炉」では「興福寺の蘭奢提《ママ》（待カ）」と解説し、幢の纛、兀子、胡床、標の調度品などは図で示している。このように詳しく説明された『御即位見聞私記』であるけれども、庶民が見学したことなどどこにも載せていない。

五〇年後の宝暦一三年、母親と上洛し後桜町天皇の即位式を観覧した大坂の住人岡國雄が『御即位庭上幢鉾調度図』[61]を書きあげたとき、興胤の見聞私記を参考にしたことを明記したことからもわかるように[62]、『御即位見聞私記』は結構回読されていたようである。岡國雄の『御即位庭上幢鉾調度図』については後にふれる。

原則的には即位式年に天皇即位図、即位屏風図、即位式庭上図が作成されたと考えるべきであろう。豪華な即位屏風図ならば後水尾天皇と明正天皇のものが存在することはすでに触れた。普段に入手しようとすれば木版墨刷りの天皇即位図や即位式庭上図で十分である。今後の検証を待たねばならないが、このような木版墨刷りの形で即位図があらわされるようになったのは、明正天皇からであった。そして庶民が即位図を眺めることができるようになったのは、幕府側との緊張関係の大きな要因であった後水尾上皇との繋がりが希薄になった東山天皇や中御門天皇からではなかろうか。ちなみに町触れに天皇即位式が記載されるのは元禄期の中御門天皇からであった。

天皇即位式図が畳み物の形式で廉価な木版墨刷りになったことで、庶民側は入手しやすくなっていったが、そのいずれも禁裏内での儀式全体図と式を執り行う公卿たちの姿が中心で、見学する大勢の庶民の姿を描くことはなかった。とすれば、明治期の登極令以後、一部の特権階層の人を除いて実際の天皇即位式を拝見することはなくなっていくわけで、近世からの天皇即位式図を見続ければ天皇即位式に見物衆はいなかったと思うのは当然の帰着ではあるまいか。

近世に刷られた天皇即位式図に見物衆が描かれていなかったこと、見聞記にも見物衆の存在を等閑視したこと、それで登極令発布以降の天皇即位式の様子が正確に伝わらなくなったこと、これら三つの理由から現代へと繋がる時間の経過が天皇即位式の情報を歪曲させてしまったと考えられる。

見物衆の描かれた天皇即位式は現存する後水尾天皇と明正天皇の屏風図だけであった。現代の私達が近世に流布した天皇即位図、即位屏風図、即位式庭上図を頼れば、近世の天皇即位式には見物衆なぞ最初からいなかったと思いこんでしまった原因がここにある。

図６　「庭上図」(岡國雄『御即位庭上幢鉾調度図』より／大阪府立中之島図書館蔵)

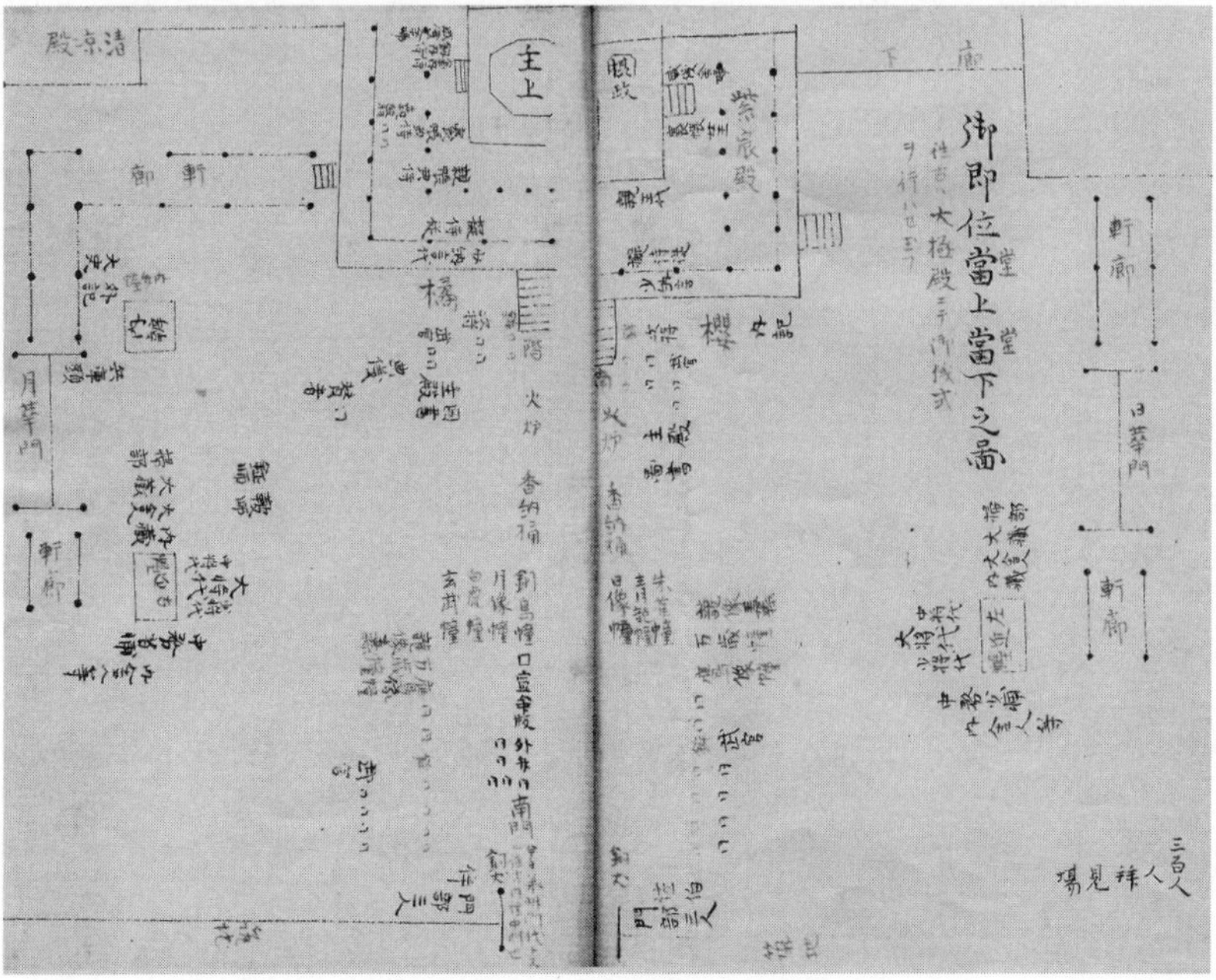

図７　「御即位堂上堂下之図」(同上)

一〇　岡國雄『御即位庭上幢鉾調度図』から

現時点では、即位式に関する史料を知ろうとすれば、公的な図書館や国書基本データベースからの検索が適切な方法ということになろう。それら全てを詳細に調査したわけではないので自戒せねばならないが、庶民レベルで綴られた即位式見聞記はおそらく岡國雄の『御即位庭上幢鉾調度図』後半頁につづく見聞記しか見いだせないのではないか。

というのも、即位式をたとえ興胤のように見聞私記と認めたところで、客観的記述に基づく公的な見聞記であることは変わりがない。大嘗会と即位式ではその機能は違うことは先に述べたが、荷田在満『大嘗祭便蒙』公刊後の顛末を知らないわけはないだろう。即位儀礼の書物出版とて同様で、出版規制が働くことは容易に察せられる。ところが岡國雄の『御即位庭上幢鉾調度図』を読むかぎり、そのような配慮が感じられない。その理由については後述するが、近隣の知人へ廻し読み程度の閲覧はありえても、版本にする意図で書かれたものではなかったと推測する所以である。それゆえ『御即位庭上幢鉾調度図』は庶民レベルでの即位見聞として貴重なものと位置づけられるだろう。

『御即位庭上幢鉾調度図』は調度品や天皇をはじめ公家の着衣衣裳の解説とそれらに彩色を施した前半部分と当日の見聞の後半部分から構成される。先に述べたように彼の記す即位式次第は平興胤著『御即位見聞私記』に依拠する。以下その特徴を述べたい。

調度品や着衣衣裳には寸法や使用内容が記されている。天皇、宣命使、外弁、典儀、親王代、擬侍従、少納言代、右大将代、左大将代らは唐の服制に基づいた衣裳である。天皇は応神天皇から伝来するという冠台に十二旒のついた王冠冕旒《べんりゅう》をかぶり、赤色の地に日、月、星辰、龍山、華虫、火、宗彝《そうい》の紋の描かれた袞衣《こんえ》（大袖）の挿絵を描く。後ろ身頃の星辰は唐制と異なり日本独自の意匠である(63)。大袖・裳の紋は虞《ぐ》書の一二章から由来。裳は藻、粉米、黼《ふ》、黻《ふつ》の四紋を刺繍すること、その上から長綬・短綬（幅広の礼服用の腰帯）を結び、玉佩《ぎょくへい》（五色の玉や五条を金銅の花形に繋いで腰から添わせ、沓の先に当たると鳴るようにしたもの）を腰から下肢に這わせる。牙笏《げのしゃく》をもち、襪《しとうず》・沓を穿く。これらすべてに寸法を添えている点に大きな特徴がある（束帯姿の摂政は通常目にするので省かれてあった）。

これらが岡國雄の筆による。彼は服飾には造詣が深かったとみえ、「大将代冠服全体之図」では「國雄今度之御儀式ヲ拝見スルニ肩当ノ代ニ曲領ヲ用ヒラル、歟。故ニ此図ニ肩当ヲ除ヒテ曲領ヲ盍（ママ）ク」と述べ、さらに

享保二十年冬十一月三日　桜町仙洞御即位之御時
太平楽ノ肩当ヲ借用ヒ、裲襠ハ左打球楽古陪臚ノ裲襠ヲ借用ヒラレントカヤ。国雄（ママ）此度　御義（規カ）式拝見スルニ、肩当ハ古ニ図スル曲領ノ如シ。此度曲領ヲ用ヒラル歟。且裲襠モ今度ハ新ニ制セラレン曲（由）粗様ル可尋之右ニスル。裲襠肩当等ハ享保中ノ衣紋ヲ粗写スル者ナリ（原文通り、以下略）。

と断っている。彼は肩当、裲《うちかけ》襠《りょうとう》、曲領の違いを熟知しており、式当日の大将代の着衣衣裳の挿絵には肩当ではなく曲領を首に巻いた姿を描いた。鋭敏な観察眼である。即位着用衣裳調進と保管についても「右之冠服等　主上之御服ハ山科家ヨリ調進シ奉リ臣下ノ服ハ高倉家ヨリコレヲ調進ス、何レモ義（ママ）式畢リテ後右之御冠服其家々ニテコレヲ預ラル」と、公家装束と衣紋を生業とする山科家と武家装束を扱う高倉家の両家に分担させていていたこと、山科家と後発組の高倉家とでは棲み分けを図っていたことも確認できる。

第二に衣裳が新品でなかったことを明記していることに注目したい。後桜町天皇即位式では雅楽着用衣裳を借用した。彼は太平楽での肩当と打球楽や古陪臚での裲襠を借用したという。太平楽は即位礼の祝賀には必ず演じられる舞楽で、その肩当を借用したとしても不思議はない。天皇式で古着を用いたことは前述の即位記関係史料では正確に記されていたが、それは執行する側であって見学する側の記録からではない。見聞記に貸衣裳であることを明記する必要があったかどうか。要するに私的であるから記録しておいたと考えるべきではないか。

第三に大袖・小袖・裳・短綬・玉佩・牙笏などの寸法が正確に書き記されていることがあげられる。挿絵には曲領二尺、一尺四寸五分、五寸五分、紐五寸というように記される。高御座や幢は式後二、三日は展示されるが、着衣衣裳の展示は寡聞にしてきかない。岡國雄はどのようにして衣裳の寸法を測ったのだろうか。想像をたくましくして、禁裏内に三〇〇人の入場が許可されるのであるから、即位式を見込んで当日の予定や着用する公卿の服飾案内書や手引書のようなものが出回ったとは考えられないだろうか。その資料に寸法が明記されていたのだろうか。

第四に即位式に入場できる人数と観覧場所が明記されていることに注目したい。『御即位庭上幢鉾調度図』は「御即位堂上堂下之図」に「三百人人拝見場」と庶民の見物席を配している(図7)。それによると「三百人人拝見場」は東の日華門から南側の承明門までの築地内である。町触れごとに何度も告知された切手三〇〇人分用の見物席がまさしくこの場所であった。町触れのみならず実際に即位式を見聞した側からも史料が提示されたことになり、庶民が即位式を見学していたのは紛れもない事実であることが立証された。また入場者は京都に限られたことではなく、岡國雄親子のように大坂からも見物に出かけた人たちがいた。おそらく畿内《かみがた》一円からも見物人が参集したはずである。

次に『御即位庭上幢鉾調度』後半部分に入ろう。この部分は興胤と同様に即位式の見聞記であるが、庶民側か

らみた即位の見聞記という点に意味がある。(64)

一二月二〇日浪花《（ママ）》岡國雄謹識とある見聞記は、文化一四年の一一月八日仁孝天皇即位に鑑みて西山道堪なる人物が友人個人蔵を借り受け写したものである。(65) 文化一四年「宝暦十三癸未十一月廿七日御即位前日二十六日申之尅ハカリヨリ翌二十七日巳之尅前迠雪降ニ因テ御義《（ママ）》式ハ巳ノ尅過ヨリ行ハル　天子南殿出御ハ午尅ハカリ也御《（ママ）》儀式ハ申之尅過ニ終ル巳之尅ヨリ後ハ晴天（原文通り）」で始まる。見聞記全文はすでに紹介したのでここでは説明にとどめる。(66)

上方では戦前まで結婚前の商家女性が公家宅で行儀見習いをする習慣が続いていた。岡國雄の母親もそのような境遇であったようで、その縁故を頼って宝暦一三年の一一月二五日の夜、淀川を上り門跡の一つ梶井家に縁ある川口寿明宅に逗留する。船は六日朝到着。

昨夜から雪が相当積もり即位式当日も降り止まず、都大路を覆った。ようやく午前一〇時過ぎに止む。前夜緊張のあまり眠れなかったことを吐露する彼も、往来する人々が、この積雪すらも御代猶豊かになる前兆だと言う会話を聞き「つきづきしい」ことだと感想を述べている。雨が降ると「降り込む」と捉えるのと同様、庶民は白雪を吉兆の徴とみなす。

彼はまた四神旗や龍像の旗や公卿の衣裳は唐の真似で「常ならぬ」珍しいものであり、総て紫宸殿側南の玉敷の庭に栄え輝き神々しいものであったと興奮気味に実況し、最後は図書が香を燻して天に即位式を告知し、公卿たちが再拝舞踏し万歳を唱えたことまでしっかり見届けた。母親が手を合わせながらこの式の一部始終を見届け、國雄も宸儀（竜顔）を拝見し非常な感動を覚え畏れ涙したとある。おそらく拝見したどの庶民も同じ心境であったのではなかろうか。ここでは即位式で騒ぐ不埒な輩は見あたらなかったようである。

本書は即位式の感動を忘れず残そうとする岡國雄の個人的で純粋な気持から発せられたものであり、それゆえ即位式拝見の素朴な興奮ぶりが伝わってくる。なお母親が紫宸殿の南の階で観覧できたが、これは明正天皇の即位式屏風図からも十分首肯されるところである。

近世では天皇即位式は庶民から隔絶されたところで単独で実施されたものではない。即位儀礼という最高級の神事であっても庶民を神経質に忌避するものではなく、親近感のある祝祭として機能していたととらえるほうが正しいことがこの岡國雄『御即位庭上幢鉾調度図』からも理解できるであろう。

(1)『有徳院殿御実記』附録巻三、一五二頁「羽倉在満住吉廣守受吉宗命拝大嘗会御儀」の条より。
(2)『大嘗会便蒙御咎顚末』(『荷田全集』所収、一九九〇年)、『東京市史稿』産業篇、第一五―六六四、六六五頁。前掲書『有徳院殿御実記』附録巻。
(3)『歴代残闕日記』第三四冊には元文三年の桜町天皇の大嘗会の「大嘗会次第」と「大嘗会次第仮字記」の記載を見るが、同じ桜町天皇の大嘗会の模様を記した荷田在満『大嘗会便蒙』とは大いに異なる。「大嘗会次第」は御所内南庭に施設された主基殿や悠紀殿を含む間取り図(三一七頁)が、「大嘗会次第假字記」では手水の道具に使われるらしい蝦鰭舟と多志良加の絵(四〇二頁)が載るだけで、すべては文字から大嘗会を知ることになる。他方、荷田在満『大嘗会便蒙』では建物や調度品の詳しい絵柄(カラーのもある)から着衣衣裳まで載せる。秘儀であるべき大嘗会を多くの挿絵を入れて発刊したわけで、発禁になった理由の一つには図版の多いことにも原因があるように思われる(『歴代残闕日記』第三四冊、臨川書店、一九九〇年)。
(4)拙稿「歌舞伎衣裳〔馬連つき四天〕〔小忌衣〕の誕生」(日本風俗史学会誌『風俗史学』第二一号、二〇〇二年)三九～六七頁。
(5)『京都町触集成』第三巻、一七二頁。
(6)『京都町触集成』第三巻、五〇頁。『京都町触集成』全一三巻、京都町触研究会編、岩波書店、一九八三～八七年。
(7)『康雄記』『正親町天皇実録』(『天皇皇族実録』九九、ゆまに書房、二〇〇五年)二三頁。
(8)『多聞院日記』『後陽成天皇実録』(『天皇皇族実録』一〇一)二二頁。
(9)『京都御所東山御文庫記録』『後水尾天皇天皇実録』(『天皇皇族実録』一〇三)四五頁。大日本史料『後水尾天皇』第一二編之八、一四八頁に同記録がある。
(10)『義演准后日記』『後水尾天皇実録』(『天皇皇族実録』一〇三)四五頁。大日本史料『後水尾天皇』第一二編之八、一四〇頁『義円准后日記』から引き同様の記述がある。
(11)『明正院寛永御即位記』『明正天皇実録』(『天皇皇族実録』一〇六)二一頁。
(12)『本源自性院記』『明正天皇実録』一九頁。
(13)『泰重卿記』『明正天皇実録』二〇頁。
(14)東大史料、一六三〇、一九-一一-二、五、『泰重卿記』『編年史料、明正天皇紀』仮番号三三。なお『明正天皇実録』に記載『泰重卿記』には注一三の三月一二日の記述はあるが、一一日のはない。
(15)『明正院寛永御即位記』二七頁。
(16)『隔蓂記』第一巻、一九九七、思文閣出版、五一六頁。
(17)『後光明院御元服即位等記』『後光明天皇実録』(『天皇皇族実録』一〇七)三二頁。
(18)『隔蓂記』第一巻、五一六頁。
(19)『本源自性院記』『後光明天皇実録』八四頁。
(20)『後光明院御元服即位等記』九二頁。
(21)『本源自性院記』八五~八六頁。
(22)同右書、八五頁。
(23)『宣順卿記』『後西天皇実録』(『天皇皇族実録』一〇八)二六頁。
(24)『京都町触集成』第一巻、一七三頁。
(25)同右書、第一巻、一一六頁。
(26)同右書、第三巻、一二三頁。
(27)同右書、第一一巻、三九二頁。
(28)『京都町触集成』第一一巻、四一七頁。
(29)同右書、第一二巻、三九三頁。翌日、禁裏崩御の触れがでる。光格天皇崩御の時と同様、鳴物停止を上下京の魚店商売停止が心得る旨、洛中洛外社方へ知らされた。大行天皇から仁孝天皇へと諡号等、葬儀行事などの禁裏情報が刻々と庶民に告知された。庶民側としてはいやがうえにも禁裏への関心が集まったことは想像に難くない。

(30)『京都町触集成』第三巻、一九九頁。
(31)同右書、一七二頁。
(32)同右書、一七三頁。
(33)宝暦二年一一月の新嘗祭には、前回の触れで告知したにもかかわらず鐘の音がしたので、今度鐘の音が聞こえたら厳しく詮議するとの達しが出されている(『京都町触集成』第三巻、三一四～三一五頁所収)。
(34)『京都町触集成』第四巻、三三一頁
(35)『妙法院日次記　第九』続群書類従完成会、一九九二年、一〇九頁、一一〇～一一一頁。
(36)『妙法院日次記　第一二』続群書類従完成会、一九九四年、一〇六頁。全く同じ町触れが『京都町触集成』第三巻、一〇五頁に記載。
(37)前書『明正院寛永御即位記』二六～二七頁。
(38)『妙法院日次記　第八』続群書類従完成会、一九九一年、一九頁。
(39)『京都町触集成』第二巻、二五三頁。同じ文言の触れが『妙法院日次記　第八』九四頁に載る。
(40)同右書、第二巻、二五七頁。
(41)同右書、第三巻、一二〇頁。
(42)『妙法院日次記　第一五』続群書類従完成会、一九九九年、一八四頁。
(43)『京都町触集成』第四巻、二七〇頁。
(44)同右書、第五巻、九四頁。
(45)町触れ以外では『妙法院日次記　第一七』にも明和七年一一月二四日に譲位・受禅のあったことを記す。九八頁。
(46)『京都町触集成』第五巻、一四六頁。
(47)同右書、一九五頁。
(48)同右書、一九八頁。
(49)同右書、一九五頁。
(50)同右書、一九八～一九九頁。
(51)『明正院寛永御即位記』『明正天皇実録』二八頁。
(52)『京都町触集成』第六巻、一一〇頁。

(53) 同右書、第九巻、三八六頁。
(54) 同右書、三八七頁。なお孝明天皇の即位式の時は、僧尼に関する処遇は仁孝天皇の時とほとんどおなじで切手不要など変わらないが、道順はより詳しく説明され「建春門より入、左腋門より廻廊通、承明門之所ニ而者溝際を通り、右手腋門ヨリ西御築地穴門ヨリ出候事」(『京都町触集成』第一一巻、四三七頁)となっている。なお仁孝天皇は即位式後の大嘗会一一月一六日は新嘗祭と記載(九巻、三九〇頁)。
(55)『在外日本の至宝』第四巻「障屏画」毎日新聞社、一九八〇年、一〇四、一〇五頁。
(56)『皇室の至宝　御物　絵画二』、毎日新聞社、一九九一年、五~七頁。
(57) 仲町啓子概説、前掲『皇室の至宝　御物　絵画』二〇六頁。
(58) 六種類の天皇即位式図のサイズ(単位センチ)や印刷状態を順に記す。明正天皇即位図(サイズ不明、木版墨刷、東大史料編纂所蔵)、中御門天皇即位図(八〇×九八、紙本彩色、古書目録)、桜町天皇即位図屏風(一二六×一六三、二曲一双、萬野美術館旧蔵)、光格天皇即位図一幅(一一六×一五六、古書目録)、御即位庭上図(江戸後期、六五×五七、木版墨刷、大阪府立中之島図書館蔵/図6)、御即位庭上図(江戸後期、六五×一二三、木版墨刷)。屏風以外はすべて折り畳める。
(59) 国書基本データベースから「即位」を調べると、天皇即位式関連事項は七九九件である。天皇名や元号が明記されていないものは江戸時代とは確認できないので正確な数は不明。
(60) 香川大学附属図書館の神原文庫、八戸南部図書館などに同書を見る。
(61) 大阪府立中央図書館蔵。「初代豊田文三郎遺書」と「善治家蔵」の印あり。豊田文三郎は大阪で市議会議員を務めたことのある人物。
(62) たとえば調度品説明のうち龍像纛では「興胤私記纛ハ牛尾ナレハ古ハ(以下略)」と引用、香納桶でも「興胤カ見聞私記ニ曰是図書ノ香遼ト申スモニヤトミユ」と興胤の名を挙げ『御即位見聞私記』からの解説を参考にしたことが読み取れる。このようにして即位式見学前に、日頃は触れることのできない珍しい調度品についても知識を仕入れていたようである。
(63) 北斗七星を背に負わぬ中国皇帝の祭服に対し、天皇の袞衣は北斗七星を背に負う(吉野裕子『天皇の祭り』講談社、二〇〇〇年)。
(64) 岡國雄『御即位庭上幢鉾調度図』には題箋、表題なし。

(65)　文化一四年は仁孝天皇の即位のあった年。西山道堪は跋で友人の木邑松次郎所有の『御即位庭上幢鉾調度』を借りてこの規式部分を写したとの断りがある。
(66)　拙稿論文「近世庶氏、天皇即位式拝見」（国際日本文化研究センター紀要『日本研究』三三集、二〇〇六年）一九〜二二頁。

〔付記〕　本稿初校段階で「洞口　虎頭館蔵　御譲位図式」を入手した。新嘗祭、剣璽渡御を含む即位図の下絵である。半紙サイズ五〜七枚をついだものを一葉とし、それが一二葉はいっており、そのうち即位図は六葉である。絵師は有栖川宮のお抱え絵師・岸駒《がんく》（一七四九〜一八三八、諱　虎頭館）である。おそらく光格天皇の即位式の下絵であろう。天子の龍顔を拝し、月華門、承明門、日華門に連なる築地塀には多くの庶民の姿が描かれている。なお新嘗祭、剣璽渡御に参列する公卿達は、衣冠・束帯姿で描かれる。即位式のみ唐風の装束が含まれる。即位式の図のみ紹介する（図８）。

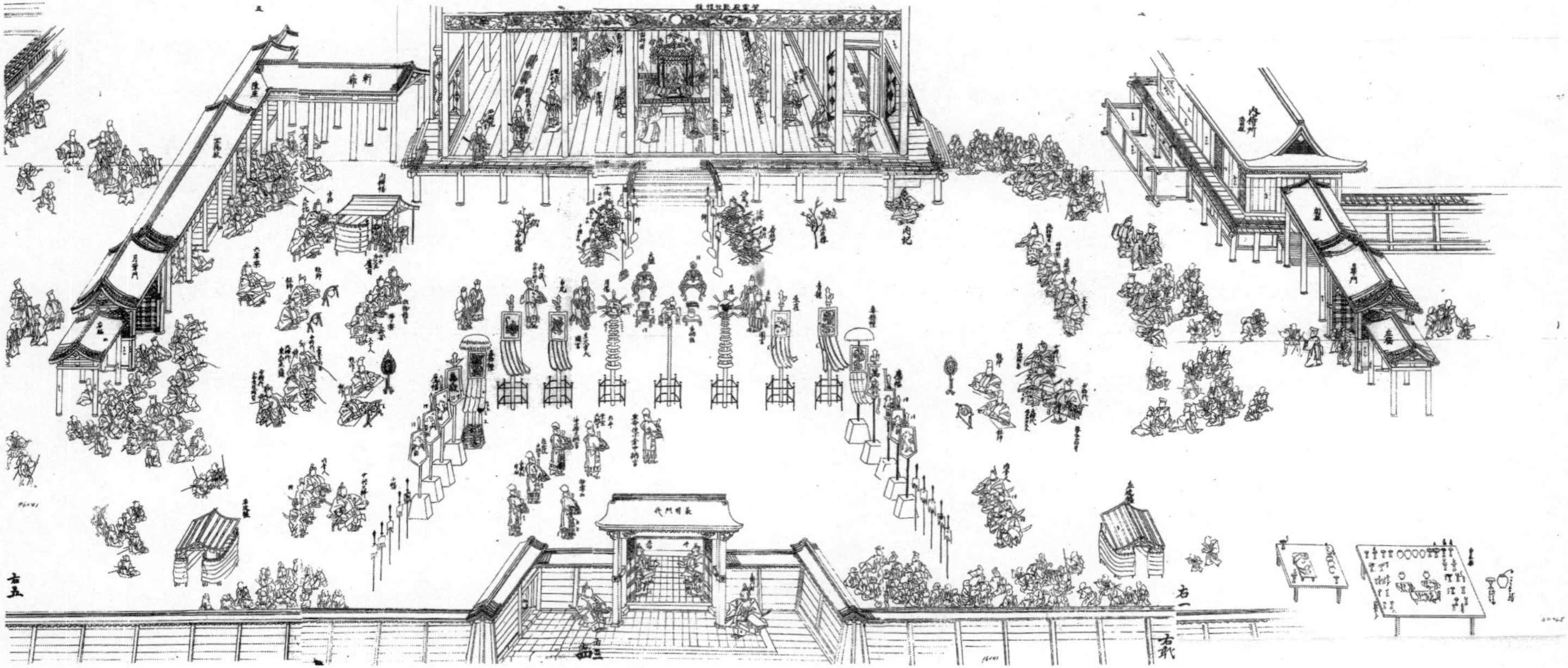

図8　「洞口 虎頭館蔵　御譲位図式」

武家の釈奠をめぐって——徳川時代の孔子祭礼——

ジェームズ・マクマレン

はじめに

「武家の釈奠」という用語には、一見矛盾した側面も感じられる。というのは、「釈奠」とは孔子を祭る、中国の儀式である。その孔子は武家の世界とは縁の遠い中国古代の人物でもあり、しかも「武」よりも「文」を象徴した人でもある。もし徳川時代の武家が中国の神様を祭るとしたら、孔子よりも武の神の関帝の方が相応しいのではないだろうか。しかし、ここにパラドックスがあるにしても歴史的に見たらもちろん単純に説明出来ると思われる。

武家は徳川時代を通じて武士の社会だけではなく、全社会の経営者・為政者の役割をも殆んど総てにわたって占有したのである。そして、徳川時代が進むにつれて、武士もますます官僚の性質を帯びるようになった。そこで孔子は、いわゆる「官僚の神様」として、その役割を正当化する可能性を有したのである。儒教が武家によって受容されたのは、その意味で当然であった。また、祖先崇拝とともに儒教の重要な儀式である釈奠も武家によって挙行されたのも不思議ではない。

にもかかわらず、少なくとも文化や価値の段階では、武と文、あるいは武者としての武士と、官僚としての武士、そして儒教と武家の風俗・思想・政治との間に緊張や摩擦が現われたのもまた当然であろう。こういう問題は日常生活、教育、政治や政治思想等の諸分野に現われたが、中でも特に教育施設で行われた釈奠の礼拝式がその典型的な一例であろう。この小論では、以上のような緊張や摩擦を表面化させた徳川家や徳川幕府にかかわる四つの事件を簡単に紹介したいと思う。しかし、本論に入る前に釈奠の礼としての性質と中国における意味、そしてその徳川時代の受容や特質について簡単に触れたいと思う。

一　釈奠の特徴

釈奠は孔子、そして孔子の「配」（孔子とともにあわせ祭られること）になった孔子の弟子や儒教の賢儒等の霊を祭る、宗教性を持つ礼（Ritual）の一つである。礼に関する理論は区々であるが、人類学者の一説にはこういう礼は現世界とは必ずしも同一でない、別の、もしかしたら多少理想化された世界を前提にして行われるものである場合が多い。そういう世界にはまた、現世界とは緊張の間柄にありうる価値が内在し、その儀式に象徴されているかも知れない。そして、それらの理想的な世界や価値は、その礼に参与する人々によってそれぞれ違ったものとして認識されている。そこで互いに緊張や摩擦が起り易いのであるが、礼の機能の一つには Reconciliation of Conflict[1]、つまりそういう緊張や摩擦を調和させるという役割がある由である。

右のような理論は古代中国の国家の礼として発展した釈奠によくあてはまると思われる。後世から釈奠の典型として見られた唐朝の『大唐開元礼』の「皇太子釈奠於孔宣父」[2]では、世襲専制君主を代表する皇太子と、他方では能力的官僚が、互いに礼拝（再拝）を交わすことや、共に孔子を崇拝することによって一種の調和に達したと思われる。価値のレベルでは君主側の Particularism や絶対権威を、官僚側の普遍主義や一種の主体性と調和させることになると思われる。

なるほど、中国の国家は世襲的専制君主と能力的官僚との間の同盟であるといわれている。しかし、この二元的要素は、いちおう儀式によって調和させられても、根本的には矛盾しがちで、必ずしも常に安定した関係にはない。時には君主の側に偏り、また時には官僚の側に偏ることがある。そして、そこで釈奠のような儀式が重要な役割を果たすことが可能なのである。

何故なら、釈奠で皇帝への服従と、官僚としての主体性が象徴的に調和させられているからである。その意味で孔子は中国の官僚の神様と言ってもいいと思われる。しかしまた、その調和はいつも、中国の国家の構造がかわるにつれて、換りつつあるのである。その調和の中のどちらかの要素がある程度以上の力を持つようになると、その調和は破れる可能性が生じて来る。そういう場合には外からの干渉でその儀式を再編成する必要が生じて来る。現に、中国では宋朝から明朝にかけて、孔子の皇帝化（孔子を皇帝と同格と見做す）運動が起ったのである。(3)

たとえば、儀式で中国の皇帝の特権であった八佾《はちいつ》の舞を、もとは匹夫であった孔子にささげたのである。しかし明の嘉静帝は、官僚側の力を象徴するこの孔子の「皇帝化」を自分の権力への挑発と見て、一五三〇年に釈奠の改革を行った。その際たとえば八佾の舞を六佾に縮減した。(4) これは儀式内部の象徴的な変更であったが、政治的にも解釈することも出来よう。(5) 君主と官僚との間の均衡を君主の方向へ取り戻す、という外部からの干渉と見ていいと思われる。

要するに、中国の釈奠には次の二つの重要な特徴を確認出来よう。つまり、釈奠の儀式としての礼拝式的《Liturgical》エネルギーがその中に内在している二元性（即ち君主と官僚、あるいは価値のレベルではParticularismや絶対権力と普遍主義や主体性）から生じて来るということと、釈奠は一種の政治的儀式として、その儀式内部の構造が外部の政治や社会に非常に敏感であること。この二つの特徴は徳川時代の釈奠にも、消極的にも、また積極的にも、大きな影響を及ぼしたと思われる。

ところが徳川時代の釈奠は中国、そしてまた古代日本の釈奠とは違う政治的・社会的情況のもとで行われたのである。中国や古代日本は、もちろん中央集権官僚帝国であった。そういう性質を保つ限り将来の官僚を訓練するための教育施設が要求され、必要であった。そして、その施設で、官僚の価値の象徴である孔子を祭り、神聖化する儀式を行うことも極めて自然であった。いわば、釈奠がそういう政治構造に内在していると言ってもいいであろう。また、中国や古代日本が統一国家である限り、そこにおける釈奠が全国的に同一性を持ったというのも自然なことであった。

しかし、徳川時代は全く別のケースであった。幕藩体制はもちろん一種の封建制であって、政治構造も戦時の組織をあまり変えることなく平時に適応されたものであった。そこで、特に徳川時代の初期においては、能力を基盤に選択された官僚もなく、中国の科挙に当るような組織もなかったのである。

儒教の「学問」はもちろんあるにはあったが、主として個人の修養、あるいは中国文化の名声のために追求されたのである。また、釈奠に内在している諸価値も——たとえば武よりも文の採択等——特に武家によってそのまま歓迎されるはずもなかった。そして何よりも、特に初期においては、普段は釈奠を挙行するために必然条件に近い教育施設、即ち学校等は非常に少なかったのである。結局、中国、古代日本の場合に釈奠がいわば政治構造に内在的であったのに対して、徳川時代では明瞭に外在的であった。

しかし、この釈奠の外在性には積極的な面もあった。というのは、時代が下って、一八世紀の後半に学校が沢山創立されるようになってくると、釈奠に関する、全国的な、統一された規則がなく、釈奠をどのような形で挙行するかについてはかなり自由があった。この自由は徳川時代の釈奠に驚くべき程の、そして豊かな多様性を齎《もたら》したのである。また、この変通性は、釈奠に内在している諸価値と徳川武家社会との間の摩擦、不調和等を、儀式内部の変更や調節という形で表面に現われることを許したのである。

この小論では、江戸幕府に採用された江戸の林家の釈奠に問題を絞って、釈奠と武家社会との間の摩擦、不調和を、それぞれの段階で表面化させた四つの事件を簡単に紹介したいと思う。

二　佩刀の問題

武家社会の価値と釈奠に象徴された諸価値との間の摩擦を早く表面化させたのは延宝三年（一六七五）に起った儀式中帯刀の問題であった。その年の八月に徳川光圀が忍岡の林家の聖で釈菜を観察した。光圀は年来、為政者として儒教の日本での実践についてもっとも深く考えた人物の一人で、「孔廟を作りて先聖を祭尊ぶ事はなりやすし」とかつて明言した。[6] 彼は寛文五年（一六六五）頃から釈奠に対して関心を示し始めたが、林鵞峰に向って水戸で「可立学校営孔廟。然制度未詳」[7] と言った。

彼はまた寛文一二年（一六七二）から二年間の夏にわたって、儒教の礼の指導者として尊敬していた明の亡命者の朱舜水の訓令の下で水戸の藩士に釈奠を練習させた。[8] しかし、何故かこの目論見は中断されて、ついに実現に至らなかった。にも拘らず、光圀は釈奠に対して関心を示し続けた。そうした中で延宝三年の際、儀式の執行者が忍岡の聖堂の堂内で刀を差していることに気が付いた。そこで中村顧言という水戸の家臣を通じて林鵞峰に対してその不満[9] を表わした。鵞峰はこう答えた。

制し申し候へども、若き弟ども武士の子にて無刀にては出勤仕まじきなど申候に付制し難く候。

光圀のこれに対する答えは次の通りであり、如何にも光圀らしい論法を用いた。

無刀にても武士の志は別義無之者に候。堂上の帯剣は不敬の至り、礼義に叶不申候。礼に相背候へば、武士にては無之候。[10]

この光圀の干渉を別れ目にして、林家の釈菜では聖堂の堂内に刀を持ち込むことがなくなった。そして、それ以降の儀式の執行者のリストには「刀者」「刀架所」「剣者」などが指定されている。[11] また、諸藩校の釈奠釈菜の儀式次第でも、光圀のこの干渉の余波が見られる。たとえば、林田藩校（寛政年間設立）の『釈奠略記』では「脱剣」「佩剣」の指図が一〇回ほど出ている。[12] しかし、「文」の象徴である孔子の霊の前で、その身分と「武」の象徴である刀を脱せられるのは武士たちにとって好ましいことであったのだろうか。

三　五代将軍綱吉の釈奠観

儒教の「国教化[13]」という表現が五代将軍徳川綱吉の聖堂や釈奠に対する支援に使われている。たしかに、綱吉が将軍として聖堂を忍岡から湯島のより広い敷地へ移し、改築させ、そして一六回ほど「謁廟」したことは、東洋の君主の孔子崇拝の中でも稀に見る熱心さであるように見える。しかし、綱吉の支援は具体的にどんな性質のものであったのだろうか。実際には、『徳川実紀』や『昌平志』を調べると、案外に綱吉の孔子の崇拝には彼なりの異常性や、コミットメントの制限が見られる。

まず、綱吉が頻繁に聖堂へ参詣したのは事実であるが、詳しく見ると、彼がみずから本格的に釈奠・釈菜の儀式に参与したことは一度もなく、釈奠を「上覧」したのも三回に過ぎなかった。後の一三回の「謁廟」の際、聖堂で簡略化した形の儀式が行われただけである。[14]

そうすると綱吉は何故こういういわばどっちつかずの態度をとったのだろうか。これは後の研究を俟つ問題なのだろうが、差し当りは四つの仮説を提出することが出来るだろう。

第一は生類憐みの令を施行した君主が、イケニエを供え物に使った儀式に対する嫌悪を感じたという可能性である。現に綱吉の遺した唯一の儒教に関する『観用教戒』と題された著作でこう書いてある。

学儒道者。泥経伝之言。祭或常食用禽獣。是以不厭害方生之生。如此則世将至悉不仁而如夷狄之風俗。是可

恐之甚也。(15)

これは元禄五年（一六九二）九月二二日に柳沢吉保に賜った文章であるが、ちょうど同じ年に「寛文儀」の林家の「製祭品」の一つであった「雌雄鴨二翼」が「鯛魚」に取り換えられたのである。綱吉ほど殺生を嫌った人が直接に釈奠の儀式に関与することをしたくなかったのは、あまり不思議ではないかもしれない。

第二には、君主としてみずから釈奠に参与することは天皇（中国の場合には皇帝）の特権であって、将軍としてはそういう権限がないので控えたということも可能であろう。たしかに綱吉は京都の朝廷に対してセンシティブであったといわれている。なるほど、綱吉の時代の釈奠は、幕末の佐倉藩の桜井久之助という学者によって次のように褒められたのである。

昌平の聖廟ハ明ノ制ニテ、シカモ県学ノ制ニテ大学の制ニハ非サルナリ。全ク公（綱吉）ノ朝廷ヲ御尊敬有ル微意ノ在ル所ナリ。(16)

第三には綱吉の聖堂の支援、孔子の崇拝の動機である。石川謙氏が指摘されたように「綱吉の聖堂の移転・重建の動機について、いろいろな噂が巷間に流れた」が、中でも「いかにも誠しやかに伝えられたものの一つ(17)」は綱吉の後継ぎの男子の宿望であった。室鳩巣の正徳三年（一七一三）一二月四日付の書簡にはこう書いてある。

頃日も承候へば先年孔子堂御建立候事、憲廟に御子無之故、大学頭申上候て孔子はもと尼丘山に祈り候て御生被レ成候間、御祈禱の為に、聖廟御建立被レ成候はば、御子出来可申旨にて御建立にて候。(18)

そこで「謁廟」について綱吉に相談された林鵞峰は「蓋用聖誕也」と答えた。そして綱吉の最初の謁廟は元禄元年（一六八八）一一月二一日に行われた。これは即ち孔子の誕生日なのである。しかも、それ以降も『昌平志』の考者が指摘したように、

元禄戊辰始謁廟、用十一月二十一日、蓋聖誕辰也、故庚午賜殿額、亦特用是日、自是謁廟雖卜《ママ》他月、亦多用

是日、其或用他日、皆有故也[19]。

本来は釈奠は二・八月の上丁の日に行われると規定されたのに、綱吉の一六回の「謁廟」の中の一二回はむしろ月の二一日に行われたのである。

もしこの綱吉の変則行動の動機を探そうとすれば、孔子の誕生日と綱吉の宿望との関係にあると考えるのはそれほど突飛ではないかもしれない。しかし、果してそうであれば、儒教や釈奠のもとの立場からいえば、本来祈禱ではなく、孔子の功を認めるための儀式である釈奠の一種の誤用ではなかったか。

第四には綱吉の儒教理解の問題がある。この点はもっと研究が必要であると思われるが、たとえば塚本学氏によれば、「綱吉自身の儒学理解が深かったとは思えない[20]」そうである。釈奠についていえば、右に書いたように綱吉自身は釈奠の儀式に参与することを控えたが、謁廟した際によく簡略した儀式を行ったのである[21]。この儀式の実態は釈奠の本来の姿よりも、儒教のもう一つの孔子と係った礼、即ち「視学」を思い出させる。

この「視学」は君主が学校を検閲する儀式であった。ここの学校とはもちろん将来の官僚を養成するための施設であったが、当時の湯島聖堂はそれではなく、あくまで林家の家塾であった。塾生の数は、たとえば元禄元年から同四年までの間に六三名に過ぎなかった[22]。ある程度まで幕府からの支援があったものの、全体としてはこの時の林家聖堂は、石川氏が指摘されたように、「祭典本位の意図に基づいた構築であ[23]」り、また「将軍家の儒教崇敬を象徴する営造[24]」であった。つまり中国の国子監・古代日本の大学寮のような教育施設ではなく、むしろ単なる式場であった。

綱吉のこれを建立する、そして謁廟する動機は、たぶん自分を聖王として見せることもあったのだろうし、また、謁廟の機会を借りて彼の趣味であった「講義」をすることも一つの動機でもあったかもしれない。また、上に触れた跡継ぎの宿望も見落してはいけないだろう。いずれにせよ、綱吉の聖堂に対する支援は、当時の日本で儒教に対する関心を惹き起すことに多少成功したものの、官僚を神聖化する、そして絶対君主の権力と調和させるという中国の本来の孔子崇拝とは異質のものであったのである。百年経ってから同じ湯島聖堂の教官であった柴野栗山という儒学者は綱吉を冷眼で見て次のように評価した。

常憲院様御学文御好み被為遊候得共、乍憚只上向御浮気にて御好み被為遊候のみにて、本道の学文を不被為遊、其上下に本道の学文筋を可申上器量に御当り候人無御座候故、左のみ御政道の御為にも相成不申候。[25]

たしかに栗山の非難の裏に、そして元禄時代の釈奠の変則の裏に、綱吉の「偏執狂」[26]とか「加持祈禱」の「妄信」[27]などが要因としてあった。しかしより重要なのは、林家の家塾が中国・古代日本の教育施設とは違う役割を果すものであったということだろう。

四　新井白石事件

次に起ったのは、日本における釈奠の長い歴史の中で最も劇的な事件の一つである。綱吉は急に「謁廟」に対する熱意をなくしたと見え、その治世の最後の四年間謁廟を止めて、宝永六年（一七〇九）に亡くなった。前の甲府藩主であった徳川家宣が六代将軍となった。その時に甲府の時代から儒臣であった新井白石が幕府の政策に力を奮い始めた。ケイト・ナカイの研究が明らかにしたように、[28]白石は将軍を日本の国王、即ち日本の唯一の専制君主、として再編制しようとする一連の政策を導入した。例えば、朝鮮通信使の接待、建武中興の再評価などが有名である。ところが、白石の湯島聖堂の釈奠の再編も、実はその一連の政策の一つであった。

白石は古くから釈奠に対する関心を持ち、その政治的・象徴的意味と可能性を充分意識していたと思われる。たとえば、彼の若い時分に書いた『聖像考』という著作で白石は、明の嘉靖帝の一五三〇年に行ったいわゆる釈奠の改革と一五三四年の皇帝自身のとり行った釈奠を大いに賞讃したのである。

帝自ら孔子を祭らるべき礼を悉く改め正させ給ひ（中略）同十三年に帝自ら大学に御幸なりて先聖を祭り給ひき。されば其御暦号を世宗と中奉るもこれらの事ども千古に卓越し給ひしによれる故なりと中伝へ侍る。[29]

そして家宣が将軍となると、その翌年の宝永七年七月下旬に白石は二回登城して、二五日に『聖廟参詣次第』と三〇日に『聖廟御釈菜一献四拝の次第』と題された儀式次第を将軍に献上した。[30] これらの著作は現存しないようであるが、その内容はだいたい八月四日に湯島聖堂で行われた釈奠の記録から確定出来よう。『徳川実紀』によれば、その日に次のように記されている。

四日上丁にあたれば大成殿に御参あり。（中略）仰高門よりいらせ給ひ。入徳門にており給ふ。（中略）御進薦の幣帛は林大学頭信篤奏者番よりうけ取て。神位に納めて退く。次に御盥洗あり。御拝位につきて再拝し給ふ。次に御みづから爵をとらせられ。酒をくみ給ひて。神位の前なる机に供し給ふ。（中略）かさねて五拝したまひ。立かへらせ給ふ[31]……

この儀式は他ならぬ白石が数日前に献上した釈奠次第の「一献」であり、『昌平志』で指摘された通り、この際の釈奠は「其礼皆君美（白石）所進議也[32]」。これでその日の儀式が終って、普段の林家の行った亜献とか終献とかいうものはなかった。さらに林家による講義もなかったのである。これで白石は釈奠を林家から将軍に取り上げることに成功した。そして彼が特に軽蔑した林信篤に「まったくその面目を失[33]」わせたと考えられている。

しかし、それのみならず、この将軍の一献にはもっと劇的な意味があったように見える。というのは釈奠の一献という形は中国では皇帝の特権であったようだからである。[34] これで白石は家宣を明の嘉靖帝、唐の太宗、そして中国の皇帝として最初に孔子を祭る釈奠を行った漢高祖に匹敵する、天下の唯一の君主に見せたのである。

しかし白石のこの勝利は短いものであった。家宣は将軍として再び聖堂へ参詣することもなく、正徳二年（一七一二）に五一歳でなくなり、その後継ぎの家継もまた享保元年（一七一六）に八歳で亡くなった。八代将軍吉宗の就任で白石の権力はなくなった。吉宗は聖堂や釈奠（特に釈奠に伴う饗宴）を贅沢と見たらしく、その挙行に無関心であった。彼は一度も聖堂へ参詣しなかった。そして彼の治世の間、享保八年（一七二三）から同一八年八月までの間に「釈奠を見ることが出来ない」[35]と指摘されている。こういう風に、湯島聖堂の釈奠は寛政期まで数十年間にわたる衰微の時期に入った。

では、元禄・宝永の釈奠をどう見たらよいだろうか。綱吉と白石とは、もちろん、その政治的立場、活躍のしかた、人柄などでいえば、全く違った存在であったが、釈奠に限っていえば、そのインパクトには類似点があった。両人とも、その動機が違ったとはいえ、釈奠を将軍の威光を高めるために利用し、そして将軍を理想的な聖王として見せようとした。

両人ともいちおう当分のところは成功はしたが、その成功は短命に終った。理由はいろいろあったが、一番根本的なのは、釈奠を国家の儀式として成功させるための必要条件が徳川時代の幕藩体制に欠けていたのである。つまり、儀式に参与した人々は、個人の将軍を別として、国家の経営に与かる官僚ではなく、単なる幕府に仕える、身分の相対的に低い、文化的専門家であった。そこで、国家の儀式として釈奠を生かし、また維持するエネルギーが欠けていたと思われる。その結果として、この時代の釈奠は一種の文化的活動として人の注目を引き付けはしただろうが、それより深くは根を下せず、個人の儒教好きの将軍の他界と供に衰えたのである。君主側へ偏った、頭でっかちの、下部構造の充分発達していなかった儀式であったのではないだろうか。

五　寛政改革・釈奠の不調和

徳川後期になると初期・中期において欠けていた上述の釈奠のための必須条件は、一見したところ、ある程度まで満たされたように見える。一八世紀の後半から、全社会の経済的発展、そして一方では天災の影響のもとで、能力のある官僚の必然性が認められて来たのである。そこで官僚を育成するための藩校が沢山創立され、いわゆる「教育爆発」[36]が起った。それで日本社会が多少一種の近似進化のような過程によって、中国あるいは儒者の理想とした状態に近づいて来たのである。こういうことは釈奠の導入にとって、ゆたかな土地を作ることは想像に難くない。こういう発展を背景にして、江戸では寛政改革・寛政異学の禁、昌平坂学問所の創立、そしてそれらにやや遅れて、釈奠の改革が行われた。この改革された釈奠は徳川時代の最後に完成したものであり、いわば日本の一一世紀にわたる釈奠の歴史の成果であった。

では寛政改革の釈奠はどんなものであったか。また、それ以前の釈奠とはどういう関係にあったか。もし変更があるとしたら、そこにどういう意味があったか。これらの質問は寛政改革という、非常に複雑な歴史的運動の本質に係わるもので、今後の研究を俟つ側面が多くある。以下は、試みに、主として仮説、あるいは今後研究を俟つテーマを提出するというつもりでこの課題に当って見たいと思う。

まず、当時の思想界、特に寛政改革の主導者たちの間で釈奠はどう見做されたかについて考察することにしよう。ここでは松平定信、柴野栗山、尾藤二洲、林述斎が一番重要な人物であろう。彼らの釈奠に対する考え方は、また独自のものではなく、当時広まっていた徂徠学、崎門学、国学等によって形成されたのであろう。特に徂徠学が定信をはじめ、改革の主導者に大きな影響を及ぼしたと思われる。その影響は間接的でもあれば、直接的でもあった。

間接的な影響としては、徂徠の礼の重視と鬼神の概念がある。彼の政治思想において礼が根本的であるのは周知の通りであるが、鬼神の場合にも徂徠の考え方は彼の功利主義に忠実に、非常に手段的であった。つまり、鬼神が実存するから祭るべきなのではなく、むしろ聖人の作意で造られた術（即ち手段）であるからだ。「夫鬼神者聖人所立焉[37]」「立之壇墠。立之宗廟。祭祀以奉之。儼然如在。是謂之物（中略）聖人之立其物也。是教之術也[38]」。

こういう手段的態度は、しかし、ある程度以上推すと崇拝の礼に参与する人の崇敬の念を害する恐れもありうるだろう。だが徂徠学において何よりも重要であったのは聖人のこういう「術」を構えた目的の、一種の異議を抑えた社会の統一(39)――即ち安民であった。

直接的には徂徠の釈奠に対する考え方が、寛政改革の釈奠に影響を及ぼしたと思われる。原則として徂徠は「釈奠於先聖先師」(40)に賛成したが、孔子を祭る儀式が漢朝以来の習慣である、つまり先王が作ったものではないと意識したのだろうか、その対象として孔子を上げなかったのである。また、『論語徴』において徂徠は「十哲」を従祀にすることと四配を「公」にすることを非難した(41)。「十哲」を祭ることと四配に「公」という敬称を付けるのは元禄期の林家の釈奠の一つの要素であったから、徂徠は間接的にそれをも僭越として非難していただろう。

しかし、徂徠が孔子を祭る釈奠を全く否定したことは意味しない。彼はその高弟の山県岡南が萩藩で行った釈奠を記念するために漢詩を作った(42)。ちなみに徂徠派の影響が非常に強かった弘前藩では、寛政九年(一七九七)から釈奠を導入したが、儀式次第は『大唐開元礼』「皇太子釈奠於孔宣父」そのままであった。その儀式で徂徠が非難した子思(『中庸』の作者)や孟子は一切祭られなかったのである。また、この弘前の釈奠が昌平坂学問所の釈奠の改革より三年先立って導入されたのは注目すべきことである(43)。

徂徠学と共に当時有力であった学派には崎門学派もあった。その創立者の山崎闇斎は原則的に、たとえば日本古代の釈奠に賛成し(44)、また自身も崇拝に使われたような孔子像を持ったと見える(45)。しかし、彼が儒臣となった会津藩では釈奠を導入しようとした証拠がないのである。そして、崎門の二代目の碩儒浅見絅斎は、古代国家を別として日本で釈奠を行うのは「大義」を犯すという意見を示した(46)。

また、当時のもう一つの有力な学派には、もちろん国学派があった。今の段階では釈奠を非難する史料は見当らないが(47)、国学者が外国人でしかも「漢意《からごころ》」の象徴でもあった孔子を祭ることに積極的であったとは思われない。

以上のように、徂徠学、崎門学、国学は、どちらかといえば釈奠に対して消極的であったが、それを支持した学派としては林家の昌平学派が上げられる。ところがこれは理論に基づいた知識的なものではなく、あくまで寛永以来の林家の聖堂での実践伝流や先例の立場であった。

こういう風潮の中で、寛政改革の主導者たちは釈奠に対してはどういう態度を取ったのだろうか。定信は表にはもちろん朱子学を唱えて、唯一の正統学問であると主張したが、裏には「徂徠学を基盤においた折衷学的色彩が強かった[48]」という立場であったようである。たしかに定信の「天下のうちに役なしとするものなし[49]」とか思想的統一（異議の抑制[50]）等には徂徠の強い影響が見られると思われる。彼には崎門学らしい欲望抑制の精神もあって、朱子学に信を置きもしたが、同時に、心の底には、たとえば彼が実施した異学の禁が示すように、その朱子学に対して一種の強い手段的ないわば徂徠的な態度が潜んでいたと思われる。定信にはまた一種の国学的な愛国心もあって、「我邦の制度をすてて、唐国の制度を用い[51]」ることを非難した。

いずれにせよ、定信自身は釈奠に対して消極的であった。彼が寛政三年（一七九一）に設立した白河藩の立教館という藩校から釈奠は決定的に排除されたのである。その時に書かれたと思われる「立教館令条」にこう書いてある。

聖像安置不致に付、釈奠等は永々有るまじき事[52]。

定信が寛政改革を行う当初から相談相手のような役割を果した柴野栗山は、寛政一二年春の昌平坂の聖堂の釈奠で初献を行ったが[53]、右に見たように、彼は綱吉の儒教支援を非難し、むしろ吉宗の儒教観を褒めたので、崎門学者としてあまり釈奠に対して熱心ではなかったかもしれない。同じく崎門の尾藤二洲の釈奠観に関しては、差し当り史料はないが、同じことが言えるかもしれない[54]。林述斎はやや遅れて寛政五年（一七九三）に林家を継いで、表には朱子学派、そして異学の禁を支持し、大学頭として釈奠に関与したが、彼には公の姿勢と私の姿との間にかなりのギャップがあったかもしれない。述斎の友人佐藤一斎によれば「坦（一斎）亦窃有鄙説、相与言志、莫逆於心也」[55]。しかし、公の態度として述斎は、

公時謂、掌天下公学者、教亦不得不公、其一道徳同趨向、概当以宋学為唱、一家私説不必呶々、於是尽屏旧撰不復用[56]。

これは徂徠的な発想かのように聞える。事実述斎は若い時分徂徠学者の本で勉強したのである[57]。

ではこういう多様な、そして時には自家撞着のように見える学問観・釈奠観を抱く寛政改革の主導者たちはどういう風に林家伝来の釈奠を改革したのだろうか。まず指摘しなければならないのは、釈奠の改革は寛政改革が始まった天明七年（一七八七）から一三年遅れて行われたということである。つまり、寛政改革は儒教の「学問」を奨励するのが目的の一つであったが、それは儒教のいわば中心であり、そして大きな象徴であった宗教的側面の改新は急務と見做されたことを意味しない。つまり、これは改革の儒教に対するコミットメントには制限があったことを示唆するという風にも解釈出来る。あるいはちょっと極端に言い換えれば、儒教が目的よりもむしろ改革を事後に正当化する手段であったかもしれない。

釈奠の儀式の改革は寛政一二年（一八〇〇）一月から秋にかけて行われたのであるが、その前には、寛政八年（一七九六）に一一代徳川将軍家斉が聖堂を訪れ、再建の命令を下した[58]。新廟の建設は寛政一〇年（一七九八）三月に始まり、一一年の九月に「落成」を見た。これで元禄四年（一六九一）の最初の建立以来四回焼けて、そしてますます省略された形で建て直されてきた湯島聖堂はもう一回再建された。

今回は、新廟の規模はもとの元禄の建物とほぼ同じであったが、その様式は明の朱舜水によって水戸に遺された模型に基づいてであった。『昌平志』の「廟図誌」にこの新廟の「改作廟学図」が載っている[59]。これを釈奠の観点から見れば、寛政一〇年三月の工事が始まる前から、改革された釈奠に就いてもある方針が決められたことが

明瞭なのである。新廟の大成殿の間口は元禄のそれよりもっと広い（一一間対五間五尺）が新大成殿には両廡がなく、東西の両廊も「宝永以来……観礼の所として居た習慣を其のまま引きついで両廊を観礼其他に用ひた」[60]。つまり元禄の儀式で祭られた数多い賢儒の神位を置く場所がなくなった。また、元禄の廟が丹と朱で豪華であったのに対して、新廟は「一切黒漆であ」[61]って、素朴な建物であった。そしてまた、元禄礼では四配が孔子の像の両側に並んで南向であったのに対して、新廟では中国の明・清朝で使われた「配座東西向」[62]という仕組みになっていた。

以上の新廟と元禄廟との相違を見れば、改革された寛政のものは釈奠を素朴にし、その崇拝の対象を少なくし、また四配に関しては明・清の仕組みと一致するようにするという変更が計画されたと見える。しかし、そういう大成殿の変更よりも重要なのは、改築された聖堂の、学舎・講堂等に対するプロポーションである[63]。林家の家塾、そしてそれを継いだ幕府の昌平坂学問所での、いわば教育側面と宗教側面との間の関係や相対的重要さに対して非常に敏感であった石川謙氏はこう書くのである。

この時には、すでに林家の家塾が発展的に解消して、幕府直営の学問所が発足しており、これまで釈奠に用立てるのを眼目していた庁堂も今では（中略）教場に使用して、学問所の施設の一つに編みこまれていたから、いわゆる「聖堂」の全景から見ると、もはや聖堂本位でも、聖廟第一でもなくて、学問所の中の一施設といった恰好になっていた[64]。

これで先述した綱吉の君主側へ偏った「頭でっかち」といった釈奠が、多少中国風に官僚育成との均衡が取り戻された。これを中国社会の近似進化の一側面と解釈してもいいのではないだろうか。

この中国との近似進化の印象をさらに強めるのは、翌寛政一二年（一八〇〇）に行われた釈奠の儀式そのものの改革である。しかし、これはあくまで一見したところであって、今から論じるように、改新された寛政の釈奠には根本的な不調和が潜んでいたのである。

改新の発足そしてその大体の方向は、早くも一月二日に「各儒官に示し、正月一三日には相談に及んでいる」林述斎が中心になって作られた報告書のような書類によって示されているのである。その第一の項目は次の通りであった。

一、此度儀注ハ、全ク開元礼・延喜式ニ依リ、其内当時差支候事ハ加差略候事。(65)

つまり、述斎は林家伝来の明風の釈奠を廃止して、唐、そして古代日本の国家の釈奠を復活させようとしたのである。これで、象徴的には、昌平坂学問所が古代日本の大学寮の後継ぎであり、かつ幕府がその官僚国家の衣鉢、そして正統性を継いだという風に主張したと思われる。これで、伝来の林家の釈菜はとうとう官営化され、幕府の公の本格的な「釈奠」(66)になった。これでまた、ちょうど昌平坂学問所の幕臣のための試験が多少中国の科挙に類似した面もあったように、この新しい寛政の釈奠もある程度まで国家の礼として、東アジアの他の国の釈奠に似てきたのである。

しかし、述斎が再興させようとしていた唐・古代日本の釈奠は千年も古い、歴史的に全く違う時代の産物であった。述斎の報告書の「当時差支候事ハ加差略候事」が示唆するように、それをそのまま再興することは必ずしも容易な課題ではなかった。たとえば、寛政異学の禁で昌平坂学問所の正統学問として成立した朱子学は、唐時代の儒教とは、客観的にも主観的にも異質のものであって、その相異は林家伝来の釈奠の礼拝式にも反映されたのである。

一番目立った問題は孔子の「配」と「従祀」になる人物と彼らに上げられた祝文に係わる問題であったのだろう。『大唐開元礼』や『延喜式』で祭られたのは、「先聖文宣王」としての孔子と「先師顔子」と、それから「従祀九座」であった。そして祝文は二つあって、孔子と顔子それぞれに読み上げられたのである。朱子学の道統で重視され、かつ林家の祝文で上げられた子思や孟子はこの古代の釈奠では一切その名を挙げられなかったのである。まして林家の釈菜では「従礼」として供物を受け、その名も祝文で読み上げられた宋の六君子も全然現われなかったのは当然であった。

林述斎らはたぶんこの導入しようとしていた古代釈奠の朱子学の道統と異学の禁との間の不一致を「当時差支候事」の、一つの礼拝式上の問題として認めたのだろう。しかし、一月二日の報告書の段階では直ぐ解決出来なかったと見えた。二月の釈奠を前にしてこう勧めたのである。

祝文之儀、評議入込候ハヽ、先当春ハ是迄之通差置、当秋相改可申候事[67]。

なるほど、その春の釈奠は儀式全体としては『延喜式』に依ったのであるが、配や従祀そして祝文も相変らず林家伝来のものであったと見える。即ち配には顔子、曾子、子思、孟子、そして従祀には宋の周子、二程、張子、邵子、及び朱子が崇拝された。そしてそれらの名前も皆祝文において読み上げられたのである[68]。これで配や従祀の仕組みと祝文の内容とが一致したのである。朱子学を正当の学問とした寛政改革に相応した問題の解決ともいえるだろう。

寛政一二年の春から秋までの間、その秋の釈奠の有り方についての議論が行われたと思われる。議論者の中で対立があったことは想像しやすいのだが、直接には証拠が見つからないようである。ところが元禄の釈奠を一番高く評価し、当時の儀式に欠点があることを指摘した『昌平志』の作者犬冢印南の序が、この議論の最中と思われる五月に完成されたと見えるので、この議論への一種の貢献であったかも知れない。興味深いことには印南はその後すぐ学問所を辞職したのである[69]。

いずれにせよ、その年の秋の釈奠に間に合うように問題が述斎によって解決された。この解決は述斎の書いた『庚申仲秋釈奠儀注[70]』に見られる。そこで林家伝来の四配と六従祀は依然として供物を受けるのだが、彼らの名前を祝文の中で読み上げることを全くやめてしまった。むしろ述斎は『延喜式』の祝文をそのまま採用したのである。その結果として、改革された釈奠では供物と祝文とが一致しなくなったのである。これは恐らく礼拝式に詳しい当時の人の目には目立った不調和として映ったに違いないと思われる。

では林述斎はどうしてこういう風に、釈奠の改新に当って、このいわばどっちつかずの方針をとったのだろうか。これもまた難問題で、今後の研究を俟つほかはないのであるが、差し当り三つの可能性を提出したいと思う。

第一には、荻生徂徠の影響があったという可能性がある。右に述べたように徂徠は孔子を祭る釈奠に対して冷淡であり、しかも特に孟子、子思や宋の道学者を激しく非難したのである。定信や述斎のように、徂徠学の影響を受けた人は孟子等の礼拝式において目立つことを少なくしたいと考えるのは不自然ではない。もちろんこういう行動は彼らの朱子学を正統学問とする立場と矛盾するが、『延喜式』の再興を建て前にして、問題を徂徠学に有利に解決したのかもしれない。

これは単純な仮説に過ぎないが、全く説得力に欠けている訳ではない。ほかに徂徠学の影響を受けて、古代の祝文を読み上げることによって孟子等を儀式から排除した例には、右に触れた寛政九年の弘前藩校の釈奠がある。ほかにも徂徠学者の影響のもとで藩校の釈奠において孟子が宋学の学統を抑えた例もあるかもしれないが、この点は後の研究を俟つものである。

第二には、この儀式中の矛盾は昌平坂学問所の教官間の対立に対する妥協であるとみるのも十分可能である。対立があったとした場合、それがどんなものであったかは今の研究の段階では明瞭ではないが、たとえば林家の伝統を保存したいと考えたり、あるいは朱子学を信仰の対象として信奉する人（たとえば『昌平志』の序を書いた尾藤二洲や『昌平志』を編纂し、また寛政末に辞職した犬冢印南というような人）が保存派をなしていたであろうことは想像出来ないことではあるまい。これに対して朱子学を単なる公の「表」、つまり思想的統一への手段として利用したと思われる述斎のような人が改新派、あるいは復古派をなしていたであろうこと——これも無理な想像ではないかもしれない。

第三には、この矛盾を釈奠に内在していた価値の段階で分析することも出来ると思われる。もし保存派があったとしたら、それは学問所の教育を幕臣に限定しない、一種のより普遍的な、家塾に相応しい、価値の担い手であったかもしれない。そこでは朱子学が、ある程度まで個人の主体性を認めた可能性を孕んでいたという側面を見逃さない方がよいかもしれない。

それに対して改新派（或いは復古派）は、普遍主義とそれに伴う能力主義をもちろん全く否定はしなかったが、それを世襲的な幕臣の社会階層に限定させようとした。また異議を抑える権力主義も示した。つまり一種のParticularismの担い手であったかもしれない。寛政改革の釈奠の不調和はこういう違った価値の間の矛盾の現れであったという仮説は必ずしも突飛な誤解ではないかもしれないが、これも後の研究を俟ちたい。

以上は寛政の釈奠の儀式中の不調和を説明する試みとして、三つの簡単な仮説を掲げたが、繰り返していうが、これらは後の研究・考慮を要求するものである。またこれらの仮説は互に相容れないものでもないと指摘しておきたい。

では寛政以降の昌平坂学問所の釈奠はどう発展して行っただろうか。言い換れば、改新が成功しただろうか。まずは寛政一二年秋のあの不調和のままの形で行われていったと思われるが、右にあげた中国との近似進化論の説によれば、今こそ、ようやく本格的な国家の儀式となって、ますます盛んに行われたはずなのである。ところが須藤敏夫の研究によれば決してそうではなかったそうである。つまり享和元年（一八〇一）から慶応三年までの六七年間に釈奠が八七回行われたが、そのうち四八回中止されたのであり[71]、しかも「なんの理由もみあたらず、釈奠中止の回数が相当数にのぼっている[72]」。また、それと同時に、須藤氏によれば、「釈奠は次第に形式的になっていた」とのことである[73]。

結局、昌平坂学問所の釈奠は改新された当初から衰頽し始めたと見える。この衰頽をどう説明するかとなると、これはまた、その儀式において不調和を説明することと共通する難問題である。釈奠の改新自体と係わる理由もあれば、また当時の封建社会の性質と係わる理由もあると思われる。改新自体に係わる考察としては、右に見て来たように、寛政の釈奠改新は改革者の急務と見做されなかった。釈奠は改革の過程において優先権を与えられなかったと見える。

また改革全体には独特の矯正的な、そして抑圧的な精神もあって、釈奠の改新もそれを反映したと思われる。すでに寛政一〇年（一七九八）から、林家伝来の「説経、読詩、饗設諸式[74]」が廃止されたのである。そして、新廟の仕組みがそうさせたように、「凡事之渉於虚之者皆罷之[75]」。儀式に伴う怡楽は保持はされたが、改新された寛政の釈奠は、『延喜式』、そして五代将軍の豪華な釈奠と較べれば、改革全体の精神に相応しい、非常に素朴なものであった。日本の古代の釈奠、そして元禄の釈奠もそうであるが、宗教的な面を持つと同時に、当時の人の目に魅力的な文化的な面も強かったが、寛政の釈奠ではそれをほとんどなくしたと思われる。また、周知の通り寛政以降は全国の傾向として学令が示すように、官立の学校での儒教教育自体は衰微したのである。こういういろいろの事情を背景にして、釈奠が幕臣や武士の心に訴えるところはあまり多くなかったかも知れない。しかし、右に論じたように、多少上述の儒家の理想との近似進化があったにせよ、より根本的な武家社会と係わる、徳川時代を通じる構造的な原因もあった。

おわりに

以上は林家、そして昌平坂学問所の釈奠に係わる四つの問題を簡単に概観して来た。それらの事件に共通であったのは、この中国の儀式と日本近世の武家社会との適合性の問題であった。摩擦はいろいろな段階で起った。延宝三年（一六七五）の佩刀の事件は単なる文化的摩擦と解釈してもいいかもしれないが、元禄・宝永の事件はより深刻な武家社会の構造的な問題を表面化させたと思われる。たしかに、徳川光圀が明言したように「孔廟を作りて先聖を祭尊ぶ事」は有力な為政者のためになりやすかったのだが、武家社会においては、そういう儀式は、いちおう導入されても全くその為政者（綱吉にしても、白石にしても）の支援に依存したのである。その為政者が場を去ると釈奠の存続も危くなった。なぜかというと、本来釈奠には君主側と官僚側との二元性があって、儀式が安定するためには両方とも必要条件であった。ただ元禄・宝永の釈奠の場合、二元性の片方、即ち官僚側は充分発達はしていなかった。だから、「頭でっかち」で根を深く下ろさないような儀式になってしまったのである。

寛政期になると、情況が違う。能力を有する官僚の必要性は広く認められたのである。こういう意味で儒教の理想とする社会との近似進化があった。ところがこの進化はある程度のものだけであり、武家社会の世襲的な、そしてAscriptiveな性質を抜本的に換えなかった。しかし、変更は釈奠を改新する必然性を改革の主導者に納得させるために充分であった。と同時に、寛政期の釈奠に対してやや消極的な風潮の中で、儀式を安定させ、盛んにさせるために充分ではなかったようである。結局、釈奠は武家時代についに国家の儀式として深くは根を下せなかったのである。

言い換れば、孔子は「官僚の神様」にはなりえず、「中国文化」あるいは「漢学の神様」に留ったのである。しかし、これは公の儀式としての釈奠の話である。それとは別の、私に孔子を祭る儀式もあった。これは朱子の『滄洲精舎釈菜儀』に示された系統の小規模の、書院等で行われた儀式であった。それは徳川初期から日本に伝わり、かなり広く行われたのである。しかしそれを検討するのは、また別の興味深い課題となるであろう。

（1）Catherine Bell, *Ritual theory, ritual practice*, Oxford: Oxford University Press, 1992, pp. 35, 72.

（2）弥永貞三「古代の釈奠について」（坂本太郎博士古稀記念会編『続日本古代史論集』第三冊、東京、吉川弘文館、一九七二年、三三五～四六七頁参照。

（3）矢澤利彦「孔子崇拝儀（釈奠）について」、『思想』七九二号（一九九〇年六月）、七七頁。

（4）同右。

（5）Huang Chin-shing, "The Cultural Politics of Autocracy: The Confucius Temple and Ming Despotism, 1368-1530", in Thomas A. Wilson ed., *On Sacred Grounds: Culture, Society, Politics, and the Formation of the Cult of Confucius*, Harvard University Asia Center and Harvard University Press, Cambridge (Mass.), 2002, pp. 267-296.

（6）徳川光圀『西山公随筆』（『日本随筆大成』第二期、一四巻、東京、吉川弘文館、一九五七年）三八五頁。

（7）林鵞峰『国史館日録』（『本朝通鑑』第一六、東京、国書刊行会、一九一九年）一〇四頁。

（8）石原道博『朱舜水』（『人物叢書』八三、東京、吉川弘文館、一九六一年）一六〇頁。

（9）日本古代の釈奠では儀式中に佩剣はしなかったようである。『江家次第』で「帯剣人脱之取笏先於堂下解之」とある。『新訂増補故実叢書』第二三図、東京、明治図書館、吉川弘文館、一九五三年、一八〇頁。大郷良則（金蔵）の『釈奠私議』巻四（写本・内閣文庫蔵）では「解剣」の項目でこう書いてある。

解剣行礼ハ廟堂ノ当然ナリ、サレト戦国ノ余習漢土ニモ帯剣ノヿ有ケルニヤ元ノ張顔カ言ヲ以テ見ルヘシ。〈中略〉元張顔釈奠儀注序帯剣秦漢冠服之飾也、開元礼朝会猶有解剣之冕服挟剣未之有聞也

また、馬端臨の『文献通考』巻四五では、釈奠と類似点のある北斉の「養老礼」では皇帝も「釈剣執珽」の次第がある（『景印文淵閣四庫全書』第六一一冊、台湾、商務印書館、一〇七頁）。

（10）安積澹泊『桃源遺事』（『続々群書類従』第三、国書刊行会本、東京、内外印刷株式会社、一九〇七年、三六七～三六八頁。

（11）犬冢印南『昌平志』「釈奠伯儀」（『日本教育文庫』学校篇、東京、同文館、一九一〇年）一六二頁。

（12）『日本教育史資料』六（東京、文部大臣官房報告課、一八九二年）一〇三頁。

（13）塚本学『徳川綱吉』（『人物叢書』二七、東京、吉川弘文館、一九九八年）一六四頁。

（14）犬冢印南、前掲書、六八頁参照。

（15）『徳川実紀』第六篇（黒板勝美編輯『新訂増補国史大系』第四三巻、東京、吉川弘文館、一九六五年）七四二頁。

(16)『日本教育史資料』一、二五二頁。
(17)石川謙「昌平坂学問所の発達過程とその様式」(『お茶の水女子大学人文科学紀要』七巻、昭和三〇年)五頁。
(18)室鳩巣『兼山秘策』(瀧本誠一編纂『日本経済大典』東京、史誌出版社、啓明社、第六巻、一九二八年)二四六〜二四七頁。
(19)犬冢印南、前掲書、六八頁。
(20)塚本学、前掲書、八七頁。
(21)犬冢印南、前掲書、六二〜六三頁。元禄四年二月一一日。
(22)石川謙、前掲論文、三一頁。
(23)同右、七頁。
(24)同右、六頁。
(25)柴野栗山『栗山上書』(『日本経済大典』第二六巻、一九二八年)一四二〜一四三頁。
(26)塚本学、前掲書、二八四頁(入沢達吉氏の説)。
(27)同右(王丸勇氏の説)。
(28)Kate Wildman Nakai, *Shogunal Politics: Arai Hakuseki and the Premises of Tokugawa Rule*, Counul on East Asian Studies, Harvard University and Harvard University Press, 1988.(ケイト・W・ナカイ著/平石直昭他訳『新井白石の政治戦略』東京、東京大学出版会、二〇〇一年)
(29)新井白石『聖像考』(『新井白石全集』第六巻、東京、国書刊行会、一九〇七年)四九一頁。
(30)新井白石『新井白石日記』下(『大日本古記録』東京、岩波書店、一九五三年)二一〇頁。
(31)『徳川実紀』第七篇(黒板勝美編輯『新訂増補国史大系』第四四巻、東京、吉川弘文館、一九六五年)一一二〜一一三頁。
(32)犬冢印南、前掲書、七三頁。
(33)須藤敏夫『近世日本釈奠の研究』(京都、思文閣出版、二〇〇一年)四九頁。私の今回の論文は須藤氏の研究に負うところが多いと断っておきたい。
(34)李東陽『闕里誌』(弘治一八年〈一五〇五〉の自序あり。ただし康熙期の重修本)巻之六、9A頁、「哲宗元祐六年(一〇九一)幸国子監謁先聖、行釈奠礼一献再拝」。なお、六朝の晋朝までは「のちの三献の礼がまだ成立していなかった事が推定される」。弥永貞三、前掲論文、三七五頁。

(35) 須藤敏夫前掲書、五二頁。

(36) 本山幸彦『近世国家の教育思想』(京都、思文閣出版、二〇〇一年)二七八頁参照。

(37) 荻生徂徠『弁名』(『日本思想大系』三六、東京、岩波書店、一九七三年)二三七頁。

(38) 同右、二五八頁。

(39) 同右、二一三〜二一四頁。

(40) 同右、二一七頁。

(41) 荻生徂徠『論語徴』(小川環樹訳注、東京、平凡社、一九九四年)九九頁。

(42) 荻生徂徠『徂徠集』(『近世儒家文集集成』第三冊、東京、ぺりかん社、一九八六年)九四〜九五頁。なお『政談』(『日本思想大系』三六)四四二頁参照。

(43) 『日本教育史資料』六、五一〜五八頁参照。

(44) 山崎闇斎『大和小学』(『日本教育文庫』教育篇、東京、同文館、一九一〇年)三〜四頁。

(45) 『日本教育史資料』一、六八一頁。この像は後の会津藩校の釈菜で祭られたと見える。

(46) 浅見絅斉『批釈奠策』(『近世儒家文集集成』第二冊、東京、ぺりかん社、一九八七年)九〇〜九一頁。

(47) ただし本居宣長の『玉勝間』では、谷川士清という国学者を引いて、「牛馬をころして、神を祭れるは、もろこしの俗にならへる〔日本古代の習慣である〕」という風に書かれている(『日本思想大系』四〇、東京、岩波書店、一九七八年)四五三頁。

(48) 岡田千昭「本居宣長の松平定信への接近——寛政の改革と関連して——」(藤野保先生還暦記念会『近世日本の政治と外交』東京、雄山閣出版、一九九三年)三七八頁。

(49) 松平定信『大学経文講義』(『楽翁公遺書』第三巻、東京、八尾書店、一八九三年)一五四頁。

(50) 松平定信「花月草子」(渋沢栄一『楽翁公伝』東京、岩波書店、一九三七年)二一〇〜二一一頁所引。なお諸橋轍次「寛政異学の禁」(徳川公継宗七十年祝賀記念会編『近世日本の儒学』東京、岩波書店、一九三九年)一五七〜一七八頁参照。

(51) 松平定信『修身録』(『楽翁公遺書』第一巻、東京、八尾書店、一八九三年)四頁。

(52) 松平定信「立教館令条」(渋沢栄一、前掲書)三四二頁所引。

(53) 犬冢印南、前掲書、九六頁。笠井助治氏によれば、栗山は「偏狭な闇斎学流の難はあったにせよ、その学は博く、経世に富み、詩文・筆札ともに善くし、殊に文に於いて近世有数の大家と称された」(『近世藩校に於ける学統学派の研究』下、東京、吉川弘文館、一九七〇年、一三三七頁)。

(54) 注目すべきことには二洲の弟の三品容斎・近藤篤山の活躍した四国の西条(新居浜)藩の藩校(一八〇五年頃創立)では、「釈奠等ヲ行ヒシコトナシ、但毎年正月開校の時、校中ニ聖像ヲ掲ケ〈中略〉其前ニ拝スルヲ例トス」(『日本教育史資料』二、八四九頁、傍点は筆者)。

(55) 佐藤坦(一斎)『巌師述斎林公墓碑並序』(五弓豊太郎篇『事実文編』第三、東京、国書刊行会、一九一一年)二八八頁。

(56) 同右、二八九頁。

(57) 笠井助治、前掲書、上巻、六八〇頁。

(58) 犬冢印南、前掲書、八八頁。

(59) 『日本教育史資料』七、四五二～四六六頁。

(60) 飯田須賀斯「江戸時代の孔子廟建築」(徳川公継宗七十年祝賀記念会編、前掲書)九五八～九五九頁。

(61) 同右、九五九頁。

(62) 『日本教育史資料』七、四六〇頁。

(63) 同右、四五二～四五六頁参照。

(64) 石川謙、前掲論文、一〇頁。

(65) 須藤敏夫、前掲書、一三四頁。

(66) 形式の上では、この改称は既に寛政八年(七九六)から行われていたらしい(犬冢印南、前掲書、一五〇頁)。

(67) 須藤敏夫、前掲書、一三五頁。

(68) 犬冢印南、前掲書、「釈奠今儀」一五一・一五七頁。

(69) 広瀬典『犬塚印南先生墓碣』(五弓豊太郎編、前掲書、一三七頁)。なお、ほかに大郷金蔵の『釈奠私議』も同じ寛政一二年一二月に完成されたのである。金蔵は述斎の弟子であったが、釈奠に対してどういう態度を取ったかは今後の研究を俟つ課題なのである。

(70) 林述斎『庚中仲秋釈奠儀注』写本、宮内庁書陵部蔵。

(71) 須藤敏夫、前掲書、一八〇頁。
(72) 同右、一八一頁。
(73) 同右、一八〇頁。
(74) 犬冢印南、前掲書、九二頁。
(75) 同右、九六頁。

〔付記〕 この小論は、私が二〇〇四年九月から二〇〇五年八月にかけて、国際日本文化研究センター外国人研究員として行った研究成果の一つである。笠谷和比古先生をはじめ、センターの研究員、図書館の職員の皆様に厚く感謝の意を表したい。

紅葉山楽所をめぐる一考察
――幕府の法会と礼楽思想の関係性を中心として――

武内恵美子

はじめに

江戸時代における武家の式楽は、一般的には猿楽すなわち能であるといわれている。能が武家に好まれ、教養と娯楽を兼ねて広く武士階級に普及していたことは間違いない(1)。しかし武家の比較的重要な儀式に際して、能とはまた別の音楽が恒常的に用いられていた。雅楽である。雅楽は一般的には公家の音楽と認識されてきたものであり、一時的な使用であればともかく、武家の儀式において恒常的に使用されるということには少々違和感を覚える。しかし寛永一九年（一六四二）、江戸城内の紅葉山霊廟の儀礼のために、雅楽を演奏する楽人を配置した紅葉山楽所が成立して以来、江戸時代を通じて存続していたのも事実なのである。

また一方で思想の方面では、雅楽は礼楽思想の「楽」として、教養ではなく君主の修めるべき技芸と定義されてきたという経緯もある。したがって、実は雅楽は武家とも深い関わりがあったといえるだろう。

武家における雅楽に関する研究は、西山松之助氏(2)、小川朝子氏(3)、南谷美保氏(4)らによる優れた研究蓄積が存在するが、残念ながら紅葉山楽所と礼楽思想との関連に重点をおいて武家における雅楽を論じた研究は未見である。

本論では、紅葉山楽所設立と維持における式楽としての雅楽と、礼楽思想の中で理想とする雅楽との対比という視点から、それぞれの特徴とこれらの関係性を探求することによって、紅葉山楽所を巡る問題とその意義を考えてみたい。

一　紅葉山霊廟と紅葉山楽所

徳川家康は元和二年（一六一六）四月一七日に没し、駿府の久能山に埋葬された。翌元和三年には朝廷より東照大権現の神号と正一位を贈られて神格化し、日光に東照社が建立され、駿府から改葬された。さらにその翌年、元和四年には江戸城内の本丸と西丸の間の紅葉山に御霊屋《おたまや》と呼ばれる霊廟が新設された。家康以後、将軍は、基本的に芝の増上寺・上野の寛永寺のどちらかに埋葬されており[5]、正式な墓所としては両寺のいずれかになるのであるが、江戸城内の紅葉山にも東照宮の他、各将軍の御霊屋が設置された。このように紅葉山は江戸城内における歴代将軍の霊廟として特別な意味を付加されており、紅葉山坊主と呼ばれる僧が置かれ、それぞれの忌日には供養の法要が行われていた[6]。殊に家康の命日にあたる一七日は毎月代参によって法要が営まれると共に、祥月命日である四月一七日の将軍参詣は幕府の年中行事化していた。三代将軍家光の頃には、歴代将軍は初代家康と二代将軍の秀忠の二人が祀られており、毎月ほとんど欠かさずに一七日には東照宮（東照大権現）、二四日は台徳院（秀忠）の法要が営まれていることが『徳川実紀』にも記されている。この霊廟での祭祀を行うために紅葉山楽所が設置されたのである。紅葉山楽所ならびに楽人設置の由来と詳細については、これまで各種資料を基にした研究が各種存在するので、それらを整理してみることにする。

二　三方楽所と徳川幕府

雅楽の伝承を行っていたのは京都・奈良・四天王寺の三ヶ所に存在した楽人たちであり、これらは三方楽所と呼ばれた。そもそも楽所とは、有吉久美子氏によれば、古代の音楽が変容し演奏形態が変化していくことによって「九世紀の国家の変質過程において設置された、独立した機関ではなく、奏楽の占める比重の大きい儀式などに臨時に設置されたもの」[(7)]であり、「十世紀後半、醍醐朝において独立常設的な奏楽機関となっていった」[(8)]のである。この禁裏における雅楽演奏を掌っていた楽所とは別に、奈良の興福寺にも古くから独自の楽人組織が存在し、南都楽所と呼ばれていた。宮中に置かれていた京都楽所が応仁の乱のあおりを受けて離散・断絶した後、宮中では天正年間（一五七三〜九二）に離散した京都楽所の楽人を再興させ、また南都楽所の楽人を京都に移住させて楽所を再建、京都と奈良の双方の楽所によって禁裏での各種行事における雅楽演奏が担われるようになった。一方、天正五年から七年（一五七七〜七九）の間に大坂の四天王寺に属していた楽人を京都・奈良と同様に禁裏での従事に登用したことが契機となり、大坂四天王寺の楽人組織を天王寺楽所と称した。以後禁裏での奏楽は京都・奈良・大坂の三ヶ所の楽所が担当することになり、これら三ヶ所の楽所を総称して三方楽所と称するようになったという[(9)]。それぞれの楽所には「家」が定められ、その中で雅楽が伝承されていった。

慶長八年（一六〇三）に多上野介忠雄によって記された『禁裏様楽人衆』によればその時点で禁裏に所属していた楽人は二四名、南都方四名、京都方一一名、天王寺方六名、楽所不明三名という内訳であったようだ[(10)]。時代が下ると一六五〇年頃の三方楽所の構成は京都方一七家、南都方九家、天王寺方一二家の合計三八家であり[(11)]、さらに寛文六年（一六六六）段階での楽家は京都・南都・天王寺の三方それぞれ一七名ずつ五一名が認められていた[(12)]。これらの禁裏に存在した三方楽所の楽人たちは、いわゆる地下伶人と呼ばれる人々であり、殿上人ではないことに注意する必要がある[(13)]。彼らは宮中から禄すなわち扶持米をもらって奏楽に従事していたのであるが、公家の弱体化に伴い、貞享四年（一六八七）から宝永七年までの二三年間は宮中からの扶持米が支給されなかったらしい[(14)]。このような状況下で楽人は困窮して安定した伝承ができず、途絶えがちになったようであり、それゆえに三方楽所はあらたな後ろ盾を幕府に求めていったと西山松之助氏は述べている。

徳川幕府は比較的早い時期から雅楽との接触があった。幕府の公の場で雅楽が演奏された記録としては、徳川家康が元和二年（一六一六）に没した後、翌三年に日光山に東照社を建立し遷座されたのは先記の通りである。日光に遷座された際、わずか「坊主楽人八人」ではあったが[15]、徳川幕府の法会で初めて雅楽が用いられたという[16]。さらに翌元和四年に紅葉山霊廟として東照大権現が置かれた際には京都から楽人が四五名も下向して舞楽を担当したことが『言緒卿記』他の資料に記されている。この後、幕府の重要な法会の際には京都から楽人が下向するという習慣ができる。

また、寛永三年（一六二六）九月六日に徳川秀忠・家光が上洛した際、後水尾天皇の二条城行幸をとりおこなった一連の行事の際に舞楽が行われ、地下楽人を始めとして殿上人一九名に天皇までが加わっていた。翌々日の八日に御遊が行われた際にも、やはり天皇を中心とした殿上人と地下楽人によって管弦合奏が行われた。また行幸行進の際には楽人によって路地楽が演奏されるなど、雅楽が多く演奏された。

日光では寛永一三年にそれまでの古い東照社から現在の荘厳な東照宮へ大改造し大々的に家康の二一回忌が営まれたのを契機として、翌寛永一四年に三方楽所から雅楽を習得した楽人二〇人が日光山に配置された[17]。これを日光楽人という。一方、紅葉山霊廟では、寛永一九年に家光の意向により、京都の宮中に在職していた三方楽所から八名の楽人を下向させて扶持米を与え、紅葉山に常勤するよう朝廷に申請、これが契機となり、以後紅葉山霊廟の祭祀を司るための楽人を江戸に居住させることによって恒常的な楽人の配置を行った[18]。それは紅葉山楽所と呼ばれ、またそこに常勤する楽人を紅葉山楽人と称した。

以上のように、日光には日光楽人が、江戸城内紅葉山霊廟には紅葉山楽人が置かれていくこととなり、これによって幕府の儀式の中に雅楽が常時行われる環境が整えられた。またこの一連の動向によって三方楽人と幕府が関係を持つようになり、さらに寛文五年（一六六五）二月一七日に日光山において家康の五十回忌法要を行うにあたって、三方楽所から合計五七名が下向して演奏を担当し、終了後、江戸城の白木書院において将軍上覧の舞楽が行われた。これを契機として翌寛文六年三月に楽所領二〇〇〇石が下賜されることによって、三方楽所は幕府と直接的な関係を持つことになり、また楽人は安定した伝承が行えるようになったのである。

三　紅葉山楽所と紅葉山楽人

まず、なぜ日光や紅葉山といった霊廟に雅楽演奏が必要であったかを簡単に述べておく。平安時代中期以来、東大寺や興福寺、四天王寺などの大規模な寺院における大きな行事すなわち法会には、往々にして雅楽が用いられるようになった。そもそも法会では読経の他に声明が用いられており、奈良時代にはさらに仏教法会を彩るものとして伎楽が用いられていたのであるが、平安時代中期頃になると徐々に伎楽に代わって雅楽が用いられるようになったのである。具体的には「舞楽四箇法要」あるいは「舞楽付四箇法要」という形式のもので、雅楽は法会中、主に行道もしくは行列の進行のための音楽として、また式衆の作法、動作のための伴奏音楽として用いられた[19]。応仁の乱で宮中の楽人が離散した際、少なくとも禁裏では大規模な法会は中断していたと推測でき、それがいつ頃から復活したのかは未詳だが、江戸時代初期には天皇が勅使を遣わす「勅会」や、万人で読経する「万部経会」をはじめとした「万部法会」または「万部供養」などの大規模な法会の際に、雅楽が用いられるようになった。江戸幕府はこれに準じて霊廟儀礼に舞楽付法要を行うために楽人を整備したのである。

それでは、紅葉山楽所あるいは紅葉山楽人というものがどのような存在形態だったのかを見ていくことにする。

寛永一九年（一六四二）、江戸城内の紅葉山霊廟の祭祀のために楽人が置かれた。それについては南谷美保氏、小川朝子氏らの武家と雅楽に関する研究においても当然のごとく記載され、また芝祐泰氏も詳述している[20]。しかしその詳細に関しては、南谷・小川の両氏の研究ではほとんど示されておらず、芝祐泰氏の『雅楽通解』が管見中で唯一詳述されている。これらの先行研究に基づき紅葉山楽所ならびに紅葉山楽人の動向をまとめると以下の通りである。

『狛氏新録』(21)に次のように記載されている。

一、紅葉山楽人従京都初而被　召出候事
寛永十九午年三月十八日依
大猷院殿仰自
禁裡御暇被下江府二之丸楽人下向仕候輩
南都楽人　　久保丹後守狛光成
　跡養子久保左京進儀丹後守死去之後母出入有之家断絶ス
同　　辻故伯耆守近之弟　上越中守狛近康
　近康子上織部正高重跡相続仕候処十五年以前寅之年火災類焼之後屋敷願之儀ニ付御追放其後申之年御追放斗御赦免比以後致病死候実子当上織部高直儀当時日光御門主罷在候
同　　井上和泉守太神秀久
　養子井上主税助基久儀十六年以前及口論討果シ家断絶
北京楽人　　山井安芸守太神景明
同　　多佐渡守多忠明
天王寺楽人　　東儀筑後守太秦兼長
同　　東儀淡路守安倍季治

以上から寛永一九年三月一八日に家光が禁裏に楽人の下向を要請したことがわかる。この資料は享保三年（一七一八）の成立で、寛永一九年からは七五年の開きがあり、この記録には薗杢之助の名前が落ちている。薗家は左記資料の通り、天王寺楽人の出であり、それを加えれば京都楽所から二名、南都楽所・天王寺楽所から三名ずつ計八名が派遣されたことになり、三方楽所からまんべんなく、かつほどよい配分で任ぜられたことがわかる。(22)ただし南都楽所の久保丹後守狛光成の家は、跡を養子の久保左京進に継がせたが、久保家はすでに享保三年の時点では廃絶、また井上和泉守太神秀久の家も養子井上主税助基久が口論に及んで相手を討ち果たしたため、やはり廃絶していることも記されている。そして右記に続いて、その後天和から享保（一六八一～一七一五）頃までの取立・断絶など、異動の情報として九名が挙げられ、最終的に享保三年当時に勤めていた紅葉山楽人を次のように示している。

当時相勤候紅葉山楽人

南京楽人　中右兵衛尉太神晴起

紅葉山楽人闕之節南京之楽人病身之輩多ク御断申下向不在候依之当時右兵衛尉一人相勤候

北京楽人　山井主膳正太神景豊

同　多右近将曹多忠時

天王寺楽人　東儀筑後守太秦兼竹

同　東儀淡路守安倍季永

同　薗木工允太秦廣則

同　東儀式部丞安倍季忠

同　岡大膳亮太秦昌英

同　　　　　　　　　　　　　　　　岡左兵衛尉太秦昌喜
　　都合九人

つまり寛永一九年の段階では七名であった紅葉山楽人の構成は、享保三年段階では九名になっていたということになる。『狛氏新録』以後も楽人が整備されたようで、五〇年後の明和五年（一七六八）刊の『明和新増　京羽二重』では都合一三名が挙げられている。さらに寛政四年（一七九三）刊の『武鑑』によれば、御楽人衆として、

現米八十石十五人ふち	下谷御たんす丁	東儀　大隅守
同	下谷金杉上町	山井左衛門志
現米七十石十人ふち	下谷立花殿西門前	岡　　近江守
同	下谷御たんす丁	東儀　修理進
同	下谷立花殿前	中　　主税允
現米五十石十人ふち	下谷御かち丁	薗　　主膳正
同	下谷金杉中村	多　　縫殿助
同	下谷金杉上丁	東儀　越前守

の八名が記載された[23]。その約八〇年後の明治三年（一八七〇）一一月、太政官に雅楽局が設置され、三方楽人とともに紅葉山楽人もあわせて伶人伶生伶員が定められた。この際、東儀季達・山井景安・岡昌輪・東儀季直・東儀季長の五名の紅葉山楽人が任官された[24]。

このように、各時代によって人数や家、構成などは若干異なるものの、楽人が置かれるようになってからは明治に至るまで、大きな変化はなく組織されていたことがわかる。

ただし、年代は下るが、『楽書要記』巻二一、文化一一年（一八一四）の記録によれば、紅葉山楽人に欠員が生じ

ると三方楽所から補充されたのだが、そのために江戸に下向するのは楽家の嫡子以外の人物で、なおかつ若年が候補に挙げられるのが通例であったようだ(25)。つまり、これら紅葉山に派遣された楽人はそのほとんどが次男・三男あるいは庶流が中心であった(26)。そもそも雅楽伝承は家芸として各楽家において伝承されてきたが、殊に家の芸として認められた楽曲に関しては他家では伝承することを許されず、かつその伝承は父子相伝すなわち嫡子相伝であるとされた(27)。すなわち、重要な楽曲については、次男・三男や庶流には伝承されなかったのである。さらに若年ということは、一般的な雅楽曲の伝承もまた習得しきれていない、つまり芸の未熟な人物が下向するということが通例であったと考えられるのである。この記録は紅葉山楽人が置かれてから一七一年後ということもあってこの状況をそのまま初期にまで転用することは危険であるが、それでも紅葉山楽人は先記資料のように、欠員が出たためか資料によって人数が若干増減すること、その編成も時代によって異なることから、状況に応じて三方楽所の各家から補充されたことが窺える。芝氏によれば、紅葉山楽人は「特に楽派をなしたものではなく、（中略）「紅葉山楽人」の一派にては舞楽や管弦の本格的演奏の能力は持たなかった(28)」ようである。そのためであろうか、紅葉山楽所の楽人は三方楽所の庶子と比較すれば格段に厚遇されていたにもかかわらず、『狛氏新録』に南都楽所では病身と称して下向を断わる者が多いと記載があるように、望ましい職とは言い難かったようだ。

以上から紅葉山楽所の成立背景ならびに楽人の存在形態については大方判明するが、それでも紅葉山楽所の設置に関しては何点か疑問が残る。もちろん紅葉山の歴代将軍廟、特に東照宮の祭式に従事するためという建前はあるのだが、実際の演奏を考えた場合、疑問点が多い。第一に、人数が少ないという点である。寛永一九年に紅葉山楽人が設置された際の人数は八名、その後多少変動があるものの、ほぼ同様の人数で構成されたことは先述の通りである。八名は、雅楽を演奏するには少なすぎる。小川氏によれば、その内訳は笙二名・篳篥三名・笛三名であり(29)、左右の舞人は楽器と併合して二名ずつが担当したようである。管弦であれば各楽器一名ずつで八名、舞楽であれば曲目にもよるが、弦を除いた各楽器一名ずつの六名と舞人という、どちらも最小限度の人数としては確保できるのであるが、儀式で用いる演奏を行う人数として十分であったのかは甚だ疑問である。同時期の三方楽所は三八家であり、また寛永一四年に紅葉山に先立って置かれた日光楽人の人数は当初二〇名であった。家長だけでなくその子弟も合わせれば五〇名以上になる三方楽所はともかくとして、ほぼ同時期に同様の目的のために置かれた日光楽人と比較しても、紅葉山楽人の人数が半数以下と著しく少ないことがわかるだろう。

第二に、紅葉山楽人の演奏技術は先述の通り、ほとんど期待できないものであったことである。寛永一九年段階でこそ、嫡流の長男が下向している例もあるのだが[30]、おおよその人員は庶流か嫡流であっても次男・三男が主であったことを考慮すると、演奏技術は高いとはいえない状況にあった。代々の将軍の年忌法会に当たっては古くから三方楽所の楽人が下向して演奏していたが、表1で示した通り、日光楽所や紅葉山楽所が設置されてからも三方楽所の楽人はその度に下向し続けた。これらの将軍年忌あるいは寺院落成等は万部供養という大々的な法会が行われており、紅葉山楽人だけでは人数的に足りないという問題もあったことは否めないが、それらの法会の際の紅葉山楽人の出演傾向を見てみると、元禄一一年（一六九八）の寛永寺中堂落成供養の際には三方楽人、日光楽人が出演しているのに対し紅葉山楽人の出演が認められなかったり、元禄一三年の家綱二一回忌には三方楽人四四名、日光楽人一五名に対し紅葉山楽人が一名である等、江戸で行われた行事にもかかわらず紅葉山楽人が出演しない、あるいは割合が低いという状況であったことがわかる。またそれに先だって一時三方楽人が下向しなくなった際、日光楽人、紅葉山楽人のみで法会を行うが、元禄九年（一六九六）の家綱一七回忌に至っては舞楽も行われなかったこと等から、紅葉山楽人の演奏では行事が成立しなかったとも考えられる。これらのことから、三方楽人や日光楽人が演奏する際にも、人数が足りるときには紅葉山楽人はほとんど必要とされなかった、あるいはそれを見越して人数調整が行われていたとも推測できるのである。「師分之輩下向之節茂指南之間急ニ候故、

表1　将軍家主要法会他雅楽関係行事・事項一覧

事項	年月日	西暦	構成	備考
日光遷座	元和　三・四	一六一七	坊主楽人八人	於日光、伶人左右の幄より台にのぼり舞楽を奏す
紅葉山東照社遷宮	四・四	一六一八	三方楽人四五人	勅会、京都から楽人下向、奏楽
家康七回忌	八・四	一六二二	三方楽人六四人	勅会、四箇法要、曼荼羅供養、舞楽あり
家康一三回忌	寛永　五・四	一六二八	三方楽人	勅会、法華懺、奏楽は不明
秀忠葬儀	九・二	一六三二		勅会、法華供養、奏楽は不明
秀忠三回忌	一一・正	一六三四		勅会、万部供養、奏楽は不明
家康二一回忌	一三・四	一六三六	三方楽人	於日光、勅会、御経供養法華曼荼羅供、奏楽あり
二丸東照社正遷宮	一四・九	一六三七	三方楽人	遷宮に伴う法会、楽人による奏楽あり
日光楽人創設	一四	一六三七		二〇人
秀忠七回忌	一五・正	一六三八	三方楽人、日光楽人	勅会、万部供養、楽人下向、奏楽唱名例のごとし、この機会に三方楽人、日光楽人に楽曲相伝
日光山祭礼	一七・四	一六四〇	三方楽人、日光楽人	伶倫五〇人、楽を奏す
家綱宮参り	一九・二	一六四二		伶人太平楽を奏す

紅葉山楽人創設	寛永一九	一六四二		今年より伶人の俸禄を給う、東儀筑後、久保丹後、上将監、山井主膳、多内記、井上右兵衛、薗杢之助、東儀左兵衛
秀忠一三回忌	二一・正	一六四四		勅会、万部供養、奏楽声明あり
家綱元服	正保 二・四	一六四五		二丸内宮参詣、伶人楽を奏す
秀忠一七回忌	慶安 元・一	一六四八		勅会、万部供養、奏楽等例のごとし
家康三三回忌	元・四	一六四八	三方楽人、日光楽人、紅葉山楽人	於日光、勅会、法華八講、万部供養、伶人舞楽あり
東叡山東照宮正遷宮	四・四	一六五一		舞楽あり
法華曼荼羅供	四・四	一六五一		日光山で法華曼荼羅供、舞楽あり
家光葬儀	四・五	一六五一	伶人三〇人	於日光、伶人三〇人、一連の法会に奏楽あり
家光一回忌	五・四	一六五二		於東叡山、勅会、万部供養、奏楽あり
家光三回忌	承応 二・四	一六五三		於日光、勅会、万部供養、奏楽については不明、東叡山でも法会あり
秀忠二七回忌	三・正	一六五四		勅会、万部供養、声明奏楽あり
家光七回忌	明暦 三・四	一六五七		曼荼羅供、奏楽あり

秀忠二七回忌	明暦　四・正	一六五八	三方楽人一二人、紅葉山楽人八人	勅会、万部供養
家光一三回忌	寛文　三・四	一六六三	三方楽人、日光楽人	於日光、勅会、曼荼羅供養
舞楽御覧	三・五・一三	一六六三	三方楽人	白木書院にて舞楽御覧、日光から帰参した三方楽人による
管弦御聴聞	三・九	一六六三	三方楽人、公卿	勅使登城、公卿の管弦御聴聞あり、伶人、公卿で奏楽
家康五〇回忌	五・四	一六六五	三方楽人、日光楽人	於日光、勅会、万部供養、東叡山でも勅会、舞楽あり
舞楽御覧	五・五・一五	一六六五	三方楽人	白木書院にて舞楽御覧、三方楽所に方領二〇〇〇石給う
家光一七回忌	七・四	一六六七	三方楽人	於日光、勅会、曼荼羅供養、五月に白木書院にて舞御覧あり
家光二一回忌	一一・四	一六七一	三方楽人	於日光、紅葉山、勅会、奏楽あり
家光二五回忌	延宝　三・四	一六七五		勅会、曼荼羅供、舞楽あり
家綱葬儀	八・六	一六八〇	三方楽人他日光楽人、紅葉山楽人	勅会、奏楽あり
秀忠五〇回忌	九・正	一六八一		勅会、万部供養、奏楽不明
家綱一回忌	九・五	一六八一	三方楽人他日光楽人、紅葉山楽人	勅会、万部供養、奏楽あり

家綱三回忌	天和　二・五	一六八二	日光楽人、紅葉山楽人	勅会、万部供養、舞楽あり、三方楽人は下向せず
家光三三回忌	三・四	一六八三	伶人二〇人	勅会、万部供養、奏楽あり
家綱七回忌	貞享　三・五	一六八六	日光楽人、紅葉山楽人	勅会、万部供養、奏楽あり、三方楽人は下向せず
家綱一三回忌	元禄　五・五	一六九二		勅会、万部供養、奏楽有り
家綱一七回忌	九・四	一六九六		勅会、万部供養、奏楽あり、舞楽は行わず
東叡山根本中堂供養	一一・九	一六九八	三方楽人、日光楽人	勅会、奏楽、舞楽あり
家光五〇回忌	一三・四	一七〇〇		勅会、万部供養、奏楽あり、二〇人
家綱二一回忌	一三・五	一七〇〇	三方楽人四四人、紅葉山楽人一人、日光楽人一五人	勅会、万部供養、舞楽あり
家綱二五回忌	宝永　元・五	一七〇四	日光楽人、紅葉山楽人	勅会、万部供養、舞楽あり
綱吉葬儀	六・正	一七〇九		勅会、万部供養、奏楽あり、二〇人
綱吉一回忌	六・一二	一七〇九	三方楽人、紅葉山楽人	勅会、万部供養、奏楽あり
綱吉三回忌	七・一〇	一七一〇	三方楽人、紅葉山楽人	勅会、万部供養、舞楽あり
舞楽御覧	七・一〇	一七一〇	三方楽人、紅葉山楽人	白木書院にて舞楽御覧
韓使饗応	正徳　元・一一	一七一一	三方楽人、紅葉山楽人	舞楽上演

家綱三三回忌	正徳 二・五	一七一二	三方楽人、紅葉山楽人	勅会、万部供養、舞楽あり
家宣葬儀	二・一〇	一七一二	三方楽人、紅葉山楽人	勅会、万部供養、舞楽あり
家宣一回忌	三・一〇	一七一三	三方楽人、紅葉山楽人	勅会、万部供養、奏楽あり
家宣三回忌	四・一〇	一七一四	三方楽人、紅葉山楽人	勅会、万部供養、舞楽あり
綱吉七回忌	四・一一	一七一四	三方楽人、紅葉山楽人	勅会、万部供養、舞楽あり
家継葬儀	享保 元・五	一七一六		勅会、万部供養、奏楽あり
家継一回忌	二・四	一七一七	三方楽人、紅葉山楽人	勅会、万部供養、舞楽あり
家継三回忌	三・四	一七一八	三方楽人、紅葉山楽人	勅会、万部供養、舞楽あり
舞楽御覧	三・五	一七一八	三方楽人、紅葉山楽人	白木書院にて舞楽御覧
家宣七回忌	三・一〇	一七一八	三方楽人、紅葉山楽人	勅会、万部供養、舞楽あり
将軍霊廟新造再建禁止他	五・八	一七一八		将軍霊廟新造再建停止、供料、法会簡略化決定
家綱一三回忌	五・九	一七二〇	三方楽人、紅葉山楽人	勅会、万部供養、奏楽あり
勅会廃止、万部供養停止	七・三	一七二二		歴代将軍法会の勅会廃止、日光祭礼を除き年忌法会は千部までに決定
家継七回忌	七・四	一七二二	三方楽人、紅葉山楽人	千部供養、奏楽あり
家宣一三回忌	九・一〇	一七二四		千部供養、奏楽不明
綱吉一七回忌	九・一一	一七二四		千部供養、奏楽不明
日光社参	一三・四	一七二八		奏楽あり

綱吉二一回忌	享保一三・一一	一七二八		千部供養、奏楽あり
家康一三〇回忌	延享　二・　三	一七四五	三方楽人、日光楽人、紅葉山楽人	法華八講、舞楽あり、三部楽人八〇余人
舞楽御覧	二・　三	一七四五	三方楽人	白木書院にて舞楽御覧
吉宗葬儀	宝暦　元・　六	一七五一	紅葉山楽人一〇人、日光楽人一〇人	勅会、法華八講、奏楽あり
吉宗一回忌	二・　六	一七五二		勅会なし千部供養
吉宗三回忌	三・　六	一七五三		千部供養、奏楽あり
吉宗七回忌	七・　六	一七五七		千部供養、奏楽あり
家重葬儀	一一・　六	一七六一		勅会、千部供養
家重一回忌	一二・　六	一七六二	紅葉山楽人八人	勅会、千部供養、舞楽なし（舞台設置なし）
家重三回忌	一三・　六	一七六三		千部供養、奏楽あり
吉宗一三回忌	一三・　六	一七六三		千部供養、奏楽あり
吉宗一七回忌	明和　四・　六	一七六七		千部供養、奏楽あり
吉宗二一回忌	八・　六	一七七一		千部供養、奏楽あり
家重一三回忌	安永　二・　六	一七七三		千部供養、奏楽あり
吉宗二五回忌	四・　六	一七七五		千部供養、奏楽あり
家重一七回忌	六・　六	一七七七		千部供養、奏楽あり
秀忠一五〇年忌	天明　元・　正	一七八一		千部供養、奏楽あり

家治葬儀	天明　六・一〇	一七八六		千部供養、奏楽あり

＊基本的に奏楽が確認できる家治葬儀までの将軍法会ならびに雅楽関係行事のみ記載しその他（夫人、生母等または奏楽が確認できない法会）は割愛。
＊舞楽が確認できない場合は奏楽と記載。
＊構成欄が空欄の場合は楽人の構成（編成）は未詳。

今以未熟之儀也、尤舞御用ニ者相立不中候也[31]」と記されるように、三方楽所の楽人からは、日光楽人や紅葉山楽人は出自が三方楽所であってもその技術は未熟で舞に至っては御用に立たないと見なされてきたのであるが、これらの法会の状況をみると、紅葉山楽人は日光楽人よりも劣っていた可能性も十分に考えられるのである。

第三に、『徳川実紀』などの幕府側の資料には、代々将軍の年忌法会等、大がかりな法会の記録以外に紅葉山楽人による演奏の行事がほぼ見あたらない。大がかりな法会は三方楽人が下向してその中心を勤めていたことは前述のとおりであるが、それ以外の命日等に営まれる一般的な法要の際に雅楽が用いられるとすれば紅葉山楽人が担当するはずである。しかし、それらの法要に雅楽が用いられた、つまり紅葉山楽人が演奏したという記録は未見である。通常業務なので記載されないという可能性も考えられるが、それでも設置当初も全く記載がないというのはかえって不自然に思えるのである。

小川氏は紅葉山楽人の恒常的な配置は「法会ごとに京都から楽人を召しよせるのではなく、彼等楽人に江戸で家を構えさせ、血統を継続させてゆく幕府の意図が明確にされた[32]」としているが、以上のことを勘案すると、紅葉山楽人は設立当初は役割があまり明確ではなく、演奏も役に立たないという、即戦力とは言い難い状況であったと考えられる。またその後の大法会の際には天和二年（一六八二）の家綱三回忌まではほぼ毎回に渡って三方楽人を下向させていることを考えると、小川氏のいう幕府の意図が見出せるとは言えないだろう。実際のところは紅葉山楽人の活動記録が未見なため不明であるが、単なる通常の法要のための楽人整備とも考えにくく、少なくとも設置当初は法要における雅楽演奏の実践を想定しているというよりは、たびたび行われる大法会に関する整備を担っていたのではなかったのではないかとも思われるのである。

時代が進むにつれ、将軍年忌の大法会に際する雅楽演奏は表1のように形態を変化させていった。すなわち、天和二年（一六八二）の家綱三回忌あたりから約二〇年間は三方楽人が下向せず、法会は紅葉山楽人と日光楽人によって行われ、元禄九年（一六九一）の家綱一七回忌に至っては舞楽も行われなかった。ところが元禄一〇年を過ぎると再び三方楽人が多数下向し、大法会を彩っていくことになる。その後約二〇年間は再度三方楽人が下向して法会を行っていくが、享保七年（一五二二）には明確に法会縮小の方向性が打ち出されることによって下向人数が減少し、最終的には延享二年（一七四五）に行われた家康一三〇回忌以降、三方楽人は家康の年忌にのみ下向し、将軍の年忌については紅葉山楽人のみで行うという形態を取るようになった。

以上のように、東照社設立から始まった法会の動向は、天和・貞享期には一時縮小傾向を示すものの、元禄一〇年以降盛り返し、享保以降に再び縮小傾向に向かうが、廃止されるわけではなく、紅葉山楽人を中心に行われるようになっていくという流れであることがわかる。そもそも武家の音楽ではない雅楽を法会の場とはいえども容認し、紅葉山楽人や日光楽人を役不足な状態であるにもかかわらず恒常的に設置してまで積極的に幕府行事に取り入れてきた理由は何であろうか。

小川氏は、法会における雅楽の動向の意義について、幕府の朝廷に対する関係性の変化と諸大名に対する将軍家の権威誇示を理由に挙げている。すなわち、幕府は寛文五年に三方楽所に対し二〇〇〇石を与えるという朱印状を交付することによって三方楽所を直接支配し、東照宮ならびに将軍家法会に下向させて荘厳な法会を営むことによって、参列する諸大名に対し幕府権力を示威するとともに、朝廷に対しても将軍権威誇示のための協調関係に活用したとしているのである。確かにそのような側面もあったことは十分に考えられるが、舞楽付法要は確かに大法会ではあるものの、大寺院などではそれまでにも行われていたと考えられ、それほど目新しいものではないと思われる。また幕府から禁止をされていない限り、将軍家ほどの大規模ではなくとも大名諸家が法会に舞楽を用いることが不可能であるとはいえないのではないかとも考える。そのように考えた場合、大規模という意味では諸大名に対して幕府権力の示威ができるものの、絶対無二ではないという点で、それだけの理由では少々無理があるようにも感じられる。また朝廷に対しては、たとえば小川氏が挙げられたように、宝永六年（一七〇九）の朝廷側の内裏遷幸と幕府側の綱吉葬儀がかち合ってしまった際に三方楽所が幕府法会のために下向することを選択したという一件[33]においては、確かに幕府権力誇示の影響力は大きかったと考えられるものの、それ以外については天皇もまた大法会を催すことができる立場であり、かつ幕府の法会が勅会として行われたことを考え合わせれば、朝廷としては三方楽所を幕府に直接支配されてはいるものの、法会に三方楽所を下向させて舞楽付法要を催すことが直接的な幕府権力の誇示にはならないのではないかとも考えるのである。したがって、これらの理由は皆無ではないものの、それのみで片付けるには若干弱さを感じるのである。

それでは、それ以外にどのような理由が考えられるだろうか。西山氏、南谷氏は近世中期以降、武家社会に雅楽演奏の趣味が浸透したことを証明されており、それによって武家社会に雅楽が広く展開したことを述べられている。そしてその根底に儒教思想に基づく礼楽思想が反映されていると読み解いている。しかしその検討は雅楽趣味の傾向分析に主眼があり、思想史の検討までは十分にはされていない。ところが武家における礼楽思想の展開と幕府の法会動向を照らし合わせてみたところ、その傾向に一致がみられることがわかった。

四　武家の礼楽思想

礼楽思想については個々に膨大な研究蓄積があるので、詳細な内容はそれらを参照されたい。また日本における礼楽思想と雅楽との関係については、荻美津夫氏、馬淵卯三郎氏、笠原潔氏らによって考察されてきているが[34]、ここではその流れを簡単にまとめておくことにする。

礼楽思想は、古代中国の孔子による『論語』の「人にして仁ならざれば礼を如何に。人にして仁ならざれば楽を如何に」（『論語』八佾第三）から始まる思想である。ここでいう「楽」は天子の行う音楽であり、日本でいう雅楽を指しているわけではない。そもそも雅楽とは「雅正の音楽」という意味であり、古代中国において祖廟祭式に用いる正楽であった。一方、饗宴に用いる音楽は俗楽として讌楽と称された。日本に伝えられた音楽は讌楽であり、本来の意味であれば雅楽ではなく、古来楽人はこれを単に楽と称し、雅楽とは称していなかった。「日本の古代において「雅楽」とは基本的には雅楽寮のことを示し、そこから派生して雅楽寮の楽という意味をもつようになった[35]」のである。一方、政治思想としての礼楽思想は早くから日本に知られ、その意義も意識されており、すでに奈良時代の『続日本書紀』において礼楽について言及した箇所があるという[36]。しかしその後の日本では礼楽思想、ことに「楽」に関する思想については、音楽思想の中であまり明確に言及されてこなかった。笠原潔氏によると、雅楽を演奏していた平安貴族や楽人は中国の古典における楽の思想を当然ながら認知していたが、平安時代の楽書では「中国古典のいう楽の思想と直接対峙することは避け、中国古典の章句を利用しつつ、独自の音楽思想を語る道を選んで」おり「そうした思想は中国礼楽思想の延長上には位置づけられない、日本独自のもの[37]」であったが、院政期以降は古代中国の音楽論に対する関心が高まり楽書において引用されるようになっていくという。しかしながら、結局のところ、「現在の我々に理解されている礼楽思想とそのキーワードとしての雅楽は決して続紀に繋がるものではなく、一七世紀の朱子学者達の発想に由来するもの(38)」であり、彼らが礼楽論の中に雅楽を組み入れたと馬淵氏は述べている。

一七世紀に入って礼楽思想から楽の問題に言及し始めたのは熊沢蕃山(元和五〜元禄四年、一六一九〜一六九一)であり、『集義外書』(宝永六年、一七〇九刊)の中に「雅楽解」(貞享三年、一六八六以前成立か)が収められているほか、『集義和書』(寛文一二年、一六七二刊)や『源氏外伝』(延宝初年、一六七三成立)でも雅楽についての言及が存在する。その思想は「雅楽解」の最後の項に記されている「聖人の天地をたすくる道は礼楽を大なりとす、天尊く地卑して乾坤定るハ礼也、聖人これに則とりて礼を制し式を作る、天地の間に万物生々す、和気の流行にあらすといふことなきハ楽なり、聖人これを助て、楽ハ人心を和するより先なるハなし、人心和するときハ声和す、声和するときハ天地の和気応す、天気時にくたり、地気時にのほり、陰陽和合して、万物を照嫗・覆育す、時は礼なり、和は楽なり、(中略)聖人の和化をたすくるハ楽なり(以下略)(39)」に集約される。すなわち聖人が天地を治めるために必要なものは礼楽であり、楽は天地、人を含めた万物を和合するための有効な手段であるとする思想である。その思想はその後の音楽論に影響を与え、貝原益軒(寛永七〜正徳四年、一六三〇〜一七一四)の『音楽紀聞』(元禄一二年、一六九九成立)や武富咸亮(寛永一四〜享保三年、一六三七〜一七一八)の『月下記』(元禄八年、一六九五成立)に引き継がれていった。熊沢蕃山は陽明学、貝原益軒は朱子学であり、思想的立場は異なるものの、貝原益軒もまた天地自然の秩序と人倫の和合に基づき、「礼ハ心ノ恭敬ヲ本トシテ、万事身ノ行ノ上ニ節文アルヲ云。楽トハ、心ノ和楽ヲ本トシテ昔聖人ノ作リタマヘル歌舞・八音ノ音楽ノ文アルヲ云(40)」として、楽とは、心の和楽を本として、また古楽の歌舞・八音をもって文となし、それを実践することで天地自然の調和と心の調和を実践するものであると説いている。武富咸亮は『月下記』の「米沢操軒伝」において熊沢蕃山の「雅楽解」を踏まえて礼楽論を展開している。

その後、小浜侯酒井忠音がその儒臣松田浩瀾に『楽説紀聞』（享保八年、一七二三以前に成立か）および『楽節紀聞補詮』（享保八年成立）を編纂させたことなど、礼楽が陽明学、朱子学を問わず思想の流れの中で語られていく状況が見られる。また礼楽思想ではもっとも著名な一人である荻生徂徠（寛文六～享保一三年、一六六六～一七二八）によって『楽律考』や『楽制篇』などの音楽論が編纂され、さらに荻生徂徠の門下であった本多忠統（元禄四～宝暦七、一六九一～一七五七）の楽書研究や太宰春台（延宝八～延享四年、一六八〇～一七四七）の『独語』などに繫がっていく。特に太宰春台は『独語』の中で、

今の世には、諸侯貴人やんごとなき雲の上人も、雅楽を玩びたまふことなく、筑紫箏をだに好み給はず。ただ三線浄瑠璃を玩び給ひ、賤しき妓女を宮中へ召して、歌舞をなさしむるのみならず。あまたの女優を畜ひおきて、夜となく昼となく、あらぬ戯をなさしめて、これを楽しみ給ふたぐひを多く聞けり。浅ましと云ふばかりなし。楽記に鄭声をはなてりとあり。鄭衛の音は乱世の音なり。桑間濮上の音は亡国の音なりと云へるは、淫楽に世をみだり、国を亡ぼす道理あることを云へるなり。今の世の妓楽、三線、浄瑠璃は、古の鄭衛桑間濮上の淫声にも過ぎなんとぞ思ふ。昔かやうの俗楽なかりし故に、矢作の宿の長者の女、手越の遊女までも雅楽を習ひしれり。今は色々の俗楽ある故に、やんごとなき人々もこれを好みて、雅楽を習ふことなし。雅楽は俗に遠く、淫楽は俗に近きゆゑなり。孝経に、風を移し俗を易るは、楽よりよきはなしと云へり。悪き風俗をうつしかへて、善くするは雅楽の功なり。善き風俗をうつしかへて、悪くするは淫楽の力なり。雅楽にて風俗を善くするは、其の効おそく、淫楽にて風俗をあしくするは、其の効早し。されば、たとひ雅楽世に行はれても、淫楽を禁ぜざれば、雅楽すたれやすし。孔子の鄭声を放てとの給ひしは此故なり。今の世には、雅楽たえてなくして、淫楽のみ盛なる故に、士民の風俗、年をおひてあしくなり下ること、走る馬のけはしき坂を下るが如し(41)

と述べ、当時流行していた三味線音楽を亡国の音楽と定義しその存在意義を否定して雅楽の衰退を嘆いているが、この背景には熊沢蕃山以来の礼楽における楽と雅楽の展開が見られるのである。

また荻生徂徠とほぼ同時代の新井白石（明暦三〜享保一〇年、一六五七〜一七二五）も礼楽を重んじた儒者であり、楽として雅楽を重用し、正徳元年（一七一一）に家宣の将軍就任に際し来日した朝鮮通信使の饗宴のために能楽ではなく雅楽を用いたことは有名である。

この後、田安宗武（正徳五〜明和八年、一七一五〜一七七一）やその子松平定信（宝暦八〜文政一二年、一七五八〜一八二九）等に引き継がれていくが、田安宗武は『楽曲考』一〇巻（明和五年、一七五八序）や『楽曲考附録』四六巻を著し、廃絶した雅楽曲の研究・復元を行い、それが当時の雅楽と違うということを述べている。また松平定信は『俗楽問答』（寛政五〜文政一二年、一七九三〜一八二九間に成立）等を記すが、現行の雅楽は雅楽というものの実は唐の俗楽で、これを天子の楽とするなどもってのほかであり、楽には日本古来の歌舞である神楽や東遊を用いるべきであるという論を提示するようになっていく等、礼楽に取り込まれた雅楽が再び乖離していくという傾向を見せるのである。

五　武家の礼楽思想と幕府の法会

このような礼楽思想の流れと幕府法会における雅楽演奏の流れを比較してみると、ある種の関係が見いだせるのである。

まずは元和三年に日光へ東照社の遷宮が、翌元和四年に江戸城内紅葉山にも東照社が置かれることで、おそらくは思想的な意識なく大法会の常として舞楽付法要が行われ、さらに慣習として荘厳な法会が営まれていった。

しかし天和から元禄初期にかけて、理由は不明であるが、三方楽人が下向せず紅葉山楽人、日光楽人のみで奏楽されることによって、幕府法会における雅楽は縮小傾向になったと言えるだろう。一方、思想面ではちょうどまさにこの時期になって熊沢蕃山等がその思想の中で雅楽を主張し始めていく。熊沢蕃山が貞享三年以前に成立ともされる「雅楽解」において雅楽論を展開させ、それ以後思想の中では雅楽に対する注目が始まるのである。

幕府法会としては元禄九年（一六九六）の紅葉山楽人、日光楽人のみによる法会で舞楽も行えなかった状況から一転し、元禄一一年の寛永寺中堂落成供養において三方楽人の下向が復活する。この寛永寺の法会に際しては寛永一三年（一六三六）の日光における家康二一回忌に倣うということが朝廷側から主張され、結果的に三方楽人と日光楽人を合わせて寛永一三年と同数に揃えたという経緯があるが(42)、その二年後の元禄一三年、家綱二一回忌からは再び三方楽人が下向するようになる。この雅楽が盛り返す時期には武富咸亮の『月下記』や貝原益軒の『音楽紀聞』などが著され、礼楽の中で雅楽が意識されていく時期と一致するのである。またその一一年後の正徳元年（一七一一）には先に記したように新井白石が朝鮮通信使の饗宴に際し能楽ではなく雅楽を用いるということでもわかる通り、雅楽というものが意識的に最も重用された時期になるだろう。少なくともこの時期の三方楽所下向ならびに幕府法会の舞楽を伴う大規模な復興に礼楽思想が深く関与していたことは可能性として十分に考えられるのである。

しかし家継の死により新井白石が失脚して吉宗の時代になり、白石の方策は否定され従来の状態に戻ると法会の規模も縮小方針を打ち出され、延享二年（一七四五）の家康一三〇回忌を最後に三方楽人の下向は行われなくなるのである。またその後は日光楽人、紅葉山楽人で奏楽を行っていたのであるが、宝暦一二年の家重一周忌に至って日光楽人の下向もなくなり紅葉山楽人八名のみの奏楽で舞楽も行われなくなる。この頃はちょうど吉宗の次男である田安宗武が熱心に楽の研究を行っていた頃ではあるが、反徂徠の流れも出始めた頃である。また大名家の雅楽趣味ともいえる雅楽享受が広まっており、武家による雅楽演奏がかなり広く行われるようになっていたのであり、さらに田安に代表される国学派の音楽論では先述のように廃絶した古楽と現行の雅楽では大きく異なることが示されるなど、武家の雅楽に対する意識が大きく変化していたと考えられる。その後、松平定信によって礼楽としての雅楽が否定されるが、彼が礼楽として主張した神楽や東遊といったものを演奏する技術を紅葉山楽人が保持していたとも考えられず、また享保期以降の次第に逼迫していく幕府の経済状態では三方楽人を下向させ、大がかりな法会を復活させるだけの余裕もなかったのだろうと推測できるのである。(43)

六　紅葉山楽所の意義

今回の対比は非常に粗略な比較であり、詳細に見れば細かい異同はあると思われるものの、大枠では一致が見られるということが判明した。幕府の法会に際する雅楽演奏の経緯は、様々な要因が起因していると思われるが、従来述べられたような大名家ならびに朝廷懐柔や経済的要因に加えて、思想の動向も無視できないものであると考えられる。そのような意味も合わせて、幕府法会は多分に政治的な行事であったといえよう。

紅葉山楽所に所属する楽人は、設立当初から明治に至るまで、その演奏の質は充実することはなく、大がかりな法会には役不足であることは明白であっただろう。法会への関与のあり方を比較すれば、その技術は日光楽人よりも拙かったとも推測できる。江戸時代中期以降、法会は大がかりではなくなるが、三方楽人の下向を仰がず、さらに日光楽人も法会に参加をしないという傾向を見せる中で、紅葉山楽人が法会の奏楽を担当するようになったことで、法会の雅楽は荘厳なものではなくなったかもしれないが、それゆえに武家にとっては雅楽が遠い存在ではなくなったのかもしれない。江戸時代中期以降、武家の雅楽趣味が広まるにつれて、大名家中の者が紅葉山楽人に雅楽を教授してもらうという習慣が生じたことで、紅葉山楽人には新たな役割が付加されたわけだが、三方楽人が正式な雅楽伝承者であることは周知の事実であり、武家の雅楽愛好家も機会があれば三方楽人に教授を願うという形態が南谷氏の研究で明らかになっている。(44)それでもなお、明治に至るまで恒常的に江戸城内に紅葉山楽所が設置され続けた意義を考えた場合、やはり演奏の質よりも楽人を城内に置くという行為自体に意味があったと考えざるを得ないだろう。宮中に存続する楽所同様に、規模は小さいものの、江戸城内にも楽所を置くということが、雅楽愛好を示していく武家に対しても、また朝廷に対しても何らかの牽制あるいは権勢にはなり得たのかもしれない。それは礼楽思想の影響を含みながら、多分に政治的意図が反映された結果であったと考えられるのである。

(1) 能と同様に幸若舞も武家の芸能であった。
(2) 西山松之助『家元の研究』(西山松之助著作集・第一巻) 吉川弘文館、一九八二年。
(3) 小川朝子「近世の幕府儀礼と三方楽所――将軍家法会の舞楽を中心に――」(『中近世の宗教と国家』四〇、一九九八年) 四〇七～四四六頁。
(4) 南谷美保「江戸時代の武家と雅楽――江戸時代の雅楽を支えた一要素として――」(『四天王寺国際仏教大学短期大学部紀要』三六号、一九九六年) 一～三一頁。
(5) 増上寺に墓所があるのは秀忠(二代)・家宣(六代)・家継(七代)・家重(九代)・家慶(一二代)・家茂(一四代)、寛永寺に墓所があるのは家綱(四代)・綱吉(五代)・吉宗(八代)・家治(一〇代)・家斉(一一代)・家定(一三代)である。家光(三代)は寛永寺で葬儀の上、日光の輪王寺に埋葬。
(6) 二代目将軍秀忠から五代目将軍綱吉までは将軍一人ずつ霊廟が建てられたが、六代目将軍家継以降は合祀された。
(7) 有吉久美子「楽所の成立と展開」(『史窓』二九号、一九七一年) 六二頁。
(8) 同右、六五頁。
(9) 南谷美保「安土桃山時代の雅楽楽人について――三方楽所の成立をめぐる一考察――」(『四天王寺国際仏教大学短期大学部紀要』三〇号、一九九〇年) 六～七頁。
(10) 西山松之助前掲書、一六三～一六四頁。原典は個人蔵のため筆者は未見。なお『国書総目録』では著者は多忠頼、書名は『禁裡様御楽人衆』となっている。

(11) 同右、一六五頁。
(12) 『京都御役所向大概覚書』上巻(清文堂出版、一九七三年)四六頁。
(13) 南谷氏は「地下」と「伶人」を別組織であるとしている。南谷美保「安土桃山時代の雅楽楽人について――三方楽所の成立をめぐる一考察――」(『四天王寺国際仏教大学短期大学部紀要』三〇号、一九九一年)。
(14) 西山松之助前掲書、一六五~一六六頁。『窪家文書』宝永七年(一七一〇)一二月の「奉願上候口上」によるとあるが、文書の所在、詳細は不明であり、筆者は未見。
(15) 『元寛日記』四月十七日(汲古書院、一九八六年)六七頁。
(16) 小川朝子前掲論文、四〇九頁。
(17) 同右、四一三頁。
(18) 同右、四一三頁。
(19) 小野功龍「雅楽と法会」(『日本の古典芸能2 雅楽』、平凡社、一九七〇年)二五〇頁他。
(20) 芝祐泰『雅楽通解』楽史編、国立音楽大学、一九六七年。
(21) 狛近寛『狛氏新録』享保三年(一七一八)成立、国立国会図書館蔵。
(22) 『徳川実紀』寛永一九年八月二七日の条に「今年より伶人の俸禄を給ふ」として八名の連記あり(『徳川実紀』、『国史大系』第四〇巻第三篇、二八六頁)。小川氏前掲論文では、表2ではこの七名に天王寺方の薗杢之助を加えた八名になっているが、本文中では九名としている(四一二頁)。なお、芝氏前掲書でも紅葉山楽人の家系図では薗氏が寛永一九年下向として記載されている(四一三頁)。
(23) 『武鑑』寛政四年(一七九二)刊、東京大学総合図書館蔵、第三巻七一頁「御楽人衆」。
(24) 『太政類典・第一編慶応三年~明治四年・第四六巻・儀制・諸儀式三・雅楽』国立公文書館蔵。
(25) 『楽書要記』東北大学狩野文庫蔵。
(26) 芝祐泰前掲書、一九九頁。
(27) 西山松之助前掲書、一七九~一八一頁。
(28) 芝祐泰前掲書、二〇一頁。
(29) 小川朝子前掲論文の表2には八名がこの内訳で記載されており、本文中では「笙・篳篥・笛・太鼓・舞人が左右一人宛」と記載されている(四一二頁)。

(30) 同右、四一二頁。
(31) 前掲『狛氏新録』。
(32) 小川朝子前掲論文、四一二頁。
(33) 詳細は同右、四一七頁を参照されたい。
(34) 荻美津夫『日本古代音楽史論』(吉川弘文館、一九七七年)、馬淵卯三郎「一七世紀後半における礼楽思想と音楽の様式」第一報(『大阪教育大学紀要』三八巻二号、一九九〇年)、笠原潔「日本の楽書と礼楽思想」(『中世音楽史論叢』二五巻、二〇〇一年、一一五～一三九頁)など。
(35) 荻美津夫前掲書、一六頁。
(36) 馬淵卯三郎前掲論文、一九二頁。
(37) 笠原潔前掲論文、一二五頁。
(38) 馬淵卯三郎前掲論文、一九三頁。
(39) 『集義外書』巻一五(神道大系・論説編二一・熊沢蕃山、神道大系編纂会、一九九二年)四二一頁。
(40) 『貝原益軒　室鳩巣』(日本思想体系、岩波書店、一九九〇年)一三六頁。
(41) 『独語』日本随筆大成第一期一七巻(新装版)(吉川弘文館、一九九四年)二七五頁。
(42) 近衛基熙『基熙公記』東京大学史料編纂所蔵(原本は陽明文庫蔵)。
(43) 南谷美保前掲論文(一九九六年)、五頁。
(44) 同右、九～一六頁。

江戸時代の礼法文化と社会秩序の根拠〔増訂版〕
――法制史的な立場からの再評価――

ミヒャエル・キンスキー

はじめに

社交を円滑なものにするための手段としての礼儀作法の有効性を否定する人はまずいないだろうが、これほど独創的ではない陳腐なものを学術的な対象に選ぶということに、首を傾げる向きは少なくないのではないか。一般的に礼儀作法は、少なくとも啓蒙主義思想が起った時代、あるいはそれ以前から低く見られがちであった。その風潮は欧米から明治以降の日本にも入り込み、欧米ほどではないにしても、似た傾向が見られるようになった。しかし一八世紀のヨーロッパや二〇世紀以前の日本はそうではなかった。中国の古典『礼記』では、食事関係の礼儀が特に重んじられ、礼儀作法全体の基盤として紹介されている。そしてその冒頭に、礼儀作法あるいは厳密にいえば「礼」の役割が明白に掲げられている。この概念は全ての人間的な営みに根拠を与えている。(1)「礼」は形式にとどまることなく、人間関係を支える道徳の基礎として理解され、社会に秩序をもたらしている。(2)その結果、人間は謙遜の心と、他人に対しての尊敬を覚えるようになり、社会の安定が保証される。(3)「礼」は人間の感情を指導して、(4)人間同士の摩擦を阻止する。そのため「礼」は具体的なマナーの形をとって、食礼も人間関係を支える重要な役割を担っている。(5)

『礼記』に示されている「礼」に関する認識は、例えばT・ホッブズ（一五八八～一六七九）のそれとは対照的である。『リヴァイアサン』の著者は本当の意味での「振舞規範」と、外面的な作法の煩瑣なルールを区別し、社会の平和と繋がる前者を重んじ、口を注ぐ方法や歯を掃除するための爪楊枝の使い方を意味する後者を退けている。(6) ここでは「礼」に対する理解、且つ「礼」に託された役割の根本的相違を確認できる。中国の思想史における「礼」に対応する比較の対象を求める場合、ヨーロッパにおける「法」の概念がそれに相応しいと思われる。既にL・ヴォンデルメルシュが両方を比較した上で、その相違点を対比しながら、「礼」と「法」が果たしていた機能、つまり社会における人間の相互関係に根拠を与え、社会秩序の安定を目指すという類似点に目を向けている。(7)

一 「礼」と「法」

しかし、ヴォンデルメルシュが「礼」と「法」は類似している機能を果たしながら、基本的に異質なものとしているのに対し、O・アンサールは両者の同一性に注目している。(8) 中国や日本の思想史における「礼」の役割を欧米の読者に理解させるために、彼は「礼」を読者の慣れ親しんだ枠組みの中で捉えようとしている。そこで彼は「法」（*droit*）を比較の単位として選び、欧米における「法」（*droit*）や東洋における「礼」の理解に関してある程度までの類似を強調している。(9) アリストテレスを出発点にしながら、著者は「法」（*droit*）の理解において、二つの側面を区別している。一、一般的な意味で、正義や不正義という判断の起源でもある、人間なら誰でも守るべき振舞（あるいはその範疇）を指している。二、特殊な意味での「法」は、分配・交換の公平さを保証する正義概念に基づく生活物資等の割り当てに関係を持っている。(10) アンサールの解釈では、「礼」もこうした二重の機能大系、すなわち①模範に値する振舞の定義、②限られた物資の割り当て、として理解された。彼はこの意味で、儒学にも「西洋における伝統的政治思想」にも共通する古典的かつ自然的な法の存在を指摘している。[11]

アンサールは、「礼」によって、具体的な行為もその行為に欠かせない日常生活の事物も、そして社会もしくは共同体や、そこにおける人間関係も確定されると、その働き方を説明している。しかし同時に「礼」はある意味での区分化をもたらしている。なぜなら、その行為やそれに欠かせない品目が、社会・共同体という実践の場で行動する人間をそれぞれの役割等に即して区別して初めて、「礼」はその独特の意味を持つようになるからである。この事情のうちに、アンサールは政治的または社会的な制度や装置も「礼」である所以を発見している。「礼」によって確定されたジェスチャーとしての装置が、実践上の社会的ジェスチャーになり、行為パターンの参加者に社会的網目の中の相応しい場所を割り当てている。「礼」は抽象的な規範というより、むしろジェスチャー、事物、政治的・社会的制度や機関・装置の機能的な特徴である。[12]「礼」が織り成す様々な社会関係の組織の中で、日常生活の事物はその本当の意味を得られる。つまり、その物質的な利用価値を超えて、その事物は尊敬・恐怖・喜び・悲しみ等の様々な精神的な場面や、その場面の中で展開する社会的行動関係を象徴している。[13]アンサールが示している「礼」の認識は示唆的ではあるが、しかし僅かな例を除き（著者は能などにおける「型」に触れている）、彼は「礼」の具体的な形や表れかたに言及しない。「食礼」の検討はそれを補うための好例である。

二　政治的枠組みにおける「礼」

古代以来、「礼」は中国歴代の朝廷で重要な役割を果たしてきた。天子は、天や祖先と人間の世界の間の媒介者として神聖な力を備えた。したがって、宗教儀礼は政治社会の安寧のためにも、重い意義を持っているように思われた。しかし、様々な「礼」が体系的に整理され、その内容が儒学の立場から理論化され、そして「礼」を基盤に国家が構成されたのは漢王朝の時代においてであった。いわゆる三礼（『周礼』、『儀礼』、『礼記』）の編纂や『礼記』で試みられた論理化はその顕著な表れである。そして、司馬遷が『史記』の「礼書」編で示した「礼」の理論的な理解や「礼」の国家にとっての意義づけもそれをよく物語っている。司馬遷も「礼」のマクロコズム（天地の全体）やミクロコズム（人間の世界）に関わる両面性を強調している。「礼」は「万物」を統制し、「群集」もそれを社会的な営みの拠り所にしている。[14] 人間社会だけに限っていえば、司馬遷は「礼」を「人道経緯」やありとあらゆる行為の規範（「万端規矩」）として理解し、その意味における「礼」は社会のすべての側面を貫通し、その統一性を保証する。[15] 具体的に、それぞれの階層間の相互関係を順序よく整理することを始め、巷の服装、住居、飲食、婚礼や葬礼に関する掟まで、「礼」は事物を適切な限度に囲い込むのである。[16] 服装の在り方を規定する贅沢禁止令等、社会や時代によって法令集に包含されているはずのものも、ここでは法律・道徳の項目を基盤にするよりむしろ、尊敬や礼儀作法に関する概念に基づく（上下関係を保つべき社会層を調整するための）規範のレパートリーの表れとして面に出ている。[17]「礼」がこの本来の役割を発揮できれば、それは軍事部や司法部等政治体の他分野にも及び、国家全体が安定した状態を保てる。[18]

司馬遷の「礼」認識が実世界から離れた単なる理論的な見解ではなく、具体的政治政策の基盤でもあったことを漢王朝の歴史が証明している。[19]「法」と「礼」の両方からなる「行事」や「故事」は、武帝の時代までに定められ、その後の歴代の王朝にとっても皇帝による「天」を祭ることを頂点とする「礼」の大系は国家の中心部に関わる重要な意味を持ち続けた。[20]

渡辺信一郎が論じたように、漢王朝から発達した「礼」と「法」からなる仕組みは、歴代の支配体制の模範になりえたが、それは唐王朝の体制を模倣した、大化期から奈良時代までの「日本」にまで影響を与えた。奈良時代・平安時代の政治体制の中枢となった「律令」にそれがうかがえる。早川庄八のように、日本と唐王朝の律令制の相違点を指摘し、中国をモデルとした「礼」の制度は日本において地盤を持っていなかったと強調する傾向はみられる。[21]「律令」が受容された段階では、日本にはまだ中国ほど洗練した「礼」の思想は存在しなかったことを考えると、その見解に頷ける部分もある。しかし、「儀礼」の設定を担当する「式部」や（「礼」的または道徳的）秩序に対する違反を追求することも職務をする「内礼司」の存在もまた事実である。そして、洗練された唐時代の「礼」大系がそのままに受容されなかったとはいえ、近年の研究も奈良・平安朝の「礼」文化に注目し、その唐から借りた側面やその複雑さを浮き彫りにした。[22]まして模範であった中国との相違点そのものは、当時の人々が朝廷文化をどのように認識したのかとは、無関係であるといってもよいだろう。むしろ、平安朝以降の朝廷文明を彩るのは「有職」として体系化された「行事」や「故事」の発達であり、それらが朝廷の生活空間やその文化の基礎とまでなった。それだけではなく、「律令」に基づく体制が既に支配体制として力を失い、武士という異なる権力の担い手による異なる支配体制に実質上置き換えられた段階においてさえ、「有職」は朝廷社会のメンバーに大事され、朝廷を中枢とする支配体制の虚構を維持するために役立てられたわけでもある。それこそが「有職」の重要さを端的に物語っているといえる。（ここまで「礼」として取上げたのは、むしろ国家儀礼の性質を有するものであった。しかし「礼」の理論は儀式的な行動や身分による服装や一般的な礼儀作法等の間に原理上の区別を示さないので、例えば食事作法や宴会における相応しい行動のルールも、国家や社会の秩序付けにとって根本的な意義を有する行動規範の枠組みに含まれているとみるべきである。）

「礼」が国家・社会秩序の基盤と同一のものであるという見方を認めれば、「礼」の設定あるいは再編成は国の建設・再建設と同視化すべきでもある。それは「律令」の導入だけに当てはまるわけではなく、その後の改革政策、例えば延喜年間のそれとその間に作られた「延喜格」と『延喜式』についてもいえる。そこには「礼」の意義を解明する理論が含まれていないが、時代を下れば、似た役割を果した足利幕府の支配を基礎付ける『建武式目』（一三三六）は「礼」の重大さを説明している。[23]この文脈で、武家の「家法」で（作法の具体的な規則としての）

「礼」が顕著な役割を果しているという石母田正の指摘も注目すべきである。「礼」はそれぞれの身分層の間の相互関係を明白にさせるように機能し、それとして戦国時代の大名に法律項目と並んで重要視された。氏によれば、段階制をなしている身分の区別に基づいて支配制度を成立させることが、日本における公的権力の一側面であり、この見識を踏まえながら戦国時代の「家法」が「礼」の範疇に当てはまる項目をかなりの程度で包含している事実を検討すべきであると。[24] これを背景に考えれば、特に江戸時代初頭に徳川将軍が幕臣や大名に対する強化を目指して編集させた「武家諸法度」の中に当然のごとく「礼」に当てはまる行動の規範が含まれていることは既に漢王朝から決まったパターンに即した現象である。[25] そして江戸幕府が赤沢家という小笠原家の分家[26]や伊勢家等に武家故実という「礼」の文化の伝来やその指導を担当させたのも、支配の確立と正当化にとっての「礼」の重要さという観点から説明が付くと思われる。

三　礼法集と食礼の特徴

(1)　ジャンルの紹介と研究の現状

ヨーロッパから訪れた観察者は、近代以前の日本を礼儀の学校として認識した。E・ケンペルは『日本誌』の中で日本をまさに「礼譲一点張りの学校」と呼んで、風俗の正しさ、道徳、技術、振舞いに関して日本人と肩を並べる民族は他にないと感嘆した。J・ロドリゲスは安土・桃山期のエチケットの儀式性やその威厳に注目し、『日本教会史』で特に食事作法の複雑な様子を処々で描写した。そして、ティチングは『日本風俗図誌』(*Cérémonies usitées au Japon, pour les mariages, les funeraillés, et les principales fetes de l'année*)[27] まで残し、その中で故実書を元に武士の礼儀を説明したことで知られている。

しかし近現代になり、西洋そして日本において礼儀作法に向けられる視線あるいは評価は変化を遂げた。最近、食文化史・食物史についての研究は増えたとはいえ、エチケットの他の分野と同様、食事作法の研究は必ずしも進んでいない。ヨーロッパに関しては、N・エリアス[28]の仕事が挙げられるが、彼の業績は長い間注目されなかった。日本でも食事作法をテーマにした学術的な論文はごく稀で、印象論的なものが多く、幅広い文献分析までは至っていないと思われる[29]。

著者は既に他所で江戸時代の食礼を日本語でも紹介する機会を得ており[30]、ここでは主な特徴だけを指摘する。上記でアンサールがいったように、「礼」は尊敬・恐怖・喜び・哀しみ等の様々な精神的な場面やその場面の中で展開する社会的行動関係と深く関係している。食礼もなおさらそうである。江戸時代の文献からも「礼」のこうした理解を読み取ることができる。児童教育を目的にしている文献さえ例外ではない。その一例としては手島堵庵（一七一八〜八六）の『前訓』を挙げられる。

飲食は身命をつなぐ大切の宝にて礼義のはじめこれより発るよしなればかまへて飲食の事に不作法なるは大きにあしき事にて[31]

江戸時代に書かれた食文化や食事作法に関連する文献は多い。「食礼」という言葉を題名に持つ文献は少ないものの[32]、食事の仕方、あるいは厳密な意味での食事作法に触れる文献は、いくつかのジャンルにまたがって存在する。貝原益軒の『養生訓』のように、食生活は医学的・食養生的立場から取り上げられた。注目に値する流行ぶりを見せた料理本の中においても、食い合わせだけでなく、食事中のエチケットについて言及されている。一般教養を提供する「節用集」や「往来物」として分類された作品の多くも基本的な作法を紹介しており、食事作法もその中に含まれている。同じ意味で、女性の教育を目指す「重宝記」等が重要な意味を持っている。また、礼儀作法を本来の課題とする作法集も挙げねばなるまい。

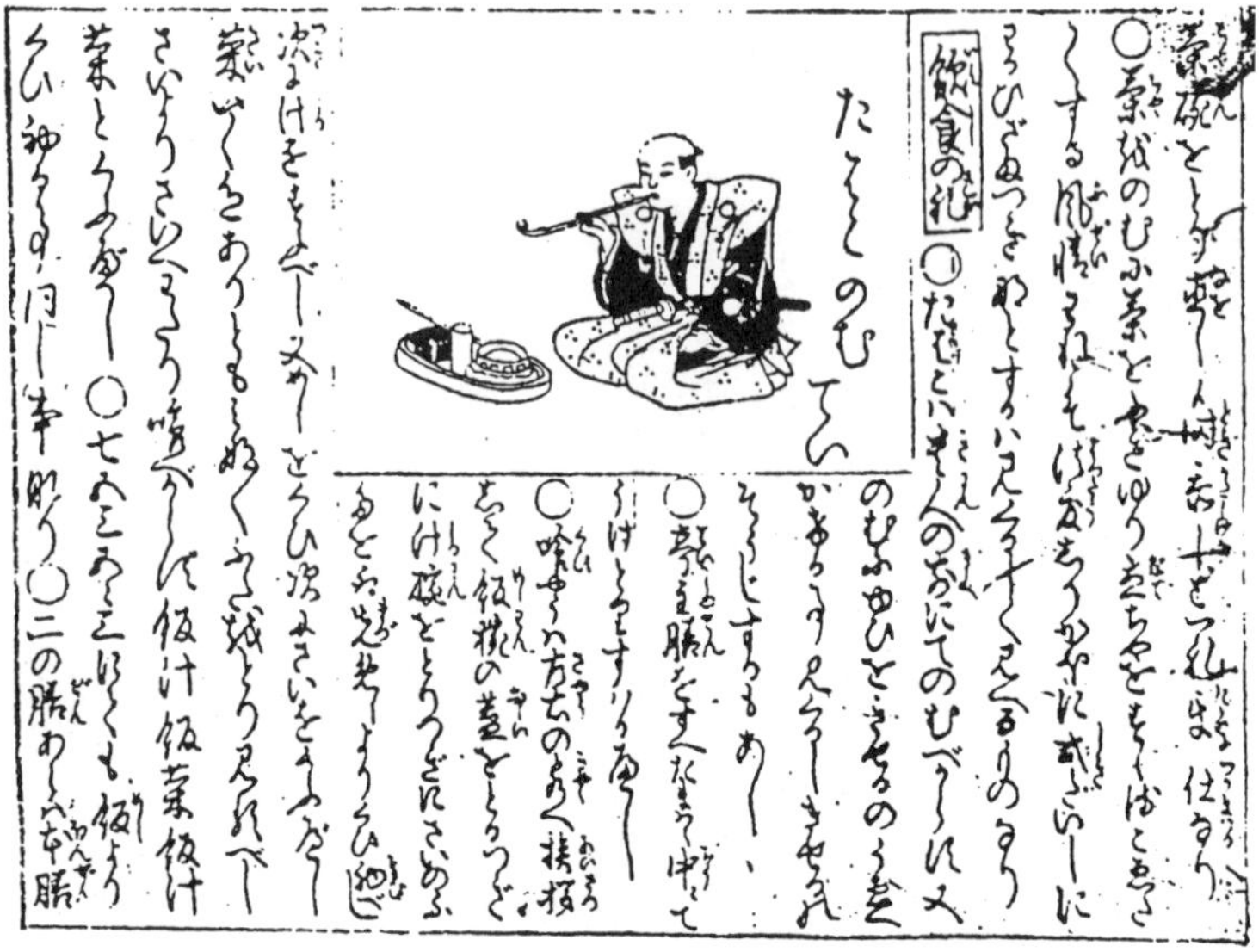

図1　「躾方仕用集」(『宝暦節用字海蔵』／国立国会図書館蔵)

(2)　『宝暦節用字海蔵』を例として

上記のような指南書に含まれている食事関係の礼法を一目で見渡す限り、目まぐるしく煩瑣な印象を免れない。他の拙論との重複を避けるという目的もあり、ここでは一つの文献に包含されている食礼の項目全部を挙げたいと思う。『宝暦節用字海蔵』は宝暦七年の百科事典的日用類書で指南書を代表する作品である。(33) それに含まれている「躾方仕用集」は食事作法をも説明している。

飲食の礼○たばこは貴人の前にてのむべからす又のむにゆひをきせるのうゑへかける事みくるしきせるのそうじするもあし、○亭主膳をすへたまは丶中ニてうけとりすはるへし○喰やうは左右の客へ挨拶して飯椀の蓋をとるつぎに汁椀をとりつぎにさいのふたを取先めしよりくひ初べし次に汁をすふべし又めしをくひ次にさいをくふべし菜いく色ありともみな〱ふたをとりみるべしさいよりさいへわたり喰べからず飯汁飯菜飯汁菜とくふ

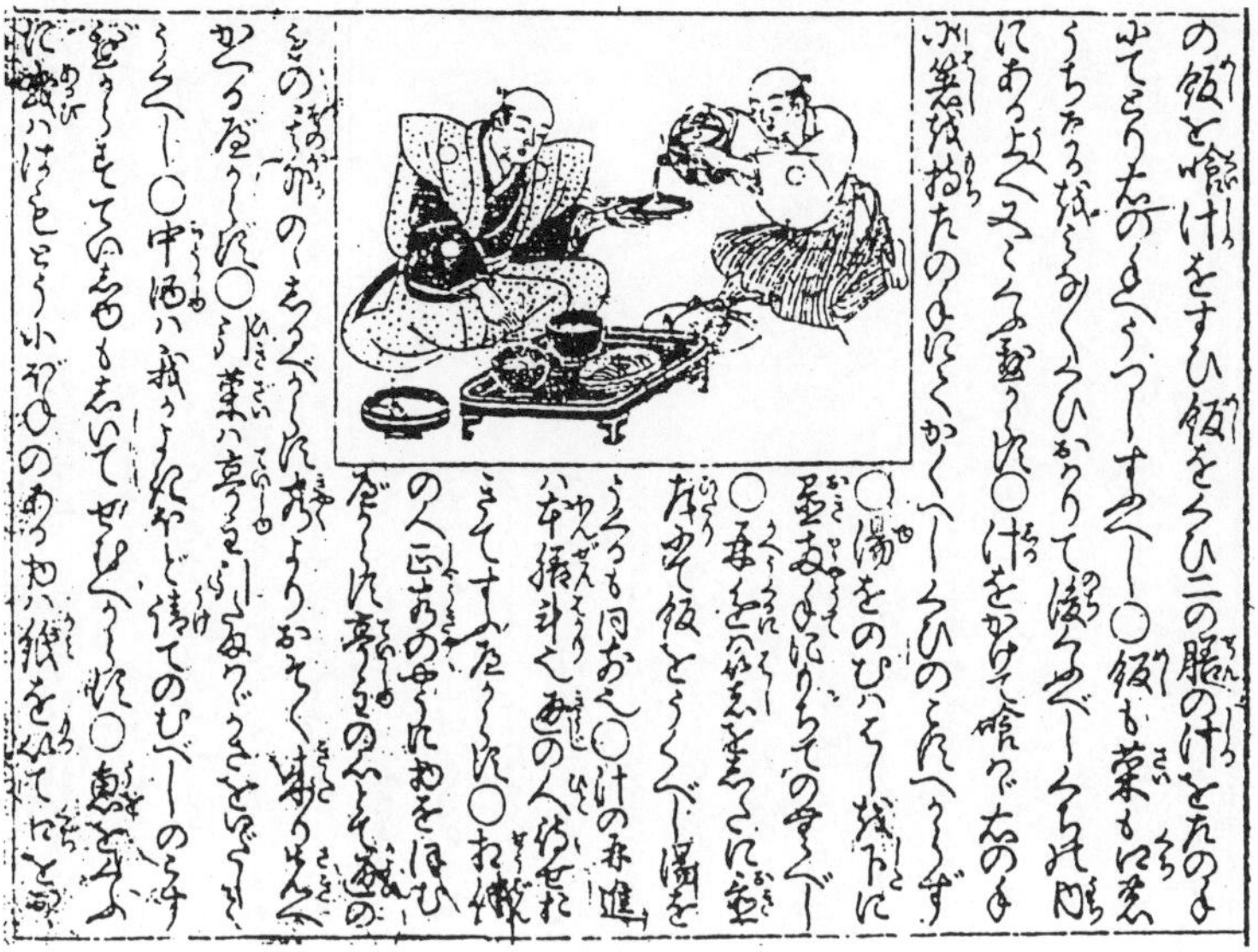

図2　同　前

べし○七五三五々三にても飯よりくひ初る事同じ
事なり○二の膳あらば本膳

の飯を喰汁をすひ飯をくひ二の膳の汁を左の手にてとり右の手へうつしすふへし○飯も菜も口のうちなるをみなくくひおはりて後くふべしくち(口)の内にある上へ又々くふへからす○汁をかけて喰はゞ右の手に箸を持左の手にてかくへしくひのこすへからず○湯をのむははしを下に置両手にもちてのむべし○再進は箸をしたに置左にて飯をうくべし湯をうくるも同前也○汁の再進は本膳計也通の人待せおきてすふへからす○相伴の人正客のやうに物をほむべからす亭主の心とて通のもの其外のゝしるべからす客よりおそく来り先へかへるべからず○引菜は亭主引たまはゞかさをいだしてうくへし○中酒は我かよきほど請てのむべしのこすべからすていしゆもしいてせむへからす○魚をくふに或ははも(鱧)とう(等)小ぼねのある物は紙を以て口をおゝ

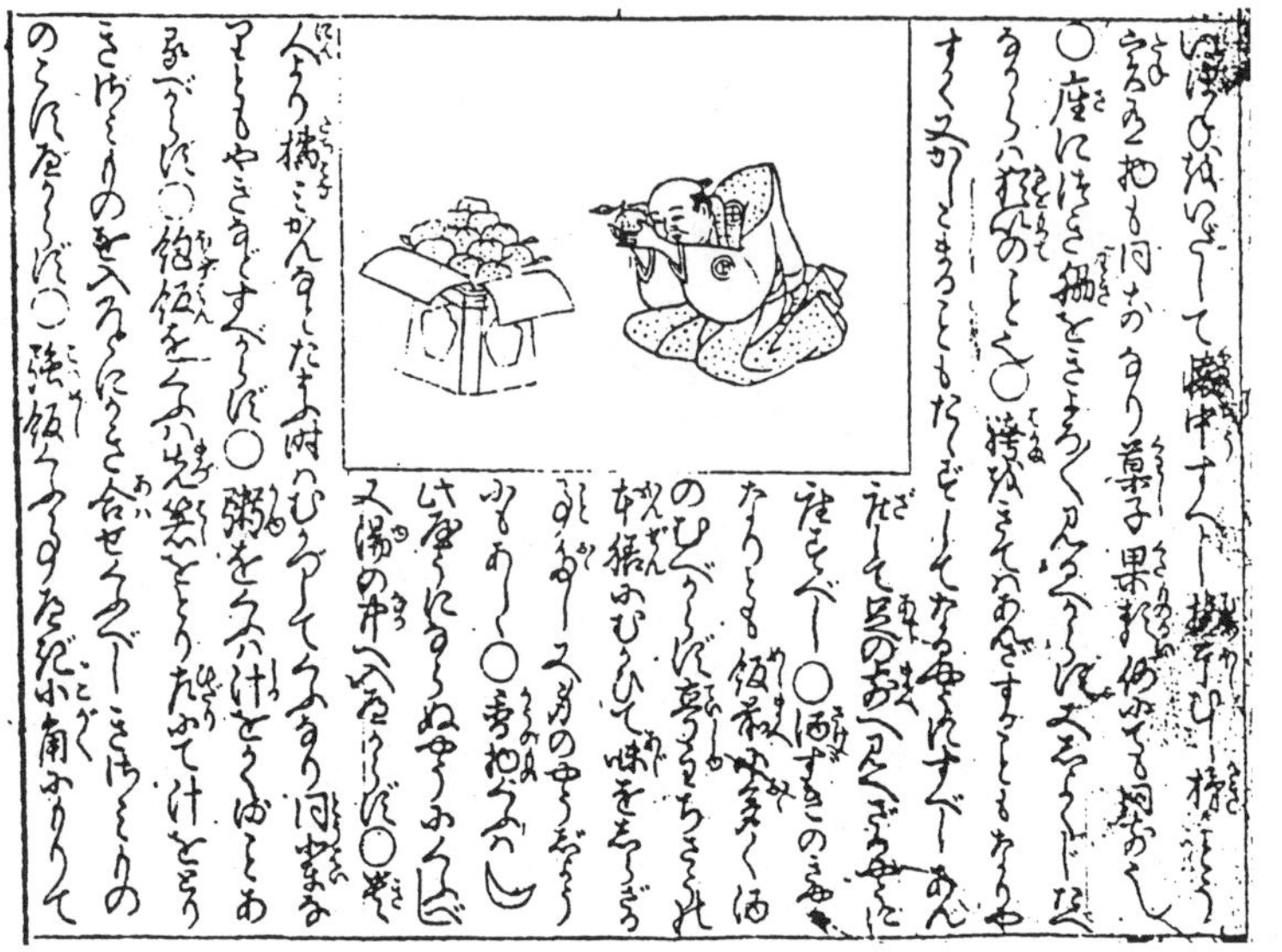

図3　同前

いほねをいだして懐中すへし梅干むし柿とう実有物も同前なり菓子果類何にても同前也○座につき脇をきよろ〱みるへからす又しよくじたべなからは猶以のこと也○袴をきてはあんざすることもなりやすく又かしこまることもたゞずしてなるやうにすべしあん座して足の前へみへざるやうに座すべし○酒ずきのきやくなりとも飯前に多く酒のむべからず亭主ちさうの本膳にむかひて味をしらざる事多し又身のやうじようにもあしゝ○香物くふは（図）此やうにならぬやうにくふべし又湯の中へ入へからず○貴人より橘みかんなとたまふ時はむかづしてくふなり同輩なりともやきなどすべからず○粥をくふは汁をかくることあるべからす○飽飯をくふは先箸をとり左にて汁をとりきざみものを入るゝにかき合せくふべしきさみもののこすべからず○強飯くふ事へぎ小角にもりて

出へしはしありとも手にてつまみくふへし○餅はやうじにさしてくふへし○まんぢうくふ事左にて

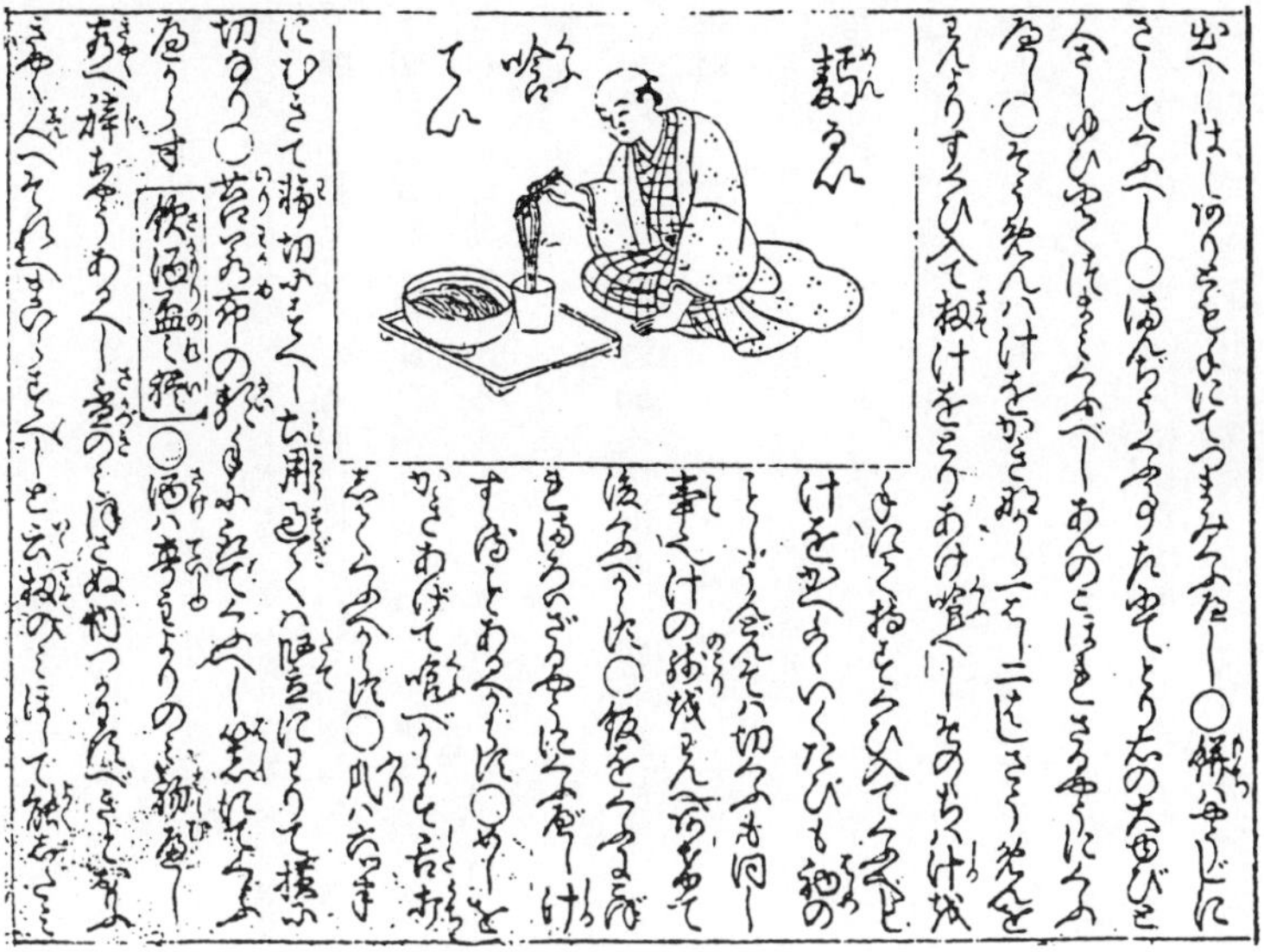

図4　同　前

とり右の大ゆびと人さしゆひにてつまみくふべしあんのこほれさるやうにくふべし○そうめんは汁をかきなから一はし二はしさうめんをわんよりすくひ入て扨汁をとりあけ喰へしその、ちは汁を手にて持すくひ入てくふべし汁をかへていくたびも初のことしうんどんそは切くふも同し事也汁の残をわんへあけて後くふべからす○飯をくふにこぼれまろはざるやうにくふべし汁す、ることあるへからす○めしをかきあげて喰べからす舌打してくふへからす○瓜は六ツ半にむきて輪切にすへし土用過ては竪にわりて横に切なり○苔若布の類手に取てくふへし箸にてくふへからす

概していえば、食事上の規範の内容は大きく二つの規範グループに分類することができる。そして一つを「技術上の指示」、もう一つを「交際上の指示」と称する。技術上の指示をさらに分類すると、価値観が含まれていないルールと、何らかの価値判断が含まれているルールの区別が可能になる。前者は一般的な指示、

もしくは食事行為に儀式性を与える指示からなる。[34] 後者の方で、価値観が含まれている技術上の指示として、特に不快感や羞恥心を呼びおこす動作を禁止する規則が挙げられる。[35] 文面上では、羞恥心を表わす言葉は必ずしも用いられていないものの、内容から見るならば恥をかく動作として意識されていたことが容易に推測できる。技術上の指示において、宴会に参加している全てのメンバーの行為は同様に規定されている。そのため、この類の作法を便宜的に横方向に拘束力を持っているものとして理解したいと思う。それに対して人間関係を秩序づける交際上の指示は、縦方向に拘束力を発揮しているといっていいであろう。しかし交際上の指示の中でもまた、上下関係に関わる規範と相互的なニュアンスを持っている規則を区別する必要がある。参加者の社会的な地位にふさわしい行動を求めるルールは前者である。[36] 後者はむしろ相互尊重や思いやり、あるいは他者への配慮に重点を置く。[37]

ではここで『宝暦節用字海蔵』「躾方仕用集」(「飲食の礼」)の具体的な内容を他の二文献を照らし合わせながら検討したい。

『童子諸礼躾方往来』[38] は『宝暦節用字海蔵』から約五〇年遅れて、一八一五年(文化一二)に刊行された重田一九を著者とする指南書である。「重田」という名字は十返舎一九(一七六五〜一八三一)の本名である。『東海道中膝栗毛』で名を知られているこの著者は、タイトルから判断すれば児童(第一に男子であろう)を対象とした教育書の著者として登場する。他の「往来物」同様、この『童子諸礼躾方往来』のページも上下に分かれており、一ページの二分の三ほどを占める下段の字は大きく書かれ、手習の模範ともなっているようだ。幅の狭い上段が小さな字で様々な実践的情報を提供しているのに対し、全作品と同じタイトルの下段の主文は、主に食礼を説明している。[39] 『宝暦節用字海蔵』と似た内容が語られる規範は普遍的な内容を持ち、副題の「万代実益」もこの類の指南書が目指す一般性を物語っている。

さらに半世紀ほどの間を置いて刊行された文献として一八六三年（文久三）『江戸大節用海内蔵』[40]（高井蘭山編集）を紐解いてみたい。そこに含まれている「当流躾方大概」は「給仕の事」という章で、礼儀作法の全項目のうち特に日常生活に欠かせないとされる「料理の食ひ方且給仕配膳の仕方」を紹介している。

『宝暦節用字海蔵』も後の二文献も、内容の重点を「技術上の指示」に置いていることで共通している。[41] 江戸時代の作法集の中でも一つの類型をなしている貝原益軒の『食礼口訣』と同じく、食べる行為の儀式化が目指され、食事中の基本的な身体の動作が第一目的とされる。

a「飲食の礼」。「技術上の指示」が全二九項目にまたがっているのに対し、「交際上の指示」は七項目しか見当たらない。技術関係のルールの中、二〇項目は「価値観が含まれていない」種類に当てはまり、その中の一六項目はさらに行動を決まった型にはめ込み、一々の動作の儀式化に関係している。[42] ここで呼ぶ「何らかの価値判断が含まれているルール」は同じく二〇項目で述べられる。そのうちの八項目は不快感や羞恥心に触れるもので、[43] 残りは禁止項目を挙げている。[44] 交際上の面では第一条と第一九条は饗宴の参加者の身分差による行為をテーマにし、二、三、一一、一二、一三、一七項はお互いに敬意や思いやりを促している。

b『童子諸礼躾方往来』が紹介している食礼のルールは、一九項目に区別することができ、その中の三項目は「交際上の指示」、残りは「技術上の指示」に属している。それらの大半（一〇項目）は「価値観が含まれていない」規範を挙げ、六項目は不快感や　羞恥心に関わるものや、禁止を述べたりしている。

c『江戸大節用海内蔵』の「当流躾方大概」は食事だけに言及しているわけではない。第四条は食べ順、第七条は菓子の食べ方、第八条は歯の掃除法を紹介している。また四項目は給仕のルールを挙げ（一、二、三、六項）あるいは飲酒をテーマにしている（第五条）。残りは扇子の使い方など食事会と関わるが、食事行為自体とは関係のないもっと一般的な行動を説明している。分類すれば全一二項目は動作の過程に儀式性を与える価値判断のない「技術上の指示」を包含する。「何らかの価値判断が含まれているルール」は第四条と第七条に禁止項目として、あるいは七、八、九、一二項に羞恥心と関係する形で確認できる。それに対し、「交際上の指示」は四項目（五、六、八、一二）に掲載されている。

①内容の特徴

価値判断が含まれていない技術上の指示

食事作法の一つの中心項目は食順で、その取り扱いが明示しているように、上記の三文献は共に目標とされるべき食べる態度の標準化を目的としている。「飲食の礼」は、食順について上記の第三条（本膳）や第五条（二の膳）で述べている。そこでは飯→汁→菜という基本パターンが明らかにされている。『江戸大節用海内蔵』の「当流躾方大概」は、箸の取上げ方や手の動きに関して、「飲食の礼」に含まれていない情報を提供しているが、食順の説明は大体似ている。

客となりて飯くふときはまづ箸を右の手にとり持かへてその手にて飯椀のふたをとり左の手にわたしまた右の手にて汁わんのふたをとり今の如くして膳の左の方に重ねおきまづ飯を食ひ汁を吸ひまた飯を食ひ菜を食ひまた飯を食ひて菜を食ふなり。菜より菜へ移るべからず。たとへば二の膳三の膳ありともおのおの斯の如くなり。

益軒著『食礼口訣』（第四条）も正しい順序を飯→汁（実のみ）→飯→汁→菜として挙げており、特に汁の飲み方に重点を置き、汁を飲む前に汁の実だけを食べるよう求めている。しかし汁から飲むなり、菜から食べるなり、いずれの場合もまず飯から食べることが肝心である。汁の実を食べることと汁を飲むことに順番をつけることがどこに由来しているのか判然としないにしても、江戸時代の作法集が例外なく食順に注目しているのは事実である。礼法をいたって簡潔な形でしか紹介しない文献さえ食順に言及していることから判断すれば、食順は食礼の一番基本的な項目として意識されていた、と結論づけても過言ではないであろう。

この点で『童子諸礼躾方往来』も例外ではないが、標準となっているパターンから大事な一点において逸脱している。この文献も最初は飯椀から蓋を取り、それを膳の右側に置くように指示している。そして次に汁椀の蓋を取り、飯椀の蓋に重ねる。しかし、他文献ではまず飯から食べるべきと書いてあるのに対し、『童子諸礼躾方往来』は椀を開けて、

後汁を吸飯に移り再三如斯して其上平壺鱠と順々に喰ふべし

と要求している。この本膳の食順は二膳や三膳にもあてはまる。

この例外を除けば、食順に関する意見は全ての礼法集で基本的に一致している。しかし具体的なルールの数などを検討すれば、その詳しさに差があることに気づくであろう。『食礼口訣』は、膳の上に置かれた器の配分や、食べる時の手の動きなどに細かい注意を払っている。ただし差があるとは言え、「当流躾方大概」はこの点では益軒の礼法集に似て、「飲食の礼」よりも詳しく描写されている。ちなみにそれ以外のルールでは、この比率は完全に逆転するのである。『童子諸礼躾方往来』は箸の持ち上げ方を説明しておらず、そして『食礼口訣』と違って、手から手への椀の渡し方などについても、細かい動きの説明を省く。基本的な知識は一般的な指示の二項目に収斂され、例外的に具体例が一つ挙げられている。それによると、右側に置いてある器（料理）は右手で持ち上げ、左手に渡してから食べるべきである。また左側に置いてある器を直接左手で持ち上げても構わない。しかし「膾」だけは持ち上げずに食べるべきという「法」を心得なければならないと強調している。

価値判断が含まれている技術上の指示

不快感を引き起こしうる態度を抑制しようとする規範や禁止項目の場合にも、重点の置き方に相違が認められる。菜から他の菜へ直接うつるべきではないという警告は、「飲食の礼」（第三条）にも「当流躾方大概」にも掲載されているが、『童子諸礼躾方往来』には欠けている。概していえば、この文献における食順の描写は曖昧な性格を帯びている。例えば菜を「平」、「壺」、「鱠」という順序で食べることを促す項目は、礼法集の支配的な意見とは逆に、「平」の菜を食べてからすぐに「壺」の菜に移ってもいいということを意味しているのであろうか。簡潔な描写はそうも思わせかねない。

『宝暦節用字海蔵』の「飲食の礼」は、口がまだ空になっていないうちに、次の一口を入れるような落ち着きのない食べ方を許さない（第六条）。汁をかけた菜を残らず食べなければならない（第七条）のも、禁止項目の例である。それに対して、飯を一口分に丸めてから口に入れるべきでないというルールは、禁止を表現しているだけではなく、羞恥心にも触れているかもしれない。

『童子諸礼躾方往来』は、器を口に当てて食べる際、その器の縁から周囲を見回すことを避けるべき行為に挙げている。同じように、箸で菜を取りながら周辺を見回すのもいけない。理由の説明はないが、前者は次の食べ物を狙う貪欲さを表す態度として忌まれたのかもしれない。後者は既に道元の『赴粥飯法』で挙げられており、周囲の人たちが食べているものを妬む心情の印として避けられた(45)。

「当流躾方大概」の中では、四つの条項が不快感を呼び起こす、あるいは無礼と意識されうる態度として挙げられている。第七条は甘い菓子への警戒を述べている。

甘美とて猥りに食ふは礼にあらず

特に女性はこのルールを心得るべきである。正しい食べ方はまず懐紙を出し、その上に菓子を二、三個置く(46)。

いくら小さくとも一口で食べるわけにはいかない。そのために縦横に折って用意したもう一枚の懐紙で、食べ終わった後に口を拭く。しかし男性はそうする必要はない。第八条は楊枝の使い方と鼻のかみ方を説明している。

> 凡貴人の前にては楊枝つかふべからす然ながら奥歯などに物かりて堪がたくは楊枝を短くをり脇をむき口に手を翳して手まわしよく取りたて楊枝は袂へをさむへし鼻をかむ事も同然なり

食事中に扇子使用の遠慮を促す項目も面白い。

> また暑しとて扇をつかふべからず。もし堪がたくは半開きにして掌を少しつつ扇ぐべし。自然と涼しくなるもの也。（第九条）

歯をせせるのも、扇子で体を冷やすのも相手に不快感を与えかねない動作として、身体表出の抑制が図られるが、しかし同時に歯を掃除したり、扇子を使用できなければ、本人が耐えねばならない不快感も無視できない。それゆえにこの二項目では、元来見苦しい態度が規範化を通じて許される動作に変換される。

「飲食の礼」でも、様々な動作が規制化される。しかし、それは「当流躾方大概」と違って、原因を取り除かなければ本人も不快感を覚える特殊なケースではなく、むしろ一般的に周辺の人々の羞恥心に関わる動作と関係がある。たとえば、いったん口に入れまた出したものを始末することに注意が要求される。それはとりわけ魚の骨や果物の種の場合にそうである。まず口に懐紙を当て口から出してから、懐紙で包んだ上で懐にしまう処分法が勧められる。特に恥ずかしいと思われる食べ方や、それによって引き起こされる音が規制の対象となる。飯を椀から口の中へと搔きあげる食べ方は禁止される。「舌打」、つまり嚙みながら音を出すことも回避すべきである（第二七条）。汁を音高くすすってもいけない。このように口関係の警戒項目がなかでも目立つ。この文献でも『食礼口訣』など数多くの礼法集で言われているように、丸いもの（ここは「香物」）から一口食べて半月に似た歯跡が生じないように注意すべきことを教えている（第一八条）。『童子諸礼躾方往来』もまた口に対する敏感さを示している。口音を出しながら食べることは、「非礼」で下劣な態度と見られる。どんな食べ物でも、口一杯に詰めこむのはよくない。ここでは珍しく、その理由も語られている。口一杯に食べたら、話しかけられた時に即座に答えられないからである(47)。

交際上の指示

概していえば、礼法集は食礼の一々のルールを理由づけていないのだが、場合によって、ある態度は目上の人の前で相応しくない行為として規制される。「貴人」の前で煙草を吸うのも、歯を掃除するのもその例に当たる。やはり礼儀正しい態度は身分差に対する意識と関係している。そのため、「相伴の人」は「正客」のように物を褒めたり、「正客」より遅く着いたり早く帰ったりするようなことはいけない(「飲食の礼」、第一一条)。橘や蜜柑の皮を剝かずに食べるのも身分の格差を配慮した正しい食べ方である(第一九条)。

しかし上下関係を自分の態度に反映させることだけでなく、お互いの敬意や思いやりも大事である。「飲食の礼」も『童子諸礼躾方往来』も、食べ始める前にお互いに礼をすることを促している。特に酒を飲む時にお互いに敬意を払う気持ちが標準化された形ではあれ、表現されている。「当流躾方大概」はこう述べている。

主客盃をなすにはまず主人一杯よくしたみ盃台にのせ己が飲たる所を己が前へむけて客に酌す也。当下客人礼儀をなしその盃に手をかけくるりと回して主人の飲たる所を前にして酌を受る。

思いやりの対象としては饗宴の参加者以外に、給仕する人物のことも考慮に入れられる。「飲食の礼」の第一〇条は長い伝統を持っている。汁の再進を受ける時に「通のひと待たせおきて」残っている汁を吸ってはいけない。

(3) 礼法の特徴

江戸時代の礼法集は室町時代の故実書と違って、すべての人を身分差・年令別などと関係なく、対象にしている。室町期の礼法集にまだよく見当たる例外は江戸時代になると段々なくなっていく。その点でこの時代のエチケットがより包括的な性格を持って、一般化してきたルールがより強い規範性を目指していると見受けられる(48)。しかし、恥ずかしいと思われる態度・身体表現を抑制するために設けられた規則に限っていえば、女性用の指南書と『宝暦節用字海蔵』の「躾方仕用集」のような一般読者もしくは男性に向けられた礼法集の間には格差を認めざるをえないであろう。身体表現を押さえようとする点では女性を相手にする文献はより厳しい内容を持っている。著者が調べた食礼が含まれている約九〇点の江戸期の礼法集のうち、およそ三分の一が女性のみを相手にしている。その中の一七点が食べる時の音を恥ずかしい身体表現として禁止している。もっと詳しくいえば、一七点のうちの一二点が「口おと」・「歯音」を総括的に禁じている。残り五点が汁や麺類などのような食べ物に関して音に対しての警戒信号を発している。それに比べて、残りおよそ六〇点の一般読者または男性向けの礼法集では一三点のみが食中の音を何らかの形でテーマにしている。そして一三点の内の二点しか総合的な禁止項目を包含していない。それ以外の文献が一点か二点だけの特殊な料理に限って食べる音を押さえようとしている(塩辛、骨、麺、粥、焼鳥)(49)。

既に他所(50)で論じたように、食事作法は様々な媒介機能を果たしている。最も基本的なものは食べる人と食物の仲介である。それは同時に人間と自然界の媒介を意味している。

そして次の段階では食事のルールによって自分自身との関わり方が形成される。厳密にいえば、そこにおいて二つの関わり方が区別できる。一つめは自分の内面との関わり方で、それは人間が本来食物に対して感じる情動(食欲など)の抑制、あるいは饗食に参加する他の人間に対する精神的な構え(身分に応じる敬意などを表わす態度、相互の尊敬、思いやり）を育成する形を取っている。

二つめは自分の身体との関わり方である。そこにおいてもまた二つの側面が確認できる。一つは食事作法をマスターするための技術的な訓練である。身体は器物や箸など食事に使われている道具を、ある標準に適う形で操作できるようになるために様々な動きを覚えなければならない。もう一つは身体の自然な表出（音など）のコントロールである。その制御力をより決定的にするためには、身体に羞恥を覚えさせ、それを通して精神的・感情的な基礎づけが成立する現象が起こる。それがまた内面への新たな働きかけを意味している。

こうした過程によって身体や精神が働きかけの対象になり、人間は本当の自分を身体または精神が担う機能と分離し、自己抑制力を強めている。

最後の媒介関係は他者との関係で、この関係は他のすべての関係を導き出している。他者との関係を円滑なものにするために他の関係が成立し（それだけの理由ではないにせよ）、他者の地位によって他の関係の厳格さもまた変わってくる。

しかし、他者との関係はあくまでもいくつかの媒介関係・媒介機能の共演の中の一つに過ぎない。それが成立しない場合、つまり家庭内での、あるいは一人での食事の場合にも、それ以外の関係は当てはまるし、同じ厳格さは必要とされていないにしても、他者との関係が働く公式な場で洗練を受けた他の媒介機能が働いている。こう考えると、他人との共同食事のために作られた食事作法はそれ以外のプライベートな範囲に属する場面においても人間の行動パターンを形づける可能性が充分に考えられる。身体全体の導入を必要とする食事作法は、他人との共同食事という本来の有効範囲を超えて、規範化・規律化をもたらしていると思われる。しかし、それがどんな形で起こるかという問題は歴史のベールに包まれている。礼儀作法集はただ規範集として分析しうるもので、実際の行動はどんな枠組みのなかに展開したかということを垣間見させているものの、過去の人間は具体的にどういうふうに行動したかということについて物語る文献ではない。

四　結論に代えて――「礼」の再評価――

実際の行動を覆うベールを礼法集をもって剝がすことはできないにしても、当時における礼儀作法の位置づけを問いながら、礼儀の社会的意義に関する推測を再評価の形で組み合わせることならば可能である。その再評価は一六〇〇年頃から一八六八年まで観察できる礼儀教育とその普及を勧める傾向に関して、支配関係や排他性を強調するという、従来追求された研究のアプローチと対照的なイメージを浮彫りにする。

そのイメージにはもちろんそれなりの根拠もある。確かに江戸時代の礼法集は、饗宴に参加する人間の身分差による序列付けを始め、欲望の抑制と身体の規律化を目標としている。そして自然界も食物という形でしか饗宴に参加できず、それとしてなおさら礼法による支配の対象となっている。饗宴の参加者の間の共同意識を促進したり強化したりする効果も、食法集が意識的に目標として挙げないにしても、二次的な結果としては起こりうるものである。そして共同意識は同時に、饗宴外の世界を閉め出すニュアンスを含んでいる。少なくとも礼法集で取り上げられているような、儀式性が高く、身分差にばらつきがあるあらたまった饗宴に関しては、上の側面を指摘できると思われる。慎ましい振舞をもって、身分の相対的に低い参加者がより上位の相手に敬意を表したり、自分の身分に相応のより質素な献立で我慢するように促されているとはいえ、格式高い饗宴に参加できること自体は既にそこから閉め出された人々に比べて栄誉に足りることである。[51]（内外ともにかかわる）格差や秩序に基づく饗宴のこの構成原理と並び、礼法集が強調する規範に違反を興す行動に対する予想できる報復の次元も考えるべきであろう。礼法集は断片的な形でさえ、その報復について言及しないとはいえ、少なくとも海保青陵が描写したエピソードが具体的な違反とそれに対する反応を垣間見させてくれる。[52]

しかし上下関係や支配等を考察の中心に持つアプローチは、ある類いの歪みを免れえない。礼法集はあくまでも利用者を案内する指南書であり、まずは優しい配慮に基づく指導を目的としている。青陵は当時の社会における礼法の知識がどれだけ有利であるかを指摘している。社会的上下関係を確立させ、行動規範への降伏を余儀なくさせる支配手段であるどころか、『東廬』の中で「礼」はまるで普遍的なコミュニケーションの手段とでもいうべきものとして紹介されている。「礼」をマスターすることは（京都における朝廷のような時代錯誤な場所を除いて）、全国のあらゆる社会層への接近または出入りを保証し、職務を処理することはもちろん、社会における役目を果すのに失格するという心配を取り除いてくれる。「礼」のこうした自由をもたらす、しいていえば開放的な性質をここで強調したいところである。

横田冬彦は、豊臣秀吉が目指した兵農分離等、国を統一し社会を安定させるために打ち出された一六世紀末期の政策はただ支配者に打ち出された軍事的作戦の一環ではなく、民衆全体が長らく抱いていた平和や安定に対する憧れの結果として評価している。[53] 氏が指摘するには、一三世紀後半から断続的に続く内戦期は、我が身や自分の生活範囲の保護を目標とする民衆全体の軍事化に繋がった。それにもかかわらず、「武勇」より「天下泰平、国土安穏」こそが理想化された。[54] 坪井良平が研究した、特に一五・一六世紀に鋳造された寺鐘に刻まれている鐘銘はそれを端的に物語っている。[55] 普通「刀狩令」として知られている条令は、その文脈で評価すべきである。農民が農具だけを持ち農耕だけに出精すれば、家の存続に繋がるだけではなく、「国土安全」や「万民快楽」の基盤にもなると横田はいう。[56]

儒学の立場からみて、「天下」の統一は、勝利を得た徳川家が、古代中国の提供する理想像である政治制度を範として、支配体制を施行する契機を孕んでいた。実際として新しい政権は他の社会層を圧迫する武家による単なる圧制に尽きるものではなく、「元和偃武」を実現させたものでもある。こうして見てみると、横田の評価を否定することはできない。江戸時代の前期との質的な相違は水林彪が注目を向けた法律の制度や国家観念における変化から読み取れる。[57] 従来、訴訟は個人と個人の間の私的な喧嘩事で公権が両者の間を媒介するために介入すると認識されたのに対し、徳川家の支配の許では、公権が被害者・原告の側に立ちながら犯罪を追求し、それによって犯罪が私的レベルにおける過失より「公儀」への侵犯と考えられるようになる徴候が顕著になりつつあった。[58] 当時の実践は無論現代の司法制度まで複雑化しておらず、検察官と裁判官の分離はまだ発達していなかった。場合によって公権は借金返済を巡る訴訟を取り沙汰せず、その代わりに何度も「相対済し令」を発布したりすることもあった。これは武家と商人の間の起った借金返済を巡る問題が、私的なレベルにおける軋轢と見られたしるしである。それを公に取り上げることの拒否は、武士にとって都合のいいことであり、同時に徳川支配は一部の人たちだけの利害関係から独立した、全ての社会層を同じ基準で扱う公平な政権ではなかったことを示すしるしの一つでもあった。徳川幕府は、最初から武家による武家の都合を考える支配体制で、本当の意味での民政と関わる業務責任を自覚し、それを果たせるようになるまで時間がかかった。

徳川支配が不十分であることに、同時代の人も気づくことがあったが、その注目の仕方は現代とは違う形で行われた。改革の提案を内容とする意見書という形式を借りた批判は、とりわけ儒者によって行われた。新井白石（一六五七〜一七二五）や荻生徂徠（一六六六〜一七二八）の場合は周知の通りである。彼等の見識では、幕府が面していた問題を乗り越えるために、古代中国の「先王」のそれをモデルとした「制度」・「礼楽」の導入は欠かせないものであった。その要求の背景には、社会全体の基盤になりうる一定の行動基準の必然性という意識が働いた。しかしこうした基盤の確立は、儒者の言説という理論的な枠組みだけで論じられる話題ではなく、全ての人々の実生活の現実と関わるものであった。国の統一に伴った様々な変動は社会全体に有効性が認められた、ヨーロッパのキリスト教の教会のような、上位の権威に根拠を持つ、バッファとして機能できる宗教的ないし倫理的思想によって和らげられはしなかった。伝統のあるモデルにおいて、新しい時代に政治的な営みを含む有効な行動規範は、「礼楽」という概念を借りてしか構想されえなかった。確かに徳川政権は、様々な「法度」で武家、公家や宗教者の取り締まりを図ったが、まず「法度」の対象にならないにも関わらず、人口の大多数を占める農民や町人の活動に端を発し段々と複雑化していく社会を前に、幕府が用意した手段は不十分だった。徳川家の家臣団だけを前提とした幕府の行政仕組が、より大きい規模の民政のニーズに（十分ではないにしても）対応できるように適合・拡大されるまでは何十年もかかった。時代につれて最初は問題にされなかった社会層に向けられた触書き等も発布されたにもかかわらず、それは包括性に欠けていた[59]。抑えられなくなった社会的や経済的な発展を好ましい方向に向けて操縦するため、幕府が持っていた手段は、一個一個の問題が顕著になった後に、断片的に繕うものに過ぎなかった。幕府開幕一〇〇年が経ってからも、国は未だに古代に実現された理想的な政治体制に倣った「礼楽」（つまり政治制度）、しっかりした基盤を持っていないように、白石や徂徠の目に映ったのも不思議ではない。そして一七一九年の朝鮮通信使とともに通信使の製官として江戸を訪れた申維翰（シン・ユハン、一六八一～?）も同じ印象を受けた[60]。

支配者に託すことができないのであれば、社会の全てを一定の基準でカバーする制度の欠如によってできた真空状態は、違う方法で埋められる以外に道はなかった。礼法集等の指南書はその隙間を閉じようとした。確かに、処世術を身につけるには他の手段もあった。「法」分野もまた、その例の一つを提供してくれる。江戸初期の「法度」で失われたものが多いのに対し、一七世紀後半から私的に法律集成を作成する傾向が目立つようになった[61]。諸侯は法令を記録しはじめ、町のレベルでも条令を集大成し、三井家のような商人の家でさえ、交易関係の法や指事を書きとどめた。そして幕府は、一八世紀中頃からその体系化を目指し、これまでの条令等を纏めようとした[62]。この趨勢は、江戸時代の社会が安定期に入り、拠り所になる確かな基準への要求が高まったということを示している。この文脈の中で幾つかの他の現象を理解すべきである。例えば貝原益軒が残した教訓書や道徳・宗教色の強い書物や際立った説教活動で町人に働きかける「心学」運動はそうである。

しかし、一定の法的基盤を確立させようという努力は断片的な段階を超えず[63]、儒学的な言説を理解するには高い教育水準が前提とされたため、その受容は社会のほんの一部に限られていた。そして「心学」運動が特に商人を対象としたのに対し、礼法集を含む指南書は普遍的な側面を持ち合わせ、社会の一員の全てに区別なく訴えかけた。同時に発展しつつあった印刷技術と出版業界の拡大は、全国的な広がりを可能とした。指南書あるいは百科事典の性格を持つ他の出版物[64]を媒体として、ありとあらゆる知識を網羅し、全ての人々に提供する一種の公共性（Öffentlichkeit）が成立した。それは特に朝廷や武家の伝統、厳密にいえばこれらに由来する知識がそれに当てはまる。しかし両社会層の文化的趣向および価値観の指南書への流入は、「公家化」もしくは「武家化」という表現が示唆しているように、社会全体に一つの型が押しこまれたことを必ずしも意味していない。むしろ、指南書のジャンルの発達に伴って、一部の人のみが共有していた知識は、エリート的な性格を失って公共の知識となり、同時代人の全ての指南として役立った。

ありとあらゆる生活場面のためにアドバイスを提供することが指南書の目的で、それを節用集、往来物等に包含されている実生活に役立つ知識を紹介する部分で果している。例えば、複雑化しながら匿名性を増す社会の中で、歴史的に発展してきた同じ農村の共同体あるいは町の隣人の共同体で相育ち相生活してきたことのない人たちをどのように把握し、彼等に自分の行動をあわせればいいかという質問に返答するのは、人相学的な知識を集めた章である[65]。ここで様々な顔のタイプから持主の人となりを大雑把に読み取るだけではなく、細かく目、耳、鼻あるいは口の形が分類され、色々な性格の特徴と連係させられている。つけ加えていえば、こうした人相案内で、女性のどの顔の形がどの性格の特徴を表しているのか、結婚相手として相応しいかどうかなどを調べることができた。社会のあらゆる生活分野を無難に往来するためにアドバイスを提供する指南書のうち、礼法集は人間付き合いの規則を教えることを目的とした。ある意味、礼法集が果した役割は、上で議論したように新支配体制の設立の際、新しく設定された「礼」に付せられた役割と同類のものであったといえるであろう。

白石と徂徠は幕府に新たな「礼」の体制を制定することを要求したのだが、聞き入れられなかった。儒学者が期待した、古代中国をモデルとした理想から遠く離れた形ではあるが、礼法集はそれなりに社会関係の基盤を築こうとしており、彼ら著者の意識の中では、礼法は古代の「礼」の延長線に立ち、単なる表面的なマナー以上の性格や役割を担っている。漢王朝の時代以来、通例となったように、礼法集に含まれる行動の規範によって、社会的秩序の枠組みが構築されるようになった。中国の聖人や足利義満の時代に源を求める自国の礼法（故実）の伝統との繋がりを強調し、それをもって権威や正統性を確保しようとする試みからこの意識をはっきり読み取れると思われる。(66)

同時に根本的な相違点を強調する必要がある。古代中国に「礼」は文化的に洗練された社会の上層部（支配者等）に関わるもので、一般の民衆は「法」によって治められるべきとみなされた。そして日本の場合も有職は朝廷、室町時代の故実は将軍や大名を巡る生活範囲における行事に用いられた。それに対し、江戸時代の間に礼法は社会全体をカバーするようになり、全ての人間関係を同様に制定する規範を提供しようとした。(67)特に（改まった）文脈での食事の場合、室町時代と違って正しいと思われる振舞いの規則は、もはや社会層の間の断層を維持し、誇示する手段としては機能しなかった。(68)上位を意識させ、社会的地位を誇示するために、江戸時代の武家は刀、家紋や家名を重んじたが、大名が家臣に対し頻繁に促した倹約や質素な生活様式のため、一般武家の食文化は、贅沢さ加減や洗練度で識別標識にもなりうる文化へ発展することはなかった。食文化の豪華さ、あるいは都市型生活様式一般に関しては、武家よりも裕福になったそれ以外の社会層の貢献が大きかった。そしてこうした社会層の間にこそ、礼法集は少なくとも武家の間と同じような応用範囲を有していたのである。

このように、普遍性に基づく礼儀作法の作品を通して、市民社会 civil society への提案／申し出 Angebot が出されることになった。なぜなら、礼法集が彷彿させる様々な人間の相互関係が作りだした織物は、幕府を頂点とする軍事体制によってのみ支配されたのではなく、むしろ「礼」によって洗練された文化共同体 Kulturgemeinschaft の輪郭を広く窺わせるからである。「礼」はその中で、支配者が志向する個々の規律化を代表するよりも、むしろもっと高度な文化的レベルを顕わしている。行動規範の知識は社交の場における安心と、そこから得られる安堵感をもたらしてくれる一方、他方ではある種の自由を可能にする。礼法が目指している、細かな部分まで自らの身体を規律化し、礼法を内面化した結果、「礼」の識者は、もはやあらゆる社会場面での相応しい行動を気にすることなく、他のことに集中できる余裕を獲得した。なぜなら自分の身体は、一々の行為を意識的にコントロールしなくとも、社交の場における「礼」の基準を会得しており、その場に相応した態度を心得ているからである。考えてみれば、海保青陵が江戸の「有職」をマスターした結果として約束しているものも、この自由や卓越さこそであるように思われる(69)。

同時に「礼」のもう一つの側面を考慮しなければならない。礼法集は「礼」を時間、あるいはその流れの速度を抑制する手段として提供している。H・ブルーメンベルクの言葉を借りるならば、「礼」の規範とは、「行動の型、規定の行為、義務と化した手続きの複雑化、煩わしさ、人の直接的な利用を難しくし、二つの点の間の一番短い連携の線が実現した世界の到来を阻止し、あるいはその到来を少しでも遠ざけてくれる儀礼」である(70)。戦国時代末期以来の変動期、古い生活様式から、平和的な時代における新しい生活様式へと変化していく中、そしてより安定した世相が可能にした経済的かつ社会的勢いの展開とあいまって、礼法集はそれぞれのひとまとまりの経過である行動を無数の単位に分解し、それぞれの単位に対して同様の重要性を持つものとしての意識が促進される[71]。行動はその結果、ゆっくりとした荘重で威厳を感じさせる速度を余儀なくされ、それが時代の移り変わりの目まぐるしさに新たなパターンを押し付けようとしている[72]。礼法の有効性は、規範通りに振舞う人たちの行動を予測のつくものにするばかりではなく、行動のパターンを相応しい速度に調整し、それによって社会の安定を脅かす変革過程が目立たなくなり、人の目に危険なものとして映らなくなるのである[73]。

また、生活速度を計算し制御しうるものにした礼法の有効性を認めることは支配層の命令に従ったものではなく、礼法集自体も社会の上層部からきたものではない。この点について強いて言うならば、ある種の民主主義的原理さえ認識できると筆者は考えている。指南書を媒体として普及する礼法は、時代のニーズに答える返答、そして社会の下層部から、つまり実際として有効性を求める環境において育まれるのである。それは政治的世界と隔離された民間の生活範囲である。武家社会、特に将軍や大名の生活空間を舞台とする古い礼法（武家故実）なしには江戸時代の礼法集は考えられない、という事実を勿論見逃してはならない。

また江戸期の礼法は、いわゆる「常民」（武家以外の民衆）の行動範囲だけに当てはまったのではなく、武家のメンバーも読者として想定されていた。しかし概して言えば、京都にある朝廷や将軍の城等で、いまだ有職故実の伝統を色濃く引く礼式が行われたのに対し、巷には新たな礼法の大系ができあがりつつあったのである。

欧米の諸文化の文脈における社会構想や新たな政治体制の設立は、「法」概念や法典における「法」の具体化と切っても切れない関係にあると思われる。欧州の歴史における「Codex Justinianus」が果した模範役割は周知の通りだし、「Code Napoleon」が近代的国家体制の形成あるいは後の種々の憲法の考案のために持っていた意味を新たに強調する必要はもはやない。江戸時代、この「法」と同様の役割を果したのは、（比較的遅い時点に集大成された触書き等ではなく）まさに人間同士の相互関係を基礎付ける礼法集であった[74]。礼法というのは、徳川政権による厳密な意味での法律大系もしくは社会体制の設立を必要とせず、文化社会が成りたちうるものになった広範に合意を勝ち得る基盤であった(75)。

（1）「夫れ礼は親疎を定め、嫌疑を決し、同異を別ち、是非を明らかにする所以なり。礼は妄に人を説ばせず、辞を費さず。礼は節を踰えず、侵侮せず、好狎せず」（『礼記』四部備要〈以降 SBBY と記す〉1.1b-2a、竹内照夫『礼記』、新訳漢文体系、第二七～二九巻、明治書院、一九七一年、一三頁）。

（2）「道徳仁義も、礼に非ざれば成らず。（中略）君臣上下、父子兄弟も礼非ざれば定まらず」（同、SBBY, 1.2a、竹内照夫、前掲書、一四頁）。

（3）「人礼有れば則ち安く、礼無ければ則ち危し。故に曰く。礼は学ばざれば可からざるなり。夫れ礼は、自ら卑しくして而して人を尊ぶ。負販の者と雖も、必ず尊ぶ有るなり。而るを況んや富貴なるをや。富貴にして礼を好むを知れば、則ち驕らず淫せず。貧賤にして礼を好むを知れば、則ち志懾れず」（同、SBBY, 1.2b-3a、竹内照夫、前掲書、一五～一六頁）。

（4）同、SBBY, 7.11b-12a、竹内照夫、前掲書、三五三頁。

（5）「礼運篇」にある次の言葉は「礼」と食事・食事作法を端的に示している。「夫れ礼の初は、諸を飲食に始まる」（同、SBBY, 7.2b-3a、竹内照夫、前掲書、三三一頁）。

（6）“By Manners, I mean not here, Decency of behaviour; as how one man should salute another, or how a man should wash his mouth, or pick his teeth before company, and such other points of the *Small Moralls*; But those qualities of mankind, that concern their living together in Peace, and Unity.” Thomas Hobbes: Leviathan, ed. by C.B. Mcpherson, Harmondsworth: Penguin Books 1968: 160. この問題に関して、Klaus Kracht: “Anstand und Etikette in Japan. Ein Forschungsgebiet. Erster Teil”: *Japonica Humboldtiana* 2, pp.20–21 を参照。

（7）Léon Vandermeersch: “Ritualism et juridisme”: 同：Etudes sinologues, Paris: Presses Universitaires de France 1994: pp.209–221.

（8）Olivier Ansart: *L'empire du rite. La pensée politique d'Ogyû Sorai, Japon 1666–1728*, Genève, Paris: Librairie DROZ 1998.

（9）同 1998: pp.12-14. 概していえば、アンサールはこの場合に「法」を「自然法」という意味で理解しているようである。

（10）ローマ時代の法律専門家ウルピアヌス（?～二二三）はそれを「各人に彼のものを与えよ」という有名な形で表現し

た。

(11) 同 1998: p.13.「法」の機能のこの両側面の分離や「個人の自由」、「主体の権利」など新たな概念はもっと遅い段階、ヨーロッパにおける市場・金融社会の成立とともに形成されたという（同 1998: p.14.）。ちなみに、「礼」や「法律」(*loi*) の間にも、アンサールは両方を完全に切り離しがたくする明確に色分けできない段階の存在を主張している。彼に言わせれば、法家思想との対立にもかかわらず、儒学の伝統内でさえ、「礼」や「法律」の区別は完全ではない（同 1998: pp.14-15.）。

(12) 同 1998: p.21.

(13) 同 1998: p.176.

(14) SBBY, 23.1a.

(15) SBBY, 23.1b.

(16) SBBY, 23.2a.

(17) この「礼」は中国文明の創立者として意識された「先王」によって人間の欲望を指導しながら、具体的なニーズと限度ある物資との均等をもたらすために作られたものである（SBBY, 23.3b）。司馬遷のこうした理解は荀子まで遡れる。

(18) SBBY, 23.5a.

(19) 渡辺信一郎「商容の末裔—あるいは漢代礼容の儒学について」（『堀敏一先生古稀記念論集中国古代の国家と民衆』、汲古書院、一九九五年 a、同「中華帝国中・律令法・礼的秩序」（鈴木正幸編『シンポジウム　歴史と現在』、柏書房、一九九五年 b、同「天下観念と中国における古典的国制の成立」（中国史学会編『中国の歴史世界　統合のシステムと多元的発展』東京都立大学出版会、二〇〇二年、Werner Eichhorn: *Die alte chinesische Religion und das Staatskultwesen*, Leiden, New York, Köln: E.J. Brill 1976, Howard J. Wechsler: *Offerings of Jade and Silk. Ritual and Symbol in the Legitimation of the T'ang Dynasty*, New Haven 1985, David McMullen: "Bureaucrats and Cosmology. The Ritual Code of T'ang China", David Cannadine, Simon Price (編): *Rituals of Royalty. Power and Ceremonial in Traditional Societies*, Cambridge, New York, Victoria: Cambridge University Press, 1987: pp.181-236" を参照。

(20) 皇帝の権力がその普遍性を発揮できるためには、その根源たる「天」との結びつきを可視の形で証明する必要が生じた。そこに「礼」大系の一番顕著な役割が存在した。

(21) 早川庄八「律令法と天皇」（井上光貞他編『日本歴史大系』1、山川出版社、一九八四年）四六七頁。

（22）古瀬奈津子『日本古代王権と儀式』吉川弘文館、一九九八年、仁藤敦史「律令国家の王権と儀礼」（佐藤信編『律令国家と天平文化』日本時代史4、吉川弘文館、二〇〇二年、等。

（23）「礼節を専らにすべき事　国を理むるの要、礼を好むに過ぐるなし。君に君礼あるべし、臣に臣礼あるべし。およそ上下おのおの分際を守り、言行必ず礼義を専らにすべきか」（『日本思想大系』21）一五一～五二頁、一三項。

（24）石母田正「解説」（『日本思想大系』21、岩波書店、一九七二年）六四一～四二頁。

（25）慶長二〇年（一六一五）の「武家諸法度」に含まれている第一〇条（「衣装之品不可混雑事。君臣上下可為格別云々」）は「礼」がもたらす社会的秩序の関係で理解できる例の一つである（『日本思想大系』27、四五五頁）。そして天和三年（一六八三）の「武家諸法度」は第一条で「礼」を挙げている。「文武忠孝を励し、可正礼儀事」（同、四五八頁）。寛永一二年（一六三五）の「諸士法度」も次のように述べている。「忠孝をはげまし、礼法をたゞし、常に文道武芸を心がけ、義理を専にし、風俗をみだるべからざる事」（第一条、同、四六三頁）。

（26）赤沢経直は一六〇四年に小笠原に復し、弓馬礼法の師範家として幕府に仕えるようになった。

（27）Paris: Nepveu 1822.

（28）Norbert Elias: *Über den Prozeß der Zivilisation. Soziogenetische und psychogenetische Untersuchungen*, 2. Vol., 3rd. ed., Frankfurt: Suhrkamp, 1977. N・エリアス『文明化の過程』二巻、赤井慧爾他訳、法政大学出版局、一九七七年。

（29）次の四点は例外的な業績である。熊倉功夫『文化としてのマナー』岩波書店、一九九九年。陶智子『江戸の女性―躾・結婚・食事・占い』新典社、一九九九年。同『「女礼十冊弁解」全注』和泉書院、一九九八年。同『近世小笠原流礼法家の研究』新典社、二〇〇三年。

（30）M・キンスキー「礼は飲食に始まる―近世日本の作法書をめぐって」（『人文学報』第八六号、京都大学人文科学研究所、二〇〇二年）九七～一四二頁。同「江戸時代の食事作法―概説に代えて」（『立教大学日本学研究所年報』立教大学日本学研究所、二〇〇四年）一五三～六三頁。同「特別寄稿　口音高からぬ様にくふべし―礼儀作法の普遍性と江戸期礼法集における特殊性―性別を例に―」（『国文学　解釈と鑑賞』二〇〇五年八月号）二一一～二二頁。

（31）『日本思想大系』42、一七〇頁。

（32）儒者貝原益軒（一六三〇～一七一四）による「食礼口実」（元禄一二年＝一六九九）以外に、『国書総目録』は「食礼」という言葉をタイトルに持つ文献として二件しか挙げていない。『食礼書』（小笠原持長著、成立年代無）、『食礼大概』（著者・成立年代無）。

(33) 国会国立図書館蔵。
(34) 例えば上記の「二の膳あらバ本膳の飯を喰汁をすひ飯をくひ二の膳の汁を左の手にてとり右の手へうつしすふへし」はその例である。
(35) 例えば口音の回避を促す項目はそうである。益軒はいう「飯は大口に食ふ事なかれ。羹には口音高く長くすることなかれ。凡舌うちして食ふ事なかれ」(三三頁)。上記の「めしをかきあげて喰べからす舌打してくふへからす」も同類の規範である。
(36) 「躾方仕用集」の「たばこハ貴人の前にてのむべからす又のむにゆひをきせるのうゑへかける事みくるしきせるのそうじするもあしゝ」は顕著な例といってよかろう。
(37) 「躾方仕用集」でいう「亭主の心とて通のもの其外のゝしるべからす」は亭主に対する配慮を顕わし、「中酒」の時、亭主が客に強いて飲ませるべきではないという項目は、亭主に思い遣りを促す好例であろう。
(38) 『往来物大系』第四一巻、大空社(復刻)。
(39) 冒頭は「礼」という概念を理論的に解説するなど、食礼以外の項目も見当たる。
(40) 版本、東京大学図書館蔵。
(41) 『宝暦節用字海蔵』の「躾方仕用集」に含まれている「飲食の礼」は二九項目からなる。そのうちの二一項目は「技術上の指示」を述べるものとして分類でき、「給仕の事」も同様の比重を示している(一二項目中の九項目)。『童子諸礼躾方往来』は独立した条からなってはいないが、内容のバランスを考えると同様のことが言える。
(42) 二、三、五、六、七、八、九、一二、一六、二一、二二、二三、二四、二五、二八、二九項がそれである。六項目(四、一〇、一四、一九、二二、二六)は一般情報を述べている。「技術上の指示」との区別は必ずしも容易ではないが、比較的問題なく一般情報として分類できるものとして四項の饗宴の形とは関係なく「めしよりくひ初る」という項目が挙げられる。
(43) 一、一四、一五、一六、一八、二四、二六、二七項。
(44) 場合により、不快感に関わる規範と禁止項目は重なり、一七項目で特定な行為が禁止の対象となる。特別な範疇として健康を考慮することを挙げられる。第一七条は過剰な飲酒が健康を害すると述べている。
(45) 『典座教訓・赴粥飯法』(中村璋八他訳注、講談社、一九九一年)二〇五頁。
(46) この主旨はおそらく、菓子盆から取ったものを直接口に入れるというような食べ方を避けることであろう。

(47) 口以外に注意を引く身体の部分として足を挙げなければなるまい。胡坐をかきながら足の先が見られないように気を使うという座り方を他文献も求めている。目（きょろきょろ周辺を見回らないように）については既に述べた。
(48) ミヒャエル・キンスキー「礼は飲食に始まる―近世日本の作法書をめぐって」（『人文学報』第八六号、京都大学人文科学研究所、二〇〇二年三月）を参照。
(49) 詳しくは同「特別寄稿　口音高からぬ様にくふべし。礼儀作法の普遍性と江戸期礼法集における特殊性―性別を例に―」（『国文学　解釈と鑑賞』、二〇〇五年八月）を参照。
(50) キンスキー 2002 を参照。
(51) しかし実際のところ江戸時代の礼法集は、あらたまった饗宴というよりも、自宅でのもてなしを基本型に想定しており、その場合の排他性は原理的ではなく、一回一回の食事に関わるものに過ぎない。
(52) 『養心談』（藏並省自編『海保青陵全集』八千代出版、一九七六年）四二三～二四頁。
(53) 横田冬彦『天下泰平』（日本の歴史16、講談社、二〇〇二年）一四頁。
(54) 同右書、一三頁。横田は黒田俊雄「日本中世における武勇と安穏」（『黒田俊雄著作集』3、法藏館、一九九五年）三八三～四〇五頁を参考にしている。
(55) 横田は例えば「国家安寧、人民快楽」や「現世安穏、後生善処」のような鐘銘を引用している。横田 2002、一四頁。
(56) 同右。
(57) 水林彪「近世的秩序と規範意識」（相良亨他編『講座　日本思想』3、東京大学出版会、一九八三年）一〇九～一五五頁。
(58) 同右書、一一一～三二頁。
(59) 笠谷和比古「習俗の法制化」（朝尾直弘編『岩波講座　日本通史13　近世3』岩波書店、一九九四年）一三五、一三八頁等を参照。
(60) 『海游録』姜在彦訳注、東洋文庫252、平凡社、一九七四年。
(61) 藤井讓治「「法度」の支配」（同編『日本の近世3　支配のしくみ』中央公論社、一九九一年）四四頁。
(62) 『公事方御定書』（一七四二年）、『御触書寛保集成』（一七四四年）。
(63) 江戸時代の社会の法律化がここで取り上げられる以上に進んでいたかは、検討に値する課題である。笠谷 1994、一五五～七〇頁、横田 2002、二一七～三四頁、二七二～八六頁を参照。

(64)　一八世紀以降の節用集・往来物等もおおくの場合に「礼法」のコレクションを含んでいた。

(65)　タイモン・スクリーチは人相学を日本の近世で急速に拡大していく都市における生活に欠かせない技術と呼んでいる。Timon Screech: *The Western Scientific Gaze and Popular Imagery in Late Edo Japan. The Lens within the Heart*, Cambridge, New York, Melbourne: Cambridge University Press 1996: p.180.

(66)　J・アッスマンが指摘したように文字を持つ文化 Schriftkultur の枠組みの中で伝統は有無を言わさぬ自明性を失い、基本的に変化しうるものとなる。Jan Assmann: *Das kulturelle Gedächtnis. Schrift, Erinnerung und politische Identität in frühen Hochkulturen*, München: Verlag C.H. Beck 1999: p.123. 江戸時代の礼法集というジャンルは、人間の文明の起源に遡る伝統との連係を求める一方、他方では部分的にしか古い層からの選抜によって出来上がった新しい物が「伝統」に編入されることの好例を呈示している。

(67)　知識の正典化・規範化という現象との関係でアッスマンはある種の革新力に注目した。江戸時代における礼法の普及との関連においても、同じような現象を指摘できると思われる。アッスマンによると、知識の「正典」化は特に伝統が説得力を失い、社会を捕らえる「エントロピーによる意義喪失」Sinnverlust durch Entropie を阻止しなければならない時に起こる。知識の「正典」は不安を解消できる普遍的で一般化された行動の規範を提供し、社会の一員に曖昧になった行為の基準を新たに認識させる（Assmann 1999: pp.123-24）。但し、アッスマンが古代ギリシアを例に分析した、伝統の固定化を避けるための「新しい法の発見と新公理の提案」と同じく、江戸時代の礼法集に包含された「礼」の正典化も、全ての社会的な秩序付けのためのパラダイムを示した。この伝統に導入された新しい礼法は、従来は唯一「礼」の通用する範囲だと思われた社会上層・支配層の枠組みを超え、全ての社会層の間の行動関係を形付けようとした。そして実際として江戸末期の動揺を乗り越え、明治時代まで妥当性を持ち続けた。

(68)　室町時代の将軍の手許で発達した故実は朝廷や地方の武家に対する識別標識としての役割も果したと言える。

(69)　アッスマンは Aby Warburg を拠り所に、この自由の側面を文化のもっとも基本的な特徴の一つとして強調した。Warburg は「Mnemosyne」の中で、自分と外界の間に意識的に距離を取ること自体を、人間の文明を根拠付ける基礎的行動と考えるべきであると述べている。文化のレパートリーに即して行動する人間にとって、欲望充満への束縛から距離を置き、思考のための余裕を得てはじめて、自由選択による行為と Identitaet が可能となるのだ（Assmann 1999: p.137）。

(70)　Hans Blumenberg: “Anthropologische Annäherung an die Aktualität der Rhetorik”, 同：*Wirklichkeiten in denen wir leben*, Stuttgart: Philipp Reclam jun. 1996: p.124

(71) 食礼の場合、特に食べ順に関わる規範はそうである。

(72) 氏家幹人が取り上げた風俗の移り変わりに寄せられた注目も、この時代の目まぐるしい変動に対する敏感さと関係があるかもしれない(氏家幹人「風俗と流行」、朝尾直弘編『岩波講座 日本通史13 近世3』、岩波書店、一九九四年、一八二~六頁)。その敏感さの顕著な表れは、江戸時代の豊富な見聞文学であると思われる。

(73) それは停滞状態を意味しているわけではない。著者は、海保青陵もそれを感じたように推測しているが、礼法の有効性を認めること自体は、社会の一員の相互の信頼関係を可能にし、同じ行動の基準を認める他人への信頼感は、また社会的安堵感の基礎となりながら、逆にもとより礼法によって阻止され、制御可能にされた社会的変革過程の滑らかな展開を容易する。

(74) もっとも、「触書」は近世初頭から存在しており、町や村でも順次追加・蓄積されていた(平松義郎「近世法」、『岩波講座 日本歴史11』、岩波書店、一九七六年、三三一~七八頁や前掲の笠谷 1994 は特に簡潔で的を射た江戸時代の法律および法制の概説として挙げられる)。笠谷が指摘しているように触書等の単行法の中で「重要法令は五人組帳前書などとして記録にとどめられ、村役人たちによって定期的に読み聞かされていた」(前掲、一四一頁)。そして商品経済の進展がもたらした社会関係の複雑化とそれに伴う軋轢はたしかにまた「風俗の法制化」を促進した(前掲、一四三~七頁)が、笠谷が述べているように、それが顕著な形で現れたのは、徳川吉宗が基本法の編纂を促した享保五年(一七二〇)以後のことである(それでも例えば『公事方御定書』は総合法典の性格を持ち、「内済」の対象とされた民事問題は僅かな民法規定でしか取り上げられていない。前掲、一五三頁)。この意味では、概して「江戸時代の前期には幕府が出した法度も大名の出した法度も、意識して記録にとどめられることは少なかった」という藤井譲治の論理(藤井 1991、四四頁)もまた否定しがたいと思われる(笠谷 1994、一六〇~一頁も参照)。ちなみに「法」と「礼」の関係についていえば、『御定書』が一見したところでは武士の無礼討ち特権というような慣習法を第七一条の内で認めているようにみえるのに対し(前掲、一五六頁)、実際には各藩の責任者は家臣の不埒な行為・態度を抑制しようと思っており(氏家幹人『江戸藩邸物語』、中央公論社、一九八八年、中公新書883)、広範に認められた「礼法」は「無礼」の発生事件もその報復の暴力事件の発生も防ぐ装置として機能する力を持ち合わせていた(もっとも、『御定書』も無謀な斬り殺しを容認したわけではなく、「社会の公共的安寧秩序」を確保しようとした。笠谷 1994、一五七、一五八~九頁)。最後に、「徳川時代の民事裁判において内済が原則とされ、したがってまた制定民法が発達しなかったのは」「民法規定から、合理的な推論に則って導き出される論理的名証性を帯びた解よりも、現実世界そのものの直感の中で得られる実体的、実質的な解決法の方が求められているのであり、それがこの社会の人々にとっての正義であり真実であった」こととも関係していたと笠谷が指摘している（前掲、一七四頁）。これも一理ある解釈と思われ、この立場から考えると、「礼法」の著しい発達は「民法規定から、合理的な推論に則って導き出される論理的名証性」に基づく世界以外の場で人間調整を試みた結果と認識できるかもしれない。しかし、一概にそうとばかり言えない面もあると思われる。幕府から時折出された「相対済令」が、司法機関が山積みの訴訟を処理しきれなかった事情に由来するのをみれば、当時の社会の人々は決して「合理的な推論」の場での訴訟を避けようとはしなかったことを物語っている。「打毀」等の件数の多さも、笠谷の示した一部で存在した正義および真実とはまた別の現実を伝えており、法制における制度的弱点（strukturelle Schwäche）に起因するとも言えよう。江戸時代の「礼法」が発達を遂げたのは、こうした弱点を補うためでもあり、それこそが「礼法」の発達ぶりを説明する解釈の一部になっていると筆者は考える。

(75)　江戸時代の社会を美化するつもりはない。社会構成員の平等や個人の自由や権利が、法律的な基準で保証されなかったことは否定できない。しかし、江戸時代の礼法集は、それぞれ違う身分層とその不平等を孕む相互関係に言及していない。人と人の関係は絶対的身分の差で操作されるものではなく、行動の場面性によるもので、こうした場面をマスターできるのは、個人的な身分と関係なく基準通りの規範応用こそにある。

〔**編者後記**〕　本論文はもと『ヒストリアユリス』第一四号に掲載されたが、著者が外国在住という事情もあり校正・修正等の作業がままならなかった。今回、前稿の脱稿後に得られた知見などを取り入れる形で大幅に増補改訂を施し、本論集に収めていただくこととした。

孝明天皇の死因について——毒殺か病死か——

杉立義一

はじめに

孝明天皇は慶応二年（一八六六）一二月一二日発熱して傷寒かと思われたが、一六日には見点（赤色斑点）もあらわれ、典薬寮医師達は痘瘡と治定して一七日には公式に表に報告した。しかしその後の経過は順調であって、全快も間近と思われていた一二月二四日夜から容態が悪化して、遂に二五日の亥の刻過ぎ（午後一〇時半頃）崩御された。お年三六歳の壮年期であった。

天皇は弘化四年（一八四七）に即位されてより二〇年間、外圧とそれに反応する幕府、諸大名、さらに公卿たちまでが尊皇攘夷、開国、公武合体、討幕に分かれて相争い、お若い天皇のご心労は休まる暇もなく、遂に痘瘡に罹患されて一四日目に崩御された。その死因をめぐっては重症痘瘡による病死説と、公武合体を唱える天皇の存在が邪魔になる一派による暗殺説の両論が、死亡直後から論議されてきた。宮廷関係者、歴史家、医師や一般市民までも巻き込んで今も論争が絶えない。私は改めて医史学的見地からこの問題を検討してみたいと思う。

資料としては、主として天皇の主治医であった伊良子光順の「拝診日記」と「孝明天皇紀」その他に依った。

伊良子家医祖の道牛は一〇年間、長崎にて和蘭外科を学んだ後、元禄九年（一六九六）伏見で開業した。三代光顕は宝暦八年（一七五八）わが国で二番目に当たる人体解剖を行って、大小腸の別を明らかにして『外科訓蒙図彙』を著した。それ以来、伊良子家は外科医として典薬寮医官に任ぜられた。六代光順は嘉永四年（一八五一）一〇月孝明天皇の拝診を仰せつけられ、官を辞する明治四年（一八七一）まで日々の出来事を綿密に記した。拝診日記の冒頭に「他見を許さず云々」と書かれ、伊良子家では百年余その伝統を守って来られたが、現当主伊良子光孝氏（滋賀県近江八幡市）が学問のため昭和五〇年に全文を公開された。日記の第一部嘉永四・五年の項は直接死因となった痘瘡罹患の一五年以前のことではあるが、この日記を仔細に検討することにより、天皇の健康状態や日常生活、体質等を推察することができる。

一

天皇は嘉永元年（一八・九歳）頃から痔疾・脱肛を患われ、時に下血があり、高階丹後介が治療していた。光順の医名が上がるにつれ、お傍につかえる女官より光順に打診があった。光順がはじめて拝診したのは嘉永四年一〇月二八日で、衣服を正して御脈と患部を拝診した。光順はその後で存じ寄りを藤木伊勢守（典薬権助）から尋ねられた。光順は自分の医案を申し上げる前に、今までの治療の概要をお聞かせ願いたいと申したので、丹後介が説明した。

それによると、天皇の腸痔（脱肛）は治りにくいので刀をもって切り落とすのが最良であると申し上げたが、関白様より差し止められたので、やむなく御匙（高階典薬少允）より平胃酸を主薬とし、それに地楡、槐花とを加え調献したが、時には四物湯もさしあげてきた。全治はしないが悪化しない状態が続いている、と丹後介は申した。

そこで伊良子光順は、今日初めて拝診したばかりであるから、しかと治定はできませんが、自分の存念を申し上げますと、現在までの御療治法は至極尤もな事でございます。しかしながらお尋ねだから申し上げますが、先ず補中益気湯の御証かと存じます。それに地楡、槐花、枳殻、黄蓮、黄芩を加えた薬方がよいと思う。外貼には家伝のカモメイリ、黄利芎加礬を肛に貼り、肛門外に青黄膏を日に三度貼るのがよく、今までの経験から自信がありますと申し上げた。

さらに新中納言典侍、大夫典侍からもお尋ねがあったので、同様のことを詳しく申し上げた。その後暫く何の御沙汰もなかった。

そのうち御内儀（高級女官衆）より光順の主治医決定の旨を内々聞いていたが、公式には何の御沙汰もなかった。藤木伊勢守に会った時、光順の薬方について関白様は御尤もに思召されたけれども、三角摂津介と山本大和守《ママ》大允が意見をさしはさんだので延引しているが、補中益気湯に大允よりの犀角、地黄湯を合方にしてはどうかとお尋ねになられたので、光順はそれを承諾した。伊勢守は近日発令されるからこの事は三角には伝えず、口外しないようにと申し渡された。そこで光順は補中益気湯に腸痔、下血に効のある地楡、枳殻、黄蓮、黄芩を加えた一二味として書類にして提出した。

こうして光順は天皇のお気に入り、患部のお手当は他の医師ではお気に入らず光順にすべておまかせになられた。しかし嘉永五年正月二五日に一つの問題がおきた。天皇が吐逆を訴えられたので、附子理中湯、補中益気湯加附子、また六君子湯加附子をさし上げていたところ、下血もなく御局様も喜んでおられたが、たまたま山口大隅守が拝診の際に御胸下に御癖嚢ができているのを見付けて関白様に言上した。その結果、お薬方には光順はかかわらないことにして、ただ痔のお手当だけをすることになったが、新中納言典侍様は、又々時節もあることだからと慰めて下さった。

この日記は嘉永七年二月九日で終わっており、次の拝診日記は痘瘡発病された慶応二年一二月一二日から始まる。この間の一〇年分はどうなったのか。それについて伊良子光孝氏は元治元年蛤御門の戦の際の大火で、丸太町にあった伊良子邸が全焼したためであろうと述べられている。

この日記を拝読すると天皇の御健康状態がよくわかり、十数年後にお亡くなりになられた天皇の死因を考えるうえで大きな示唆に富んでいる。

第一に、天皇は若年の頃から脱腸と痔疾に悩まされ、かつ下血がひどくあった。嘉永四年一一月一五日の記事には連日下血するが、これは脱肛からのものではないと光順は述べている。どこからの出血であろうか、そんなに上部ではなく、直腸下部に潰瘍性大腸炎とか、ポリープ等があったのであろうか。

第二に、天皇に平胃散と四物湯をさしあげており、光順は補中益気湯の証と診立てている。これからみると一八歳頃から天皇は虚弱で貧血状であり胃腸機能も低下しており、かつ神経質な御体質であったと思う。そのうえ天子としての御自覚、責任感が強くて、それが現今でいうストレスとして天皇の神経と肉体を圧迫しつづけたものと思われる。

第三は、宮廷の組織として大宝令以来の典薬寮はあったけれども、その頭と助は丹波氏の一族である小森氏が独占していたが、医術については全くの素人であり、事務官僚的な存在にすぎなかった。その下に位する権助、大小允、医師は常時二〇名程が任ぜられていたものの、家格、先祖の功績等が重視されていて、医師としての実力がどれ程重視されたかは疑問である。同じ漢方医の中でも曲直瀬道三以来の後世派の正統の人が選ばれており、古方派の実証的な人々は御医の中には入っていない。

しかも位階年功、先輩後輩の順序はきびしく、他医の処方に疑義をはさむことはよくあったと思われる。今一つの特徴は裏における高級女官の目に見えない権勢である。幸いに光順は上司からも女官からも信頼を得ていたからよかったけれど、後年、痘瘡御発病の時には文字にならない暗の部分が悪い方向に働いたこともあったと思われる。

二

天皇は慶応二年一二月一二日、痘瘡を発病されて二週間後の夜急逝された。御年三六歳。侍医団の報告によれば順症に経過していたが最終段階において、急変したのであった。未曾有の困難と政情不安の中での天皇の急死をめぐって、既にその直後から種々の憶測を生み、謀略による暗殺説と重症痘瘡による病死説がとびかい、一三〇年後の今日に至るまで未だ決定的な死因は確定されていない。

ここで筆者は医学的観点から検証を試みる前に、二週間にわたる病状、経過の概要を記すが、残念なことに伊良子光順「拝診日記」には、この間の記述がきわめて少ない。この事はそれなりの意味があるのであろう。そこで伝奏からの公式奉告を中心にして作成された『孝明天皇紀』によって経過を追うことにする。

慶応二年一二月一一日、内侍所でお神楽奉納が行われた。風邪ぎみの天皇は侍医達の止めるのもききいれず、厳寒の中を深夜までおつとめされた。

一二日、心配していたように朝から発熱された。高階典薬小允が拝診して御薬調献した。この日は徳川慶喜が将軍宣下をうけてからわずか七日後のことである。

一三、四日　単に御同容とのみ。

一五日　発汗がないので大菓明湯を調献した。お通じ頻回のため伊良子は昼夜お勤めした。

一六日　山本、高階らが拝診すると見点があらわれているので、児科専門の西尾、久野が拝診した結果、痘瘡と診断したが念をいれて明日の拝診の結果をみることにした。

一七日　侍医首脳部が拝診の結果、やはり痘瘡と診断して、藤木典薬権助以下の侍医連名のうえ、痘瘡治定の報告書を表の関白に提出した。あわせて次の御日取書（経過予定表）を併記した。

御序熱　一二・一三・一四日（発熱）
御見点　一五・一六・一七日（紅斑）
御起腫　一八・一九・二〇日（水泡）
御灌膿　二一・二二・二三日（膿泡）
御収靨　二四・二五・二六日（痂皮）

これは「痘科鍵」（明代刊本）によったもので基本的経過を記した。お薬は高階少允が清涼攻毒飲を調献した。木通、紅藍花、荊芥穂、黄蓮、大黄、大力子、生地黄、牡丹皮、青橘皮、犀角、紫花地丁、石膏、灯心、以上一三味。古来、痘瘡の原因は胎毒が体内に深く入りこんだ結果、発病すると考えられており、その毒素を排出するため強い下剤を用いた。

痘瘡と確定したので、前例（先考、孝仁天皇、文政二年）にならい七社七寺に御祈願し、また護浄院権僧正を呼び、毎日天皇のお傍で御祈禱させた。侍医一五名は三名宛一組として昼夜を分かたず勤仕した。

また大樹公（将軍慶喜）はたびたび御機嫌伺いに参上し、侍医達はそのたびに病状の説明におわれた。

一八日　痘は今朝より起張してきた。昨夜から痘色二・三ヶ所ばかり紫色を呈している。そこで塗薬抜毒散を調献した。一般に痘の色が赤いのは順症であるが、紫色を呈するのは紫痘瘡あるいは黒痘瘡といわれ、重症となり死亡率も一〇〇%に近いといわれており、後の論争でも病死説の根拠とされた。さらに夜中安眠できないので牛黄清心丸、辰砂などを調献。また丑刻（午前二時）に便通あり下血するので涼血攻毒飲、犀角、紫雲等を調献した。

二〇日　「拝診日記」では以後三日間はただ御同容と記すのみ。昨日の転方薬を今朝になり五服召し上がられた。食事も適度にお上がりになり、起張は順調にすすんでおり、表への報告書は「益々御機嫌能被成候」の慣用句からはじまっている。

二一日　夜中安眠され、今朝は静謐である。今日は灌膿の初日に当るから御転方薬として賚気飲をさしあげた。

二二日　藤木近江守が拝診した結果、転方して千金内托散をさしあげた。当帰、芍薬、芎藭、人参、黄芪、桂枝、甘草、木香、防風、白芷、厚朴、山査子、生薑以上一三味。

本方は膿の醸成と新肉の生成を促し気力充実させる作用があるとされ、古くは「万病回春」にその名を見る。現今の漢方処方集にも載っている。それにしても薬の転方が頻々と行われているが、これは治療法が確立していないためか。或いは責任のがれのためであろうか。患者である天皇の身にとっては堪えられないことと思われる。

二三日　御食事も適当に、またお通じも一行あり、お薬も三夜服用されて至極静謐である。痘は灌膿もほぼ終り明日より収靨期に入る。

二四日　表への奉告文書には、益々御機嫌能く痘も収靨となり総体に御順症の事と拝診した旨を記す。

二五日　主計助差出

昨日夕方より乾吐（からえづき）が頻りにおきたが、お粥など少々召し上がられた。夜中より今朝卯半刻（午前七時）までに、大便少量宛三度あった。乾吐がつづくので千金内托散の兼用として鎮吐散を調献した。今暁より吐気は少し遠のいたが、微煩（お苦しみの様子）あり、何分、今一段ご内伏の余毒を発洩しかねておられる事と奉診した。

任汪解毒飲を調献した。

拝診日記には七ツ時（午後四時）ご痰喘の容子につき藤木両人がおサスリした。伊良子光順は無意識でなさるお通じの度毎にご療治したが、詳しい病状にはふれていない。天皇のお苦しみが尋常のものでない事がわかる。

同日亥刻過（午後一一時）実は崩御されていた。

二九日、辰刻（朝八時）崩御の旨、表向仰せ出された。

以上、議奏、伝奏からの表への報告書と伊良子の「拝診日記」に載る病状経過の大要を記した。しかし実際の病状はきわめて重症で、天皇の近親者、側近のご心配は深刻であった。

次節では公家の日記や書簡等により真相を類推し、死因としての重症痘瘡説と、砒素中毒説の論争の根拠を紹介して、筆者の愚考を述べる。

拝診医

藤木典薬権助（従四位上伊勢守篤平）
御匙
高階典薬少允（従四位下大学助　大和守）
山本図書頭（従五位上安房守）
高階丹後守（従五位下経文）
筆頭
山本典薬大允（従四位下大和守　随）
西尾土佐守（従五位上謙道）
大町弾正大弼（従五位下周防守　淳信《モトノブ》）
久野出羽介（正六位下恭）
筆頭
藤木近江守（従五位上静頭《シヅアキ》）

伊良子織部正（従五位上陸奥守　光順《ミツオサ》）
福井主計助（従五位上豊後守　登）
三角摂津介（正六位下有紀）
伊良子阿波介（従六位上光信）
山口豊前守故障ニ付、除。

三

「光順日記」はどうしたわけか、肝腎な部分の記載が少なく、また議奏から表の関白への報告は美辞麗句——益々御機嫌能く成らせられ候——に始まり、食物と薬方を詳しく列挙しているが、天皇の病状の真相を伺うことはできない。

ここに「中山忠能日記」(編者注)がある。これには明治天皇の生母である中山慶子が、父の忠能にあてた書翰を慶子来状として詳しく日記にのせているので、その主要部分を次に転記する。

一七日、御出物は大分沢山、御毒深く、少々御たち不宜、御大便御通じ、今少御少く医師皆申候。何分二十日頃大に御大事に上申候。御匙高階、痘は余り手がけ不申由、医師久野へも御薬など相談にて上申候由。

一九日、昨七ツ頃御匙（医師）伺候処、御足辺の御出物色合変わり、御匙久野も大に驚恐入候様子、一同心配致し候。

二一日—二四日、御順道御肥立之由、昨夜も御寝は遊ばされ兼由也。

二五日、未刻返事来、昨夜より御大便度々御道し御容体宜しからず、御えつき（嘔吐）強く、召上り物御不食、何共恐入候御様子、既に親王（祐宮）御方をも、今日（午刻前）御様子不覚との御事にて、俄に御前え御参りと申様御事（中略）夕方先御同様、併御惣体御宜しからざる由。（中略）国事等々に付ても世上にては種々と申上候由。

二六日、早天慶子来状、極内々ながら昨夜戌刻過頃、御事切れ、何とも恐入候。（中略）此御事いまだ大秘事のよしゆえ、必々御他言無用々々願上候。

二八日、去二十四・五日頃は何の仰も不被為在、両三度「大典侍々々々」被召候へども、其折に御側に不被居、只々々々と当惑計致居、一同も何故気抜の様に被成候事哉と申歎由。二五日後は御九穴より御脱血、実以恐入候御容体の由、悲《（ママ）》く事共に候。

以上の日記をみると一九日に水疱の性質がよくないので心配していた事、その後の状態はまずまずであったのに二四日夜より容体急変した事、最後は九穴より出血された事がわかる。

宮廷内では早くから謀略による暗殺説がささやかれており、英国外交官アーネスト・サトウは早くにこの事を記載しているが、天皇に最も近い人物である中山慶子の来状を以てしても、毒殺か重病痘瘡による病死かを断定する事はできない。

医師会の大先輩である佐伯理一郎氏はかつて昭和一五年に、洛東鹿谷の霊鑑寺に居た尼僧から、直接天皇に毒物を盛ったという話を聞いた由である。また「伊良子光順日記」に大事な記事が中断している点などから類推して毒殺説を支持していたが、全面的に賛同することはできない。

孝明天皇の毒殺未遂事件は、既に元治元年にも巷間広く伝えられていた事があるから、天皇御自身も毒物にはよくよく御注意しておられたと思う。

毒殺には一時的に大量の毒物（猫いらず――亜砒酸）を与えなくても、少量宛を長期間投与して痘瘡様の発疹を生じさせたという説をたてる人もいる。すなわち天皇の御病気は真の痘瘡ではなかったという。

しかし前述した一五人の典医は当時としては一流の医師であり、西尾・久野は痘科の専門医であり、高階丹後守は華岡青洲について学んでいる。この医師達がそろって誤診するとは思えない。孝明天皇の御父仁孝天皇も痘瘡に罹患しておられるし、孝明天皇と同時期に御所関係者で痘瘡に罹患した人々もいた。

明治三二年三月一四日付の『史談会速記録』に掲載の、元典医山科元行の談話によれば、友人の久野典医の話として、一二月一七日に二ツ三ツ黒い痘瘡が見点したこと、痘数は多くはなくても至極の悪痘で、一点発生してから九日目には死亡するということは前もって申し上げたが、その通りになったと述べている。わが国の最後の痘瘡大流行であった昭和二一年名古屋地方での流行の際にも、全患者の七％が出血性痘瘡でそのほとんどが死亡している。典医達は既に一二月一八日の頃から天皇の予後の不良である事を予見していたのであろうか。

戦後、歴史観が変化した結果、この問題についても多くの論争が行われてきた。

最も代表的なものは『歴史学研究月報』三六八号（一九九〇年八月）から三七三号（一九九一年一月）までの四回にわたって掲載された、石井孝氏の「原口清氏の孝明天皇病死説を反駁する」と、これに対する原口清氏の「石井孝氏に答える」と題した反論などによる論争であり、互いに自説に固執して譲らない。原口氏は、死因は一八日から痘色が紫黒色を呈した出血性痘瘡によるものであり、医学の原則に忠実であれという。石井氏は二四・五日の症状、嘔吐、胃痛、コレラ様のはげしい下痢、脱水症状等は亜砒酸中毒の症状に一致する、法医学書に学べといって譲らない。

結論として原口氏は、歴史学者の意見だけでなく医学専門家の考えを聞きたいといい、石井氏はもし天皇の御遺骨から砒素を検出すれば解決するだろうとして論争を中断している。

上述の諸氏の論説を読んで、私は何れの論にも欠けている一つの事実に気づいた。

それは痘瘡を発病された二週間における病状から種々推論しているが、天皇の青年期から二〇年間にわたる精神的肉体的病歴については何ら言及していないことである。公武一和、攘夷という一貫した天皇の御意志に対して、公家・諸大名の行動は三八歳という天皇の肉体に大きなストレスとして働いた。

近年の研究によれば、精神的ストレスにより免疫力が著しく低下することが判明した。痘瘡ウイルス感染に際しても、重症の出血型となる要因となるであろう。

さらに前述したように、二〇年間にわたる痔疾・脱肛・頻回の下痢が続いた結果、貧血、栄養不良、虚弱性体質、循環系障害となり、いわゆるＤＩＣ（播種性血管内凝固症候群）の状態を惹きおこして突然死の原因となる。

このように考えた結果、長年月の間に御体は蝕まれていたところに、痘瘡に感染して悪性化されたものと思う。最後は意識不明となられ、九穴から出血しているという状態でお亡くなりになられた。

天皇は東山泉涌寺裏山にある御陵にお眠りになっている。八月の暑い日、私は独りでおまいりしてきた。また下鴨神社の御車舎には、文久三年（一八六三）三月一一日、将軍家茂や慶喜を従えて参詣された行幸絵巻が陳列してある。

折りしも和歌山市の毒カレー事件が起きた。七月二五日発生当時は食中毒として処置されたが、翌日には青酸中毒とされ、八日もたって砒素中毒（亜砒酸）と判明したが、毒物中毒の判定は難しい。様々な問題をかかえつつ歴史は廻転していく。

〔付記〕　御指導を賜った伊良子光孝先生に感謝申し上げます。

〔編者注〕「中山忠能日記」は日本史籍協会本（東京大学出版会、一九七三年）が用いられるのが通例であるけれども、本稿に引用の文章には史籍協会本とは異なる部分も見られる。よって本文はそのまま尊重し、明らかな誤記の部分のみ、史籍協会本によって訂正した。なお史料で、二五日の中に記されている「国事等々に付いても世上にては種々と申上候由」の文章は、史籍協会本では二六日条として記されていることを付言する。

〔編者後記〕 本稿は『京都保事協ニュース』四五三・四五六・四五八号（一九九八年四・七・九月）に連載したものである。
本来、右の既発表論考を全面的に改定して、本論集に寄稿したい旨の意向を杉立先生は生前に示されていたが、御逝去のためそれも叶わなくなった。ただ主題の重要性と、旧稿掲載誌が一般研究者の目に触れる機会の少ないことなどを考慮して、本論集に転載した。掲載に際しては、編者の責任において明らかな誤脱を補い、文章および全体の体裁を整えた。

Ⅲ　東アジア

高麗時代の縁坐・連坐制に関する一考察

平木　實

はじめに

一三九二年、高麗に代わり、新たに朝鮮王朝国家を樹立した太祖李成桂は、即位教書のなかでつぎのように述べている。

一、高麗の末期には、刑律に一定の制度がなく、刑曹、巡軍府、街衢所がそれぞれ所見を固執したので、刑罰が適切ではなかった。これより、刑曹は刑法、聴訟、鞫詰を管掌し、……（中略）これからは首都と地方の刑を判決する官員は、およそ公私の犯罪で、「大明律」の宣勅を追削する者に限り任命状を回収し、資産を官庁に没収するに値するものに限り家産を没収させることにする、……（後略）(1)

このように李成桂は、新王朝の建国当初から、中国の明代の法典である「大明律」を刑法に採用することを明言した。朝鮮王朝の成宗代に完成をみた『経国大典』の刑典には、冒頭の用律条において刑法として「大明律」を適用することを定めている。(2)

この「大明律」が施行されていくなかで、朝鮮王朝時代五〇〇余年の長期にわたって施行された刑罰に、縁坐ないしは連坐と呼ばれる刑律があった。この刑律は、忠実に施行されて、初期の王位継承争いをはじめとして、国王にたいする謀叛などを犯したばあいに、犯罪者の家族、親族、知人などにまでその刑罰が及び、斬刑、流配、賤民に身分を落されるなどの徹底した司法行政がおこなわれた。そのため朝鮮王朝の末期まで多数の人々がこの縁座・連座の刑に処せられて凄惨な王朝政治社会史の一面を展開した。朝鮮時代のこの特異な縁坐・連坐制度を考察するためには朝鮮時代以前の縁坐・連坐制について考察を深めるとともに、「大明律」を導入するに至るまでの経緯について究明することが必要であると考える。この問題に関する研究はこれまでにも若干行われているが[3]、本小稿ではこの縁坐・連坐制が「大明律」を導入することによってはじめて施行されるようになったものか、あるいはそれに先立つ古代韓国・朝鮮地域に早くから刑律として存在していたのか、或いは高麗時代に始めて導入されたものなのかどうか、その淵源と運用の実態はどのようなものであったかについて考察してみようとするものである。ところで韓国における研究状況について調査したところ、近年連坐制に関する研究が精力的に続けられており、これまでに多大な成果をあげていることが判明した。本稿はそれらの論考と重複するところもあるが、本稿の意図する観点と異なる点があるので、簡潔に整理して敢えて発表することにした[4]。

一　高麗時代以前の縁坐・連座制

(1)　中国における縁坐・連坐制の淵源

古代韓国・朝鮮地域の文化について考察する際に、まず中国文化の影響を受けたかどうかについて調査する必要があるが、中国における縁坐法の来源については、すでに仁井田陞氏などによる詳細な論考がある[5]。

仁井田説によれば、唐律においては、「犯罪の成立には、故意または過失を要すとされていて、刑事責任は、行為者の一身に止まるべきであったが、なお「唐律」には特別の場合には責任条項がなくても刑罰を加うべきものとされた。その一つは、賊盗律の謀反・謀叛・殺一家非死罪三人・造畜蠱毒の諸規定にみえるように、情を知らない犯人の父子・祖孫・妻妾・兄弟姉妹・伯叔姪もしくは同居家族に刑罰を科する縁坐あり、他の一つは、名例律の同職犯公坐条にみるように、同一官司の四等官の一人が犯した職務上の犯罪に関して情を知らない他の官吏に刑罰を科する連坐である。前者は威嚇主義政策のあらわれであり、後者は連帯責任の観念によるところである。そしてこれらの規定もやはり明清律等にうけつがれたばかりでなく、明清律では縁坐親の範囲を拡大した。なお後世まで「家人法を犯すときは、罪、家長に及ぶ（家人犯法、罪及家主）を法源とした」とあり、唐律にすでに縁坐法が規定されていたことを指摘するとともに、さらに同氏は、この縁坐・連坐法は、先秦以来しばしば文献にみえると指摘して次のような記述の引用がなされている。

（1）大逆不道、父母妻子同産皆棄市（漢律逸文、『晋書』恵帝紀注如淳引律）

（2）大逆無道、父母妻子動産皆斬（魏律、『三国志』魏志巻四引魏律）

（3）夫有罪、逮妻子、子有罪、逮父母（『隋書』刑法志引旧獄法）

（4）犯大逆者、誅及已出之女（『晋書』刑法志引魏法）

（5）其謀叛大逆已上皆斬、父子同産男無少長皆棄市、母妻姉妹、及応従坐棄市謝妻子女妾、同補奚官為奴婢

つまり、謀叛大逆などの犯罪者の父子兄弟および子はみな棄市、母妻姉妹および従坐して棄市される者の女妾は没収して奴婢とされるという規定になっていたという中国における縁坐法の起源について究明されている。さらに『隋書』刑法志には、梁では従坐、陳では縁坐といったという。しかし、縁坐は陳朝に始まるのではなく、後魏の律にも「縁坐配没」の語がみえるので縁坐という語は、後魏の時代から存在していたという指摘がなされている。

（2） 古代韓国・朝鮮地域における縁坐・連座制

上記したような中国における縁坐・連坐法の来源をふまえて、古代韓国・朝鮮地域における状況はどのようになっていたのであろうか。この地域は古代より中国と隣接し、東アジアにおいて最も早くから発達した中国古代文明の影響を強く受けて歴史が展開され、発展してきたことは周知のところである。刑法についても中国の法制を受容していたかどうかについて考察してみると、謀叛伏誅という刑罰が施行されていたとみられる最も早い例は、『三国史記』にみえる高句麗の中川王元年（二四八）秋九月の記述である。(6) いっぽう新羅では文武王一三年（六六一）秋七月条に縁坐・連坐制の施行されていた例が初めてあらわれる。

秋七月一日庾信が死去した。阿樹大吐が謀叛を起し、唐に付さんとして事が発覚し、斬首され、妻と子は賤人とされた。(7)

と記述されていて、謀叛を起こした大吐の妻子が縁坐されて賤民、即ち奴婢に身分を落とされていることから、縁坐法が施行されていたことは明らかである。ついで神文王元年（六八一）にもこれと同様の記述がみえる。(8)

いっぽう百済では武寧王元年（五〇一）春正月条にはじめてあらわれる。(9) したがって、記録に表れた年代からみれば高句麗がもっとも早く、ついで百済、新羅の順にあらわれる。また上記した記事以外に縁坐という用語を用いて縁坐制度が存在していたことを示す事例は新羅時代に二例みえる。孝昭王九年（七〇〇）に、

夏五月伊樹慶永が反乱を起こして斬首され、中侍順元が縁坐して罷免された。(10)

と記述されていて、孝昭王九年に慶永が謀反を謀ったので誅殺され、中侍の順元が縁坐して罷免されたという記事が記載されている。また文聖王一一年（八四九）に、

秋九月、伊樹金式・大昕などが反乱を謀議して斬首され、大阿樹昕紐が縁坐して罪を受けた。(11)

とあり、文聖王一一年春正月に金式、昕などが叛逆を犯したために誅殺され、昕も縁坐して罰せられている。こ

こでは縁坐という用語を用いて刑罰が施行されていたことが分かる。

孝昭王九年は七〇〇年に、文聖王一一年は八四九年に該当するから、この頃にすでに縁坐制が施行されていたことになる。この新羅時代の事例では、縁坐と表記されていて連坐という用語は用いられていないが、こうした中国の刑法意識が新羅に伝来した経路は当時友好関係にあった唐から単に「唐律」を受容したのではなく、むしろ高句麗を経過して伝来したのではないかという見解がある。(12) それは高句麗の仏教が秦王の使者順道によって三七三年に伝来したとされており、またその翌年の小獣林王三年（三七四）に律令が制定されたという記録があるので、高句麗にいち早く刑法意識も発達したという推測に依拠している。(13) しかし上記の高句麗中川王代の記事は西暦二四八年にあたり、このときすでに謀叛者に対する刑罰が実施されていたことから、中国の刑法の影響を受けていたとするならば、高句麗は小獣林王代の三七四年以前から影響を受けていたと考えられる。

仁井田陞氏の見解にも、秦代にすでに縁坐法が存在していたとあるから、秦代の法思想が高句麗に伝来していたと推測することは可能であろうが、高麗の辛禑元年（一三七五）二月に、

辛禑元年二月、教示していうには、刑法は聖人の矜恤するところで、三代以上罪は相及ばず、(14) 刑は簡にして民は犯さず、秦は峻法を用いてかえって治められず。

とあって、高麗では、秦代に非常に厳しい刑法を用いたためにかえってよくない結果をもたらしたという見解をとっていた。漢代にも縁坐法が存在したという仁井田陞説からも漢が楽浪郡などを設置した頃に漢律が導入されたと考えることも可能になろう。しかし延正悦氏は新羅に律令が制定されたのは法興王七年（五二〇）のことであるので、その時に縁坐法が規定されていたとすれば高句麗の影響を受けたものであると主張する。「唐律」が制定されたのは貞観一一年（六三七）であったとされるから、古代韓国・朝鮮地域では「唐律」が制定される以前にすでに縁坐制は成立していたと考えられる。

しかし新羅では太宗武烈王六年（六五四）に律令の改正を行っており、そのさいには唐律疏議、高句麗律、そのほか各国の律令を参考にしたとあるので[15]、そのときに明文化されたものであるかもしれない。いずれにしても刑法の縁坐制度は新羅時代にすでに存在していたことは明白である。

二　高麗時代の刑法と縁坐・連坐制

統一新羅の後に成立した高麗王朝国家（九三五～一三九二）は建国当初から諸制度を整備していったが、『高麗史』刑法志の序文において全文七一条からなる高麗時代の刑法についてつぎのように記述している[16]。

……（前略）高麗一代の制はおよそすべて唐にみならい、刑法もまた唐律を採択し、時宜にかなうものを参酌してこれを用いた。獄官令二条、名例十二条、衛禁四条、職制十四条、戸婚四条、厩庫三条、擅興三条、盗賊六条、闘訟七条、詐偽二条、雑律二条、捕亡八条、断獄四条、あわせて七十一条。煩雑を刪削して簡略をとり、いっときこれを施行したので典拠がなきにしもあらず。しかるにその弊は、法網が解弛し、刑を緩和してしばしば特赦を行い、姦兇な輩が恣意的に脱漏してもこれを禁制することができず、末期にいたってはその弊害が極まった。ここにおいて元朝の議刑易覧と大明律を混用して施行する刑法案を建議する者があり、またあわせて至正条格の言行事宜なものを兼ねて採用して刑法草案の成書を上程するものもいたが……（後略）

と記述されている。このように高麗時代の諸制度は中国唐代の諸制度をみならい、刑法もまた唐律を導入していた。ところが次第に法網が解弛して高麗時代末期には、元代の「議刑易覧」[17]と「大明律」、および「至正条格」の言行事宜を併用した刑法草案を建議する者まであらわれたと記述している。これをみても高麗王朝建国の初期にみならった「唐律」が、末期に至るまでの長期間にわたり、あまり改正されなかったように思える。ついで次第に法網が混乱するに至った第一の理由として、「議刑易覧」という刑法が中国語で記述されていて、高麗の言語とは通じなかったために、理解することが非常に困難であったことをあげている[18]。

第二の理由として、「その刑法について講習する者もなかったところから刑を施行する者たちが妄動して賄賂を受けたり、権勢に陥ったり、友人であることを隠して死刑に値する者でも何ら咎められることのないようにしたり、無実の者が極刑に処せられたり、婦女子、赤子にいたるまで殺戮されることがあったりして過酷な刑罰が施行されてきたために民衆が怨恨を抱くようになる状況がつくりだされていった」ということをあげている。この記事をみる限り、高麗時代の刑法は長期にわたって秩序のない状況にあった印象を受ける[19]。これより以前の辛禑三年（一三七七）二月には、

中外をして決獄は一に至正条格に遵わせしむ[20]。

とあり、国王が首都、地方においては「至正条格」という刑律を適用して犯罪を裁かせることを命じていることから、「至正条格」も刑法を改革するための重要な法典と考えられていた。恭譲王四年（一三九二）に鄭夢周が「大明律」と「至正条格」、及び高麗王朝の法令を参酌して新律を刪定し、上程しているが[21]、この年は李成桂が新たな王朝を樹立して王位に就任した年であり、鄭夢周が太祖李成桂に叛旗をひるがえしたとして斬殺された年でもある。

つまり、鄭夢周は、当時高麗王朝政府の要職にあってもっとも権勢を振るうことのできた儒学者であり、官僚であった。それまで鄭道伝、趙浚などとともに李成桂を支持してきたのであったが、李成桂の威徳が日増しに高まり、鄭道伝、趙浚、南誾などに李成桂を推戴しようとする動きがあることを察知して、たまたま李成桂が落馬して負傷した機会に乗じてその勢力を排除しようとしたところ、逆に鄭夢周が李成桂の邸宅に赴く途次に善竹橋で殺害されて排除されてしまった。これまで李成桂を支持する儒者官僚たちと行動を共にしてきた鄭夢周がこの

時点で反逆者になったわけであるから、鄭夢周の提案した新律はまったく無視されたと考えられよう。(22)

三　高麗時代の縁坐・連坐制運用の実態と事例

上記した典法司の上疏文のなかに、縁坐法に関する資料が若干記述されている。それによれば「近来は、罪が妻謳にまでおよび、また家財や田民まで官で没収するような刑罰を実施していることは、かつてはみられなかったことである」と述べている。(23)この記事から察すると長期にわたって縁坐・連坐制は実施されていなかった実態があったようにみえる。そうすると前述した高麗の刑法は「唐律」をみならったという記事とは矛盾することにもなる。しかし高麗時代末期の重臣趙浚（一三四六〜一四〇五）の上奏文によれば、

漢の文帝の時代に賈誼が上疏して「刑は大夫には及ばない」と述べたので、文帝が深くこれを受け入れてこの時より大臣に罪があればすべて賜死し、殺戮と侮辱を加えなくなり、下の人々を礼遇した。それによって漢朝四百年の礼俗が成し遂げられたのである。願わくばこれからは両府の大臣に死罪に該当するものがあっても大逆無道以外は文帝の故事にみならって殺戮を廃し、国家が大臣を丁重に配慮する盛典を構築していただきたい。(24)

と述べている。

大逆無道以外の罪に賜死しないことを要請しているのであるから、これは逆に高麗時代の刑罰の実施にあたり、大臣たちも含めて死罪が科せられていたことを意味している。

また縁坐・連坐制については、『書経』から引用して、「罰は後嗣に及ばない」と記述しており、また「伝に曰く、罪人は妻子には及ばない、とあるので舜は磬を殺したが、禹を宰相にし、武王は紂を殺したが、武庚を封じた。即ち天地が万物を生かす心である。近世に至っては人を殺すことを飲食のようにし、人の族属を滅ぼしても

むしろその後孫がいるのではないかと恐れをなしているので、仁をなさないことが甚だしい。願わくばこれからはすべての有罪者は三代（夏、殷、周）の盛王の制度にみならって妻子は縁坐されることのないようにし、これをもって盛朝が残酷さに耐えられないという政事をみせていただきたいと述べている。(25) つまり、『書経』や『書伝』にみえる刑罰の精神は、生かされておらず、刑罰が非常に厳しく実施されていて、大臣でも死罪になる者が多かった実態を証明している。また縁坐・連坐制についても「罪は妻子に及ばない」という『書経』を引用して今後は縁坐・連座制の残酷な刑の施行を禁じることを要請している。同様の上啓は、恭譲王元年一二月の都評議使司の上啓にもみえる。(26) このことは裏を返せば残酷な縁坐・連座制が実施されてきたことを証明する記述である。

それでは、つぎに『高麗史』にみえる縁坐・連坐の刑に処せられた実際の事例について以下に列挙してみる。事例のすべてを網羅したわけではなく、高麗時代における縁坐・連坐制の推移について理解できると判断される事例を中心にとりあげてみた。

（1）文宗三年五月に両班功蔭田柴法が定められたが、その中で功蔭田を支給された者の子孫は社稷について謀議し、謀叛大逆に縁坐したか、公私の罪を犯して除名された者以外はたとえその子に罪があってもその孫に罪がなければ功蔭田柴の三分の一を支給させることにしている。（『高麗史』巻七八　三二　食貨　田財　功蔭田柴　文宗三年五月条）

（2）城中の婦女で尊卑老少に関係なく、山寺にゆき、僧人と私通する者がたまに存在する。一般の民であれば、その子まで刑罰を科し、両班の家ではその夫までを罰する。（『高麗史』巻八五　志三九　刑法　禁令三　忠粛王八年五月条）

（3）元宗元年に王后に封じられた柳氏は、忠烈王三年に誣告したために廃されて庶人にされた。（『高麗史』巻八八　列伝一　后妃　元宗条）

（4）忠粛王代に府院君に封じられた王塤は、衛士金永長の妻と姦通したために縁坐して巡軍に下獄された。（『高麗史』巻九一　列伝四　宗室　忠烈王条）

（5）顕宗五年に西京において上将軍金訓、崔質などが乱を起こしたので翌年に国王は西京に赴き一九名を斬刑に処した。（『高麗史』巻九四　列伝七　諸臣　王可道条）

（6）李資徳は中書侍郎平章事であったが、李資賢が敗れたために連坐し、黄州使に左遷された。後には平章事に再任されている。（『高麗史』巻九五　列伝八　李子淵・李資徳条）

（7）権勢を振るった李資謙が、自分に対する謀略を察知して、その人物たちを処罰している例がある。また自分に従わない大臣がいれば策を講じて殺害するか流配した例がある。それによれば謀略を図ったとされる韓安仁と文公美を中心に処罰し、韓安仁は昇州の甘勿島に流配された後水死させている。文公美は忠州に、また韓柱は霊光郡の松島に流配、従兄弟の鄭克永は地方に放逐され、妹婿の李永は、珍島に流配され、さらに李永の母子は籍没して奴婢にされた。安仁の兄韓安中、弟の韓永倫、従弟の韓沖、および妻の弟林存と娘婿の李仲若の子李疕、鄭克永の妹婿崔巨鱗、娘婿同士の任元濬、韓安中の子韓綸などの五名、さらに李永の子李元長などの三名が縁坐して流配された。それ以外にも族類として官職を罷免された者も多かった。そのときに妻子たちがどのような刑を科せられたかについては記述がなく、よく分らない。しかし李資謙が敗れた後は、ふたたび官職を復活された者が多かった。（『高麗史』巻九七　列伝一〇　諸臣　韓安仁条、李永条、および『高麗史』巻九九　列伝一二　諸臣　崔惟清条）

（8）知御子台事朴斉倹の子朴癩光は年少で軽薄な一面があり、みだりに暴力を振るったりするので処罰されることになったが、本人が出頭しないので父親の朴斉倹が免職された。しかし本人が哀願したので復職された。（『高麗史』巻一〇〇　列伝一三　諸臣　朴斉倹条）

（9）従軍した僧侶たちが崔忠献を殺害しようとしたので、崔忠献が僧侶たちを逮捕し取り調べたところ、中軍の元帥となっていた鄭叔瞻が連坐していることが判明したので罷免された。しかし崔忠献の子崔怡が娘婿であったので、河東に流配されていたが、後に平章事に除せられた。（『高麗史』巻一〇〇　列伝一三　諸臣　鄭世裕・鄭叔瞻条）

（10）鄭仲夫を殺害して権力を掌握した慶大升にたいし、明宗一二年、韓信忠、蔡仁靖、朴敦純などが乱を起こそうとしたので、慶大升は国王に進言し、取り調べた結果、朴華、李敦實、韓信忠、蔡仁靖、朴純実を連坐者として遠島流配に処した。石和を南海県令に、朴華を河山島勾当使に左遷し、李敦実を広州に流配。また明宗一三年慶大升が死去した後、金子格が国王に慶大升の都房が再び乱を起こそうとしていると誣告したので、慶大升を憎んでいた国王は、大将軍鄭存実、呉叔などに命じて都房にいる者をすべて逮捕させ、逃避した者にたいしては、その父母、妻子、族党を捕らえて逃避者に自首させるようにしたので、自害するか、自首した者が六〇余名にのぼった。そして厳しい杖刑を加えたので、遠島に流配された者のうち、途中の路上で死亡する者が多かった。（『高麗史』巻一〇〇　列伝一三　諸臣　慶大升条）

（11）忠烈王八年に僧の洪担が匡靖大夫僉議中賛修文殿大学士監修国史上将軍判典理使司事世子使柳曔、上将軍韓希愈、梁公勣、林庇などが謀叛をたくらんでいると上告したので、国王が鞠問したが、柳曔は老齢であるので、逮捕されず、逆に洪担が連坐して遠島に流配された。（『高麗史』巻一〇五　列伝一八　諸臣　柳曔条）

（12）恭愍王を殺害した首謀者の崔万生と洪倫は車裂の刑に処せられたが、二人の父母、妻子、兄弟は斬刑、親叔姪、従兄弟は縁坐司、削職されて流配された。また韓安、権瑨、洪寛、盧喧、及びその子は死罪、妻孫は官婢に身分を落とされた。（『高麗史』巻一三一　列伝一四　反逆　洪倫条）

(13) 辛吨が誅殺されたさい、異父弟である姜成乙、および李春富、金蘭、李云牧などは死刑、その子は籍没して官奴にされた。そのほかにも同様の刑に処せられた者が多かった。(『高麗史』巻一三二 列伝四五 叛逆 辛吨条)

(14) 粛宗七年六月丁亥に国王は、「刑を寛大にして罪を許し、天譴に答えようと思う」と述べ、それまでの公徒杖以下の雑罪を放免させている。(『高麗史』巻一一 世家一一 粛宗七年六月丁亥条)。また仁宗六年四月乙卯には、天文に異変があるので、刑を寛大にして気運を調和し、災害を静めるために二罪以下は赦免している。(『高麗史』巻一五 世家一五 仁宗六年四月乙卯条)

(15) 恭譲王四年五月庚子に慶尚道按廉崔咸は律長寿の姻戚であったために縁坐し、罷免された。(『高麗史』巻四六 世家四六 恭譲王四年五月庚子条)

(16) 睿宗元年七月に、国王がみことのりしていうには、「乙亥年に悪逆を犯して流配された者は、それぞれ量移して叙用し、縁坐して奴婢に落とされた者はこれを免じる」という記述がある。(『高麗史』巻八九 志三九 刑法 恤刑条)

(17) 睿宗三年四月己亥に、大廟に祭祀して罪人を赦免した。公流(公人の流刑)と私徒(私人の徒刑)以下はすべて免除し、斬罪と絞罪の二罪は刑を減除して流配とする。流配者は量移、ないしは叙用することにする。(『高麗史』巻一二 世家一二 睿宗三年己亥条、及び『高麗史』巻一三 世家一三 睿宗四年五月癸丑条)

(18) 仁宗四年閏一一月壬辰朔に、二罪を犯した者の刑を免じて流配に処し、流配以下を犯した者はその罪を免じた。(『高麗史』巻一五 世家一五 仁宗四年閏一一月条)

(19) 仁宗一〇年一一月庚辰に、蔡碩、李侯進をのぞくほかは妻子に縁坐が及ばないようにすると仁宗が下教。(『高麗史』巻一六 世家一六 仁宗一〇年一一月庚辰条)

(20) 明宗四年一二月乙卯に、斬罪、絞罪の二罪以下は刑を免除する。庚寅・癸巳に流配された者は移免し、上京させる。(『高麗史』巻一九 世家一九 明宗四年一二月乙卯条)減刑する理由は、『書経』にみえる「刑は刑のないことを期することである」という条文によるものと考える。(『高麗史』巻一九 世家一九 明宗五年四月丙寅条)

(21) 乱を起こした金訓、崔質などの子と同産の兄弟は本貫に送り返し、父母・妻・姉妹・曾孫・叔伯で縁坐した者をすべて放免した。(『高麗史』巻四 世家四 顕宗七年二月甲申条)

(22) 恭譲王三年一一月戊申に、寒気が厳しかったので二罪以下は放免した。(『高麗史』巻四六 世家四六 恭譲王三年一一月戊申条)

(23) 恭譲王初期に驪興王(辛禑)を立てようとした謀事が発覚し、獄事が起こった。辺安烈などが斬刑に処せられたが、妻族の元庠は釈放された。その理由は、罪は妻子にまで及んでいないという理由であった。(『高麗史』一二六 列伝三九 姦臣 安辺烈条)

上記のように列記した事例によれば、高麗時代に縁坐・連坐制が実施されていたことは明白である。国王に対する謀叛を犯した者の場合はもっとも厳しい刑に処せられるとともに、父母、妻子、兄弟、姉妹、叔伯などに縁坐制が適用されていた。ところで興味ある事実は、権勢を振るった人物に対して叛逆した場合にもこの縁坐・連坐の制度が適用されていたことである。その場合には、その権勢者が退くと罪を免ぜられて復帰することが多かった。そうしたことが原因かどうかについて単純に断定はできないが、縁坐・連坐制については、刑律にもとづいて施行するいっぽうで、『書経』に記述されている「罰は嗣に及ばず」という思想を重視して、縁坐・連坐制には、問題があり、寛大に処するほうがよいという主張が繰り返しなされている。それによって減刑措置が幾度となく実施されており、救済された者もかなりな数にのぼっている。たとえ国王に対する謀叛であっても、妻族には及ばないとして妻側の族属を罰していない(23)の事例などもそのよい例である。また自然現象の天変地異が発生した際には、天譴思想がすでに存在していて刑罰の減刑を実施している例もみられる。

四 「大明律」導入の論拠

高麗末期にいたって「大明律」を導入する主張がなされた経緯についてはすでに言及したが、朝鮮王朝国家においても刑法の基本聖典として用いられたことについて理解するためには高麗時代末期に「大明律」が導入された経緯とその論拠は重要な意味をもつと考える。ところで高麗時代の刑法、或いは縁坐・連坐制に対する思想として『書経』の内容を参考にしていた一面があったことについてはすでにふれたが、辛禑一四年九月の典法司の上疏文にも

　政でもって法を立て、刑でもって治を補うのであるから、法がもし行われなければ刑無しにこれを整斉することはできない。然るに書経に曰く「敬い謹んでただ刑を情け深くせよ、また徳を明らかにして罰を慎むように」

と記述されていることを引用して、

　刑はなくてはならないものであるが、また憐れみ、救済するものでなければならないものである。古より天下国家を治める者は必ずまず法典を修めて、軽重の差があるわけであるから刑に臨む者は迷ってはならず、刑を受ける者は疑いを差し挟まないものである。(27)

と述べて、刑法はなくてはならないものであるが、人間を憐れみ、救済するものでなければならないとする法思想が存在していた。さらに典法司はつぎのように続けて、

いま「大明律」と「議刑易覧」とを考えてみるに、古今を斟酌するにあたり、もっとも詳細を尽くしている

から、時王の制をまさにみならって行うべきである。然るに本朝の律と合致しないところがあり、伏して思うに殿下は中国と本朝の文字・俚語に精通している者に命じて斟酌更定し、京外の官吏を訓導して、一笞一杖は律により施行させ、もしも律を按じず、軽重を恣にする者があればその罪を以て罰していただきたい。典法司は刑を管掌する官であってもすべての刑戮について周知しているわけではなく、それは立官の本意ではない。今後は京外の官司において刑戮すべき者があればすべて典法司に通報させ、律文を詳考して行文移牒したあと施行させることにして、勝手に施行できないようにすべきである。ただし、外官の守令は罪が笞刑に該当する者は律によって直ちに施行し、杖刑に該当する場合は、観察使に報告し、その命を受けてから施行する。死罪は将軍が戦闘に臨んだ場合以外は、罪状を付して都観察使に報告し、都観察使はそれを典法司に報告するものとし、典法司では律に依拠して死刑に処すべきであると決定した後に都評議司に報告する。ついで都評議司は国王に奏文し、国王が検討した後、典法司に律に依拠して行文移牒せよと命じた後で施行することにすれば人が恨みを抱いたまま死ぬことはなくなるだろう。近来、罪が妻諞にまで及び家財や田民まですべて官で没収しているが、かつてはなかったことであるから、すべてまさに廃止すべきである。(28)

と上奏している。これによれば大明律が従来から施行してきた「議刑易覧」に比較して、法令自体が非常に詳細に規定されていて理解しやすい条文になっていることを第一にあげている。

ついで「大明律」は高麗の言語とは異なっているので、中国語および高麗の俚語に精通した者に斟酌更訂させる必要があることをあげている。さらに京外の刑罰に携わる官吏たちを訓導して刑律を施行する際の手続きを公正にする必要があること、特に死罪については地方から典法司に報告し、国王の裁可を得ないと施行できないようにする手続きを整備することなどについて上奏していることから、これまでの刑律の運用がずさんで、地方によってまちまちに運用されていた実態がうかがえる。

ところで前述した註(26)の記事をみても明らかなように、高麗時代の最後の国王である恭譲王元年に、「刑罰が妻子にまで及ぶのはやめてもらいたい」と当時の最高意思決定機関である都評議使司が上啓したにもかかわらず、その意向は無視されて、朝鮮王朝国家にはいると縁坐・連坐制の規定を「唐律」や元代の刑法よりも一段と強化した「大明律」を採用することになったようであるが、それ以上の理由は定かではない(29)。ただ即位教書は文官の撰進したものであり、鄭道伝が中心になって作成したものと考えられるので、鄭道伝の主張であったと推測できよう(30)。

結言

朝鮮王朝時代にはいり、「大明律」が導入されて、刑律として、縁坐・連坐制が実施されるようになった経緯について考察するために、その作業として先ず高麗時代を中心にした朝鮮時代以前の刑法、特に縁坐・連坐制度について考察してみたが、この縁坐・連坐制という刑律は、古代中国において施行されていた制度であって、古代韓国・朝鮮地域にも早くからその思想が伝播して、重要な刑律として適用されてきたことが判明した。この刑律が、古代中国の秦代に伝播したものなのか、あるいは、漢代に伝播したものなのかについては、現存する限られた資料だけでは解明することが困難であるが、上述したように、高句麗・百済・新羅の古代三国時代から重要な刑律として施行されてきたことは事実である。それが高麗王朝国家の成立とともに中国の唐代の刑律を導入することにしたところから、古代三国時代と同様にこの縁坐・連坐制度も引き続き施行された。しかし高麗時代にあっては、縁坐制の適用範囲を妻子には及ばないようにすべきであるという、つまり寛大に実施することが妥当であるという主張が繰り返し強調され続けていたことも高麗時代の刑律に対する考え方の一であることが判明した。

その法意識の論拠は、『書経』から引用して援用されることが多かった。「唐律」を導入した経緯からして、それに反対する意見を主張するには、やはり中国の『書経』の記述を援用するよりほかなかったとも考えられる。そうしたなかで、高麗時代の末期に至り、明国の「大明律」に注目して、それまで刑律に援用してきた『至正条格』、及び『議刑易覧』などの法律書などについて検討し、高麗国家として新しい刑法を制定しようとする動きが鄭夢周などを中心に起こったが、結局その主張は認められなかった。つまり旧来の政治を否定し、新たに朱子学を政治理念として導入した新しい国家建設を目指した鄭道伝などに排撃されたからであった。

また上記のように列挙した縁坐、連坐制にかかわる事例をみると、それまで比較的曖昧に用いられてきたようにみえる縁坐、ならびに連坐の用語に対する意識も明確になり、区別して用いられるようになった印象を受ける。その結果縁坐という語は家族・親族に適用される場合に用いられ、連坐は共犯として適用される場合に用いられるようになっていった観がある。

(1)『朝鮮王朝実録』太祖実録 巻一、元年七月丁未条に、「一、前朝之季、律無定制、刑曹、巡軍、街衢各執所見、刑不得中。自今刑曹、掌刑法、聴訟、鞫詰、巡軍掌巡綽、捕盗、禁乱。其刑曹所決、雖犯笞罪、必取謝貼罷職、累及子孫、非先王立法之意。自今京外刑決官、凡公私罪犯、必該大明律、追奪宣勅者、乃収謝貼、該資産没官者、乃没家産。其附過還職、収贖解任等事、一依律文科断、毋蹈前弊、街衢革去」とみえる。

(2)『経国大典』巻之五、刑典、用律条。

(3) 張炳仁「朝鮮初期の縁坐律」(『韓国史論』一七号、ソウル大学校人文大学国史学科、一九八七年八月)などがある。

(4) 朝鮮時代の縁坐・連座制について論究した著述の主要なものとしては金斗憲著『韓国家族制度研究』(ソウル大学校出版部、一九六九年)がもっとも早く発表された。その第三章、第一節親族法の範囲、Ⅲ縁坐の範囲条において詳細に論究されており、縁坐・連坐法が適用されて刑罰に付された実例を多数例示していて、いかに悲惨な結果を社会にもたらしていたものであったかについて理解することができる。また朴秉濠著『近世の法と法思想』(図書出版、一九九六年)では、その重要性については記述しているが、若干言及しているのみである。延正悦著『韓国法制史』(学文社、一九九六年）では、体系的な法制史として記述されているが、族刑として扱い、記述していて、前記二氏のように縁坐・連坐制の社会的影響を中心にして言及したものではない。このほかに徐壹教著『朝鮮刑事制度の研究』（博英社、一九六八年）、金淇春編著『朝鮮時代刑典』（三英社、一九九〇年）などがある。

朝鮮時代以前の連坐制に関する研究としては、三国時代の新羅の刑律について考察した朱甫暾「新羅の連坐制」（『大丘史学』二五号、大丘史学会、一九七八年）があり、高麗時代について考察した論考としては、辛虎雄「高麗時代の連坐制について」（『明知史論』三号、明知史学会、一九九〇年）などがある。いずれも資料を綿密に分析した労作である。

（5）仁井田陞著『中国法制史研究　刑法』第二部中国古刑法の基本原則の展開　第五章　唐律における通則的規定とその来源　第四節　犯罪の成立　ハ　縁坐および連坐条参照（東京大学出版会、一九五九年）。これ以外にも徐朝陽著『中国刑法溯源』（台北、一九六七年）、楊鴻烈著『中国法律発達史』（台北、一九六七年）、牧野巽「漢代の家族形態」（『東亜学』四、五輯、一九四二年）、小倉芳彦著『中国古代政治思想研究』（一九七〇年）所収の「族刑をめぐる二、三の問題」などがある。また韓国では、金燁「中国古代の連坐制」（『大丘史学』六号、大丘史学会、一九七三年）などがあり、金燁氏は、これ以外に秦代の連座制などについても研究成果を公表している。

（6）『三国史記』巻第一七　高句麗本紀　第五　中川王元年一一月条に、「王弟預物・奢句等謀反　伏誅」とみえる。

（7）『三国史記』巻第七　新羅本紀　第七　文武王一三年秋七月一日条に、「秋七月一日、庾信卒、阿樹大吐謀叛付唐、事泄伏誅、妻謳充賤」とみえる。

（8）『三国史記』巻第八　新羅本紀　第八　神文王元年八月条。

（9）『三国史記』巻第二六　百済本紀　第四　武寧王条。

（10）『三国史記』巻第八　新羅本紀　第八　孝昭王九年条に、「夏五月、伊樹慶永、永一作玄、謀叛伏誅、中侍順元縁坐罷免」とみえる。

（11）『三国史記』巻第一一　新羅本紀　第一一　文聖王一一年条に、「十一年秋九月、伊樹金式・大昕等叛、伏誅、大阿樹昕紐縁坐罪」とみえる。

（12）前掲の『韓国法制史』Ⅱ三国時代の律令　3新羅律令条参照。

（13）『三国史記』高句麗本紀　第六　小獣林王三年条。

（14）『高麗史』巻八五　志　刑法　恤刑条に、「辛禑元年二月、教曰、刑法、聖人所恤、三代以上、罪不相及、刑簡而民不犯、秦用峻法、反不勝理」とみえる。

(15)『三国史記』新羅本紀　第五　太宗武烈王六年条。
(16)『高麗史』巻八四　志三八　刑法志　序文条に、「高麗一代之制、大抵、皆倣乎唐、至於刑法、亦採唐律、柬酌事宜用之、曰獄官令二条、名例十二条、衛禁四条、職制十四条、戸婚四条、厩庫三条、擅興三条、盗賊六条、闘訟七条、詐偽二条、雑律二条、捕亡八条、断獄四条、総七十一条、刪煩取簡、行之一時、亦不可謂無拠、然其弊也、禁網不張、緩刑数赦、姦兇之徒、脱漏自恣、莫之禁制、及其季世、其弊極也、於是、有建議雑用元朝議刑易覧・大明律以行者、又有兼採至正条格言行事宜、成書以進者、……（後略）」とある。
(17)これについては高麗では、つぎのような見解を持っていた。『高麗史』巻八四　志三八　刑法　職制三条に「前元、有天下国家者、制以条格通制、布律中外、尚懼其煩而未究、復以中国俚語、為律、而名之曰議刑易覧、欲令天下之為吏者、皆得而易暁也」とあって、元代に施行されていた刑法の条格通例を中国語訳した法令が議刑易覧であるとみているが、この「至正條格」、及び「議刑易覧」については、高柄翊著『東亜交渉史の研究』（ソウル大学校出版部、一九七〇年）Ⅱ、麗・元関係と元代社会、元代の法制条にも言及されているが、「議刑易覧」の内容については、よく分からないとしている。
(18)『高麗史』巻八四　志三八　刑法　職制三　辛禑一四年（一三八八）秋九月条の典法司の上疏文に、「然本朝俚語、与中国不通、則尤難暁之」とみえる。
(19)同右書同条に、「又無講習者、故凡施刑者、皆出妄意、而或受賄賂、或諱親故、而罪雖可殺、尚不受一笞一杖、而無辜、或陥於極刑、至於愚婦赤子、咸被殺戮、恨成怨積、而乾文失道、地稽屢警、歳不登、而民不聊生」とみえる。
(20)『高麗史』巻八四　志三八　刑法　職制条に、「令中外決獄、一遵至正條格」とみえる。
(21)『高麗史』巻一一七　列伝三〇　諸臣　鄭夢周条に、「四年、夢周取大明律・至正條格・本朝法令、柬酌刪定、撰新律以進」とみえる。
(22)同右書同条に、「……夢周忌我　太祖威徳日盛、中外帰心、又知趙浚南誾鄭道伝等有推戴之謀、嘗欲乗機図之、及世子奭朝見而還、太祖出迎黄州、遂汕于海州、墜馬、体甚不平、夢周聞之、有喜色、遣人嗾台諫曰、李今墜馬、病篤、宜先剪羽翼等、然後可図也、遂劾浚・道伝・誾及素所帰心者五六人、将殺之、以及太祖、（中略）……太宗曰、時不可失、及夢周還、乃遣趙英珪等四五人、要於路、撃殺之、年五十六、……（後略）」とある。
(23)『高麗史』巻八四　志三八　刑法　職制三条に、「向者、罪及妻謳、而家財・田民、亦皆没官、古無其法、須当停息」とみえる。

(24) 『高麗史』巻一一八　列伝三一　諸臣趙浚条に、「漢文帝時、賈誼上疏謂、刑不上大夫、帝深納之、自是、大臣有罪、皆賜死、無加戮辱、以礼遇下故、当時士大夫、恥言人之過失、以成漢家四百年之礼俗、願自今、両府大臣、雖有死罪、其大逆・道外、法文帝故事、無加顕戮、以成国家重大臣之盛典」とみえる。

(25) 同右書同条に、「書曰、罰不及嗣、伝曰、罪人不謳、故舜極磬、而相禹、武王誅紂而封武庚、即天地生物之心也、至於近世、殺人如飲食、滅人之族、猶恐其有後、仁甚矣、願自今、凡有罪者、法三代盛王之制、妻子無随坐、以示盛朝不忍之政」とみえる。

(26) 『高麗史』巻八五　志三九　刑法　恤刑条に、「恭譲王元年十二月、都評議使司啓、自立春、至立秋、停死刑、在京、五覆啓、在外、三覆啓、方許断罪、事干軍機、及叛逆、不在此限、憲司、上刀曰、書曰、罰不及嗣、伝曰、罪人不謳、故舜、極磬、而相禹、武王、誅紂而封武庚、即天地生物之心也、至於近世、殺人如飲食、滅人之族、猶恐其有後、不仁甚矣、願自今、凡有罪者、法三代盛王之制、妻子無随坐、以示盛朝不忍之政」とみえる。

(27) 『高麗史』巻八四　志三八　刑法　職制三条に、「九月、典法司、上疏曰、政以立法、刑以補理、法如不行、不可無刑以斉之、然書曰、敬哉敬哉、惟刑之恤哉、又（原文の入は誤字）曰明徳慎罰、則刑者、所不能無者、而亦不可不恤者也、自古、理天下国家者、必先修其典、軽重有差、而臨刑者不迷、受罪者無嫌矣」とみえる。

(28) 同右書同条に、「今大明律、考之議刑易覧、斟酌古今、尤頗詳尽、况時王之制、尤当倣行、然与本朝律不合者、有之、伏惟殿下、命通中国与本朝文俚者、斟酌更定、訓導京外官吏、一笞一杖、依律而施行之、若不按律、而妄意軽重者、以其罪、罪之、司、掌刑之官、而一国刑戮、摠不得知、固非立官之意也、今後、京外官司、若有刑戮者、須令通報於司、按律行移、然後施行之、毋得擅行、但外官守令、則罪之合於笞者、依律直行、杖者、報観察使、受命而施行、大陽、則除将軍臨戦外、具罪状、報都観察使、使転告于司、司按律可殺而後、報都評議使、使、具聞于上、上察而命司、依律行移、而後施行之、則人無枉死者矣、向者、罪及妻謳、而家財・田民、亦皆没官、古無其法、須当停息」とみえる。

(29) 注(26)参照。

(30) 『三峰集』巻之七　朝鮮経国典上　教書条に、「……所謂制誥・教書、有親自製者、出於文臣之代言者、随其政治之高下、有醇駁之不同、然而因是亦可見一時之云為也、恭惟我殿下、自在潜邸時、好与儒士、読経史諸子、講明義理、論古今成敗之事、甚悉甚熟、文章雖其余事、而学問之至、蓋有自得者多矣、今当維新之日、立経陳紀、与民更始、屢降徳音、以教中外、其書雖出於文臣之製進、其命意則一本於宸衷之断、而討論潤色、得義理之当、又非秉筆者所能髣髴、是宜列著于篇、以備一代之典」とみえる。

中国の皇帝になる方法

大庭　脩

【編者前文】

本論考は、故大庭脩先生が平成一三年六月二日に、国際日本文化研究センターの共同研究会「公家と武家――王権と儀礼の比較文明史的研究――」において口頭発表された内容に基づいて、その要綱をまとめたものである。本書の編者の責任において、出席者のノートを参考とし、また中国史専門者の意見を斟酌して整序した。編集にあたっては、大庭先生の意図を損なうことがないよう、文章化は避けて、参加者のノートに留められた議論要点のみを列記することとし、さらに当日、大庭先生から配布された漢文資料を末尾に掲載した。あまりに簡粗に終始した編集という非難をこうむるかも知れないが、先生の意図を歪曲することを恐れての措置であることを御理解いただければ幸いである。

【本　文】

禅譲と放伐

一、中国において皇帝になる方法としては、禅譲と放伐の二つが基本である。

このうち「放伐」はいくさに勝って帝位を獲得する方式で、臣下が乗っ取る形の「簒奪」とは別物と考えられている。

秦の始皇帝

二、始皇帝は武力統一によって「天下大定」を実現した。

三、中国で皇帝を始めた人間は始皇帝である。彼はみずから「皇帝」と称した（『史記』「始皇本紀」）。「皇帝」とは王の中の王の意である。

四、始皇帝は、皇帝の死後に贈られる「謚」を廃止した。子が父の、臣下が君主の生前の行状を議するのは謂われのないこととして、謚の法を除いた。
それに代わって、始皇帝以下、二世、三世という代数をもって皇帝の号とした。

五、始皇帝は「制」と「詔」の制度を整えた。王から皇帝となったことによって今まで「命」と称していたのを「制」、「令」と呼んでいたのを「詔」とそれぞれ改めた

六、六国の復興、反乱。
秦代末期、後掲〔史料三・四〕に記されているように項羽と諸勢力が盟約を結び、封建諸王が復活し、彼らが秦朝に反旗を翻していった。

漢王朝の成立

七、秦が乱れて戦乱状態となり、項羽は咸陽を攻めて秦の宮室を焼き滅ぼした。

項羽は楚の懐王を盟主とした。しかし懐王はみずから征伐の功があったわけではなく、項羽が擁立したのみであった。故に、そののち項羽は懐王を帝位につけて「義帝」と称したが、実際には義帝の命に従うことはなかった。

八、秦末の戦乱の中で、一九の王が建ったが、最終的には九王が残った。

漢王劉邦が皇帝に就くには、同格の王たちの中から推戴される形をとった。しかし高祖劉邦は、生前に八王を改易し、劉氏一族を新たに建てて王となし、劉氏の王によって固めた。漢代は漢という国のほかに九国九王があった。

長沙王は王位を返上した。

九、秦の郡県制に対して、漢は郡国制をとった。すなわち国王（皇帝）―複数の国王―各郡県という体制である。

十、君臣は白馬を殺して誓約をなし、劉氏以外は帝とせず、功績ある臣下でないものは列侯としないことを約した。

十一、新の王莽は、皇帝の外戚として威をふるい、「摂皇帝」の地位に就く。帝位の簒奪。

後漢の光武帝は放伐の手段をもって、王莽による帝位簒奪を武力討伐で回復した。

魏王から魏帝へ

十二、そののち劉氏でない国王が誕生する。すなわち曹氏が魏王となる。
　そして西暦二二〇年、曹丕が漢皇帝の献帝から皇帝位を譲られ、こうして魏帝が成立した。

十三、魏王が魏帝となったように、宋代までは、封建された各国王のうち、有力な一人が皇帝となった。

皇帝の形容辞・王朝名の付け方

十四、異民族であるモンゴルの征服支配によって元朝が成立する。元朝の国号は『易経』の「大哉乾元」に由来する。それに続く明の国号は、その五行説で南方を意味する朱明の名に由来する。

十五、元以後は皇帝の名前に形容詞をつけることが慣例となる。これは遊牧民の風である。
　元は「上天眷命　皇帝制曰」のごとき表現。
　明は「奉天承運　皇帝制曰」のごとき表現。
　皇帝の名付け方は宋と元とが境目となっている。

女帝と太后聴政

十六、太后垂簾聴政のような、皇帝の母が帝位を代理する政治形態もある。「女帝」はその変型的な政治形態である。

血統と擁立

十七、「血統」と「擁立」という要素もまた、中国において皇帝になる重要な方法の一つである。

前漢において武帝の子昭帝の死後、昌邑王が霍光によって擁立されたが、廃されたことによって、男系が途絶した。そのため庶民となって長安城内に居住していた遠縁の族人を探し出し、これを招いて列侯にすえ、ついで皇帝として擁立した。宣帝がこれである。

天子と皇帝

十八、「天子」と「皇帝」は同じではない。「天子」は天命を受けて国と民を治めるべき存在であり、他方、「皇帝」は百官を従えて国家行政を統括すべき存在である。

日本の「天皇」という称号は、このような「天子」と「皇帝」の二つの属性を兼ね備える尊称として観念されていたか。

結　び

中国において皇帝になる方法としては、禅譲と放伐の二つが基本である。

これを更に詳しく分類すると、「禅譲」「放伐」「擁立」「血統」の四種を見いだすことができる。

【配布資料】

一

二十六年、齊王建與其相后勝發兵守其西界、不通秦。秦使將軍王賁從燕南攻齊、得齊王建。

秦初并天下、令丞相・御史曰：「異日韓王納地效璽、請爲藩臣、已而倍約、與趙・魏合從畔秦、故興兵誅之、虜其王。寡人以爲善、庶幾息兵革。趙王使其相李牧來約盟、故歸其質子。已而倍盟、反我太原、故興兵誅之、得其王。趙公子嘉乃自立爲代王、故舉兵擊滅之。魏王始約服入秦、已而與韓・趙謀襲秦、秦兵吏誅、遂破之。荊王獻青陽以西、已而畔約、擊我南郡、故發兵誅、得其王、遂定其荊地。燕王昏亂、其太子丹乃陰令荊軻爲賊、兵吏誅、滅其國。齊王用后勝計、絕秦使、欲爲亂、兵吏誅、虜其王、平齊地。寡人以眇眇之身、興兵誅暴亂、賴宗廟之靈、六王咸伏其辜、天下大定。今名號不更、無以稱成功、傳後世。其議帝號。」丞相綰・御史大夫劫・廷尉斯等皆曰：「昔者五帝地方千里、其外侯服夷服諸侯或朝或否、天子不能制。今陛下興義兵、誅殘賊、平定天下、海內爲郡縣、法令由一統、自上古以來未嘗有、五帝所不及。臣等謹與博士議曰：『古有天皇、有地皇、有泰皇、泰皇最貴。』臣等昧死上尊號、王爲『泰皇』。命爲『制』、令爲『詔』、天子自稱曰『朕』。」王曰：「去『泰』、著『皇』、采上古『帝』位號、號曰『皇帝』。他如議。」制曰：「可。」追尊莊襄王爲太上皇。制曰：「朕聞太古有號毋謚、中古有號、死而以行爲謚。如此、則子議父、臣議君也、甚無謂、朕弗取焉。自今已來、除謚法。朕爲始皇帝。後世以計數、二世三世至于萬世、傳之無窮。」

二

皇帝曰：「金石刻盡始皇帝所爲也。今襲號而金石刻辭不稱始皇帝、其於久遠也、如後嗣爲之者、不稱成功盛德。」丞相臣斯・臣去疾・御史大夫臣德昧死言：「臣請具刻詔書刻石、因明白矣。臣昧死請。」制曰：「可。」

三

沛公歸數日、羽引兵西屠咸陽、殺秦降王子嬰、燒秦宮室、所過無不殘滅。秦民大失望。羽使人還報懷王、懷王曰：「如約。」羽怨懷王不肯令與沛公西入關、而北救趙、後天下約。乃曰：「懷王者、吾家所立耳、非有功伐、何以得專主約！本定天下、諸將與籍也。」春正月、陽尊懷王爲義帝、實不用其命。

二月、羽自立爲西楚霸王、王梁・楚地九郡、都彭城。背約、更立沛公爲漢王、王巴・蜀・漢中四十一縣、都南鄭。三分關中、立秦三將：章邯爲雍王、都廢丘；司馬欣爲塞王、都櫟陽；董翳爲翟王、都高奴。楚將瑕丘申陽爲河南王、都洛陽。趙將司馬卬爲殷王、都朝歌。當陽君英布爲九江王、都六。懷王柱國共敖爲臨江王、都江陵。番君吳芮爲衡山王、都邾。故齊王建孫田安爲濟北王。徙魏王豹爲西魏王、都平陽。徙燕王韓廣爲遼東王。燕將臧荼爲燕王、都薊。徙齊王田市爲膠東王。齊將田都爲齊王、都臨菑。徙趙王歇爲代王。趙相張耳爲常山王。漢王怨羽之背約、欲攻之、丞相蕭何諫、乃止。

夏四月、諸侯罷戲下、各就國。羽使卒三萬人從漢王、楚子・諸侯人之慕從者數萬人、從杜南入蝕中。張良辭歸韓、漢王送至褒中、因說漢王燒絕棧道、以備諸侯盜兵、亦視項羽無東意。

四

十二月、圍羽垓下。羽夜聞漢軍四面皆楚歌、知盡得楚地、羽與數百騎走、是以兵大敗。灌嬰追斬羽東城。楚地悉定、獨魯不下。漢王引天下兵欲屠之、爲其守節禮義之國、乃持羽頭示其父兄、魯乃降。初、懷王封羽爲魯公、及死、魯又爲之堅守、故以魯公葬羽於穀城。漢王爲發喪、哭臨而去。封項伯等四人爲列侯、賜姓劉氏。諸民略在楚者皆歸之。漢王還至定陶、馳入齊王信壁、奪其軍。初項羽所立臨江王共敖前死、子尉嗣立爲王、不降。遣盧綰、劉賈擊虜尉。

五

於是諸侯上疏曰：「楚王韓信、韓王信、淮南王英布、梁王彭越、故衡山王吳芮、趙王張敖、燕王臧荼昧死再拜言、大王陛下：先時秦爲亡道、天下誅之。大王先得秦王、定關中、於天下功最多。存亡定危、救敗繼絕、以安萬民、功盛德厚。又加惠於諸侯王有功者、使得立社稷。地分已定、而位號比儗、亡上下之分、大王功德之著、於後世不宣。昧死再拜上皇帝尊號。」漢王曰：「寡人聞帝者賢者有也、虛言亡實之名、非所取也。今諸侯王皆推高寡人、將何以處之哉？」諸侯王皆曰：「大王起於細微、滅亂秦、威動海。又以辟陋之地、自漢中行威德、誅不義、立有功、平定海　、功臣皆受地食邑、非私之也。大王德施四海、諸侯王不足以道之、居帝位甚實宜、願大王以幸天下。」漢王曰：「諸侯王幸以爲便於天下之民、則可矣。」於是諸侯王及太尉長安侯臣綰等三百人、與博士稷嗣君叔孫通謹擇良日二月甲午、上尊號。漢王即皇帝位于氾水之陽。尊王后曰皇后、太子曰皇太子、追尊先媼曰昭靈夫人。

六

詔曰：「故衡山王吳芮與子二人、兄子一人、從百粤之兵、以佐諸侯、誅暴秦、有大功、諸侯立以爲王。項羽侵奪之地、謂之番君。其以長沙、豫章、象郡、桂林、南海立番君芮爲長沙王。」又曰：「故粤王亡諸世奉粤祀、秦侵奪其地、使其社稷不得血食。諸侯伐秦、亡諸身帥閩中兵以佐滅秦、項羽廢而弗立。今以爲閩粤王、王閩中地、勿使失職。」

七

三月、詔曰：「吾立爲天子、帝有天下、十二年于今矣。與天下之豪士賢大夫共定天下、同安輯之。其有功者上致之王、次爲列侯、下乃食邑。而重臣之親、或爲列侯、皆令自置吏、得賦斂、女子公主。爲列侯食邑者、皆佩之印、賜大第室。吏二千石、徙之長安、受小第室。入蜀漢定三秦者、皆世世復。吾於天下賢士功臣、可謂亡負矣。其有不義背天子擅起兵者、與天下共伐誅之。布告天下、使明知朕意。」

八

漢興、序二等。高祖末年、非劉氏而王者、若無功上所不置而侯者、天下共誅之。高祖子弟同姓爲王者九國、唯獨長沙異姓、而功臣侯者百有餘人。自鴈門、太原以東至遼陽、爲燕代國；常山以南、大行左轉、度河、濟、阿、甄以東薄海、爲齊、趙國；自陳以西、南至九疑、東帶江、淮、穀、泗、薄會稽、爲梁、楚、淮南、長沙國：皆外接於胡、越。而　地北距山以東盡諸侯地、大者或五六郡、連城數十、置百官宮觀、僭於天子。漢獨有三河、東郡、潁川、南陽、自江陵以西至蜀、北自雲中至隴西、與　史凡十五郡、而公主列侯頗食邑其中。何者？天下初定、骨肉同姓少、故廣彊庶孽、以鎮撫四海、用承衞天子也。

〔編者注〕

資料一、二『史記』巻六「秦始皇本紀」

三　『漢書』巻一上「高帝紀」

四〜七『漢書』巻一下「高帝紀」

八　『史記』巻十七「漢興以来諸侯王年表」

「皇考」をめぐる論争から見た皇権と親権

——人の後《あとつぎ》たる者の「礼」についての中日比較——

官　文娜

はじめに

中国においては、死去した父親を「考」と尊称する慣習がある。「皇考」とは、皇帝の逝去した前皇帝に対する尊称である。王位の父子直系継承制のもとでは、前皇帝は一般に現任皇帝の父親である。問題になるのは、前皇帝に実子や孫がいない、つまり後嗣がいない場合、傍系から入って帝位を継いだ皇帝が、自身の父に対して「皇考」と称するべきか否か、である。それは単なる尊号だけの問題ではなく、尊号と密接な関連がある屍柩を葬る上での墓制と、祭祀上の宗廟制の問題、つまり現任皇帝の実父および前皇帝に関する身分の問題をも引き起こす。

古代中国では、皇帝の没後、山に皇陵を造り、皇帝の屍柩を葬る。諸侯王、すなわち皇帝の兄弟・従兄弟の場合は、陵ではなく園を造り、その屍柩を葬る。また、『禮記』「王制」に「天子七廟、三昭三穆與㆓大祖之廟㆒而七。諸侯五廟、二昭二穆與㆓大祖之廟㆒而五……」（天子は七廟、三昭・三穆と大祖の廟とで七なり。諸侯は五廟、二昭・二穆と大祖の廟とで五なり……〔本章における『禮記』の引用の訓読みはすべて『全釈漢文大系』、集英社、一九七六年による〕）[1]とある。昭穆とは、世代関係を表す用語である。『説文解字』では「昭」と「穆」についてそれぞれ「昭、日朙也、従日召聲」（昭、日の朙なり、日に従ふ召の聲）、「穆、禾也、従禾㣎聲」（穆、禾なり、禾に従ふ㣎の聲）と解説する。『爾雅』「釋訓第三」には「穆」についてまた「穆穆敬也」(穆穆は敬なり)という解釈がある。さらに『論語集説』「八佾」に皇侃が「昭者明也。尊㆑父、故曰㆑明也。穆敬也、子宜㆑敬㆓於父㆒也」(昭とは明らかなり。父を尊ぶ、故に明らかと曰ふなり。穆とは敬ふなり、子は宜しく父を敬ふべきなり)、と明確にいった。この意味で「昭・穆」を引伸して、廟制において廟の順列が表された。つまり太祖の廟が中央、二世・四世・六世は左に列して、これを昭(父の世代)といい、三世・五世・七世は右列して、これを穆(子の世代)という。天子宗廟の「七親廟」とは、始祖つまり太祖の廟所はそのままに中央に位し、次の二世・三世・四世・五世・六世・七世は昭と穆、すなわち左右に列する。あとの死者は入った場合、廟次は始祖つまり太祖の下から二世・三世・四世……と昭穆の順に遷るが、古いものは太廟に一括して祭るのである。このように終始七廟を維持するので、傍系から入った皇帝の父親の廟を天子の親廟に入れると、前皇帝の廟とともに同じ世代の二つの廟が同時期に入ることになる。すると、太祖の下に二世代の皇帝の廟が同時期にはみ出してしまい、不都合である。また『禮記』「喪服四制」は次のように記する。「天無㆓二日㆒、土無㆓二王㆒。國無㆓二君㆒、家無㆓二尊㆒。以㆑一治㆑之也」(天に二日無く、土に二王無く、國に二君無く、家に二尊無し。一を以て之を治むるなり)[2]。また『儀禮』「喪服」[3]の「齊衰不杖期」(齊衰を着用して杖をつかないで、期の喪に服する禮)に「爲㆓人後㆒者、爲㆓其父母㆒、報。傳曰、『何以期也。不㆑貳㆑斬也。何以不㆑貳㆑斬也。持㆓重於大宗㆒者、降㆓其小宗㆒也。爲㆓人後㆒者、孰後。後㆓大宗㆒也。曷‐爲後㆓大宗㆒。大宗者尊之統也』」(人の後《あとつぎ》と爲《な》る者、其の父母の爲《た》めにす。報《むく》ゆ。傳に曰く、「何を以て期するや。斬《ざん》を貳《ふたたび》せざるなり。何を以て斬《ざん》を貳《ふたたび》せざるや。重きを大宗に持する者は、其の小宗を降《くだ》すべければなり。人の後《あとつぎ》と爲る者とは、孰《た》れの後《あとつぎ》となるや。大宗に後《あとつぎ》となるなり。曷爲《なんす》れぞ大宗に後《あとつぎ》となるや。大宗は尊の統なればなり」〔本章における『儀禮』の引用の訓読みはすべて『東海大学古典叢書』、東海大学出版会、一九七八年による〕)[4]という喪服の礼制がある。つまり大宗の後《あとつぎ》となる者がいなくて、同宗内で定められてその人の後《あとつぎ》となった者は、その生みの父母のためにもっとも重い「斬衰三年」(喪服五等の中でもっとも重い斬衰を着用して三年の喪に服する禮）ではなく、「齊衰不杖期」に服するのである。それは皇帝といえども厳守しなければならない。

一方、傍系から皇統を継いだ皇帝は、実父母を慕う心情から、『儀禮』「喪服」の「傳曰、『爲父何以斬衰也。父至尊也』」（傳に曰く、「父の爲めにするに、何を以て斬衰するや。父は至尊なればなり」と）[5]や「子不レ私二其父一、則不レ成レ爲レ子」（子、其の父を私せざれば、則ち子と爲るを成さず）[6]、『孝經』「聖治章」にいう「父子之道天性也君臣之義也」（父子の道は天性なり、君臣の義なり）、さらに『周易』「鼎」、『儀禮注疏』「喪服」、『春秋公羊傳』「隱公元年」など古典によく見える「母以子貴」（母は子を以て貴し）を盾として、すでに没した実父に「皇考」という尊号を贈り、「皇考」にふさわしい葬礼と祭礼を挙行しようとする。それに迎合する官僚らも『禮記』「坊記」の「禮者因二人之情一、而爲二之節文一、以爲二民坊一者也」（禮は人の情に因りて、之《これ》が節文を爲して、以て民の坊を爲す者なり）[7]と「喪服小記」の「父爲レ士、子爲二天子諸侯一、則祭以二天子諸侯一其尸服以二士服一。」（父士爲り、子天子・諸侯爲る時は、則ち祭るに天子・諸侯を以てし其の尸《し》の服は士の服を以てす。）[8]を根拠として、皇帝の没した実父に「皇考」という尊号を贈るとともに「皇考」としてふさわしい葬礼と祭礼が挙行できるように論証しようとする。これは前述の『儀禮』「喪服」における礼制と対立する。よって激しい論争が起こった。さらに現任皇帝が実父にとって唯一の息子であった場合、実父の宗にとってその子は唯一の嫡子であり、すなわち大宗である。これは同じ『儀禮』「喪服」の「齊衰不杖期」条の「適（嫡、以下同）子不レ得レ後二大宗一」（〔小宗の〕適子は大宗に後《あとつぎ》となるを得ず）に抵触する。よって、その論争はさらに激しくなった。

前漢以前の追尊は次の二例がある。第一例は周の武王が老いて、曾祖父の古公亶父（太王）と祖父の季歴（王季）に王号を送り、また先公を祭るのに天子の礼を用いた。[9]第二例は秦の始皇帝の二六年に、実父荘襄王に追尊して太上皇とした。[10]これらの二例はともに本系の父・祖父に追尊したものであり、しかも周の武王と秦の始皇帝はいずれも新しい王朝の創始者であったから、議論を生じなかった。

しかし、前漢・北宋・明では、傍系より入って皇統を継いだ者の実父母に対する尊称に関して、次のような論争・紛糾が起こった。前漢では宣帝の父史皇孫進に対する、哀帝の父定陶王康に対する、平帝の父中山王興に対する尊号の問題である。

また北宋の英宗即位の際に起きた「濮議」と、明の世宗即位の際に起きた「大礼の議」(「興献議」ともいう)は歴史上の大事件となった。北宋の「濮議」の論争においては、反対派の代表的な朝廷の高官数人が地方官に左遷されて落着した。明の「大礼の議」に関する大論争の結果は、四品以下の一三四人が逮捕され、うち一七人が廷杖のため死亡した。そのほか辺境に追放された者もいた。

日本においても、歴史上子が天皇の位についた場合、その父が在世中に即位していなくても太上天皇という尊号を贈ることの是非についての論争があった。太上天皇とは、天皇が譲位した後の尊号である。持統天皇が称したのに始まるが、天皇の生父に当たる親王にもこの尊号が与えられたこともあった。ちなみに上皇を意味する仙洞・仙院・姑射山・藐姑山などというのは太上天皇の唐名や諡号である。例えば室町時代の正長元年(一四二八)、貞成親王の子の彦仁王は称光天皇(子供がいなかった)が死去した後、称光天皇の父後小松上皇の猶子[11]として即位し、後花園天皇となった。一九年後の文安四年(一四四七)に実父の貞成親王に太上天皇の尊号を贈り、後崇光院の諡号を奉った。一方、第一一八代の後桃園天皇は同じく後嗣がなかったため、安永九年(一七八〇)典仁親王の六男、兼仁皇子が婿養子となり、皇位に就いた。即位後の天明二年(一七八二)には朝廷側より内々で所司代牧野越中守に対して、太上天皇尊号について「掛合」があったが、朝廷が五年に渡って幕府と交渉した結果、「尊号御内慮一件取計不行届」として拒否された。なお典仁親王宣下は、その後も幕末に至るまでしばしば取り上げられたが、最終的には、一世紀後の明治二七年(一八九四)三月に太上天皇の尊号と「慶光天皇」という称号を追贈されたのである。

日本における血縁集団構造は、父系単系出自の宗族構造を持つ中国と異なり、「上下尊卑」「長幼輩行」というような血縁等級秩序が存在しない。そして、人の後《あとつぎ》たることの目的・意義および人の後《あとつぎ》となるシステムは中国とは異なる。(12)ゆえに日本の太上天皇の尊号についての論争は、中国における前漢の「皇考廟」・「恭皇廟」、北宋の「濮議」、明の「大礼の議」などの論争とは性格がまったく異なると考える。

前漢において傍系より入る皇帝の実父に「皇考」を追尊することについての代表的な研究は、藤川正數氏の『漢代における礼学の研究』である。藤川氏は儒学の礼制という視点から研究し、当時の論争が「礼の根本原理たる『義』と『情』とのいずれに重きを置くかという立場の相違、すなわち、公義主義か私情主義かという問題である」と考えた。つまり初め優勢であった公義主義が宣帝・哀帝時代には私情主義に圧倒され、哀帝の没後、公義主義が私情主義を抑圧したと主張する。(13)

北宋の「濮議」に関する代表的な研究としては、諸橋轍次氏の「濮王典礼」(14)と小林義廣氏の「『濮議』小考」(15)があげられる。諸橋氏は礼制、すなわち上下を頒ち、貴賤を定め、人をしてみなその処・位を明らかにするという「正名の教」において、「濮議」を考察した。これに対して小林氏は、北宋の英宗の即位と論争の経緯を詳しく述べた上で、論争に参加した人々の君主論・国家観における対立を強調する。

「濮議」について検討した研究者たちの多くが「濮議」を礼制との関連で論じつつ、その中における政治紛争に注目していた。その代表者は米国における宋史研究者の劉子健氏(James T.C.liu,一九九三年死去)であった。氏は「濮議」は当時の官僚群が英宗と曹太后との不和を利用した政治闘争だと指摘した。(16)

中山八郎氏は明の武宗の没後に傍系の世宗が即位したことで、その実父母をどのように呼ぶか、どのように祭るかが争われた「大礼の議」の経緯を詳細に追跡し、またこれを学問思想の面において捉えて事件に参与した派、特に王陽明と彼の門人とこの事件との関係に論及した(17)。

これらの研究をもとに、近年では福島正氏が北宋の「『濮議』と明の『大礼の議』とは類似の事件であるけれども、両者を比べ合わせれば、その相違点が際立つのではないか」と指摘した。そして「濮議」は「大礼の議」に何らかの影響を与えたものと考えた上で「濮議」と「大礼の議」との比較研究を行った。両者を比較した結論として、氏は「残念ながら、評価に値すると思われる『爲人後《あとつぎ》議』がまったく継承されず、糟粕ともいうべき『典礼疏』のみが継承されたという事実であった」とまとめている(18)。

総合的に見れば、上記の諸研究は傍系から帝位に就いた経緯とそれによって引き起こされた論争の経過を詳細に紹介し、そしてそれらの論争を礼制、つまり喪服制、廟制などとの関連から検討している。上掲の論者はみな、朝廷内の官僚群における派閥間の矛盾とその論争に注目している。これに対して、本章は、前漢の「皇考廟」・「恭王廟」、北宋の「濮議」と明の「大礼の議」における、傍系から即位した皇帝と前皇帝とのそれぞれの血縁関係の異同を考察し、対立する派の代表的な論説、論争の結果について検証する。さらに日本の太上天皇という尊号の問題との比較を試み、日中両文化の源流の相違にも言及するつもりである。また近年新たに発見された「郭店楚簡」を史料として用い、人の後《あとつぎ》たる者の「礼」について、さらには皇権と親権の実質について考察を行う。

一　前漢「皇考廟」・「恭王廟」の実行

前漢において傍系による帝位の継承によって引き起こされた「皇考」という尊称と、それにともなって出来した皇帝の宗廟制についての論争は、まず宣帝、後に哀帝、そして平帝の三件があった。その論争の結果、宣帝と哀帝の時代にはそれぞれ「皇考廟」と「恭王廟」が建てられた。しかし平帝の時代には実父の中山王興の皇廟が建てられなかっただけでなく、「恭王廟」や「皇考廟」をも廃毀してしまった。しかし、のちの北宋の「濮議」と明の「大礼の議」の賛成派は、前漢の「皇考廟」と「恭王廟」の実行を論拠とした。ここでは、前漢の「皇考廟」と「恭王廟」と北宋の「濮議」、明の「大礼の議」事件の文化的背景と思想の源流を解明するために、まず前漢の宣帝・哀帝・平帝それぞれの、前皇帝との血縁関係とその即位の経緯を整理するところから論を始める。

(1)「皇考廟」と宣帝の即位

「皇考廟」とは、祖父の弟に当たる昭帝の没後に即位した宣帝が即位九年目（元康元年＝紀元前六五）に、二七年前の「巫蠱《ふこ》之禍」[19]によって亡くなった父（進）のために建てたものである。つまり宣帝の父史皇孫進は在世中には皇帝の位に就かなかったけれども、子たる宣帝が即位したことによって、皇帝に擬えられ漢の宗廟に祭られることになったのである。それはなぜだろうか。宣帝即位の経緯から説明することにしよう。

元平元年（紀元前七四）四月、前漢第八代の昭帝が没した後、嗣子がいないので、昭帝の五番目の兄の子昌邑王賀が即位することになった（図1を参照）。しかし、賀は前皇帝昭帝の喪期に悲哀の心を示さず、淫乱不軌であって、皇室の宗廟を承けて天子となる資格がないとされ、廃位になってしまった。それで、紀元前七三年、宣帝が昭帝の長兄の孫、すなわち武帝の嫡長曾孫として位に就いた[20]。宣帝の祖父は武帝の嫡長男、父は武帝の嫡長孫であったが、この二人はいずれも王位に就かなかった。

そもそも武帝には六男があったが、嫡長男の據は元狩元年（紀元前一二二）に太子となるも、征和二年（紀元前九二）「巫蠱《ふこ》之禍」によって自殺した。ほかの五人の皇子のうち、閎・旦・胥三人は元狩六年（紀元前一一七）同時にそれぞれ斉王・燕王・広陵王となったが、斉王閎は元封二年（紀元前一〇九）、太子より前に没した。天漢四年（紀元前九七）、昌邑王となった五男の髆も武帝より一年前の後元元年（紀元前八八）に亡くなった。それで武帝の末年に生存する者は、燕王旦と広陵王胥および末子弗陵の三人であった。この三人のうち、燕王と広陵王が行状驕嫚

図1　前漢皇帝継承図

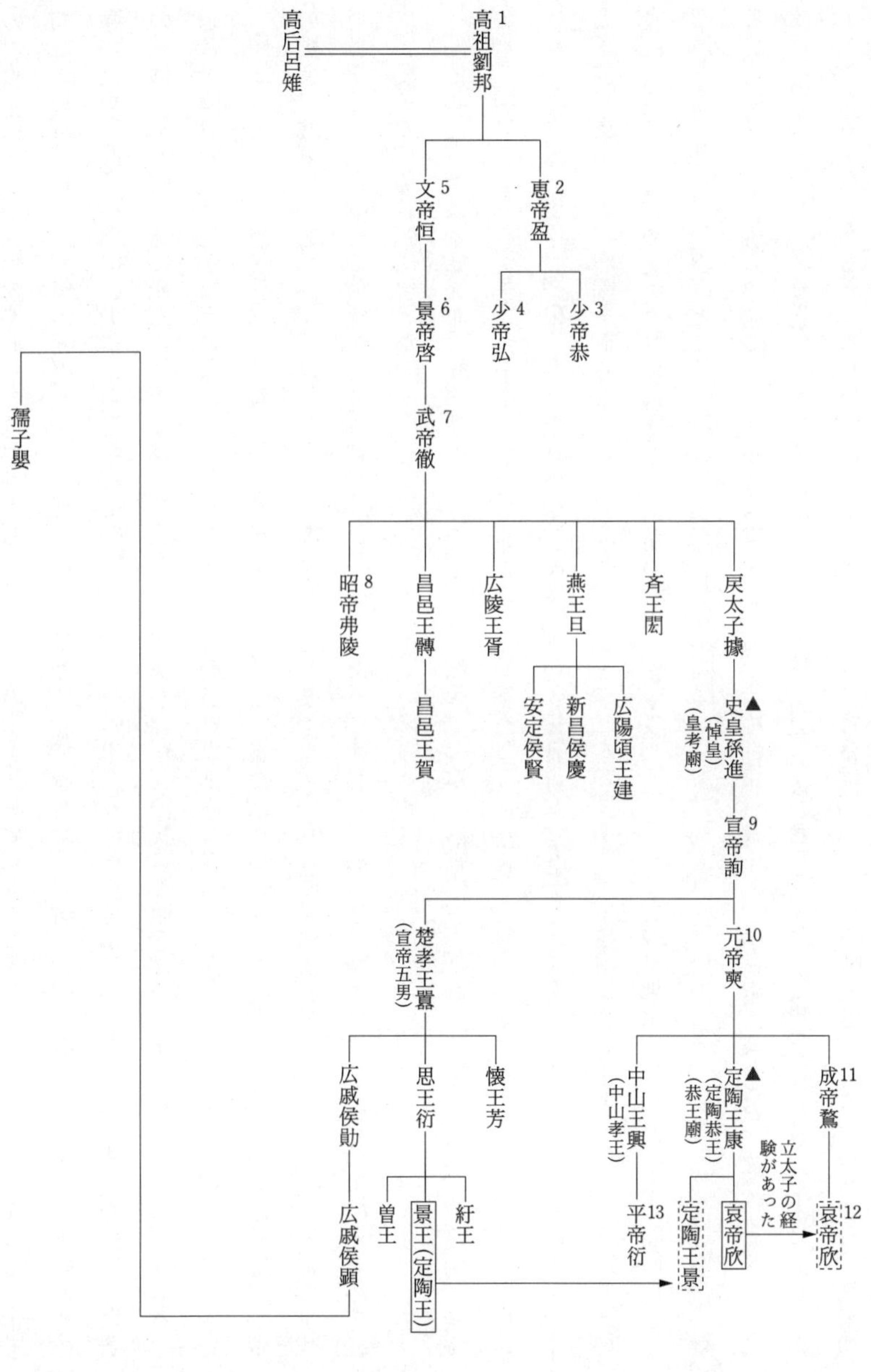

高祖劉邦 1
高后呂雉
恵帝盈 2
文帝恒 5
少帝恭 3
少帝弘 4
景帝啓 6
武帝徹 7
戻太子據
斉王閎
燕王旦
広陵王胥
昌邑王髆
昭帝弗陵 8
▲史皇孫進
(悼皇)
(皇考廟)
広陽頃王建
新昌侯慶
安定侯賢
昌邑王賀
宣帝詢 9
元帝奭 10
楚孝王囂
(宣帝五男)
成帝驁 11
▲定陶王康
(定陶恭王)
(恭王廟)
中山王興
(中山孝王)
懐王芳
思王衍
広戚侯勛
立太子の経験があった
哀帝欣 12
哀帝欣
定陶王景
平帝衍 13
紆王
景王(定陶王)
曽王
広戚侯顕
孺子嬰

のため、後元二年（紀元前八七）武帝が没する直前、八歳の末子弗陵を立てて太子とした。これがすなわち昭帝である。昭帝は在位一三年の元平元年（紀元前七四）に子なくして没した。当時、武帝の四番目の子広陵王のみが生存したが、武帝在世中に失格と判定されたので、武帝の孫の中から継嗣を選ぶしかなかった。武帝の長男戻太子の子は太子と同じ時に死んだ。燕王旦には三人の子があったが、いずれも昭帝在位七年（元鳳二年＝紀元前七九）、昭帝一四歳の、父旦が謀反のあげく自殺した後に、恩赦されて庶人となった（この三人は宣帝の時代に、長男の建を広陽頃王に立て、次男と三男、慶と賢を新昌侯と安定侯に封じた）。また前述のとおり武帝の五男髆の子たる賀は、昭帝の喪期に悲哀の心を示さず、淫行のために廃せられてしまった。それで昭帝の次の世代、つまり武帝の孫の世代ではなく、武帝唯一の曾孫として宣帝が即位したのである。(21)すなわち武帝後の帝位は末子たる昭帝の一三年を経て、嫡系の曾孫宣帝に戻った。

即位した宣帝は本始元年（紀元前七三）、次のような詔を下した。「故皇太子在レ湖、未レ有二号謚一、歳時祠、其議レ謚置二園邑一」（もとの皇太子は湖県に葬られ、まだ謚がない、歳時ごとに祭祠し、謚を議定し、墓守の邑をおけ（本章における『漢書』の引用の訓読みはすべて小竹武夫訳『漢書』上巻、筑摩書房、一九七七年による）(22)）。すなわち宣帝は祖父たる太子據に謚をつけ、廟園を置くことについて有司に議をさせたのである。『漢書』「武五子傳」によれば、有司の奏によって、宣帝の父史皇孫進の謚を「悼皇」、祖父の謚を「戻」とし、その墓地はいずれも諸王の園に比し、奉邑もそれぞれ三〇〇戸と二〇〇戸とした。これは「『禮』『爲二人後《あとつぎ》一者、爲二之子一也』、故降二其父母一不レ得レ祭、尊レ祖之義也。陛下爲二孝昭帝後一、承二祖宗之祀一、制レ禮不レ踰レ閑」（「禮」に、「人の後と爲る者は、之が子と爲るなり」、故に其の父母を降して祭るを得ず、祖を尊ぶの義なり。陛下は孝昭帝の後と爲りて、祖宗の祀《まつり》を承《う》け、禮を制するに閑を踰《こ》えず(23)）となるからである。つまり帝位は父子相承制であり、宣帝は昭帝の後に帝位を就いた者であるから、宗廟の礼としては昭帝を祭るべきであって、実父の史皇孫を祭ることはできない。しかし、八年後の元康元年（紀元前六五）、有司は『禮記』の「喪服小記」における「父爲レ士、子爲二天子諸侯一、則祭以二天子諸侯一、其尸服以二士服一」（父士爲《た》り、子天子・諸侯《しょこう》爲《た》る時は、則ち祭るに天子・諸侯を以てし、其の尸《し》の服は士の服を以てす）という文を根拠として、ふたたび「悼園宜下稱二尊號一曰二皇考一、立レ廟、因レ園爲レ寢、以レ時薦中享焉上。益二奉園民一滿二千六百家一、以爲二奉明縣一。」（悼園（史皇孫の墓地）は宜しく尊號を稱して皇考と曰ひ、廟を立て、園に因りて寢と爲し、時を以てここに薦享すべし。奉園の民を益《ま》し千六百家を滿たし、以て奉明縣と爲すべし）と奏上した。それでその年の五月に皇考廟を立て、奉邑を増して奉明県とした(24)。

宣帝の子たる元帝の時代に少府となった韋玄成は「今高皇帝爲二太祖一、孝文皇帝爲二太宗一、孝景皇帝爲レ昭、孝武帝為レ穆、孝昭皇帝與二孝宣皇帝一倶為レ昭、皇考廟親未盡、太上、孝恵廟皆親盡、宜レ毀」（今高皇帝は太祖と爲り、孝文皇帝は太宗と爲り、孝景皇帝は昭と爲り、孝武皇帝は穆と爲り、孝昭皇帝と孝宣皇帝は倶に昭と爲る。皇考の廟は親未だ盡きず、太上、孝恵の廟は皆親盡きたれば、宜しく毀《こぼ》たるべし）と奏上し、裁可された(25)。これによって「皇考廟」は五親廟の一つとして宗廟の中に位置づけられた。すなわち天子七親廟説により、漢の太祖高帝と太宗文帝、あとは時代の近い五廟、すなわち景・武・昭・皇考・宣が、親《しん》が尽きないため、毀たずとし、認められたのである。

（2）哀帝の立太子と「恭皇廟」に関する論争

綏和元年（紀元前八）宣帝の孫である成帝には子がなかったので、弟の定陶王康の子欣が太子として立てられた。翌年の綏和二年（紀元前七）三月にその太子が即位して哀帝となった。帝位に就いた哀帝が皇太后（祖母の傅太后）に太皇太后を尊崇し、太皇太后が詔を賜り、哀帝の父たる定陶王康を恭皇と追尊して恭皇帝となした。二カ月後の五月、哀帝はみずからの祖母の傅氏に恭皇太后、母の丁姫に恭皇后という尊号を賜った。さらに恭皇帝の祭祀の儀をも皇帝と同格にし、「恭皇廟」を建てた(26)。これは郎中令の冷褒と黄門郎の段猶の建議によって建てたものである。(27)しかし『漢書』の「師丹傳」によれば、師丹は第一に「定陶共（恭）皇號諡已前定、義不ㇾ得二復改一」（定陶共皇は號諡已に前に定まれり、義として復た改むるを得ず）(28)、第二に「陛下既繼二體先帝一、持二重大宗一、承二宗廟天地社稷之祀一、義不ㇾ得下復奉二定陶共（恭）皇祭一入中其廟上。今欲下立二廟於京師一、而使中臣下祭上ㇾ之、是無ㇾ主也」（陛下既に先帝に繼體し、大宗を持重し、宗廟・天地・社稷の祀を承《う》けたれば、義として復た定陶共皇の祭を奉じて其の廟に入るるを得ず。今廟を京師に立てて臣下をして之を祭らしめんと欲するは、是れ主無きなり）(29)という二つの理由で反対した。孔光・王莽らはそれを支持したが、両派は対立し、激しい論争が行われた。結局大司馬の王莽は、外戚傅氏・丁氏らの勢力を避けるために隠退することとなった。(30)哀帝は師丹の職を免じて、都に恭皇の廟を立て、皇帝と同格の祭祀の儀を行った。「恭皇廟」を建てた経緯と賛否の論争については『漢書』の「師丹傳」・「朱博傳」に詳細な記録があり、また藤川正數氏の『漢代における礼学の研究』でも詳しく分析されているので、参照されたい。

「皇考廟」と「恭皇廟」の共通点・相違点をまとめると以下の如くである。

「皇考廟」と「恭皇廟」とは、いずれも傍系から入って帝位に就いた皇帝が、実父のために実父廟を皇帝のそれと同格に建てて漢の宗廟に列し、祭祀の儀も皇帝と同様にしたものである。しかし、中国においては、父子相承こそ正統である。宣帝は昭帝に対して、哀帝は成帝に対していずれも子たるべきである。『儀禮』「喪服」の定めによって宣帝・哀帝いずれも実父に対しては「齊衰不杖期」の祭祀の儀を、昭帝と成帝に対しては「斬衰三年」の祭祀の儀を行わなければならない。しかし「皇考廟」を立てた宣帝は、昭帝の子の世代ではなく孫の世代であり、また武帝の嫡系の子孫として即位したのであった。ゆえに、父分を正すという伝統文化の下で、宣帝が実父の史皇孫進を「皇考」と称しても昭帝を損うことにはならないのではないか。しかも宣帝の祖父と父が亡くなったのはいずれも「巫蠱《ふこ》之禍」という無実の罪である。『儀禮』「喪服」には（小宗の）「適子不ㇾ得ㇾ後二大宗一」（適子は大宗に後《あとつぎ》となるを得ず）とあるが、宣帝は武帝の嫡系の唯一の人であり、その血統こそは武帝の後を継承すべき正統であろう。しかし、宣帝は即位後一〇年近くたってから、ようやく父の史皇孫進の廟を皇帝の廟として祭るようになった。これはなぜであろうか。藤川氏は、宣帝が即位した当時は、昌邑王蕭清の直後であり、「皇考廟」について議論する余裕がなく、即位して七年目から「始めて政事を親しくする」[31]ようになり、統治者としての地位が安定してきたので、「皇考廟」を建てることに着手したと述べる。

また宣帝は立太子の経験がなかったので、正式に昭帝の子にはならなかった。それに対して哀帝の場合は、前任の成帝の存命中に太子となった。成帝は宣帝の嫡孫であったが、趙皇后との間には子がなく、後宮の許美人および曹偉との間に生まれた子がいた。しかし趙皇后とその弟趙昭儀は権勢がほかに移ることを恐れ、その子らを殺した[32]。綏和元年（紀元前八）、すなわち成帝が亡くなる直前に、成帝の弟である定陶王康の子哀帝が太子となり、翌年成帝の没後に即位した。哀帝は定陶王康のただ一人の子であったから、哀帝が太子となった数カ月後に宣帝五男の楚孝王囂の孫たる景王を定陶王とし、哀帝の父の定陶王康の祠事を奉ずる。このように哀帝は即位前に太子として成帝の子となった経緯がある。したがって、もし同じく『儀礼』「喪服」「齊衰不杖期」条の「人の後《あとつぎ》と爲《な》る者、其の父母の爲《た》めにす。報《むく》ゆ」に基づくならば、哀帝が実父の祭祀を漢の宗廟において、皇帝と同格に祭るのは非礼といえるのではないか。

「恭皇廟」を建ててから数年後の平帝の世、大司馬の身分で摂政者であった王莽は、『儀禮』「喪服」の「不レ貳レ斬也」（斬を貳にせざるなり）という義に基づいて、まず恭皇太后（傅氏、哀帝の祖母、のちに「帝太（太）后」を称した）・恭皇后（丁姫、哀帝の母、のちに「帝太后」を称した）の墓を掘り、両太后の璽綬を奪い、庶民のように埋葬した[33]。また「恭皇廟」も廃し（定陶隳廢共（恭）皇廟）、その賛成派であった冷褒段猶・董宏らが廣西の合浦に追放された[34]。それだけではなく、宣帝時代に建てた「皇考廟」について王莽は「此兩レ統貳レ父、違ニ於禮制一。……父為レ士、子爲ニ天子一、祭以ニ天子一者、乃謂下若ニ虞舜・夏禹・殷湯・周文・漢之高祖一受レ命而王者上也、非下謂中繼ニ祖統一爲レ後者上也」

（此れは統を兩にして父を貳にし、禮制と違ふ。……父は士と爲り、子は天子と爲れば、祭るに天子を以てするとは、乃ち虞舜・夏禹・殷湯・周文・漢の高祖の若き命を受けて王たる者を謂ふなり、祖統に繼ぎて後と爲る者を謂ふに非ざるなり）(35) という理由で「皇考廟本不レ當レ立」（皇考の廟は本當《もとまさ》に立つべからず）(36) と主張し、これも同時に廃毀した。

二 「濮議」と「大礼の議」

前漢における「恭皇廟」と「皇考廟」の結末は上記のとおりであるが、それは一〇〇〇年、一五〇〇年という長い年月を経た後、北宋の英宗と明の世宗の時代に起こった「濮議」と「大礼の議」という二つの論争の根拠になった。

「濮議」とは、北宋第四代の仁宗に後嗣がなかったため、傍系の英宗が即位した際に起きた、英宗の父濮王允譲の尊号に関する論争である。「大礼の議」とは、明の一一代の武宗に後嗣がなかったため、傍系の世宗が即位した際に起きた、その父祐杬の尊号をめぐる大事件である。ここでまず北宋の英宗と明の世宗がそれぞれ前任皇帝の後嗣に選ばれ、皇帝に即位するまでの経過をたどってみることにしよう。

(1) 宋の英宗の擁立と「濮議」

英宗の前任は第四代の仁宗である。仁宗は在世中三人の皇子楊王昉・雍王昕・荊王曦がいたが、いずれも夭折してしまった。楊王昉は誕生した当日（景祐四年＝一〇三七）に死去しており、雍王昕は二歳（康定二年〔一〇四一年一一月に慶暦と改元〕＝一〇四一）の時死去、三男の荊王曦も二歳五カ月（慶暦三年＝一〇四三）で死去した。三男の荊王曦が死んだ後、仁宗の没まで皇子の出生は絶えてしまう。したがって、帝位の後嗣は仁宗の末年、多病の仁宗をはじめ朝廷上下のもっとも憂える問題になった。至和三年（一〇五六年九月に嘉祐と改元）初、仁宗が儀式の最中に目眩を感じ、それから一カ月ほど政務を充分に執れなくなった。大臣たちは、後嗣の決定を促す上奏文を相次いで提出し、さらに仁宗に面談してそれを催促したが、仁宗は「宗子已有㆓賢知可㆑付者㆒、卿等其勿㆑憂」（宗子、已に賢知にして付すべき者有り、卿等其れ憂ふこと勿《なか》れ）といった。その宗子とは従兄濮王允譲の一三男宗実、のちの英宗である[37]（その血縁関係は図2を参照）。

宗実の実父は太宗の孫、仁宗の従兄濮王允譲である。『宋史』巻二四五、列傳第四「濮王允譲」伝に「濮安懿王允譲、字益之、商王元份子也。天資渾厚、外荘内寛、喜慍不㆑見㆓于色㆒。始爲㆓右千牛將軍㆒。周王祐薨、真宗以㆓緑車旄節㆒迎㆓養于禁中㆒。仁宗生、用㆓簫韶部樂㆒送㆓還邸㆒」（濮安懿王允譲、字は益之、商王元份の子なり。天資渾厚《こんこう》（おおきくしっかりしている様）にして、外に荘たり内に寛たり、喜慍《きうん》（よろこびとうらみ）色に見えず。始め右千牛将軍と爲る。周王祐薨じ、真宗緑車（皇孫の乗車）旄節《ぼうせつ》を以て迎へ禁中に養ふ。仁宗生まるるや、簫韶部樂を用ゐ邸へ送還せらる）とある。つまり仁宗が生まれる前、宗実の実父濮王允譲は真宗の後嗣たる養子として宮殿で養い育てられ、仁宗出生後、実家に戻ったという経緯があった。次の世代になって、宗実が生まれた後「四歳、仁宗養㆓於内㆒。寶元二年、豫王（雍王――著者注）生、乃歸㆓濮邸㆒」（四歳にして、仁宗内に養ふ。寶元二年、豫王生まれ、乃ち濮邸へ歸す）[38]、つまり宗実が四歳の時、実父が少年時代一時真宗の後嗣たる養子となったと同様に、仁宗の後嗣として宮殿に養育されたことがあった。しかし寶元二年（一〇三九）に仁宗の次男雍王昕（豫王）が誕生した後、宗実も実父の家に戻った。この経験があったから、仁宗の次男、三男が相次いで亡くなり、みずからの後嗣が絶えた後、仁宗はひそかに宗実を後継ぎにした。しかしこの当時宗実は実父濮王允譲の喪中（允譲が嘉祐四年＝一〇五九に死去）であった。仁宗は「卿等其勿憂」（卿等其れ憂ふこと勿れ）といい、宗実の父の喪終を待った。三年後の嘉祐七年（一〇六二）八月には仁宗は宗実を皇子とする詔勅を発し、また名前を曙に改めた[39]。曙が皇子になった八カ月後の翌年三月の末日に仁宗は没した。皇后は仁宗の遺詔を伝達して、曙に即位させた。それが英宗である。

図2　北宋（趙氏）皇帝継承図

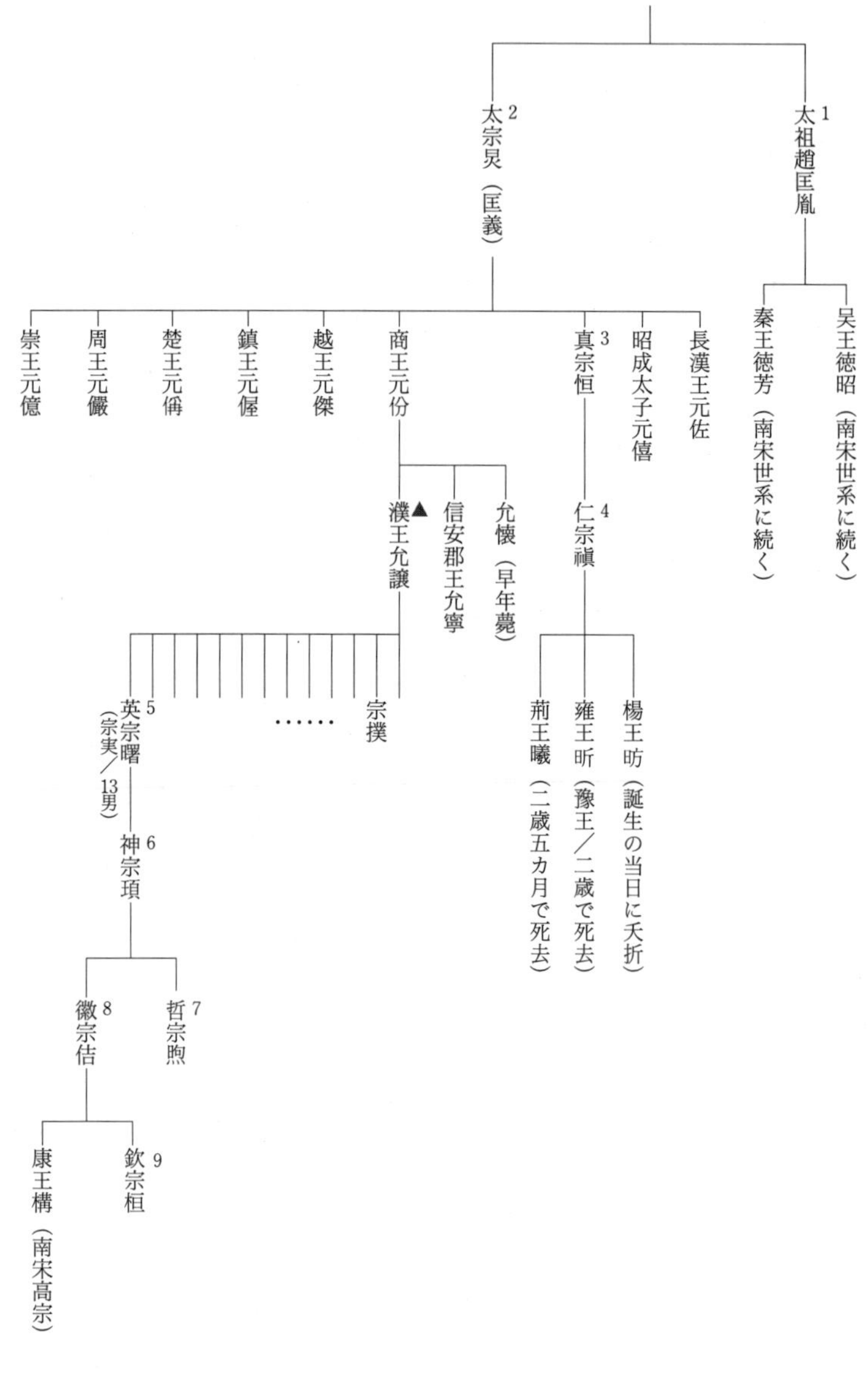

英宗が帝位に就いたのちの治平二年（一〇六五）四月、英宗は「議下崇二濮安懿王一典禮上」（濮安懿王を崇奉す典禮を議せしむ）[40]という詔勅を出した。これについて宰相の韓琦ら、とりわけ副宰相の歐陽修が中心となって、「父子之道、天性也、臨レ之以二大義一、有レ可三以降二其外物一、而本二之於至仁一、則不レ可レ絶二其天性一。絶二人道一而滅二天理一、此不レ仁者之或不レ爲也」（父子の道は、天性なり。之に臨むに大義を以てし、以て其の外物を降す可き有り、而して之を至仁に本とするに、則ち其の天性を絶ふ可からず。人の道を絶ちて天の理を滅すは、此れ仁ならざる者の或ひは爲らざるなり）[41]という理由をあげ、また前漢の宣帝・後漢の光武帝がみなその父を「皇考」と称して、皇考廟を建てた例をあげ、濮王允譲への追尊を行うべきだと主張した。これに対して当時の知諫院の司馬光、また侍御史の呂誨ら、御史台や諫院に集う官僚を中核とする反対派は『儀禮』「喪服」「齊衰不杖期」条の「人の後《あとつぎ》と爲《な》る者、其の父母の爲《た》めにす。報《むく》ゆ」を論拠とした。彼らは、英宗が仁宗の皇子として帝位に就いたのだから、仁宗が父であると主張する。実父濮王允譲は仁宗の従兄であり、「皇伯」（中国では父の兄を伯と称する）と称するべきだ。祭祀も「斬衰三年」から「齊衰不杖期」に下げるべきだ、というのであった。

この論争の経過は『宋史紀事本末』巻三六「濮議」、『續資治通鑑長編』、『通鑑長編紀事本末』などに詳細に記録されている。また前掲の小林氏と福島氏の論文にも詳しく述べられている。ここで濮王允譲への尊号をめぐって「皇考」を主張する歐陽修と、「皇伯」を主張する司馬光の主な論説をまとめてみよう。

歐陽修は、司馬光を代表とした台諫派の主張する「皇伯」という尊号に対して「爲二人後一者、爲二其父母一降服三年爲レ期、而不レ没二父母之名一、以見二服可レ降而名不レ可レ没也。若本生之親、改二稱皇伯一、歴二攷前世一、皆無二典據一」（人の後《あとつぎ》と爲る者、其の父母の爲に降服すること三年にして期と爲さば、而も父母の名を没さず、以て服の降す可くして名は没す可からざるを見《あらわ》す。若し本生の親、改めて皇伯と稱すれば、前世を歴攷すれども、皆な典據無し）[42]と指摘した。

また先にあげた『儀禮』「喪服」「齊衰不杖期」条の「人の後《あとつぎ》と爲《な》る者、其の父母の爲《た》めにす。報《むく》ゆ」に対して、歐陽修は「『爲二人後一者爲二其所レ生父母一齊衰期』服雖レ降矣、必爲正レ服者、示二父母之道在一也」（人の後《あとつぎ》たる者は其の生む所の父母の爲に齊衰もって期す」と。服は降すと雖も、必ず爲に服を正す者は、父母の道在るを示せばなり）(43)と述べて、「皇伯」論者に反撃した。これに対して、台諫派の中核人物たる司馬光は「陛下親爲二仁宗之子一、以承二大業一。傳曰、『國無二二君一、家無二二尊一。』若復尊二濮王一爲二皇考一、則置二仁宗於何地一乎」（陛下親しく仁宗の子と爲り、以て大業を承く。傳に曰く、「國に二君無く、家に二尊無し」と。若し復《ま》た濮王を尊びて皇考と爲さば、則ち仁宗を何れの地に置かんとするか）(44)と述べ、頑強に台諫派の説を主張した。

『宋史』「英宗」本紀によれば、約一年後の治平三年（一〇六六）一月、皇太后による「封二濮安懿王一宜如二前代故事一、王夫人王氏・韓氏・任氏、皇帝可レ稱レ親。尊二濮安懿王一爲レ皇、夫人爲レ后」（濮安懿王を封ずるに宜しく前代の故事の如くし、王夫人の王氏・韓氏・任氏もって、皇帝の親と稱すべし。濮安懿王を尊び皇と爲し、夫人もって后と爲せ）という手詔が中書門下に届けられた。そしてそれによって「以レ塋爲レ園、置二守衛吏一、即園立レ廟、俾三王子孫主二祠事一」（塋《えい》を以て園爲し、守衛の吏を置きて、即ち園に廟を立て、王の子孫をして祠事を主《つかさど》らしむること）という処置がとられた。『宋史紀事本末』「濮議」にも「皇太后手詔二中書一、宜下尊二濮王一爲レ皇、夫人爲レ后、皇帝稱上レ親。帝下レ詔謙讓、不レ受二尊號一、但稱レ親、即園立レ廟、以二王子宗樸一爲二濮國公一、奉二祠事一」（皇太后手《てづか》ら中書に詔し、宜しく濮王を尊んで皇と爲し、夫人を后と爲し、皇帝は親と稱すべしと。帝、詔を下して謙讓し、尊號を受けず、但だ親と稱すのみ。即ち園に廟を立て、王子の宗樸を以て濮國公と爲し、祠事を奉ぜしむ）ということを記載した。すなわち濮王允讓を「濮安懿皇」とし、その夫人たちを「后」とし、英宗は実父濮王と濮王の夫人らを「親」と称する、また濮王の塋城（墓城）を「園」とし、「園」に「廟」を建て、濮王の次男宗樸に祭祀を主宰させることにした。英宗は実父濮王および濮王の夫人らに対しての尊号を辞退したが、「親」と称することを承諾した。

こうした結果は、当然司馬光ら台諫派からの猛烈な反発を引き起こした。とりわけ呂誨は「親」という呼び方は仁宗と濮王、二人の父の存在を認めたことになるので許されないと述べ、さらに「首悪」の欧陽修や「奸臣」を処罰することを主張した。しかし大勢はすでに定まった。数日後、司馬光は諫官を辞め、呂誨など三人は地方官への左遷が決まった。英宗は濮王の尊号に関する議論の停止を命ずる詔勅を発布し[45]、これで濮議に関する論争は一応終結となった。

しかし「濮議」が終結した後も、その余波は残った。二カ月後の三月七日に、数人の台諫官が地方に左遷された。彼らに替わったのは欧陽修らと意見を同じくした官僚たちであった。事件を政治面で考えるならば、前皇帝・皇后の殊恩を蒙っている官僚と現任皇帝に信頼されている官僚の対立があり、さらに傍系から帝位に就いた英宗と皇太后との間の齟齬という問題も含んでいた。

(2) 明の世宗嘉靖皇帝の登極と「大礼の議」

『明史』と『明世宗実録』によれば、嘉靖三年(一五二四)旧暦七月一五日、中元の祭り当日に、明の廷臣員外郎など数百人が北京紫禁城左順門で慟哭して、世宗皇帝が明の孝宗皇帝の後嗣にならなかったことを抗議した。解散の命令にしたがわないので、宦官が抗議している人の名を記録し、肝要な八人を逮捕したが、それでも解散しなかったという。当時一七歳の世宗皇帝は我慢ならず、一三四人を逮捕し、そのうちの八人が追放された。またほかの官吏もそれぞれ官の等級により罰され、四品以上の官僚が俸禄をさし止められ、四品以下の者が笞刑に処された。そのうち一六人が重傷のために死亡した。一週間後、もう一度抗議した人のうち、三人が終身追放、数人が庶民に落とされ、もう一人が笞刑に処されて亡くなった。この事件は以下のような経緯で起こったものである。

正徳一六年(一五二一)三月一四日、明の一一代皇帝武宗朱厚照が三一歳で、子供も兄弟もない、つまり後嗣のないまま崩御した。当時、慈寿皇太后と朝政を総覧していた内閣大学士の楊廷和は、武宗の従弟朱厚熜を擁立する策を定めた。

朱厚熜は武宗と同様に憲宗の孫である。父は憲宗の四男朱祐杬で、武宗の父孝宗の異母弟である。封国は安陸州[46]にあり、正徳一四年（一五一九）死去した。諡は「獻」という。朱厚熜は朱祐杬の次男であり、兄朱厚熙は生まれて五日目に夭折した。したがって朱祐杬が死去した後、唯一人の息子である朱厚熜は一三歳で父の跡を継いで、封国安陸州の国政を管理した。二年後の正徳一六年（一五二一）三月一一日（辛酉）、武宗が没する五日前に、勅命により、朱厚熜は襲封、すなわち安陸王になった。のち、武宗が崩御して、喪中の朱厚熜が皇帝に迎えられ、四月二二日（癸卯）に帝位に就いた。それが世宗嘉靖皇帝であり（その継承関係は図3を参照）、時に一五歳であった。『明史』巻一七「本紀第十七・世宗一」によれば、正徳一六年四月二日（癸未）、朱厚熜は安陸を出発して、四月二二日（癸卯）に北京の郊外に到着した。楊廷和と礼官らは朱厚熜に皇太子として東安門から文華殿に入れ、また日を選んで登極させようとした。しかし朱厚熜の長史たる袁宗皐が「遺詔以レ我嗣二皇帝位一、非二皇子一也」（遺詔は我を以て皇帝の位を嗣がしむるも、皇子にあらざるなり）と述べ、朱厚熜はその日の日中（正午）に、大明門より入城して、官を遣わし、宗廟社稷に告げるなど即位にともなう諸儀式を行った[47]。

登極して三日目、世宗は早速使者を派遣して、母の蔣氏を迎えに行かせた。その二日後の二七日（戊申）、礼部に父興獻王の封号、祭祀などについて議すよう勅命を下した。楊廷和の意見を受けた礼部尚書の毛澄は、五月七日、興獻王の祭祀の主祀については世宗の従弟、すなわち興獻王の異母弟益端王朱祐檳（憲宗の六男）の次男崇仁王厚炫に興獻国を転封し、その祭祀を主宰させること、また、尊号については父世代に当たる孝宗（前任皇帝である武宗の父親）を「皇考」、実父の興獻王を「皇叔父興獻大王」（叔父は父の弟）、母の蔣氏を「皇叔母興獻王妃」と称するべきだと主張した上奏文を奉った。しかし世宗は激怒し、「父母可レ更二易若レ是耶」（父母、是くの若く更易す

図3　明の皇帝継承図

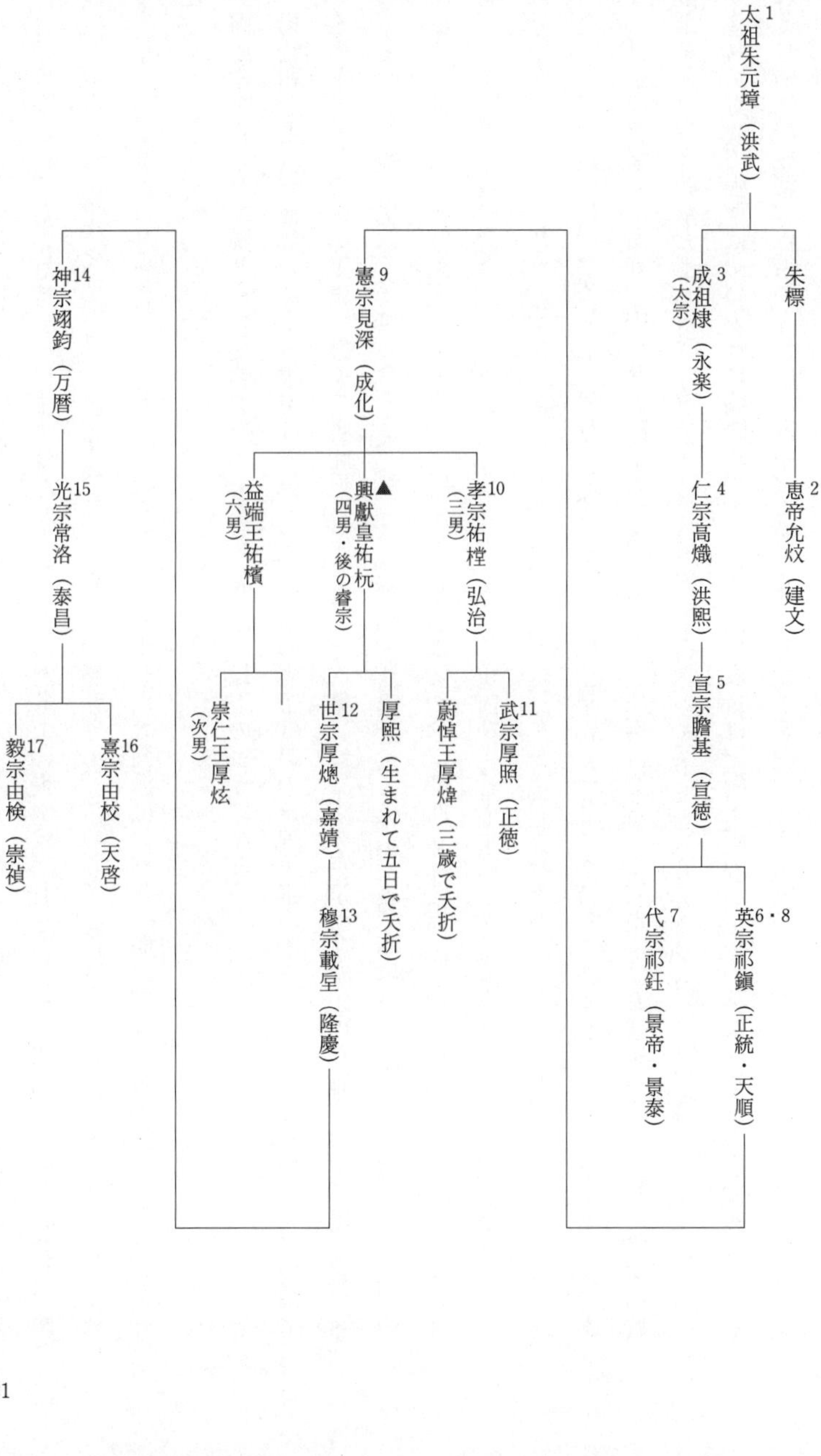
太祖朱元璋（洪武）1
朱標
恵帝允炆（建文）2
成祖棣（永楽）3
（太宗）
仁宗高熾（洪熙）4
宣宗瞻基（宣徳）5
英宗祁鎮（正統・天順）6・8
代宗祁鈺（景帝・景泰）7
憲宗見深（成化）9
孝宗祐樘（弘治）10
（三男）
武宗厚照（正徳）11
蔚悼王厚煒（三歳で夭折）
興獻皇祐杬▲
（四男・後の睿宗）
厚熙（生まれて五日で夭折）
世宗厚熜（嘉靖）12
穆宗載垕（隆慶）13
益端王祐檳
（六男）
崇仁王厚炫
（次男）
神宗翊鈞（万暦）14
光宗常洛（泰昌）15
熹宗由校（天啓）16
毅宗由検（崇禎）17

可けんや）といい、再議を命じた(48)。だが、彼らの意見は変わらなかった。世宗も固執して、何度も礼部の奏文を拒んだ。世宗と礼部との対峙をそれまではただ傍観していた進士の張璁は、七月に入って礼部の上奏を論駁し、興獻王を「皇考」、蔣氏を「聖母」と称すべき、つまり「聖考不レ失二其爲一レ父、聖母不レ失二其爲一レ母」（聖考其の父爲《た》る失はず、聖母其の母爲《た》る失はざるなり）(49)という意見を提出した。両派は対立し、明の朝廷を数年間の大混乱に陥れた。

両派の対立した主張とその理論的根拠をまとめれば、以下のようになる。

楊廷和・毛澄ら礼部の主張の根拠は、第一に、前漢の成帝は弟の定陶王康の子を太子としたために、従兄弟である思王の子景を定陶王康の祭祀の主祀人とさせたこと、第二に、宋の英宗が父濮王の墓地を改めて陵を建てることをせず、園の現状を保持したこと、さらには程頤「典禮疏」のなかの「爲二人後一者、謂レ所レ後爲二父母一、而謂レ所レ生爲二伯叔父母一、此生人之大倫也。然所レ生之義、至尊至大、宜三別立二殊稱一。曰二皇伯叔父某国大王一、則正統既明、而所レ生亦尊崇極矣」（人の後《あとつぎ》たる者は、後《あとつぎ》とする所を謂ひて父母と爲し、而して生む所を謂ひて伯叔父母と爲す、此れ生人の大倫なり。然《しか》るに生む所の義は至だ尊く至だ大なれば、宜しく別に殊稱を立つべし。皇伯叔父をもって某国大王と曰へば、則ち正統既に明らかにして、生む所も亦た尊崇すること極まらん）という言葉であった。興獻王は孝宗の弟であり、世宗の実父でもあり、宋の濮安懿王の立場に当たる。先例にならって、世宗は孝宗を皇考と称し、実父の興獻王を「皇叔父興獻大王」、母の蔣氏を「皇叔母興獻王妃」と称すべきである(50)、と彼らは主張した。

これに対して張璁は次のように論陣を張った。前漢の哀帝は定陶王康の子、宋の英宗は濮王の子であるが、それぞれ前任の成帝、仁宗の在世中に宮中に育てられ、立太子を経てから帝位に就いたので、確かに前任皇帝の後嗣である。しかし世宗のことは武宗が没した後、大臣らが祖訓により取り計らったのであって、遺詔にも明確に「興獻王長子」と書かれており、「人之後《あとつぎ》に爲す」のではない。世宗は祖統を継ぐのであって、それは後嗣として、宮中に養われた者とまったく異なるのである。張璁はまた「礼制」における「長子は人之後《あとつぎ》得ず」を盾として、興献王にとっては世宗は唯一人の息子で、天下のために人の後《あとつぎ》になっても、子としてその父母之義が絶えることはない、ゆえに世宗は祖の跡継ぎとなっても、その親の尊を取り消さなくてもよい。「統」は「嗣」と異なり、必ず「父死子立」とは決まっていないのであるという論[51]を奉った。世宗はその上書を得て、礼部の議を抑え、「此論出、吾父子獲レ全矣」（此の論出せば、吾が父子全きを獲るなり）[52]といって大変喜んだ。これは世宗が完勝を勝ち取った理論的基盤となった。嘉靖三年（一五二四）七月一五日中元当日の事件を平定した後、九月三日（丙寅）に孝宗を皇伯と、昭聖皇太后を皇伯母と称し、父たる興献王を興献皇帝としてその親称を皇考とし、章聖皇太后を聖母とすることを定めた。一三日（丙子）その決定を勅として発布した。そして北京に顕陵を建てることを決意した。

三　顕陵——特殊な明の帝陵

(1) 帝陵

帝陵とは、戦国時代の君主の「丘墓」・「墳墓」・「冢《ちょう》墓」に由来したものである。君主の墳墓が「陵」と称されるのは戦国時代中期に始まったことである。『史記』趙世家、趙の粛侯一五年（紀元前三三五）に、「寿陵を起こす」とあり、これが君主の墳墓を「陵」と称した史上最初の事例である[53]。以後歴代の帝王が埋葬された墓および墓に附設された寝という営造物が建設された山陵を、帝陵もしくは皇陵と呼ぶ。それは皇帝の権威を誇示し、身分制的序列を護持するための一手段であった。

明の太祖朱元璋が明王朝を建ててから李自成らの農民の乱により滅亡するまでの二七六年間、合わせて一六代の皇帝があった。明太祖（朱元璋）の墓は南京の孝陵、そのほかは北京市外の金山陵（第七代朱祁鈺）と北京昌平の明一三陵である。第二代目の皇帝朱允炆の墓だけは、叔父朱棣（太宗成祖）が政変を起こしたため、不明である。また、現在の湖北省鐘祥市(54)に在世中帝位に就かなかった世宗嘉靖皇帝の父興献王と母の蔣氏を合葬した陵墓がある。「顕陵」である。

(2) 顕陵

「顕陵」は湖北省鐘祥市の北東七・五キロメートルの松林山にある。松林山の西には漢水が流れ、南には莫愁湖があり、また天子岡に向かい、「蒼松翠柏、緑樹成蔭、群山環抱」で環境・地理的にもよい場所、いわゆる「風水宝地」である。嘉靖三年（一五二四）旧暦七月一五日の大騒乱を平定した後、世宗嘉靖皇帝は、先帝（父たる興献王）の陵が遠い安陸にあり、お祭りに不便なので、工部に対して父の屍棺を北京の天寿山の西の大峪山麓に移して、「顕陵」という陵墓を建てるように命じた。興献王は正徳一四年（一五一九）に死去した後、すでに王としての葬礼によって松林山に園を建てて埋葬されていた。嘉靖三年九月、工部尚書趙璜らは、興献皇の墳墓を北京に移すことに反対した。その理由は第一に、「先皇体魄所レ安、不レ可二輕犯一」（先皇の体魄《はく》安んずる所、軽しく犯すべからず）、第二に、「山川靈秀所レ萃、不レ可二輕泄一」（山川の靈秀萃《あつ》まる所、軽しく泄《もら》すべからず）、第三に、「國家根本所レ在、不レ可二輕動一」（国家の根本在る所、軽しく動かすべからず）(55)というものであった。帝陵移遷の議は一時静まった。

嘉靖一七年（一五三八）一二月世宗の母蔣氏が北京で亡くなった。世宗はふたたび父の陵を北京に移遷し、母と合葬しようと望んだが、やはり君臣の反対にあい、翌年三月にみずから承天府（安陸州、本章注46を参照）を視察した。父の陵を巡って、その風水は北京の大峪山よりよいと感じられた。そこで、世宗はみずから陵の全体的な計画を立て、工部に三月造営を命じた。七月、蔣氏の梓で造った棺が北京から承天府に運ばれ、松林山の陵に興献皇と合葬された。それが「顕陵」である。

楊寛氏の『中国皇帝陵の起源と変遷』によれば、明代になると、帝陵の規模は非常に巨大になった。例えば明の成祖（永楽帝棣《てい》）の陵墓は北京市昌平県の東北、天寿山の南に明の一三陵の中では最初に造営され、規模も最大で、総面積は一九五六平方メートルに達した。その帝陵には三つの中庭があり、第一の中庭には陵門・神庫・神厨・碑亭、第二の中庭には殿門（稜恩門）・享殿（稜恩殿（稜恩とは陵を祭れば恩を感じ福を受くという意味である））・東廡配殿・西廡配殿・神帛炉がある。第三の中庭には内紅門・石牌坊・五供台と方城明楼があった。方城明楼の後ろは円形の大墳丘であり、宝頂と称された（図4を参照）。幸い著者は二〇〇三年三月湖北省の現在の鐘祥市の松林山にある「顕陵」に赴き、調査する機会を得た。陵の入り口には大紅門（大城門ともいう）があり、その前の両側に高さ三メートルの漢白玉（大理石よりも少しきめ粗い白色の岩石）の「下馬碑」という華表（石柱）を建て、上

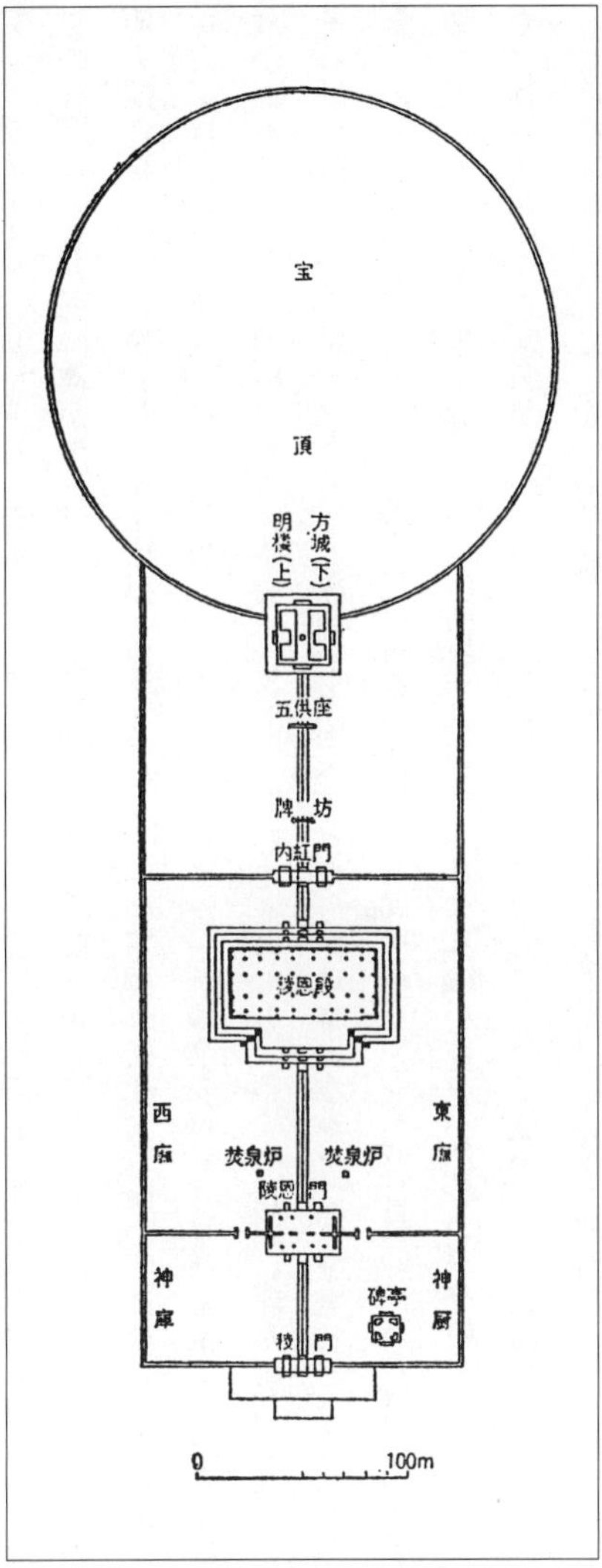

図4　明代の長陵の平面図

出典：「明長陵」（『中国営造学社彙刊』四巻二期，一九三三年）．本書は楊寛『中国皇帝陵の起源と変遷』（西嶋定生監訳／尾形勇・太田有子共訳，学生社，1981年）より転載．

に「官員人等至此下馬」を彫り刻んである。この門に入ると三つの漢白玉の橋の後ろにまた紅門がある（写真1）。この紅門に入ると御碑楼がある。そこには「御製睿功聖徳碑」が建てられていたが、その御碑楼の木造の部分は明末期の李自成を首領とした反軍に焼き尽くされた。中の石碑は文化大革命の時にばらばらに砕かれた。しかし中央には「亀頭」が見られる（写真5）。さらに入るとまた一対の華表がある。通常帝陵の華表には龍と鳳凰の彫刻がある。しかし「顕陵」のこの華表には雲が、そしてその上方、華表の頂部に龍が彫刻されている（写真2）。それは興獻王が在世中ではなくて、死後、天国へ昇った後に皇帝になったことを表している。この華表を過ぎると、六対、一二匹の石獣と八人の文武官員が両側に並んでいる。その文武官員の後ろの欞星門（写真2）に入って、また五つの漢白玉の橋を渡ると、「内明塘」という大きな丸池がある（写真3）。その水面は鏡のようになめらかで、外界と通じ合う水源がなかったにもかかわらず、五〇〇年来降雨量が少なく乾燥した時期も、雨期であっても水位は終始一貫している。「内明塘」の後ろは陵寝正門の稜恩門（写真3）であるが、それも明末期の李自成の反軍に破壊された（写真6）。さらにこの稜恩門に入ると大殿の稜恩殿（写真7）がある。それは下宮（内城ともいう）、つまり帝陵の陵寝である。その中の神庫・神厨・配殿・享殿らも李自成の反軍に破壊された（写真8）。この二枚の写真は反対側、つまり方城明楼から撮ったものである。また内門に入ると、五供台（写真4）・方城明楼と宝頂（方城明楼後の円形の大墳丘）が並ぶ（写真9）。方城明楼内に「恭睿獻皇帝之陵」という石碑が立てられる（写真10）。それらは明長陵の平面図とほぼ同様である（図4を参照）。しかしこのような奇異な「内明塘」はほかの明の一三陵にはなかった。また「顕陵」には方城明楼後方の宝頂が二つあり、一本の地下トンネルで連接されているのが異なる。それは世宗の母蔣氏の没後、興獻皇帝と合葬した時、その墓に水が出ていたので、その後ろにもう一つ墳墓を造って一本のトンネルを通し、興獻皇帝の梓棺を後ろの墳墓に移入したからである。昔の中国においては、亡くなった人は地を離れることが出来ないので、このような方法を取らなければならなかったのであ

写真1　明の顕陵の大紅門(大城門)／中国湖北省鐘祥市

写真2　顕陵内の華表と欞星門

写真 3　顕陵の内明塘

写真 4　顕陵の五供台

写真５　御碑楼

写真６　破壊された稜恩門

写真７　稜恩殿

写真８　破壊された神庫・神厨など

写真9　方城明楼と宝頂

写真10　方城明楼内の石碑

る。したがって、外から見れば、ほかの帝陵とは異なり、一本のトンネルの両端に二つの円形の大墳丘、すなわち宝頂を持った、ダンベルのような形をしている。

このように興献皇帝は、生きていた間には帝位に就かなかったけれども、子が皇帝になったため、「皇考」という尊号を得ただけでなく、皇帝と同等な皇陵も得て、皇帝と同格の祭祀をもうけられたのである。

実は「皇考」に相当する尊号は日本の歴史上にもあった。中国における「皇考」およびこれに関連する宗廟制とその祭祀に関する論争は、日本と比較することによって、その特徴や文化的根底が一層明らかになるのである。次に日本の例を見ることにしよう。

四　貞成親王と典仁親王の「太上天皇」という尊号について

(1)　「太上天皇」とは

日本の歴史上において、皇位継承は厳密な「父子相承」が実行されたわけではないので、中国のように死去した父を「皇考」と称することはないはずである。しかし譲位した天皇を「上皇」、あるいは「太上天皇」とする尊称がある。『大宝令』において「譲位の帝」の尊称を「太上天皇」と定めるのは中国の「太上皇帝（太皇帝）」に由来する。太上は至高の意で略して「太皇」なども称した。『大宝令』制定以後、譲位した天皇は自動的に「太上天皇」と称される。

文武元年（六九七）に孫の文武天皇に譲位した持統天皇から大同四年（八〇九）病いのため同母弟の神野親王（嵯峨天皇）に譲位した平城天皇まで、七人の上皇が出現した。弘仁一四年（八二三）嵯峨天皇譲位の際、太上天皇の尊号を辞退したため、淳和天皇が詔して尊号を奉った。以後これが常例となり、譲位後数日ないし十数日の間に新天皇から尊号を奉る詔を発する儀制が成立し、嵯峨天皇より江戸末期の光格天皇まで、北朝の上皇を含めて五三人が上皇の尊号を受けた。そのほか、皇位に就かずして太上天皇の尊号を受けた例に、後堀河天皇の父守貞親王（後高倉院）と後花園天皇の父貞成親王（後崇光院）があり、没後に尊号を追贈された例に、後陽成天皇の父誠仁親王（陽光院）と光格天皇の父典仁親王（慶光天皇）がある。

次節では後花園天皇の父貞成親王（後崇光院）と光格天皇の父典仁親王（慶光天皇）を例として、中国との比較を試みる。

（2）貞成親王（後崇光院）の「太上天皇」尊号について

伏見宮貞成親王（一三七二～一四五六）は栄仁親王の次男、崇光天皇の孫、後花園天皇の父である。四六歳で父

図5　貞成親王の尊号に関する系図

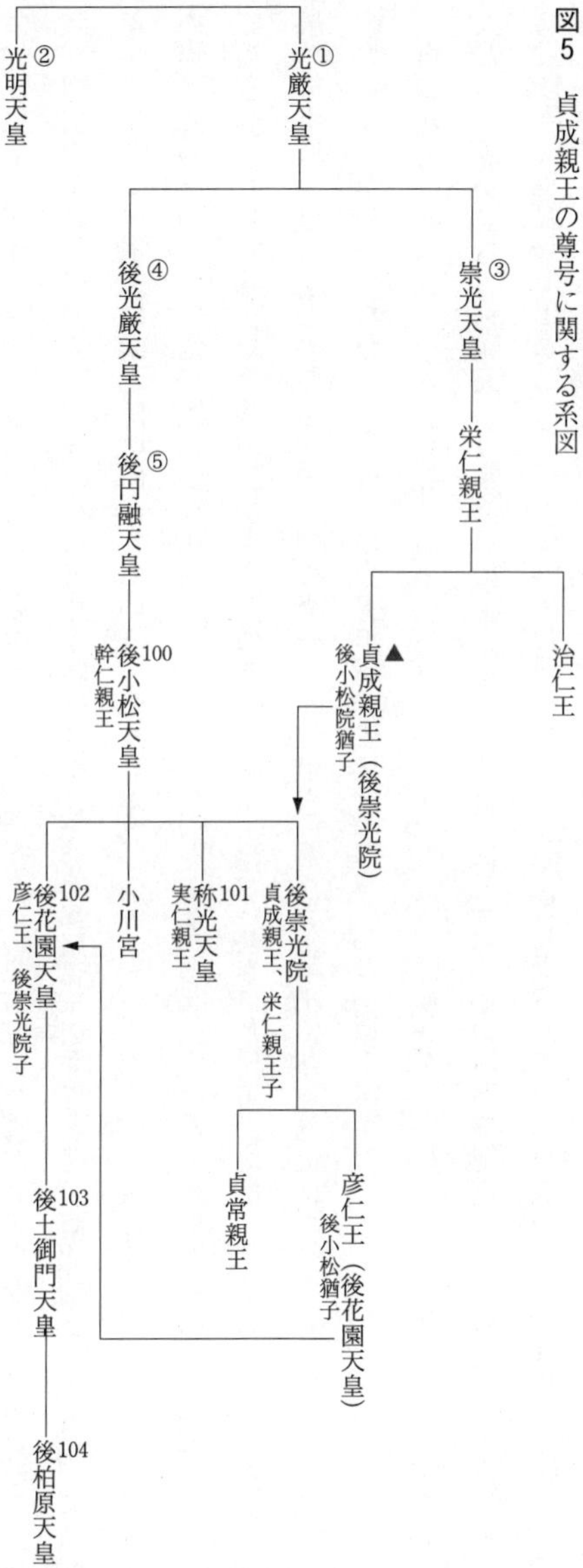

栄仁と兄治仁が相次いで死去したため、応永三二年（一四二五）伏見宮家を継ぎ、親王となった。貞成王一一歳の時、祖父の弟の後光厳天皇の孫後小松天皇が践祚《せんそ》した（その血縁関係は図5を参照）。南北朝合一の実現した明徳三年（一三九二）、祖父の崇光院は出家している。応永五年（一三九八）、貞成王一七歳の年、祖父が没した。そのため崇光院の伝領していた皇室領が後小松天皇によって没収された。皇位を継承していれば父栄仁親王に伝領されて然るべきものであった。持明院統光厳院のあと、崇光・後光厳天皇と兄弟が皇位を継承したが、その後は後円融・後小松天皇、すなわち祖父の弟の後光厳流が相継ぎ、皇位を継承すべき地位にあった栄仁親王は、ついに継承することがなかったため、貞成王の少青年期、伏見宮家はずっと不遇であった。

貞成親王は応永三二年（一四二五）後小松上皇の猶子となったが、後嗣がない称光天皇の父後小松上皇の意中の人という噂が立ち、称光天皇は譲位と出奔を企てた。後小松上皇はこの事態を回避するため貞成親王に出家を促し、親王は薙髪して出家した。三年後の正長元年（一四二八）称光天皇が死去、貞成親王の子彦仁王が後小松上皇の猶子となり即位した。それが後花園天皇である。文安四年（一四四七）貞成親王に太上天皇の尊号を奉り、諡号を「後崇光院」とした。これが即位せずに太上天皇の号を受けた「後崇光院」の由来である。

(3)　典仁親王の「慶光天皇」という「尊号の件」について

貞成親王が太上天皇の号を受けるまでにはさまざまな経緯があったが、尊号の授与が何かの紛争を引き起こすことはなかった。これに対して、江戸時代中期、典仁親王に太上天皇の尊号を授与しようとした際には、朝幕間で長期間の交渉が行われたあげく、幕府側が終始賛成しなかったため、授与はついにならなかった。そればかりか、このことに関与した議奏中山愛親、武家伝奏正親町公明など七人の公卿が幕府から処罰されるという終結を引き起こした。明治一七年（一八八四）三月一九日、親王の没後九〇年の忌辰に先立って、ようやく太上天皇の尊号と慶光天皇という諡号が追贈せられた。

図6から分かるように、典仁親王は閑院宮直仁親王の子で、東山天皇の孫に当たる。閑院宮第二代の継承人である。寛保三年（一七四三）一〇歳で親王宣下、翌年元服して太宰帥に任ぜられ、帥宮と呼ばれた。安永九年（一七八〇）光格天皇の即位礼に際して、一品に叙せられた。

光格天皇は典仁親王の六男で、明和八年（一七七一）誕生、安永八年（一七七九）一一月八日、九歳の時に後桃園天皇の儲君に立てられた。後桃園天皇は一〇月来の病気が進行し、余命いくばくもないと判断されたが、天皇には皇女欣子内親王以外に親王がなく、しかも欣子が「少し御発狂の気」(57)があったため、女帝とするわけにはいかなかったのである。同月後桃園天皇が崩御し、光格天皇が践祚して、翌年（一七八〇）一〇歳で即位の礼を行っ

図6　典仁親王の尊号に関する系図

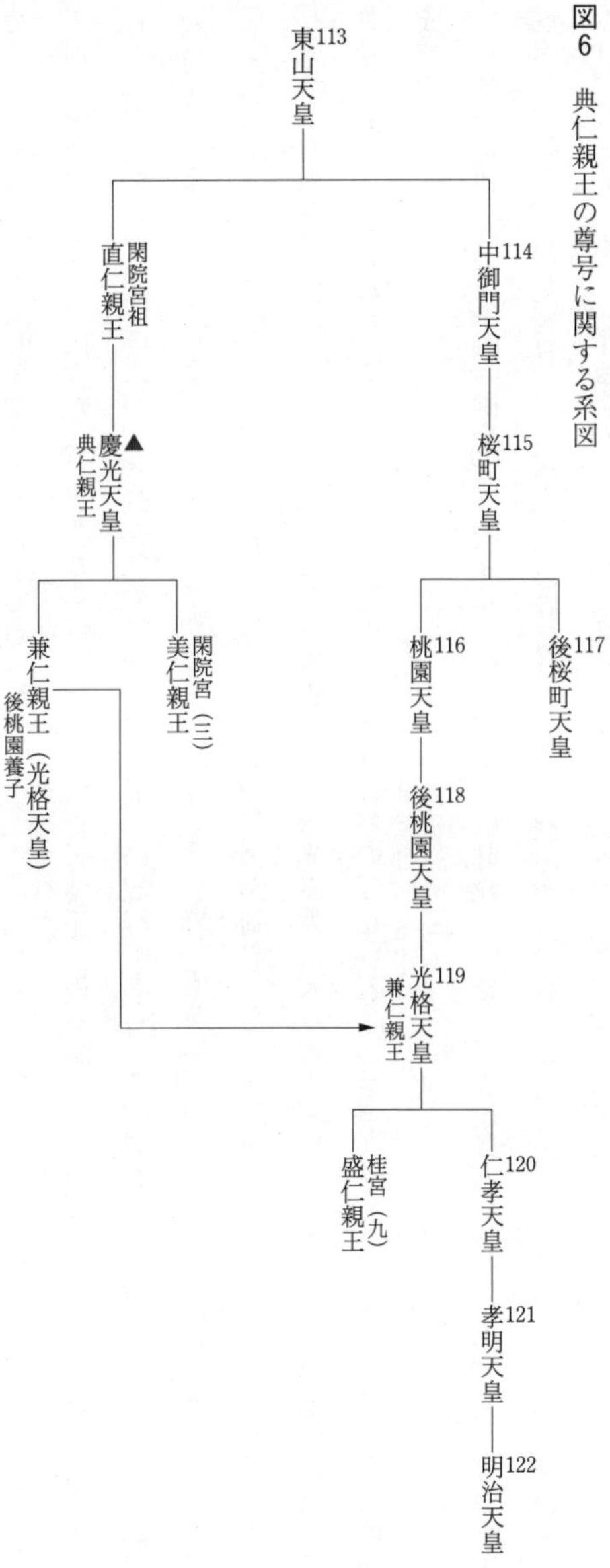

た。中宮は後桃園天皇の皇女欣子内親王であった。

前大納言であった中山愛親は、天明八年（一七八八）四月の家記に後堀河天皇・後花園天皇が、その父に尊号を宣下した先例を記しているが、それが尊号についての最初の記録である。[58] この天明八年の正月晦日に、京都ではいわゆる「天明大火」が起こり、市中ほとんど灰燼に帰した。翌年の寛政元年（一七八九）八月二五日、京都所司代太田備中守から幕府の老中宛に、尊号の件についての伺書が到着した。それが武家伝奏から幕府への正式の申し入れと看做される。一八歳の光格天皇が、後高倉・後崇光両太上天皇の先例により実父典仁親王に太上天皇の尊号を宣下しようとしたのである。その時から朝幕において寛政五年（一七九三）まで五年にわたる折衝が始まった。

京都の復興、特に御所「御造営」問題について、幕府は財政上の恐るべき失費と「関東の御威光」との矛盾に悩んだ。また、「伏見騒動」や京中の米価騰貴にともなう騒擾事件、さらに天皇の実父典仁親王への尊号の議、また江戸においても、将軍家斉が実父一橋民部卿治済に「大御所」の称号を贈呈しようという意向があり、幕府の財政の「御出入むずかし」い折柄、朝幕の関係はますます複雑になった。

以下、朝幕間の交渉の内容を分析しよう。まず幕府の老中首座・将軍補佐役としての松平定信と関白鷹司輔平との間で交換された書簡を見てみよう。そこで注目すべきは松平が何度も中国漢の宣帝・宋の「濮議」・明世宗の「大礼の議」をあげたことである。例えば、

漢宣よりして、宋之濮議、明世宗之時の争論等も古今之大議論之趣承り傳へ候。（中略）大宗小宗之論も不レ軽次第之由、（後略）

（寛政元年一一月一三日）[59]

同時に幕府側は日本の典故にも注意している。幕府の調査書にも

古《いにしへ》尊祖重宗、尊卑を正され、名器をつゝしまれてこそ。功烈天下に及び給ふ日本武尊と、怨毒骨にいたり

たまひし押磐皇子の寃魂なりとも、數帝の敬愛やんごとなき彦人草壁のごとき重親なりとも、其位を踐み、其の統を繼玉はざらんには、かりにも其名をかし玉ふ御事なし(60)

という日本古代の事例をあげ、名器はみだりにすることが出来ないと指摘した。これらを読んだ輔平はただ次のように返事した。

(前略)和漢《わかん》之《これ》先蹤《せんしょう》、彼是《かれこれ》御吟味之趣に候。就ては其御許《おんもと》御書集置候由、珍重之儀、何卒《なにとぞ》致二一覧一度候條、(後略)　(寛政二年三月七日)(61)

尊號之事、賢考之趣、寔《まことに》以尤《もっとも》至極之儀感心候。(中略)とにかく御孝心之御儀より被レ爲レ出候御無沙汰故、無レ據中進候。輔平心中彼是《かれこれ》之進退可二察給一候。(中略)追申。尊之字之事、日本武《やまとたける》之外にも、可レ有レ之歟(後略)　(寛政三年正月一一日)(62)

つまり朝廷側は理論の面では反論しなかった。しかし、松平はそれ以後の書簡でも、繰り返し名分論を用いて朝廷と交渉した。例えば、

明帝之遺誡、濮議之正論抔《など》之趣も有レ之、かつ世々之正儒、博古之人も尤と被レ同候事に候へば、彌《いよいよ》以此度尊號之儀可レ然御儀とは、難レ奉二申上一奉レ存候。關東之思召並に衆論等、如何可レ有レ之哉不レ奉レ存候へ共、一己之所存にては、尊號之御無沙汰無レ之、唯御孝養を被レ盡候御事は、誠以百王に度越《どあつ》いたし候聖代之御政《まつりごと》と奉レ存候。(中略)萬世之御龜鑑《きかん》と相成、皇統盤石之御固、和漢例《ためし》少き御正義にて、復古之御政、此上も無レ之儀に奉レ存候。　(寛政三年二月)(63)

このように幕府は、松平の名で北宋の「濮議」を正論とし、明の「大礼の議」を遺誡とは見なすが、尊号宣下を明確に拒否した。それで朝廷は一歩譲り、輔平の妥協策を採用して同年四月一二日、松平への答書は平安中期の小一条院の例によって、准太上天皇の待遇にして欲しいと、次のように幕府に伝えた。

（前略）小一条院辞㆓太子㆒之後、被㆑准㆓太上天皇㆒、賜㆓封戸㆒、於㆓尊號㆒は　宣下無㆑之歟。（中略）一品宮次第被㆑及㆓老年㆒、叡慮不㆑安之條、何卒　小一条院之趣に被㆑度　思食候。（中略）御領等も略　院御同様に相成候へば、大方《おほかた》　小一条院御様子にも可㆓相協㆒候へば、先可㆑被㆑安㆓　叡心㆒候。(64)

すなわちその名を避けて、実を取り、太上天皇の尊号宣下なき代わりに、その尊号に相応する待遇を要求した。幕府側はこの申し入れを評議した結果、以下のように天明四年（一七八四）の一〇〇〇石増献に続いて、さらに一〇〇〇石の「御合力」を行うことを申し合わせた。

（前略）私共評議にては、天明四辰年より、格別之譯を以て、閑院一品宮、御現在中千石被㆑進候間、此上猶又千石も、御一代限り被㆑進候はゞ、右有来《ありきたり》御家領千石に見合せ、一倍餘御増被㆑進候義にて、御孝養之筋も可㆓相立㆒儀と奉㆑存候。(65)

こうして閑院宮家は一代限りであるが、家禄一〇〇〇石を合わせて合計三〇〇〇石に増加するはずであった。幕府側は、これで光格天皇自身の「御孝養之筋も可㆓相立㆒儀」と考えた。朝廷側である尾張・水戸両家よりの答書は注目に値する。

（前略）御都合もよく相濟、恐悦之至に奉㆑存候。甚不㆓容易㆒儀に候處、御手前御誠意相届き、萬世之御基本相立、重畳之儀に御座候。(66)

つまり尊号の件は朝廷の「恐悦之至」により終結したのである。それは寛政三年（一七九一）四月のことであった。

しかし、同年八月二〇日に輔平がその職を辞して、後任に一条輝良が立った。輝良が関白に即任した段階で、尊号の問題は改めて振り出しに戻った。その終結は、すでに述べたとおり「御国体にとり、不㆓容易㆒儀」であるために、中山・正親町などの七人の公卿の処分という朝廷に対する強圧策であった。

太上天皇尊号についての朝幕の間における折衝を分析すれば、次の特徴がある。

まず、日本の社会には中国のような父系血縁系統が存在しなかった。父系血縁における「上下尊卑」「長幼輩行」という血縁身分秩序、すなわち宗法システムがなかったのである。

前文で引用した『儀禮』「喪服」における喪禮から分かるように、中国の伝統社会における「人の後《あとつぎ》たる者」、すなわち養子を取る目的や意義は、祖先の祭祀にある。そしてその夫の後《あとつぎ》たる者、つまり養子になれる者は、必ずその夫の一族の兄弟の子、あるいは一族内の男性構成員の子である。なぜなら、中国においては古来祖先を祭ることには、「神不レ歆二非類一、民不レ祀二非族一」（神は非類を歆《う》けず、民は非族を祀らず（本章における『春秋左氏傳』の引用の訓読みはすべて『新釈漢文大系』、明治書院、一九八七年による））[67]、「鬼神、非二其族類一、不レ歆二其祀一」（鬼神（死者）は、其の族類に非《あら》ざれば、其の祀《まつ》りを歆《う》けず）[68]という伝統があるからである。

しかし『儀禮』「喪服」には、人の後《あとつぎ》たる者は養父の祭祀は斬衰三年であるが、実父に対する祭祀はこれより下り、齊衰を着用して杖をつかないで、期の喪、つまり斉衰不杖期に服するという定めがある。ゆえにやむを得ない場合を除き、人は養子になりたがらない。

これと反対に、日本の養子制度と養子実態を研究すると、養子は、往々にして多くの実利を得られるのである。[69]そして祭祀においては、『養老令』「喪葬令」に「凡服紀者、爲二君、父母、及夫、本主一、一年。祖父母、養父母、五月」（凡そ服紀は、君、父母、および夫、本主の爲に、一年。祖父母、養父母に、五月）と定める。したがって人の養子になることは、天皇も含めて養父を祀るためではないのであった。さらに日本では王位継承は厳密な父子相承でもなかったため、傍系から皇位に就いた天皇の、実父に対する尊号に関する折衝は、中国歴史上の「皇考」に関する論争とは、その本質が異なると考えられる。

中国における論争の焦点は、人の後《あとつぎ》たる者の「礼」、つまり傍系から帝位に就いた皇帝自身の身分（名分）、実父の身分（名分）、また前任皇帝の身分（名分）、またその身分（名分）に応じた埋葬や祭祀、宗廟制上の等級・位置など、いわゆる礼制上の問題にあった。

これに対して「太上天皇尊号」を朝廷より申し入れた理由は「孝心」、つまり「御孝心之御儀より被レ為レ出候御無沙汰故、無レ據申進候」であった。したがって幕府の拒否にあうと、もとは尊号に関する折衝であったものが一転して、光格天皇の実父、閑院宮家の待遇、すなわち家禄の要求になった。いったん家禄の要求を満たされて、朝廷は「恐悦之至」と大変喜んでいたのである。

幕府老中首座・将軍補佐役の松平定信は、繰り返し中国漢の宣帝・北宋の「濮議」・明世宗の「大礼の議」を引用して朝廷側の申し入れを拒否した。しかし結局、朝廷側の主たる目的は光格天皇の「孝心」を満足することにあり、また日中両国の社会構造のシステムが根本的に異なり、さらに日本の皇位継承は必ずしも父子相承ではないために、幕府は提出した名分論をそれ以上展開できず、朝廷側もこれに対応できなかった。

しかも松平の北宋の「濮議」・明世宗時代の「大礼の議」に対する理解は、本来の論争の結果とずれていた。松平は「明帝之遺誡、濮議之正論」と述べた。しかし実は「濮議」に関する論争の結果は、英宗があくまでも実父を「親」と呼び、子として実父の名分を保全したのである。ただ即位前に立太子の経験があるので、人の後《あとつぎ》たる者の「礼」（喪礼）によって、祭祀には実父の墓であるもとの園を維持し、皇陵を建てることはできなかった。また、明の世宗は実父興獻王の一人息子であり、『儀禮』「喪服」に「適《嫡》子は大宗に後となるを得ず」とあること、また、前任武宗の在世中に皇子になったこともなかったから、それは「遺誡」といえたものではなかろうか。

朝廷側は光格天皇の実父に准太上天皇の待遇を得られたことで満足した後、ふたたび太上天皇尊号を提起し、幕府側の弾圧を受ける。それには幕府内部における将軍家斉の父、一橋治済の「大御所」贈号という問題が影響していた。(70)「太上天皇尊号」に関する折衝が終わるとともに「大御所」の贈号問題も一時終止符を打ったのである。

五　継嗣と継統および親権と皇権

前漢の宣帝・哀帝、北宋の英宗、明の世宗は、いずれも傍系から帝位に就いた皇帝で、即位した後、没した実父の呼び方や祭祀の規準について、いずれも激しい論争を引き起こした。にもかかわらず、漢の宣帝・哀帝はそれぞれみずからの在世中、実父のために皇帝と同等の「皇考廟」と「恭皇廟」を建てて皇帝と同格の祭祀を行った（王莽が大司馬の身分で摂政を行った時代に「恭皇廟」「皇考廟」が破壊されたのは、政治的な紛争、つまり王莽の権力を奪い取る野望と関連があった）。明の世宗は実父の興獻王を「皇考」と尊称し、埋葬した園を改めて皇帝と同格の皇陵に改築した。ただ北宋の英宗の実父の墓地だけは諸侯王の墓地と同じような園をそのまま維持したが、園に廟が増築された。しかし前述したように英宗は実父母を「親」と呼び、親子関係、父母としての身分を保った。つまり皇帝の念願は実現し、反対派はいずれも失敗したといえる。

藤川氏は漢代の「皇考廟」と「恭皇廟」の実現はいずれも私情主義の成功だと考えた。福島氏も北宋の「濮議」と明の「大礼の議」を比較した結論として、明の「大礼の議」は「糟粕ともいうべき『典礼疏』のみが継承されたという事実であった」と考えたが、それは中国との異なる血縁親族構造と異なる社会構造の立場に立って、つまり日本と異なる文化の背景のもとで得た結論であると思う。もっと深く文化の面から見れば、その根底は中国の礼制における「人の後たる者の礼」および継嗣と継統の問題である、と著者は考える。つまり礼制における「人の後《あとつぎ》たる者の礼」には大宗は絶えることができず、嫡子は人の後《あとつぎ》たる者ができない。一言でいえば中国には祖先からの血、すなわち子孫は絶やしてはならない。いわゆる、祖先を祀り線香をたくことを絶やさないということである。これこそ孟子がいった「不孝有㆑三、無㆑後爲㆑大」（不孝に三有り。後無きを大なりと爲す。〔この訓読は『新釈漢文大系』、明治書院、一九八七年による〕）[71] である。それゆえ中国では普通の庶民にも子どもがいなかったら、支子、すなわち兄弟の嫡長子以外の子を後《あとつぎ》とし、嫡長子は他人の後《あとつぎ》にはならない。一般的にやむを得ない場合に他人の養子、すなわち人の後《あとつぎ》になる。それで前漢の宣帝・哀帝、明の世宗はいずれも実父の唯一人の後嗣者で、実父の系にとっては大宗であるために、人の後《あとつぎ》たる者にはなれないはずである（ただ漢の哀帝は実父定陶王康の一人の子であったが、成帝の太子となったことがある。本章第一節第(2)を参照）。当時一五歳の明の世宗が、実父興獻王の一人息子たる身で、武宗の従弟として即位のために北京に赴いて北京城に到着した際、太子として東安門から文華殿に入ることをどうしても承服しなかったのは、そのためである。また前漢の宣帝・哀帝がいずれも実父のために「皇考廟」や「恭皇廟」を建て、明の世宗が実父のためにもとの園墓を「顕陵（皇陵）」に改めたのもそのためである。

ただ北宋の英宗は実父の濮王允譲の一三男で、濮王允譲の後嗣は、長男亡きあと次男宗樸と決まっていた。さらに英宗は前任の仁宗の在世中に立太子の経験があったために、仁宗の後嗣とみなせる。したがって、英宗の実父たる濮王允譲の墓地は改築せず、諸侯王と同じように園を維持したが、園に廟が増築された。それなのに、歐陽修の述べた「服可㆑降而名不㆑可㆑没」（服を降すべけれども名は没すべからざるなり）という理由の下で、英宗は実父母に対して「親」という呼び方を保った。すなわち実父母に対しての親子の名分を守った。

前漢の哀帝と北宋の英宗とを比べると、哀帝は英宗と同様に前任の成帝の存命中に太子に立てられた。しかし英宗と異なるのは実父のために「恭皇廟」を建てたことである。史料によれば、哀帝は一人息子で、実父の血統から見れば、哀帝は定陶王康の大宗である。したがって、哀帝は定陶王康の後嗣として人の後《あとつぎ》たる者にはなれない。しかし前任の成帝に後嗣がいなかったため、哀帝が太子に立って皇統を継承せざるを得なかった。ここで継嗣と継統とが衝突してしまった。衝突した場合、すなわち忠と孝とを両方とも全うすることができない時、どちらを優先するかが問題になる。

この問題については、一九九五年に中国湖北省荊門市沙洋区四方郷郭店村の一角に出土した戦国時代中期頃の竹簡（一九九三年一〇月からその郭店一号楚墓の発掘調査が行われた。竹簡の整理および文字の読みと解釈の出来上がりは一九九五年であった）にあった「六徳」を用いて解釈することができると考える。

郭店楚墓竹簡の第四種字体（字体や竹の形制〔規格〕による分類）中の「六徳」篇に

内立㆓父、子、夫㆒也、外立㆓君、臣、婦㆒也。疏斬布絰杖、為㆑父也、為㆑君亦然。（中略）爲㆑父絶㆑君、不㆓爲㆑君絶㆑父。爲㆓昆弟㆒絶㆑妻、不㆔爲㆑妻絶㆓昆弟㆒。爲㆓宗族㆒疾㆓朋友㆒、不㆘爲㆓朋友㆒疾㆗宗族㆖。（中略）門内之治恩掩㆑義、門外之治義斬㆑恩。（内には父・子・夫を立つるなり、外には君・臣・婦を立つるなり。疏斬・布絰・杖は、父の爲なり、君の爲にも亦然り。〔中略〕父の爲に君を絶ち、君の爲に父を絶たず。昆弟の爲に妻を絶ち、妻の爲に昆弟を絶たず。宗族の爲に朋友を疾み、朋友の爲に宗族を疾まず。〔中略〕門内の治、恩は義を掩ひ、門外の治、義は恩を斬る[72]）

とある。すなわち父は「内」であり、君は「外」である。父のために「疏斬布絰杖」に服す。君のためにも父と同じように服すが、父の喪が君の喪と同時、すなわち両忌が衝突した場合、父のために君の喪は「減・省」（原文の「絶」は喪服の用語であり、古語においては「減・殺」と同意語である）でき、逆に君のために父の喪服は「減・省」できない。つまり忌中の父・君の喪服は同格であるけれども、父と君の忌が同時期の場合、父は君より重く、また優先すると明言している。

上述した「六徳」篇は戦国時代の史料であり、同様の論述は見つからなかった。しかし劉楽賢氏は「父の爲に君を絶ち、君の爲に父を絶たず」ということを説明する時、前漢の『韓詩外傳』に戦国時代の「齊宣王謂田過曰、『吾聞儒者喪親三年、君與父孰重？』田過對曰、『殆不如父重。』王忿然曰、『曷爲士去親而事君』。田過對曰、『非君之土地、無以處吾親。非君之禄、無以養吾親。非君之爵、無以尊顯吾親。受之於君、致之於親。凡事君、以爲親也。』宣王悒然而無以應之」（齊の宣王、田過に謂ひて曰く、「吾聞く、儒者は親を喪わば三年、君と父と孰《いづ》れか重き」と。

田過對《こた》へて曰く、「殆んど父の重きに如《し》かず」と。王忿然として曰く、「曷爲《なんす》れぞ士は親を去りて君に事《つか》ふるや」と。田過對《こた》へて曰く、「君の土地に非ずんば、以て吾が親を處《を》らしむる無し。君の祿に非ずんば、以て吾が親を養ふ無し。君の爵に非ずんば、以て吾が親を尊顯する無し。之を君に受け、之を親に致す。凡《およ》そ君に事ふるは、親の爲《ため》にするを以てなり」と。王悒然として以て之應《こた》にふる無し」(73)という類似した史料をあげた。つまり父の喪と君主の喪とは同制、すなわち同じ「斬衰三年」であるが、父はやはり君より重い、「孝」は「忠」より重要である。それは儒家文化の一貫した価値観である。劉氏は中国の儒者が「社会政治関係より血縁宗族関係に重きを置くことを意味する。これこそ儒教の『家から国に、家・国一体』の主張の体現」(74)であると述べた。また中国北京大学中国思想史の研究者李零氏も、前述した「六徳」篇における「父の爲に君を絶ち、君の爲に父を絶たず」を郭店楚簡の「語叢三」第一章の「父無悪」と比較し、次のように指摘した。父子の間にあるのは親子の情であり、君臣の間にあるのは義務である。前者は選択が出来ないが、後者は選択できる。君主が悪い時、拒否して去ることができる。しかし父親を拒否して去ることはできない。これこそ両者の基本的な区別である。(75)これらの意味で「君より父に重きを置く」。これを補完するのは「孝」は「忠」より重要だという価値観である。また漢代からの官員の「丁憂」制度もその価値観を反映している。いわゆる「丁憂」とは、「父母憂(喪)解官持服」(父母が死去すれば官を辞任して家で喪服を着ている)という。そして「丁憂」は「擧孝廉」、すなわち官吏を選ぶ重要な条件になった。これは漢代から歴代の史書の至る所に見える。(76)それと前述した郭店楚簡「六徳」における「父の爲に君を絶ち、君の爲に父を絶たず」というのは、いずれも中国の儒家正統文化である。こうした文化背景のもとで行われた前漢・宋・明における「皇考」に関する論争の中で皇権は親権を守り、反対派がいずれも失敗したのは当然ではないか。

日本は古来より中国文化を受け入れてきたが、社会の基本構造は中国と異なり、父系血統のシステム、すなわち血縁身分秩序(生まれつきの血縁等級身分)がなかったために、(77)血縁身分秩序に基づいた人の後《あとつぎ》たる者の「礼」

および社会生活の各方面における礼制は存在しなかった。ゆえに松平定信は幕府を代表して「名分論」を述べ、そこで中国前漢・北宋・明の例を幾度も列挙したにもかかわらず、太上天皇尊号宣下という申し入れを拒否したのである。

むすび

故宮崎市定氏は北宋の「濮議」と明の「大礼の議」という二つの「皇考」についての論争を、「実際政治に悪影響を及ぼす懸念はまったくなかった、単なるイデオロギー論争にすぎない」もので「国家の存立に影響したことも、それで社会の秩序が乱されたこともなかった」と評している。(78) 確かに政治の面から見ればそういえるかもしれない。しかし「皇考」をめぐる大論争は、中国社会においては「礼制」が儒教文化の本質としてどのくらい大きな位置を占めているかを改めて如実に示すものであった。これを日本の「太上天皇尊号宣下」をめぐるやりとりと比較してみると、日本にはそのような「礼制」は存在しないことが分かる。これは日中両民族の文化の根本的な差であると考えられよう。これをもって本章の結びとする。

(1)『禮記』巻第五、「王制」。

(2) 同右、巻第四九、「喪服四制」。

(3) 喪服とは喪中に着る麻制の衣服である。また広くは衣食住の日常生活にわたる一般的な謹慎生活の等級を指す。それは死者との血縁の親疎関係によって斬衰・齊衰・大功・小功・緦麻の五等に大別され、さらに服制や期間の長短によって細分される。本章に触れた斬衰と齊衰はいずれも喪服五等の中でもっとも重い喪礼である。「斬衰三年」とは父のため、喪服は斬《た》ったままの衰（上衣）と裳（下衣）とをつけ、苴《みをつけたあさ》 麻製の布を裁ったままで、緝《ふちぬい》はしない服を着て、首と腰とにはそれぞれつける麻のまきもの、すなわち苴《くろ》（色）の絰（首絰《くびまき》・要絰《こしまき》）、それに苴色の竹の杖（苴麻を綯《な》って作った）、紋帯《おび》をし、冠に牡麻制の縄にした纓をつけ、菅（矛の一種）の屨《はきもの》をはく。「齊衰三年」とは、父が卒《しゅつ》すれば、母のために布《ぬの》制の衰と縫い上がった裳をそろえ、牡麻の経をし、冠に布の纓《かんむりひも》をつけ、削った杖をつき、布帯をしめ、疏　屨《そまつなくつ》を三年にはく。「齊衰杖期」とは齊衰三年から細分された服制である。つまり齊衰を着用して、杖をつき、期（一年）の喪に服する。「齊衰不杖期」も齊衰から細分された服制で、齊衰・杖・期よりも軽い喪服である。つまり杖をつかないで、疏屨でなく、麻屨をはくが、そのほかは齊衰・杖・期と同じくする。それは養子はその生父母のための服制である。以上『儀禮』「喪服」（池田末利訳注『東海大学古典叢書』、東海大学出版会、一九七八年）を参照。

(4)『儀禮』「喪服」齊衰不杖期。前掲注(3)を参照。

(5) 同右、「喪服」斬衰三年。前掲注(3)を参照。

(6) 前掲注(4)を参照。

(7)『禮記』巻第三〇「坊記」。

(8) 同右、巻第一五「喪服小記」。

(9) 同右、巻第三一「中庸」に「武王末受レ命。周公成二文武之徳一、追二王大王王季一、上祀二先公一、以二天子之禮一」（武王末いて命を受《う》く。周公文武の徳を成し、大王・王季を追王し、上先公を祀るに、天子の禮を以てす）。『史記』「周本記」にも「追二尊古公一爲二太王一、公季爲二王季一」（古公を追尊して太王と爲し、公季を王季と爲す）という記載がある。

(10)『史記』「秦始皇本記第六」に「二十六年、……追二尊莊襄王一、爲二太上皇一」（二十六年、……莊襄王を追尊して、太上皇と爲す）という記載がある。

(11) 猶子とは公家の養子の一種である。一般的に養子は相続目的、猶子は名目的という説があるが、実に相続を目的とした猶子はよくみられる。近世になるころまでは猶子という表現が多く、近世になると養子という表現が多くなる。

(12) また本書第六・七章・付篇一を参照。

(13) 藤川正數『漢代における礼学の研究』（風間書房、一九八五年増訂版）第一章・第二章を参照。

(14) 諸橋轍次『儒学の目的と宋儒（慶歴至慶元百六十年間）の活動』（鎌田正・米山寅太郎編『諸橋轍次著作集』第一巻、大修館書店、一九七五年）。

(15) 小林義廣「『濮議』小考」（『東海大学紀要』第五四輯、一九九〇年）。

(16) 劉子健『歐陽修的治学與従政』（香港新亜研究所、一九六三年）二三四～二三八頁。

(17) 中山八郎「明の嘉靖朝の大礼問題の発端」、同「再び『嘉靖朝の大礼問題の発端』について」（『明清史論集』、汲古書院、一九九五年）。

(18) 福島正「濮議と興献議」（小南一郎編『中国の礼制と礼学』京都大学人文科学研究所研究報告、朋友書店、二〇〇一年）。
(19) 当時の人々は巫術・呪いを信じ、例えば人形を地下に埋めれば、人を害することができると考えていた。武帝の末年よく病気が出て、いつも左右の人々が疑われていた。その時、宮中で江充が太子の宮殿から桐木人を発見したと誣告した。実は江充が予め人形《ひとがた》を作らしめ、埋めて置いたものであった。太子は懼れてみずから弁明できず、江充を殺そうとした。武帝が出兵し、太子も抵抗したが、結局敗れ、逃亡先の湖県で子供の進とともに自死した。この事件を「巫蠱の禍」という。『漢書』巻六三「武五子傳第三十三」の戻太子劉據によれば、太子には罪のないことがあとで分かり、武帝は太子を憐れみ、「思子宮」を造って太子を追慕した。
(20) 『漢書』巻八「宣帝紀第八」。
(21) 同右、巻六「武帝記第六」、巻七「昭帝記第七」を参照。
(22) 前掲注(20)参照。
(23) 『漢書』巻六三「武五子傳第三十三」、戻太子劉據。
(24) 以上『漢書』巻六三「武五子傳第三十三」戻太子劉據、「宣帝記第八」を参照。
(25) 『漢書』巻七三「韋賢傳第四十三」。
(26) 同右、巻一一「哀帝紀第十一」。
(27) 同右、巻八六「何武王嘉師丹傳第五十六」「師丹傳」。
(28) 同右。
(29) 同右。
(30) 同右、巻九九上「王莽傳第六十九上」。
(31) 『資治通鑑』巻二五「漢紀・宣帝」。
(32) 『漢書』巻二七中之下「五行志第七中之下」に次の記事がある。「趙蜚燕得幸、立爲皇后、弟爲昭儀、姉妹專寵、聞後宮許美人・曹偉能生皇子也、昭儀大怒、令上奪取而殺之、皆幷殺其母。成帝崩、昭儀自殺、事乃發覺、趙后坐誅」。
(33) 同右、巻八六「何武王嘉師丹傳第五十六」の「師丹」における「發掘傅太后・丁太后、奪其璽綬、更以民葬」による。
(34) 同右、巻八六「何武王嘉師丹傳第五十六」の「師丹」における「諸造謚冷褒段猶等皆徙合浦、復免高昌侯宏爲庶人、徵丹詣公車、賜爵關内侯、食故邑」による。
(35) 同右、巻七三「韋賢傳第四十三」の「子玄成」。

(36) 同右。
(37) 『宋史』巻三、本紀第一三「英宗」。
(38) 同右。
(39) 同右。
(40) 同右。
(41) 『歐陽文忠公文集濮議』巻四「爲後或問上」。また『宋史紀事本末』巻三六「濮議」を参照。
(42) 『宋史紀事本末』巻三六「濮議」。また、同右、巻三の「牓朝堂手詔」「本生之親改皇伯歴考前世並無典據」を参照。
(43) 前掲注(41)参照。
(44) 『續資治通鑑長編』巻二〇五、治平二年六月甲寅の条、司馬光の上言文中。
(45) 以上『續資治通鑑長編』巻二〇七、治平三年正月壬午の条。『通鑑長編紀事本末』巻五五「濮議」治平三年正月壬午の条、または小林義廣「濮議論争——あるべき国家像を求めて」(『歐陽修　その生涯と宗族』、創文社、二〇〇〇年)を参照。
(46) 明洪武九年(一三七六)四月安陸府を安陸州に格下げした。しかし明の嘉靖一〇年(一五三一)にそれをまた府に格上げして承天府と改称し、当時明の中央政府の三大直轄府の一つとなったが、清順治三年ふたたび安陸府と称した。今湖北の鐘祥、京山、天門、潜江などを含んでいる。一九一二年安陸府を廃した(『辞海・地理分册・歴史地理』、上海辞書出版社、一九八二年、一〇七頁)。
(47) 『明史』「世宗」本紀一には、「夏四月癸未、發安陸。癸卯、至京師、止於郊外。禮官具儀、請如皇太子即位禮。王顧長史袁宗皐曰、「遺詔以我嗣皇帝位、非皇子也」。大學士楊廷和等請如禮臣所具儀、由東安門入居文華殿、擇日登極。不允。會皇太后趣群臣上箋勸進、乃即郊外受箋。是日、日中、入自大明門、遣官告宗廟社稷、謁大行皇帝几筵、朝皇太后、出御奉天殿、即皇帝位」とある。
(48) 『明史』巻一九一、列傳第七九「毛澄」。
(49) 同右、巻一九六、列傳第八四「張璁」。
(50) 同右、巻一九一、列傳第七九「毛澄」に次の記事がある。五月七日戊午、澄大會文武羣臣、上議曰、「考漢成帝立定陶王爲皇太子、立楚孝王孫景爲定陶王奉共王祀。共王者、皇太子本生父也。時大司空師丹以爲恩義備至。今陛下入承大統、宜如定陶王故事、以益王第二子崇仁王厚炫繼興王後、襲興王主祀事。又考宋濮安懿王之子入繼仁宗後、是爲英宗。

司馬光謂濮王宜尊以高官大爵、稱王伯而不名。范鎮亦言、『陛下既考仁宗、若復以濮王爲考、於義未當。』乃立濮王園廟、以宗樸爲濮國公奉濮王祀。程頤之言曰、『爲人後者、謂所後爲父母、而謂所生爲伯・叔父母、此生人之大倫也。然所生之義、至尊至大、宜別立殊稱。曰皇伯・叔父某國大王、則正統既明、而所生亦尊崇極矣。』今興獻王於孝宗爲弟、於陛下爲本生父、與濮安懿王事正相等。陛下宜稱孝宗爲皇考、改稱興獻王爲『皇叔父興獻大王』、妃爲『皇叔母興獻王妃』。凡祭告興獻王及上箋於妃、俱自稱姪皇帝某、則正統・私親、恩禮兼盡、可以爲萬世法。」議上、帝怒曰、「父母可更易若是耶！」命再議。

(51) 同右、巻一九六、列傳第八四「張璁」により以下の記事がある。「漢哀帝・宋英宗固定陶・濮王子、然成帝・仁宗皆預立爲嗣、養之宮中、其爲人後之義甚明。故師丹・司馬光之論行於彼一時則可。今武宗無嗣、大臣遵祖訓、以陛下倫序當立而迎立之。遺詔直曰『興獻王長子』、未嘗著爲人後之義。則陛下之興、實所以承祖宗之統、與預立爲嗣養之宮中者較然不同。議者謂孝廟德澤在人、不可無後。假令聖考尚存、嗣位今日、恐弟亦無後兄之義。且迎養聖母、以母之親也。稱皇叔母、則當以君臣禮見、恐子無臣母之義。禮『長子不得爲人後』、聖考止生陛下一人、利天下而爲人後、恐子無自絶其父母之義。故在陛下謂入繼祖後、而得不廢其尊親則可、謂爲人後以自絶其親則不可。夫統與嗣不同、非必父死子立也。漢文承惠帝後、則以弟繼。宣帝承昭帝後、則以兄孫繼。若必奪此父子之親、建彼父子之號、然後謂之繼統、則古有稱高伯祖・皇伯考者、皆不得謂之統乎。臣竊謂今日之禮、宜別立聖考廟於京師、使得隆尊親之孝、且使母以子貴、尊與父同、則聖考不失其爲父、聖母不失其爲母矣」。

(52) 同右。

(53) 楊寛著・尾形勇・太田有子訳『中国皇帝陵の起源と変遷』(学生社、一九八一年)二一四頁。

(54) 注(46)を参照。

(55) 『大明世宗肅皇帝實録』巻四三、嘉靖三年九月甲子の条。

(56) 前掲注(11)を参照。

(57) 勢多章甫『思ひの儘の記』(『日本随筆大成』、吉川弘文館、一九七五年)。

(58) 蘇峰　徳富猪一郎『近世日本国民史』第二四巻・『松平定信時代』(近世日本国民史刊行会、時事通信社出版局、一九六五年第二刷)二二〇頁。

(59) 同右、二三一頁。

(60) 同右、二三三頁。

(61) 同右、二三一～二三二頁。
(62) 同右、二三四頁。
(63) 同右、二三七頁。
(64) 同右、二三九頁。
(65) 同右、二四四頁。
(66) 同右、二四五頁。
(67) 『春秋左氏傳』僖公一〇年。
(68) 同右、僖公三一年。
(69) 本書第六・七章を参照。
(70) 「太上天皇尊号一件」(京都市編『京都の歴史』第六巻・『伝統の定着』、河北印刷、一九八〇年新装第二刷)を参照。
(71) 『孟子』「離婁章句上」。
(72) 『郭店楚墓竹簡』(文物出版社、一九九八年)一八七～一八九頁。
(73) 『韓詩外傳』巻七。
(74) 劉楽賢「郭店楚簡『六徳』初探」(武漢大学中国文化研究所編『郭店楚簡国際学術研討会論文集』所収、湖北人民出版社、二〇〇〇年)。また本書付篇二を参照。
(75) 李零『郭店楚簡校讀記』(北京大学出版社、二〇〇二年五月)一三八頁。
(76) 『後漢書』巻三九、劉平傳、同巻八一、戴封傳。『晋書』列傳、巻七五、列傳第四五、袁悦傳、『清史』にもそのような記事がある。
(77) 著者の研究によれば、日本の血縁親族集団構造は無系、すなわち父系・母系血統上での未分化のキンドレッドという構造である。本書第三章を参照。
(78) 宮崎市定『中国史』(『宮崎市定全集』一、岩波書店、一九九三年)二六六～二六七頁、三七八頁。

〔編者後記〕 本稿はすでに自著『日中親族構造の比較研究』に収録済みであるが、本研究会の成果として本書に発表されるべき一篇のため前後するが収めた。

清朝皇帝における対面接触の問題

谷井俊仁

一　問題の所在

筆者は、論考「清朝官僚制における合理性」において、清朝官僚制を、本管、統摂、尊卑という三つの関係から把握することを提言した[1]。本管関係とは、皇帝と官僚がとりむすぶ人格的な二者間関係であり、官僚制の基本性格を規定する。それにたいして統摂関係と尊卑関係は、本管関係を補助する関係である。前者は、職務遂行にともなう官僚上下の二者間関係を構成する。後者は、官僚全体における個々の官僚の位置関係であって、端的には官品によってしめされる。清朝官僚制は、これら三つの関係が、皇帝を頂点として三角錐構造をなしているものとしてモデル化されるというのが、筆者の考えである。

さればば王権の問題を清朝において考えるのであれば、本管関係こそが本質的な問題群を提供する。本稿は、そのような関心にもとづいておこなった本管関係についての研究である。時代は、第三代皇帝福臨の治世である順治年間（一六四四〜一六六一）を中心にあつかう。

従来、順治年間の研究はさかんではないが[2]、清朝史の展開を率直にみたとき、入関こそがそのあり方をかえたのは歴然としている。それ以前の満洲政権は、武力だけは突出して強力だったので、李自成を敗走させ、明朝にとってかわることができた。しかしこれは、瞬間的な勝利にすぎない。彼らには、東アジアの広大な地域を、継続的に統治するノウハウが欠けていた。入関前の彼らは、大量の行政課題を処理する経験をはじめたばかりであり、入関後、今までのやり方では対処できないほどの莫大な行政量に直面することになった。順治期とは、大量行政の課題にみあった国制の整備・転換がもとめられた時期であり、筆者の関心もここにある。

そのような視点から史料を通覧すると、順治帝は、この課題を自覚していたものと判断される。本論を先どりしていうならば、ドルゴン専権期が、口頭による政務処理でたちむかっていったのに対し、順治帝親政期は、文書による政務処理をめざした。大量行政の遂行には、後者の方が有利である。本稿の第一の課題は、この転換をあきらかにするところにある。

この転換は、本管関係にも大きな影響をおよぼす。なぜなら、文書制の浸透によって、限られた官僚だけが皇帝と対面接触するようになったからである。本稿の第二の課題は、政務処理の場を追究することによって、皇帝と接触できる官僚の範囲をしぼっていく。

以上をふまえて、順治期における本管関係を性格づける。本管関係を、皇帝と官僚との人格的結合と規定するだけでは、他の王朝でも該当するのであって、清朝史を規定するには茫漠すぎる。よってその特殊清朝的な相貌を明らかにする。これが第三の課題である。

かくして順治的な本管関係が、その後の清朝史を決定づけたことが展望される。すなわち康熙帝的な官僚掌握術は、順治帝のそれを発展させたものであり、雍正専制体制は、順治期の体制の成就した形態にほかならない。以上が本稿の論点である。

つぎに従来の主要な研究について、簡単な評価をくだしておく。最も重要な研究は、宮崎市定「清朝における国語問題の一面」(3)、Frederic E.Wakeman Jr. *THE GREAT ENTERPRISE* であり(4)、本稿はこれらの視点、成果を継承発展させるものである。前者であつかう翻訳、意志疎通の問題は、本稿において大量行政の観点から読み直され、後者で論及される順治期における君臣関係の密接化については、さらに具体的に展開した。順治期における大量行政の諸相については、谷井陽子が概観しており、個別問題については、周藤吉之、細谷良夫の一連の研究がある(5)。

筆者と関心を共有するものとして、内田直文が、順治・康熙期における皇帝権力の確立について論じている(6)。内田は、皇帝の護衛である侍衛の姻戚関係を分析し、皇帝が姻戚関係にある一部の有力旗人と強固な君臣関係を形成していたことを強調する。しかしこの結論が有意であるためには、皇帝と一部の旗人との特殊な関係が、専制体制として一般化していくことが展望できなくてはならない。残念ながら内田論文はそれを欠いているので、果たされた実証も特殊事例としてしか評価できない。

筆者は内田とは異なり、清朝のハン・皇帝は、入関前段階から全旗人に対して均しく専制的であったと考えるので(7)、内田のように清朝史を専制の芽が成長拡大していく過程として捉えない。問題は①清朝史各時期における専制の特質、②その移行変容となる。本稿は、皇帝がとる政務の処理方法を中心に、入関前から入関後の変容を扱うものである。

二　口頭制から文書制へ

(1) 入関前

入関前太宗期における皇帝官房を内三院という。それは、内国史院、内秘書院、内弘文院からなり、天聡一〇年(一六三六)三月辛亥六に、前身である文館を改組、拡大して成立したものである。内国史院は国事・任命の記録、内秘書院は太宗の名による対外、対内文書の撰文、内弘文院は太宗の顧問や皇子・諸王の教育の任にあたるというのがその設立目的であった（『太宗実録』）。

内三院に属する学士（baksi、博時、博氏）が実際に何をしていたのかは、崇徳年間、瀋陽で人質となっていた朝鮮世子の史料『瀋陽状啓』に豊富な事例がある。そこで特徴的なのは、皇帝が相手に意志を伝えるに際し、学士に口頭で伝え、次いで学士が相手に口頭で伝えている場面である(8)。

そもそも入関前満洲の国家機構において、公的な意志伝達も口頭によるのであって、文書による意志伝達は、特殊な意味を附与されていた。満洲人にとって文書とは、まずもって記録媒体であり証拠機能をもつものとして理解されていた。よってわざわざそのような手段をつかって意志を伝達するというのは、その意図を忖度させることになった。現代にひきつけていえば、内容証明郵便がそれにちかい。

『瀋陽状啓』では、口頭による意志伝達が優勢であるが、文書による伝達もまれなわけではない。しかし重要なのは、それが、口頭による意志伝達を補完するものとして位置づけられていたことである。朝鮮の仁祖が、満洲側の朝鮮担当大臣であるイングルダイ、マフタに銀を贈ってきた一件をとりあげる。

イングルダイは、次のように申しました。「国王が我々二人と通事三人のところに銀をおくってきたのは、よろこびにたえないが、勝手に受取るわけにはいかない。陛下の前でもうしあげたところ、陛下は、『つきあいは、誠意好意（「誠心相愛」）が大切であって贈り物などしようか。決して受取ってはならぬ。別に文書をだしておく』といわれた。」二人が去った後、臣（朴）簹は礼部によばれました。行ってみると、イングルダイ・マフタの二人は不在で、范文程ら五人がたっており、机上に皇帝の勅諭がおいてありました。臣に、この勅は世子の前にすすめ、みおわったら返却せよというので、言葉どおり世子の前にすすめました。あけてみると、イングルダイ・マフタのところへ贈ったものは、勝手に受取ってはならぬとの内容でありました。臣は、それをもとのところに返却しておきました。（丁丑年［仁祖一五年、崇徳二年］六月六日）

このように、イングルダイらへの命令は、太宗から口頭で伝えられていたのであるが、その証拠を朝鮮側に示すため、後追いで勅諭を発し、彼らに見せているのである。

このように文書は、記録、証拠といった機能を附され、口頭による意志伝達を補完していた。もちろん文書に記録・証拠機能があることは、文書制下の社会でも同様である。しかし口頭制下の社会においては、公的な意志伝達が、とりあえず口頭によっておこなわれてしまうため、文書による伝達は、記録・証拠手段としての側面がつよく意識されるのである。『瀋陽状啓』丁丑年九月六日の条は、その事例である。

ここでは、同年八月二七日のやりとりが記されている。一つは、葬礼のために世子の一時帰国を許可されたいとの内容で、朝鮮側が八月一日に文書（「呈文」）を提出していた。これに対して礼部は、礼部を管轄する親王にはかったうえで皇帝に上奏すると返答していた。もう一つは、石城島で投降した漢人が、朝鮮は明と内通していると証言したので、その真偽の判定である。

まず後者の問題からはじまる。漢人がひきだされ、それを前にして内院大学士范文程が、太宗は証言を信じてはいないが、内通の事実はあるのかと問いただす。朝鮮側は、そのようなことはありえないと答え、范文程らは納得する。そこで彼は、「この趣旨を上奏せよ（「以此意回奏」）」とのべ、文書化して太宗に回答することをもとめる。

ここで范文程ら四人は席をたつ。のこったマンダルガンと漢将四人は、朝鮮側が提出した一時帰国願いについて話しあった後、通訳の鄭命寿を介して次のようにいう。

王世子、大君はこの地にきて、出立を許されてはいるが、当然とどまることを願いでるべきところ、最初から出立を願うのは不届きである。しかも、大事にせよ小事にせよ口頭でくわしくのべればいいのであって、文書を呈出する必要はない（「且大小之事、以口舌詳細来言可也。不必以文字来呈」）。この文書は、親王にはかったところ、上奏をゆるさないとのことであった。されば陛下はまだ御覧になっていない。それに対し朝鮮側は、なんとか許可してほしいと懇願する。「もし文書でなければ、下情はどうして上にとどくでありましょうか（若非文字、下情何由上達乎）。どうかこの意を陛下におとどけください」。これに対してマンダルガンらは、

文書の呈出が許されないだけでなく、ましてや帰国願いなど口にしてはならぬ。以後、何事につけ必ず口頭でもうしのべよ（「非但呈文之不可、請還之言、更勿出口。此後凡事、必以口舌来言」(9)）。

と命じて、この場は解散となる。

このやりとりは、口頭と文書の性格のちがいを表している。内通問題で、范文程が文書化することをもとめたのは、太宗への報告のためではなく、後日の証拠とするためであろう。彼が途中退席したのは、太宗に口頭で報告しにいったものと考えられる。

一時帰国問題の方は、記録としての文書の重みを知らしめる事例である。すなわち文書で帰国を願うと、帰国を願ったことが証拠としてのこってしまうのであり、後日朝鮮側に不利益をもたらす可能性がある。朝鮮側は、

諸将は、向いあったとき、まったくこちらを信ずる様子がなく、当たり前の言葉に疑念をいだく。これによってもめごとが起こるかもしれず、憂慮にたえない。

との感想をいだいたのであるが、おそらくちがう。満洲側の意図としては、満洲における彼らの利益をかんがえ、帰国の意志を不問に附したのである。万が一帰国願いが政治問題化したならば、呈出された文書は、必ず不利に働く。マンダルガンにとって文書の握りつぶしは、朝鮮側に対する善意であると同時に、己にとっての保身術でもあった。

しかし朝鮮側としては、文書を公的意志の伝達手段（「下情上達」）として理解するが故に、それがとどけられな

いことを、相手の自分たちに対する不信感に帰しているのである。この一件は、文書を意志伝達の一般的手段としてとらえるか、口頭による伝達を補完する記録・証拠手段として考えるか、といった朝鮮、満洲間の理解の差から生まれたすれちがいだったと考えられる。これが入関後どのように変容していったのか、次に検討してみる。

（2）摂政王ドルゴン専権期

当時明制は、「明時票本制」とよばれた。図式化すると以下の手順で行政処理が進行する。

京官―奏疏→中官（於会極門）→皇帝→内閣―票擬→皇帝―批紅・御筆改正→内閣→六科→（発出）（『実録』順治元年六月戊午二、一〇年一月癸酉六。傍線は文書であることを示す。以下同）。

このように明制は文書制であって、口頭の過程が巧みに排除されている。その結果、内閣が皇帝にかわって文書処理することが可能である。これは、皇帝の一身に大量行政の負担がかかるのを回避するという利点がある。内三院についても、順治元年六月戊午二、内院大学士馮銓、洪承疇らが、明制の継承を提言するが、順治二年三月丙申一三、摂政王ドルゴンは、時間がかかるとの理由で、満洲的な政務処理体制に回帰することを命じる。これは口頭体制とでもいうべきもので、政務は口頭で提示され決裁される。その長所は、簡便性にある。

一方文書がつくられるにしても、それは記録・証拠に供するため後追いで作成される。ドルゴン期の政務処理を図式化すると、以下のようになる（『実録』順治二年閏六月丙午二六、七月戊寅二九。波線は口頭であることを示す。以下同）。

部院―面啓[10]・口啓→摂政王―旨→部院―具題擬旨→内院―票紅→六科→（実施）

部院―緑頭牌・面啓→摂政王―旨→（実施）
　→部院―題本→皇帝

入関前の満洲では、公的な意志伝達であっても口頭によるというのが普通であったが、ドルゴン専権期も同様である。その具体例は『多爾袞摂政日記』に窺うことができる[11]。

大学士らが入り、叩頭して着座をゆるされた。大学士ガリンが都察院の題本を読みあげた。王は、「茶馬の任務は重要である。必ず適当な者を選ぶように」といった。都察院の臣劉漢儒は、廖攀龍の名を答えた。王は、漢儒はどこの出であるかと尋ねた。大学士らは、北直隷人でありますと答えた。漢儒は退席し、吏部の者が木簡（「籤」）を一握りもって、順番に申しあげた。王は、「ここで登用する満洲人は、私は全員知っている。漢人であれば、その賢不肖はわからない」といった。（順治二年六月二九日）

都察院から題本が提出されているが、大学士によって読みあげられている。文書であっても、口頭で伝達されるのである。また吏部の木簡は緑頭牌であろう。それは、要点を記すものでしかないので、吏部官僚が口頭によって敷衍しなくてはならない。

一方、ドルゴンによる決裁はすべて口頭である。ここで下された決裁は、都察院・吏部官僚が、衙門に帰ってから記憶に頼って文字におこすことになる。

以上が、ドルゴン専権期の口頭による政務処理である。ここには問題点が二つある。ひとつは、大学士のような補助者が不可欠なことであり、もうひとつは、ドルゴンが下した決裁と衙門で文字化した決裁とが、必ずしも一致しないことである。同一案件について意志が複数存在してしまうのが口頭制の特色である。

前者から検討すると、大学士の役割は、①文書の読みあげ、②決裁原案の示唆、③質疑への応答である。これらは、決裁に際してドルゴンにかかる負担を大分かるくする。されば当時内三院衙門は、ドルゴンの便宜にあわせて紫禁城の外にあった。それが紫禁城内にうつるのは、順治帝が親政を開始した順治八年正月丁卯一九以降である（『実録』）。

しかし補助者がいたにしても、口頭による決裁は身体的負担が大きい。なぜならドルゴンは、つねにその場で決断することを強いられる。しかも文書の読みあげには、相当の時間がかかり、聞いているだけでも疲労したはずである。よってこの方式は、処理件数が一定数以上になるとむずかしいものがある。特にドルゴンは、身体が丈夫でなかったのでこたえた。事実『多爾袞摂政日記』閏六月六日の条では、弱音をはいている。

しかし一転、翌七日の席でドルゴンは、署延綏巡撫趙兆麟がだしてきた会計報告（「銷算銭糧」）に対して、これは戸部に報告しておけばよく、なぜ一々上奏してくるのかと批判した。当然のことながら、大学士らによって諌められてはいるが、数字の羅列を読みあげられては、いやになるのも無理からぬところである。

されば口頭による決裁を毎日おこなうのは尋常ではなかった。『多爾袞摂政日記』で記事がもっとも多い月は閏六月で、計七日分の記事がある。これは、決裁がほぼ四日に一度おこなわれていたことになる。ドルゴンは、勤勉というべきであろうか。

残念ながら、康熙帝と比較するならばそうはいえない。康熙帝が決裁をおこなった頻度は、『康熙起居注』にあきらかで、たとえば康熙一八年六月、帝は部院各衙門の官員が政事を上奏する場に毎日でていた。

これは、康熙帝個人の勤勉の賜物であろう。しかし、ドルゴンを怠慢であったと責めるのは酷にすぎる。康熙時代は、文書制による政務処理が軌道にのっていたのであり、口頭による処理はそれを補完するものであった。されば帝は、上奏するのを聴いているだけでも、決裁が進行していったのである。ここに康熙帝皆勤のからくりがある。逆にいえば口頭による政務処理は、そろそろ限界にちかづきつつあったというべきである。

(3) 順治帝親政期

順治帝も、当初は口頭による文書処理をおこなっていた。図式化すると、以下のようになる（『実録』順治一〇年一月甲戌七)。

部院―奏→皇帝―面諭→部院―票簽→内院―票紅→六科→(実施)

部院の上奏に対して、順治帝が口頭で決裁し(「面諭」)、部院官僚はそれをおぼえておく。衙門にかえって紙片のうえに書きつけ(「票簽」)、内三院へ送付する。内三院は、それを上奏文のうえに朱筆で転記する(「票紅」)。されば、最初に部院が皇帝に「奏」する段階で、上奏文が皇帝に提出されていなければならない。また、以下にみる改善案からすれば、部院は皇帝に対し「面奏」しているようである。

このやり方は、口頭による決裁(「面諭」)と文字化された決裁(「票簽」「票紅」)が必ずしも一致しないところに問題がある。同一案件に対する複数意志の存在は、口頭制の弱点であり、順治親政二年後に改善が図られた。理由は、部院官僚が口頭で決裁された内容を誤伝する可能性がある(「伝旨錯誤」)からであるが、皇帝の方も、大量行政の負荷に押しつぶされ、誤りを発見することが不可能となりつつあった。「朕は毎日莫大な事務を処理しているのであり、おぼえてなどいられない」とは、悲痛な叫びである。そのため順治帝は、部院官僚の面奏に対して、文字化した決裁を内院に送付することとした(『実録』同上)。

部院―面奏→皇帝―満漢字旨→内院→六科→(実施)
　　　　　　　　　―満字旨――→内院→該衙門(満洲事件)

ただし事件によって処理方法を異にするのは、大量行政の処理方法として不利である。この問題は翌二月癸丑一六に議論され、すべて六科に送付するものとされた(『実録』)。

しかしまだ改善の余地がある。皇帝から字旨を内院におくる際、文書が多いので混乱する危険性がある。ここに和碩鄭親王らは改善策を提示する(『実録』順治一〇年一〇月戊子二六)。それによれば、太和門のところに一部屋もうけ、内院大学士、学士らが交代でつめておく。皇帝みずから決裁するのはいいとして、場合によっては、大学士らが皇帝の面前で票擬する。もし改めるべきところがあれば、皇帝に面奏して改める、というのである。この案はみとめられ、以後大学士は二班にわかれ、太和門につめることとなった。

部院—上奏→皇帝——字旨——→内院—票紅→六科

→内院（太和門）—票擬→皇帝—改票、認可→

ここに順治帝は、決裁の一部を大学士にゆだねることになった。これは、皇帝にかかる身体的負荷をへらすものであり、大量行政の課題にこたえるものであった。ここで重要なのは、これが明制とほぼおなじ形をしていることである。すなわち、大量行政の圧力の前に、順治帝は、満洲的な口頭制から明朝的な文書制に転換したのである。

しかも政務処理が文書化されると、皇帝一人で処理することが可能となる。これは、内院大学士らの同席を必要とする口頭制とくらべると、時間的に弾力がでてくることを意味する。順治帝も深夜まで文書の決裁に従事しており、時に皇后からはげまされ、いさめられていたという[12]。

一方で、口頭による意志伝達ものこった。たとえば皇帝と大学士間の意志疎通がそうである（『実録』順治一一年三月辛卯二）。

皇帝—諭旨→大学士—稿底→内直大学士—票紅、公簿転写・署名→（実施）

これをみると、大学士が皇帝の決裁を文字化しているのであるから（「稿底」）、皇帝から大学士へ「諭旨」がつたえられた段階では、口頭によるとせねばならない。皇帝が、諭旨の方向を口頭でしめすことがあったのである。

しかしこれは当然である。どれほど文書制が進展しようと、口頭による意志伝達がなくなることはありえない。公的な意志伝達には文書をつかう、というのが文書制の本旨であって、公的な意志が形成されつつある段階、および私的な場においては、口頭による意志伝達が優勢であってもかまわない。

しかし、このような普遍的に存在する口頭伝達ではなく、特殊満洲的な口頭伝達ものこりつづける。たとえば緑頭牌がそうであって、順治一〇年正月甲戌八の改革においても、「その緑頭牌奏および口啓などのことは、なお旧制に依れ」と存続がみとめられた。

この事態は、どう評価されればいいのであろうか。それはたんなる満洲の遺制で、文書化の大勢には影響なしと考えるのか、それともそこに清朝的な特質を見いだしていくのか。以下節をあらためて論じたい。

三　政務処理の場

皇帝の「万機独裁」は、皇帝ひとりの力でおこなわれるのではなく、内院大学士をはじめとする他者が、部分的に決裁を代行することによって実現する。皇帝独裁とは、そのようにして形成された意志が、全て皇帝の名のもとに発出されることを意味する。そのため「皇帝の意志」を問題にするのであれば、皇帝の周囲にどのような人間が存在していたのかをあきらかにする必要がある。このことを、①皇帝の存在する空間、②そこに同席する人間類型、の二点を手がかりに考えていきたい。

順治元年四月己卯二二、明将呉三桂のみちびきによって山海関を突破した清軍は、北京にむかって進撃する。李自成は、四月丙戌二九、武英殿で即位をすませると、翌日、内殿に火をはなち、宮殿を砲撃して炎上させた（『国榷』）。ここに紫禁城は瓦礫と化す。

清軍がのりこんだのは、二日後の五月己丑二であり、眼前にのこされたのは、武英殿だけであった[13]。五ケ月後の九月甲辰、順治帝が紫禁城にはいる。しかし、一〇月甲子八に即位の詔を頒行したのが皇極門（後の太和門）であり、当時の儀注に武英殿での儀式があることから[14]、まともにつかえる殿閣は、依然として武英殿だけであった。清朝当局は、紫禁城の体裁を整えるべく、殿閣の建設に邁進せねばならなかった[15]。

入城後、順治帝がどこに居住していたのかはよくわからない。それが判明するのは、順治三年一二月甲午二二である。このとき位育宮（後の保和殿）が落成し、順治帝が居をうつしたことが『実録』にみえる。しかしこれは、皇帝が公的な空間である外廷に居住していることになり、あくまでも緊急避難的な措置であった。

そもそも順治帝の入城前、順治元年七月の段階で、内廷に乾清宮の建造が始まっており（『実録』順治元年七月是月）、ここが順治帝の居所となるはずであった。しかし、建造はその後一向に進展しない。

この遅延は、二つの理由が考えられる。一つは、清朝首脳部が外廷の再建を先行したためである。まず完成をみたのは、太和殿、中和殿、体仁閣、太和門で、順治三年一〇月壬寅三〇のことである。その二ケ月後には位育宮が完成し、この段階で外廷に必要な最低限の殿閣はそろってしまう。

二つ目は、皇太后の北京入城がある。満洲人にとって母親は、なによりも尊重されるべき存在であった。[16] 順治帝自身、皇太后に「子皇帝臣」と称している。[17] されば清朝首脳部が、皇太后らの居所の確保を優先するよう方針転換したのであろう。それでも皇太后の居所である慈寧宮が落成するのは、順治一〇年六月庚申二六までずれこむ。

しかし慈寧宮が完成した暁には、乾清宮が建設されねばならない。乾清宮とは、皇帝の単なる私的生活空間ではなく、臣下を引見する場でもあった。[18] されば、その建造は国政に関わる重大事となる。

順治帝は、慈寧宮の完成を目前にひかえ、乾清宮建設の意向をしめす。しかしなぜか満洲人のあいだで強硬な反対意見がおこって撤回を余儀なくされる（『実録』順治一〇年七月丁酉四、戊戌五）。帝は、翌一一年にも意欲をみせたが、これも頓挫してしまう。順治一二年正月甲午九、順治帝は、議政王、貝勒、大臣、九卿といった政権首脳部に窮状をうったえる（『実録』）。内廷の正宮は后妃の居所であり、朕には政務をとる場所がないので、正殿以外の御殿（「便殿」）でおこなっているというのである。

かくして会議の結果、準備しておいた資材をむだにしないため、というそっけない理由でみとめられ、正月丙午二一に、乾清、景仁、承乾、永寿の四宮の建設が着工される。帝は、慈寧宮完成後、二年弱またされたことになる。

しかし先延ばしされたわりには順調に建設はすすむ。順治一三年閏五月己未一二には完成し、七月壬子六に移転がおこなわれる。着工後一年半にして順治帝は、外廷

紫禁城概念図

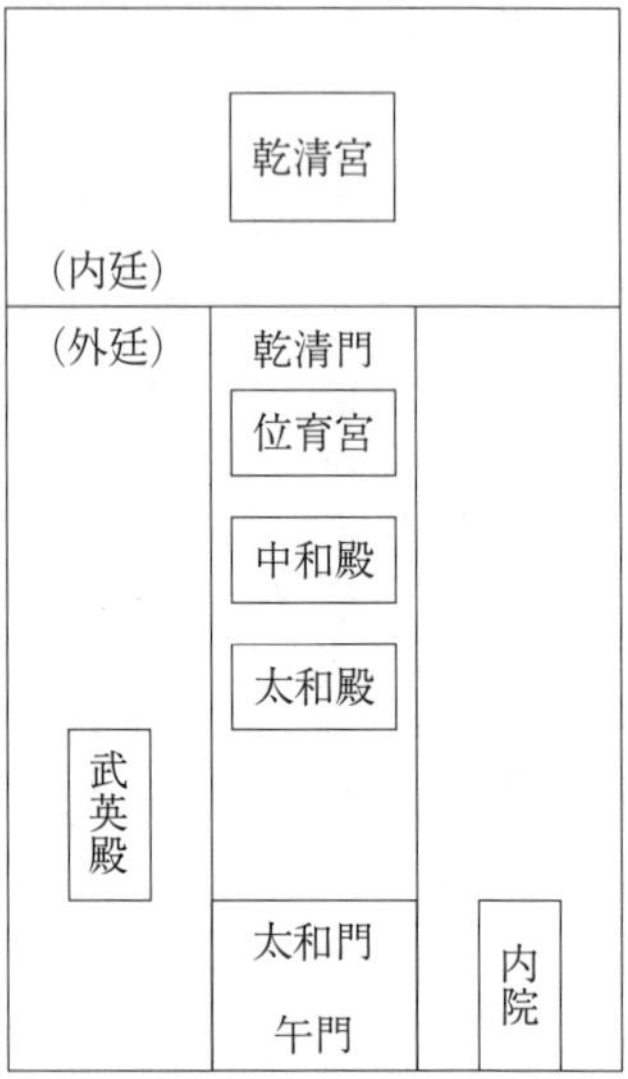

における十年間の仮住まいから解放されたわけである。

そうとすれば、あの満洲人らの抵抗はいったい何だったのであろうか。順治一〇年七月丁酉四、戊戌五にみえる満洲人の反対意見では、経費の問題にふれられているが、工期がこれほどみじかいからには、それが本当の反対理由であるとは考えにくい。むしろ丁酉の上奏にみえる政務の処理方式に対する不満の方が、真意をついていよう。

都察院左都御史トゥライらはいう。今は、宦官が文書の取次ぎをし、このままでは「君臣の間恐らくは疎遠を致す」であろう。どうか満洲旧来の内大臣、侍衛、包衣も使ってほしい。これが彼らの要求であった。

ここには、皇帝と満洲人との間が疎遠になりつつあるとの危機感がある。その点でいえば乾清宮建造が決定した後、和碩鄭親王ジルガランが、太祖・太宗のように内外大臣と政務の得失を議論せよと進言したのも（『実録』順治一二年二月壬戌七）、トゥライと認識を共有していたのである。

以上から満洲人首脳部のあいだには、乾清宮建造は君臣関係の疎遠化をもたらすという理解があったものとお

もわれる。たしかに君臣関係の疎遠化は、政務処理の文書化によって確実に進行していた。文書は、口頭とくらべれば皇帝と臣下とが対面接触するチャンスをうばうからである。それでは乾清宮の建造は、なぜ君臣間の疎遠化と理解されたのであろうか。以下この問題を、順治帝の政務の場を追究することから考えてみたい。そもそも『実録』順治一二年正月甲午九で政務の場とされる「便殿」は、どこを指すのであろうか。

便殿の出典は、『漢書』武帝紀「高園便殿火」にみえる。そこに附された師古注によれば、便殿はくつろぐ場所であり、正殿とは別の「休息閑宴之処」である。されば内三院や位育宮は便殿でありえない。それに該当するのは、南苑、西苑の離宮である。

かつて（徐元文は）、南苑に行幸するのに従ったことがあった。……また毎晩便殿に召しだされ、夜には食事を頂戴した。世祖はおつきの者に、腹をすかせてはいないだろうかとお尋ねになり、侍衛に食事をもっていかせた。徐公は、詩を賦して恩を記した[19]。

南苑は、北京の南方にあり、元明清の三王朝にわたり、皇帝の狩猟場となっていた。現存する清代の遺構によれば、永定門の南一〇キロのところにあり、東西一七キロ、南北一二キロ、広さ二一〇平方キロにおよぶ広大な土地である[20]。西苑は、紫禁城の西どなり、北海、中海、南海の周辺にある園囿である。

『実録』で最初にみえる南苑行幸は、順治二年一〇月癸巳一五に、定国大将軍ドドの帰還を、南苑の北で出迎えたというものである。ついで順治四年五月癸亥二三に順治帝は、諸王、貝勒、貝子、公、大臣らをひきいて、競べ馬をたのしんでいる（『実録』）。

南苑行幸が頻繁になるのは、親政がはじまった後である。もちろんそこにはさまざまな理由が附されている。たとえば八年末から九年にかけては、天然痘予防（「避痘」）のためである。満洲人にとって天然痘は死の病であって、極度におそれられていた。事実順治帝も最後は天然痘にかかって死ぬ。されば避痘を名目とした行幸は、正当なものである。

また、狩猟をたのしんでもいる。狩猟は、軍事演習としての意味をもつのであり、満洲人にとって否定されるべきものではない。むしろ奨励されて然るべきといえる。しかし年に何度もいくのは、いかがなものであろうか。事実、遊幸をひかえよとの諫言もでている[21]。

されば度重なる南苑、西苑行幸については、個別的な理由ではなく、すべてに通底する一般的な理由をもとめなければならない。それは何か。筆者のみるところ順治帝は、紫禁城にいるのが嫌だったのである。さればことあるごとに南苑、西苑に逃避した。たとえば董鄂氏を皇貴妃にむかえたときも南苑におり、臣下らは主のいない紫禁城で、粛々と冊封の儀礼をすすめる羽目におちいった(順治一三年一二月己卯六)。逆に南苑、西苑での順治帝は、実に活きいきとしていた。

> 陛下は南苑でみずから甲冑をつけ、部院三品以上の漢官、翰林、科道官をあつめて武芸を観覧された。内大臣、侍衛に命じて甲冑をつけ、馬を馳せて陛下の前をかけさせると、二人落馬した。陛下は、馬に鞭うってその場所にむかい、助けおこさせて、傷はないかとおたずねになった。そして諸臣をかえりみて、「落馬した者は、さいわいにも無事である」と仰せになった(『実録』順治一四年一〇月乙酉一六)[22]。

> 順治一二年二月一五日。私(談遷)は、呉駿公太史(呉偉業)の所へいき、次の話をきいた。正月の末に太史は南苑へよびだされ、『内政輯要』の編纂に従事した。……陛下は召しだされたとき、私(呉偉業)の官歴と父母兄弟子供のことを詳しくたずねられた。弟はどうしているかとおたずねなので、二人とも生員(sheng yuan)でありますとおこたえした。すると陛下はお笑いになり、次のような話をされた。外国から猿を二匹贈ってきた。宦官に命じて白飯で飼ったところ、一匹はたべたが、一匹はたべなかった。係の者が調べてみると、傍らから言うよう、こりゃ一匹は熟猿で、一匹は生猿(sheng yuan)じゃわい。聞いていた者は全員

笑った。(『北游録』紀郵下、順治一二年二月庚午)

端陽節。陛下は、内大臣、大学士らを召し、龍舸に乗って西苑でたのしまれ、諸臣に仰せになった。「舟は壊れれば修理する。法は久しくなれば整頓する。ひとたび修理整頓すれば、あざやかにもまた新しくなる。」大学士馮銓はもうしあげた。「今の政事は、陛下が統治にはげんでおられるので、日々新たになっておりま す。」陛下はうなずかれた。北橋につくと岸にのぼって南臺にむかい、諸臣に食事をたまわった。陛下は仰せになった。「朕は耕牛の労苦を非常に哀れむので、その肉を食べるにしのびない。」大学士金之俊はもうしあげた。「陛下は牛の労苦さえ哀れまれるのでありますから、ましてや天下の民はそうでございます。」陛下は、諸臣と宴をたのしみ、暮れになって宮城にもどられた。(『実録』順治一一年五月甲午五)

順治帝は、そこで武芸にはげみ、冗談をいい、臣下のことをおもいやり、ともに歓をつくした。そこには、紫禁城では求めえない自由な生活があった。紫禁城とくらべれば、南苑・西苑は、なんと楽しいところであろうか。されば順治帝は、南苑・西苑に頻繁に行幸し、そこを事実上の内廷としていた。ただし順治帝が凡庸な君主でなかったことは、そこで日常的な政務を処理していたところにある。(23)そのため行幸には、内院大学士が扈従した。そのことは、『実録』にもみえるが、リアルに伝えているのは、内院大学士金之俊の詩集『金文通公詩集』である。

冬の日南苑に扈従しての情景

老人は部隊を追いかけ離宮にしたがい　馬は悲しくいななき晩風におびえる
泊まる天幕は陛下のおそばに散在して　五色の旗は幔幕を巡らす中にはえる
幾度も時を告げる水時計は風にひびき　一片の寒光は遠空におごそかである
聞くところ明朝冬の狩をおこなうとか　老いたる臣は寝ずに御世をよろこぶ(24)

そこでは、時として重要な政務が処理された。たとえば官撰書の編纂や庶吉士の実力判定がおこなわれ(25)、ダライラマと会見がもたれた[26]。また、大学士陳之遴らの朋党疑惑への詰責[27]と処分[28]もここでおこなわれた。

また、さきほどの順治一一年五月甲午五、端陽節における西苑への行幸も、一見漢官との単なる遊興かともみえるが、その二カ月前の三月辛丑一一に、大学士陳名夏が処刑されていることからすれば、そこには深い意味があった。特に順治帝と馮銓（反陳名夏派）、金之俊（陳名夏派）とのやりとりは、政治的メッセージに富んだものである。

そこでは、基本的に皇帝と官僚は対面接触し、口頭で意志を疎通した。皇帝は直々に語りかけ、官僚は面とむかって応答する。そのような中で、時として重要な決定が下された。それでは、南苑・西苑にはどのような人間がつき従っていたのか。皇帝と彼らの間にはどのような関係がむすばれていたのか。それはその後どう展開していくのか。最後にこれらの問題にこたえることによって、本稿の結論としたい。

結　論

南苑・西苑にどのような者がつき従っていたかを、史料からひろってみる。

諸王、大臣、侍衛（『実録』順治八年七月乙未二〇、以下同）

内三院大学士、学士、翰林官、六部尚書、都察院左都御史（順治一〇年三月戊辰二）

漢官二品以上、詞臣、侍衛、護軍（順治一〇年三月辛巳一五）

内大臣、大学士（順治一一年五月甲午五）

大学士党崇雅、大学士車克（順治一二年三月丁亥二、丙申一一）

満漢一甲進士（順治一二年三月己酉二四）

両翼内大臣、侍衛、内院漢大学士、翰林、部院尚書以下四品以上各官、内院満大学士、学士（順治一三年二月

丙午二七）

内大臣、侍衛、護軍、部院三品以上漢官、翰林、科道官（順治一四年一〇月癸未一四）

侍衛、翰林、科道官（張宸『平圃雑記』順治十七年科臣楊雍建上疏云々）

内大臣、侍衛、護軍といった皇帝の家政担当者や護衛が従うのは、いうまでもない。また、政務の処理をおこなうのであるから大学士もいる。それらをのぞくと、満洲人有力者の姿があまりみえないこと、逆にわざわざ漢人と断り書きをつけた官僚、特に詞臣・科道官系の官僚が目につくことが特徴的である。

以上から順治帝が、①周囲に満洲人よりも漢人を意識的にあつめたこと、②漢人の中でも内院・翰林といった詞臣、御史・給事中といった科道官を好んだこと、の二点が看取される。これは別の史料からも裏づけられる。前者については、次のような史料がある。

陛下は内院に行幸され、陳名夏、呂宮に諭した。……数年来、朕が漢官に目をかけること満官より多大なものがある。そもそも満官は、太祖、太宗の時代に力をつくして征討に従い、死地を潜りぬけて現在に至ったのである。朕が漢官を優遇するのは、どうしてそのような功績があるためであろうか。朕の恩を受けた以上、必ずや忠をつくして報いること（「尽忠図報」）を期待すればこそである。しかし現在みてみるに、漢官で君主の恩に酬いようとする者（「漢官之図報主恩者」）が一人もいないのはどうしたことか。（『実録』順治一一年正月壬寅一二）

これは漢人官僚のエースである陳名夏にのべた上諭であり、順治帝の漢人官僚への期待の大きさ、それが故の失望の深さをしめしている。また、次の発言は、満洲人諸王を前にして漢人官僚（九卿、科道官）に彼らへの優遇についてのべたものであり、順治帝の政治的信念ともいうべき重みがある。

朕に屭屓の念（「偏念」）があるのなら、当然満洲人を庇護すべきである。ところが今、なんじら漢官を優遇すること満洲人に勝るものがある。これは、朕は一体とみなしているのに、なんじらは二心を抱いているのである。朕は古馴染みとして遇しているのに、なんじらは最近の知りあいのように疑う。朕は人間として一体（「同徳」）であろうとしているのに、なんじらはしばしば別の考えをいだいている。（『実録』順治一一年九月己丑三）

以上から順治帝が意識的に漢人を集め、彼らを優遇していたのは事実である。されば次の問題は、なぜ詞臣・科道官の漢人を優遇したのかである。詞臣については、内弘文院編修朱之錫、内秘書院侍読呉偉業が、南苑、西苑によびだされ、『内政輯要』『順治大訓』といった官撰書の編纂に従事させられていたことがみえる。[29] 朝鮮人の観察によれば、順治帝は漢人の学問を好んでいた。『朝鮮王朝実録』孝宗五年（順治一一年）二月癸亥に言う。

孝宗　：皇帝は今何歳か。
韓巨源：十七歳であります。
孝宗　：北京の軍隊は相変わらず精鋭であるか。
韓巨源：以前と変わりません。しかし最近は専ら学問を尊び（「専尚学文」）、狩猟はしていません。[30]

その二年後、順治帝の朝鮮人侍衛である金汝輝も同じ見解を示している。

青年皇帝は漢人の文献を一生懸命に学び、少々文意を解している（「力学中華文字、稍解文理」）。政務の際の発言には驚ろかされることが多い（「聴政之際、語多驚人」）。その気性は非凡で、ひたすら満洲風を嫌い、中国風を慕っている。[31]

「専尚学文」「力学中華文字」とあるように、順治帝は漢人の学問を熱心に吸収していた。満洲には見るべき学問の蓄積がないのであるから、[32] 学問しようとすれば、漢人の学問しかあり得ない。されば詞臣が集められたのは、顧問の用に備えるためである。彼らによる書籍の編纂もその一環であると理解される。[33]

さらに注意すべきは彼の学問が、学問のための学問ではなく、「聴政之際、語多驚人」とあるように政務に活かされる実践的なものだったことである。陳名夏との対話は、順治帝が統治方法、君臣関係といった現実的な問題に関心を抱いていたことを示している。

順治帝：天下はどうすれば治まり、乱れ、国運を長久にすることができるのか。

陳名夏：陛下は天の如きであり、陛下の心は天の心であります。天下の治平は、陛下次第でございます。陛下が天下の治平を望まれるのならば、ただ心を一つにするだけでありまして、治平を心すれば治平になるのでございます。

順治帝：その通り。ではその方法はどうであるか。

陳名夏：天下を治めるのに他の道はございません。ただ用人だけでございます。人を得れば治まり、人を得なければ乱れるのでございます。

順治帝：その通り。ではどうやって人を得るのか。

陳名夏：人を知るのは大層難しくございます。しかし人を知る方法なら簡単であります。今、群臣の中からもとより徳望のある者を選びだし、不断に召しだしお尋ねになれば、天下の人心は奮い立ち、能力をつくそうとするのでございます。（『実録』順治一〇年正月丁酉三〇）

詞臣の役割が顧問であるとすれば、科道官系の漢人にも、統治方法、君臣関係の具体的問題への提言が求められていたものと理解される。詞臣が理論的、歴史的な分野で皇帝を補佐するとすれば、科道官は実践的、現在的な分野で補佐する。都察院左都御史魏裔介の年譜『魏貞菴先生年譜』には、そのような場面を伝える記事が多い。

（順治一五年）秋、陛下は南海で猟を行い、公に従うよう命じた。食事を黄色の陣幕中に賜った際、民間の収穫について下問があった。公は、小民は生活に苦しく、収穫は税糧に供するだけであると答えた。陛下は、古の君主の中では唐の太宗が真の英主であると言い、宮中の群臣の賢否に論及した。この時、陣幕中に同席したのは、（大学士）李霨、（兵部尚書）梁清標、（学士）王熙、（侍講）曹本栄であった[34]。

以上、様々引用した史料から総体的に看取されるのは、順治帝が、極めて知性的な人間だったことである。陶湘『故宮殿本書庫現存目』類纂に引く史臣の賛に、「世祖御製・御纂の諸書、皆事宜を洞澈し、理要を昭宣す」とあり、陶湘も「今諸書を観るに、洵に溢美に非ず」というが、筆者も同感である。

帝が編纂させた書の中で注目すべきは、統治論、君臣論たる『御定人臣儆心録』である。本書の特色は、中国史の先例を縦横無尽に引用しているところにある。しかしそこでの議論は、強烈なまでに満洲人的な精神で貫かれていた。すなわち順治帝が漢人を優遇したのは、彼らに己に対する報恩（「図報主恩」）を期待し、己との一体（「同徳」）を求めたためであることは既に見たとおりであるが、君臣の一体化こそは、満洲的な君臣観であった[35]。本書は、どうすれば臣下は皇帝と一体たり得るかを、心にまでさかのぼって論じ尽くしたものといえる。

しかし本書の基調が満洲起源であったとはいえ、心という人間存在の根源にまでさかのぼるとなれば、皇帝との一体化は、満漢を問わず全ての臣下に求められることになる。御製序において、満洲人では譚泰・石漢[36]が、主恩を受けてきたにも関わらずそれに報いようとしなかったことを指弾され、漢人では陳名夏が、委任すること重かったにも関わらず皇帝を蔑ろにしたと糾弾される。わざわざ満洲人と漢人の双方から批判すべき人物を挙げているところに、満洲人への贔屓を自ら否定してみせた彼の苦心をみることができる。しかしそれ以上に、順治帝が満人・漢人といったレベルを超えた普遍的な地点から議論しているところに注目せねばならない。張宸は、「思うに先帝（順治帝）は、治世一八年に及び、民生の疾苦を心にかけない日とてなかった。臣下への対応でも、漢人と旗人（「新旧人」）を一体にあつかい偏りがなかった。時としておもいがけない賞罰があったが、雷電や雨露のようなもので公平であった」と述べる（『平圃雑記』）。満漢一体は、順治帝がしばしば説く訓戒であるが、それは彼が満漢を超えた地点に立っていればこそ可能な議論だった。

順治帝が求めていたのは、満漢を問わず皇帝と一体化し、報恩効力に邁進するような官僚である。ただし、報恩効力が入関前のような武功だけではありえなくなってきていたところに時代の転換があった。武功は否定されはしないが、武功だけでは大量行政の課題にこたえることはできない。国家経営に対して具体的な建策ができ、それを実行に移す能力をもっている有能（「賢能」）な官僚こそがもとめられた。満洲人スナハイ（蘇納海）の登用は、そのことを示す好例である。

公は諱納海、満洲人である。……世祖章皇帝は公の名を知ると言われた。「この者の才は、朕に近侍して機密処理を援けるにたる。突撃して陣地を落すことだけに使うのは適当でない。」そこで、特に内宏文院学士に抜擢した。……（吏部右侍郎解任後）程なく世祖は公の才能を惜しみ、側近に戻して内国史院大学士を授け、その後経筵講官にも命じた。[37]

それでも順治年間は、武人の活躍する機会も多かった。しかし康熙年間ともなると、次第に彼らはとり残されていく。宏世禄はその典型である。太祖のときに来帰し、康熙一四年のチャハル、一九年の呉世璠討伐で勇名を馳せた老将も、康熙二三年には、下の者を統制できないとの理由で引退に追いこまれた。[38] 満洲人といえども、行政能力を欠いてはもはや役に立たないのである。

されば順治帝は、満漢にとらわれず有能な人材を選抜しようとした。その際に取った手法が、臣下との対面接触であった。すなわち帝は、できる限り臣下と面とむかって接し、有為の才か否かを見ぬこうとした。そして一旦見こみありとするや、彼らを己のまわりに配した。空間面では、南苑・西苑に呼びよせて直々に接し、官制面では、内院・翰林の諸官職、科道官をあたえ、顧問の用に備えた。

しかし対面接触しさえすれば、君臣間に濃密な関係が結ばれるわけではない。これは、君臣関係を外から規定する要件でしかなく、それを内側から規定するイデオロギー、君臣関係の概念化が必要であった。順治帝は、それを『書経』泰誓篇に由来する「一心一徳」という言葉で表現した。[39] 皇帝と官僚は、心も徳も一体化しなくてはならない。

陛下は内三院に諭した。「朕が歴代の聖君良臣をかんがみるに、心を一にし徳を一にすることによって、太平を致している。このことは、史書に記されており、はなはだ立派である。しかるに朕が親政して以来、各衙門の上奏は、満洲人だけで、漢人を見たことがない。……なんじらは諸臣に伝えよ。務めて朕のおもいを体し、各々公忠をつくし、ことごとく責任逃れを排し、一心一徳の盛事を受けつげ。」(『実録』順治一〇年正月庚午三)

ただし一心一徳は、満洲語で emu mujilen emu erdemu と訳されるので、この言葉は多分に満洲語的に理解されねばならない。徳と訳される erdemu の原義は才能・能力であるから、一徳には人格者というよりはむしろ有能な人間が想定される。かくしてここに清朝的な本管関係の相貌があらわになった。君主は対面接触して有能な官僚を選抜し、選抜された官僚は君恩に応えるべく日々の大量行政に邁進する。これが一心一徳 emu mujilen emu erdemu なる清朝的な君臣関係、本管関係の本体である。この論法は後代の皇帝に引き継がれ、雍正帝の「御製朋党論」は一心一徳論の極致といえる。

以上をふまえれば、なぜ満洲人有力者たちが、乾清宮の建設に抵抗したのかが理解される。順治帝は、西苑・南苑で臣下と頻繁に対面接触し、一心一徳と表現される新たな君臣関係を形成しつつあった。されば満洲人有力者たちは、乾清宮が彼らの新たな拠点となることを恐れたのである。順治帝が目指した君臣関係は、満漢を問わないが故に、彼らもそこでは傍流となる可能性があったし、事実多くは傍流となっていたのである。順治帝は、むしろ漢人の方に肩入れをしていた。宗室であろうと、出自が良かろうと、世爵が高かろうと、それだけでは皇帝との関係は、有利になりこそすれ強固になるわけではない。順治帝が求めていたのは、入関後の大量行政に対処できる有能な行政官僚だった。

端的にいって順治帝は、既得権益の破壊者であった。されば有力満洲人たちは、傍流に転落するのを恐れ、太祖、太宗の故事をひき、君臣が対面接触することを求めた。もちろんこの場合の臣とは、傍流となった臣をも含む満洲人という意味であり、対面接触するのは、皇帝を入関前の原満洲的な価値観に引き戻すためである。

しかし順治帝は、ひたすら引見し、言葉をかけ、物を贈り、使者を派遣する。順治一三年閏五月丁丑三〇、任地に赴くため陛辞に赴いた宣大総督張懸錫に対し、順治帝は衣服をあたえて激励した（『実録』）。

卿がこの衣服を着れば、朕に近侍しているようなものである。職務をつくせ。

すなわち陛辞は、皇帝による対面接触そのものであり、賜与された衣服はその代替品だった。清朝の人事制度が、要所要所で皇帝との対面接触を挿入するのは、臣下が皇帝と一体化するためであった。

ここまで議論すれば、清朝政治史は、ハン・皇帝が、自己と一体化した官僚を養成し、それを核に満漢を超越した権力を構築してきた過程として理解しうる。ただし官僚とは、入関後の清朝官僚制に組み込まれた行政官僚のことであり、八旗制下にいて八旗の官職や世職しかもっていないような者のことではない。皇帝の護衛であるヒヤ（侍衛）が、内院学士・翰林学士と同じく皇帝と日常的に対面接触しているにも関わらず、後代冷遇されるに至るのは、当然の帰結である[40]。順治帝によって始められた満漢を問わない行政官僚優遇策、それなくして清朝は、東アジアに君臨することはできなかった。

かくして康熙帝にしても雍正帝にしても、順治帝が敷いた道を突きすすんでいったにすぎないことが理解される。清朝専制体制に至る道は、順治帝によって示されていた。すなわち政権の構成員を全員一心一徳的な本管関係のもとにからめとり、皇帝と合一した賢能な官僚と化したとき、それは成就するのである。

（1）『Historia Juris 比較法史研究――思想・制度・社会』一〇、二〇〇二年、四〇三頁。
（2）周遠廉『順治帝』（吉林文史出版社、一九九三年）が、まとまった評伝である。
（3）『アジア史研究第三』同朋舎、一九五七年（のち『宮崎市定全集』一四、岩波書店、一九九一年に収録）。
（4）*THE GREAT ENTERPRISE The Manchu Reconstruction of Imperial Order in Seventeenth-Century China*, California U.P., 1985. 特に一〇〇八～一〇一三頁。漢訳本に、魏斐徳著、陳蘇鎮他訳『洪業――清朝開国史』江蘇人民出版社、一九九二年がある。
（5）谷井陽子「清朝漢地征服考」（小野和子編『明末清初の社会と文化』京都大学人文科学研究所、一九九六年）。周藤吉之『清代東アジア史研究』（日本学術振興会、一九七二年）。細谷良夫「畿輔旗地の成立と性格」（『一関工業高等専門学校研究紀要』一、一九六七年）、「清朝における八旗経済の一断面――俸餉制度の成立をめぐって――」（『一関工業高等専門学校研究紀要』七、一九七二年）。
（6）「清朝康熙年間における内廷侍衛の形成」（『歴史学研究』七四四、二〇〇三年）。
（7）満洲人による専制的君臣関係理解については、谷井俊仁「一心一徳考――清朝における政治的正当性の論理――」（『東洋史研究』六三―四、二〇〇五年）をみよ。連旗制論が成立し難いことは、谷井陽子「八旗制度再考（一）――連旗制論批判――」（『天理大学学報』二〇八、二〇〇五年）が主張する。筆者は以前、連旗制的理解を示したこともあったが（フィリップ・A・キューン著、谷井俊仁・谷井陽子訳『中国近世の霊魂泥棒』平凡社、一九九六年、訳者あとがき）、撤回する。
（8）たとえば壬午年、五月一〇日、ホンタイジが投降した洪承疇らを謁見する際の記事が典型である。学士がかなり正確に皇帝の意思を伝えていたことは、『瀋陽状啓』庚辰年七月三日に見える。范文程らが朝鮮世子に、朝鮮水軍の上将である林慶業に宛てた勅書の内容をあらかじめ口頭で問いただした。その後勅書を見ると両者の内容はほぼ一致していたという（「以勅草納于世子前、勅意略與文程等所言無異為白斉」）。
（9）この末尾に「永　為呈文可也」との一文があり、一字分空格である。文意からすれば、否定の語が入らねばならないが、訳からは省いた。
（10）王士禛『池北偶談』巻二、緑頭牌によれば、緑頭牌とは、口頭でおこなう申し立ての内容をあらかじめ文字化したメモである。
（11）『多爾袞摂政日記』の性格については、谷井俊仁「順治時代政治史試論」（『史林』七七―二、一九九四年）で言及した。

(12) 金之俊『金文通公集』巻八、奉敕撰孝献荘和至徳宣仁温恵端敬皇后伝(『四庫全書存目叢書補編』五六、斉魯書社所収)
(13) 『瀋館録』巻七、甲申五月二日「灰燼之中、只有武英殿存焉」。
(14) たとえば進暦儀注がある(『実録』順治元年九月壬子二七)。
(15) 紫禁城の再建についての概観は、朱偰『明清両代宮苑建置沿革図考』(上海商務印書館、一九四七年、北京古籍出版社、一九九〇年重印)が与えてくれる。
(16) 談遷『北游録』紀聞下、国俗に「満人極敬母」とある。
(17) 『世祖上皇太后万寿詩』一巻、『内政輯要』二巻に附す御製進表にみえる(陶湘『故宮殿本書庫現存目』御製、類纂)。
(18) 『国朝宮史』巻一二、乾清宮「順治十二年建、康熙八年重建。皇帝召対臣工、引見庶僚皆御焉」。
(19) 張玉書『張文貞集』巻九、「文華殿大学士戸部尚書掌翰林院事徐公神道碑」。
(20) 侯仁之主編『北京歴史地図集』(北京出版社、一九八八年)、三七〜三八頁。
(21) 『実録』順治八年九月庚寅一六。張宸『平圃雑記』「順治十七年科臣楊雍建上疏請上無屡幸南苑」。
(22) 中国第一歴史檔案館編『清初内国史院満文檔案訳編(順治朝)』(光明日報出版社、一九八九年)順治一四年一〇月一六日にもみえる。
(23) 『朝鮮王朝実録』孝宗大王一〇年(順治一六年)一〇月丁未「上曰、彼之出遊海子、狎近女子、事信然乎。(告訃使鄭維城曰、此是伝説。而雖云日遊海子、見通報則亦無一日廃事之時矣」。
(24) 冬日扈従南苑即事「衰齢逐隊扈離宮　匹馬蕭蕭怯晩風　直幕参差輦路側　霓旌掩映幔城中　数声行漏清䜳籟　一片寒光粛遠空　聞道来朝冬狩挙　老臣不寐慶時隆」
(25) 『北游録』紀郵、順治一二年二月庚午一五、四月辛酉七
(26) 『実録』順治九年一二月癸丑一五
(27) 『実録』順治一三年二月丙子二七、戊寅二九
(28) 『実録』順治一三年一〇月癸卯二九
(29) 談遷『北游録』紀郵、および馮其庸、葉君遠『呉梅村年譜』(江蘇古籍出版社、一九九〇年)の順治一二年、一三年の条。
(30) 上又曰、皇帝年今幾何。(清差韓)巨源曰、十七歳也。上曰、北京兵甲尚精利乎。巨源曰、與前無異。而近日専尚学文、不事畋猟。

(31) 麟坪大君李湝『松渓集』巻七、燕途紀行、孝宗七年(順治一三年)一〇月七日(林基中編『燕行録全集』二二、東国大学校、二〇〇〇年所収)「(清主親兵哨官金汝輝)渠云、児皇力学中華文字、稍解文理。聴政之際、語多驚人。気象傑驁、専厭胡俗、慕效華制。暗造法服、時或着御。而畏羣下不従、不敢発説。清人惑巫、元来習性。而痛禁宮中、不復崇尚。然気俠性暴、拒諫太甚。間或手劒作威、専事荒淫、驕侈自恣、罕接臣隣、不恤蒙古、識者頗憂云」。

(32) 恩華『八旗藝文編目』集部を見ると、入関前・順治期の著作は、ほぼ漢軍に限られる。

(33) 『故宮殿本書庫現存目』類纂には、以下の諸書をあげる。『人臣儆心録』一巻、『資政要覧』三巻後序一巻、『内則衍義』一六巻、『内政輯要』二巻、『孝経衍義』一百巻巻首二巻、『勧善要言』一巻、『道徳経注』二巻、『太上感応篇注』一巻、『勧学文』一巻、『範行恒言』一巻、講筵恭紀一巻。

(34) 「(順治一五年)秋、上猟於南海子。命公従、賜食於黄幄中、詢及民間収穫。公対以小民艱難、所収僅足供糧。上又言古之人君唐太宗真□英主。又論及在廷羣臣賢否。是時、同在黄幄中者、李霨、梁清標、王熙、曹本栄也」。

(35) 註(7)所引谷井俊仁「一心一徳考」。

(36) 譚泰が、死刑に処された吏部尚書・正黄旗グサイエジェン譚泰であることは明らかだが、石漢 Sihan は不明である。ここでは、譚泰の手下で、彼を庇ったために死刑に処せられたニルイジャンギン希思漢のことだとしておく(『実録』順治八年八月壬戌)。

(37) 『張文貞集』巻九、「内国史院大学士蘇公墓碑」。

(38) 『清内府八旗列伝檔案稿』(全国図書館文献縮微複製中心、二〇〇一年)五三一~五三七頁。

(39) ただし『書経』では前後を逆にして一徳一心という。

(40) 道光年間の侍衛の零落した姿は、奕賡『侍衛瑣言』に詳しい。なお杉山清彦が、ヒヤ(侍衛)が皇帝権力の中核となるかの如き議論をしているのには従えない(「ヌルハチ時代のヒヤ制――清初侍衛考序説――」『東洋史研究』六二―一、二〇〇三年)。杉山の「ヒヤこそ八旗制下の求心構造の核心をなし、さらには人間組織としての国家の膨張・展開の原動力となったことが結論できる」との主張については、ヒヤが核心をなしていないことこそ、清朝的な特質だと考える。杉山説に対する根本的な批判は、註(7)所引谷井陽子「八旗制度再考(一)――連旗制論批判――」を見よ。

Ⅳ　中東・西欧

天子制とカリフ制――王権のコスモロジーの構造比較――

三木　亘

一　世界帝国の王権思想

西暦紀元一〇世紀ごろまでの旧大陸世界には、東洋（中国を中心とした東アジア）、南洋（インドと東南アジア）、西洋（中東を中心とした西方諸地域）の三つの文明展開の場があった。北方の遊牧民地帯や南方の海を介して、三者のあいだに人とものと情報の往来はある程度存在し、相互に影響関係があったが、内陸アジアの高峻な山岳と砂漠にはばまれて、それはまだ三つの場をひとつに統合するほどのものではなく、諸国家・諸文明は三者それぞれの仕方で展開し、いくぶん前後はあるが、一〇世紀ごろまでにはそれぞれの世界帝国・世界文明が形づくられた。世界文明としてのアイデンティティの根はそれぞれ、儒仏道三教複合、ヒンドゥ・仏教複合、中東一神教（ユダヤ・キリスト・イスラム）複合と呼んでよいだろう。のち、一八、九世紀に近代西欧文明が形づくられて世界に征覇すると、以上の三者はそれぞれの地域の基層文明となっていまに至っている。

生態学的にはおそろしく貧しい西洋の僻地であったアルプス・ピレネー以北の西北ヨーロッパを核として形づくられた、この近代西欧文明の地域を西洋と呼び、中東より以東の地域をすべて東洋（オリエント）と呼ぶ世界認識は、一八、一九世紀における近代西欧文明の世界征覇の過程にうみだされたが、この認識過程は、みずからの直接の過去である中世西欧を暗黒時代と否定的に見、古代のギリシア・ローマ文明の復興《ルネサンス》を主張する、特異な世界史意識をうみだし、やがてはそれが一九、二〇世紀の全世界にひろまった。そこに理想化したかたちで描きだされた古代のギリシア・ローマ、なかんずくギリシアの図絵は、ちいさな独立国家《ポリス》の集合で、一方には民会を持ち他方には市民皆兵で、生産労働は奴隷にまかせ、市民は哲学や科学をたのしむ。ポリス同志の戦争は絶えず、有力なポリスを中心とした同盟などもできる。それはまさに近代西欧のミニチュアである。西欧は旧大陸世界北西部のちいさな半島部でしかないのに、全部がまとまって二、三世紀もの天下太平など味わったことなどなく、「八世紀間の戦国時代」のあげく一八世紀にやっと文明に達しても（吉田健二）(1)、いぜんとして戦争を自明のつきあいの手段とする国際法を持つ軍事優先の国家群で、生産労働は労働奴隷ともいうべき労働者階級と植民地従属国の貧民にまかせて科学技術にふける。古代ギリシアが有力ポリスの争いで自滅したのと同様、有力帝国主義国家群の大戦争で西欧も二次にわたって廃墟となる。その近代西欧文明の破産管財人である米ソ日も、二〇世紀を「戦争と虐殺の世紀」（堀田善衛）にしてしまった(2)。

西欧以外の一八世紀までの旧大陸の歴史では、東洋の秦漢・隋唐・宋元・明清、南洋のムガル帝国、西洋のアラブ帝国、オスマン帝国など、広大な地域が二、三世紀にもわたって天下太平である時がけっこうあった。そういうしあわせな歴史をかつて持ったことのない西欧の人びとも、二次にわたって全土が廃墟になったのにこりて、いまはEUというかたちで、西欧全体の天下太平をつくりだすことに専心しはじめている。そこでもとめられているような広域長期の天下太平がかつてはどういう世界帝国構造で可能であったのか。そういう視点で、東洋における天子制と西洋におけるカリフ制という世界帝国の王権思想を考えてみたのが本稿である。王権なるものは、たとえ武力による征服で成立したものであっても、なんらかの超越に依拠しないと長続きしないものだが、この場合、東洋では儒教、西洋ではイスラムが、王権を支える超越を用意した。

二　相　似

天子制とカリフ制はいずれも、最高の超越から命を授けられた人とそのあとつぎが王権を担うという、同じ構造を持っている。すなわち、天子制では、天①から天命②を受けた天子③のひらく王朝、カリフ制では、唯一神(allāh)①から啓示(waḥy)②を受けた神の使徒(rasūl allāh)とそのあとつぎ(khalīfa rasūl allāh：英語日本語訛りでカリフ)③たち、が王権を担う。

天下を率いる天子が天を祀る④のと同じく、信徒の長（amīr al-mu'minīn）でもあるカリフは、信徒の神への礼拝(ṣalāt)④の導師（imām）でもある。

天子は天下を治め、人びとを聖人（天子）の道である礼⑤にみちびく。礼がおこなわれる世界が中華、中国であり、いまだ礼にならわぬ人びと(夷、禽獣にちかい)がその外側にいる⑥。同様に、神の使徒とそのあとつぎは、神と契約を結んだ信徒たちの共同体(umma)の長(amīr al-mu'minīn)として、神の法(sharī'a)⑤が正しくおこなわれるようにこれを治める。それがおこなわれる世界はイスラムの地(dār al-islām)であり、その外には戦いの地(dār al-ḥarb)がある⑥。いずれの場合も、対立するふたつの世界をわかつものはそれぞれに、聖人の道である礼と神の法という文明原理であるから、その境界は可変であり(礼にならう、神と契約をむすぶ)、その意味で中華、イスラムの地はいずれも外に開かれた文明世界である。イスラムの信徒の共同体もはじめから、そのなかにユダヤ教徒や未信の徒もいたりする尻ぬけ共同体であった。また、礼も神の法も、天や神をうやまうことから天下国家、日常茶飯の事柄にいたるまでの、すべて行為規範であることで共通している。

このように、いわば超越とのつきあいの仕方である行為規範としての礼や神の法にたいして、ひとの身に即した行為規範が両者に共通して存在した。東洋における徳⑦、西洋における公正('adl)と公益(maṣlaḥa)⑦がそれであり、とりわけ治者はそれを備えるべきだとされた。徳として具体的には智仁勇、あるいは仁義礼智信、あるいはまた親義別序信などがあげられている。公平でかたよらない（ʿadl）という行為規準はおそらくイスラム以前から中東社会に存在してきたもので、よく天秤《てんびん》はかり（mīzān）にたとえられてきている。その意味では中庸と訳してもよいかもしれない。「中庸は徳の至れるもの」という考えは孔子の言として中国にあった。公共の利益あるいは福祉という規準は、イスラム時代にはいっての国家論、王権論でつねに核心的な位置を占めてきたということを、かつてたどってみたことがある。(3)

三　共通の王権構造

共通ないし類似する点をまず列挙したが、その根には、超越の命を受けたひとが王権を担うという共通の構造がある。この構造は、モンゴル高原から中東を経て北アフリカにいたる、旧大陸世界をななめにつらぬく大乾燥地帯の遊牧民が、東洋、西洋それぞれの農民・都市民・定住社会に出会った、異文化接触によって形づくられたものではないかと思う。東洋において、天子の称がうまれた周王朝や東洋全般の世界帝国をつくった唐王朝は中国西北の遊牧民系統とされており、カリフの王権をうみだしたメッカの住民は、遊牧社会のなかで商業に特化した人びとである。

遊牧民と農民はそれぞれ、家畜と栽培植物という自然の一部を馴化したものを生活の資として、人間と自然との付き合いの仕方では同格といえるが、暮しのようすが違うためにおよそ異質的な社会と文化を形づくる。武器が同じレベルであれば、機動力のある遊牧民が定住民に対して軍事的優位に立つのが普通で、近代以前の旧大陸世界には、遊牧民による定住民社会の征服国家がしばしばみられ、周や唐の王朝もアラブの大帝国もその代表的な例と考えてよい。

人類学者の石田英一郎によれば[4]、かずかずの征服国家をたてた内陸アジアの遊牧民のあいだに、天空そのものを上天神としてあがめる、いわば原宗教感覚がもともとあったようで、それが定住民社会を征服して国家を形成する過程で顕在化して、王権の正当性を支える超越原理になったのではないだろうか。

東洋では、春秋戦国における農耕社会の展開とその上に立つ都市国家を背景に、農桑機織医薬のわざを教えたとされる三皇五帝の神話が形づくられ、それをもとに皇帝を称する秦王朝があらわれた。以後、清代にいたるまで皇帝の称は天子とならんで用いられたが[5]、天子は超越とのかかわりによる権威、皇帝は天下を統治する権力を、それぞれあらわす称であった。

これに対して西洋では、シリア砂漠縁辺のヒツジ・ヤギの遊牧民であったイスラエル諸部族が、上天神にヤハウェ《エホバ》という人格神名をあたえたのがその後規範化《テクスト》して、ユダヤ教からはじまるキリスト教、イスラムの一神教諸宗派が展開した。並行して、移動性の点で遊牧民と共通した性格のつよい、海上民化したギリシア諸部族は、天と雷の神にゼウスの名を与えてこれを最高神とした。

商業貨幣経済がすでに自明のものであった七世紀のメッカには、アラビア半島各地の遊牧民諸部族のあがめる神々の像が祀られて巡礼の地となっていたが、allāh はそれらのなかでの最高神にして創造主とされていた。この allāh の啓示をうけて神の使徒となったムハンマドの活動は、すでにあたりに存在していたユダヤ教徒やキリスト教徒たちのあり方に対する改革者の性格を帯びるようになり、その過程で allāh は旧約・新約の唯一神と同一視されてゆく。上天を最高の超越と感じる遊牧民社会の原宗教感覚が働いたのであろう。allāh は、アラビア語の普通名詞の神 ilāh に定冠詞の al がついて(al-ilāh)それがつづまったものというのは、後代の解釈らしい。

ユーラシア北方のステップに分布したトルコ・モンゴル系の遊牧民にも、身近な神々とともにそれを超える上天(トルコ語で tanrı, モンゴル語で tengri)をあがめる習があった。それがあったので、一〇世紀ごろからトルコ族がイスラムに接するようになったとき、allāh が tanrı と訳されて、トルコ族のイスラム化はごく自然に進行した。なお、トルコ、モンゴル系の遊牧民には神がかり（シャマン・巫祝）の現象があったが、アラブ諸部族でも、ムハンマドが啓示を受けて常軌をはずれた言動を見せたとき、人びとはかれが kāhin（神がかり）になったと受取る習があった。

アフリカニストの人類学者の日野舜也によれば、サハラ以南のアフリカでも、人びとが直接する神々の上に最高の超越を意識する原宗教感覚があったので、イスラムに接したとき、前者が jinn（精霊）後者が allāh に当てられて、イスラムはごく自然に受け入れられていった。

レバノン育ちで米国でも社会活動をし日本人と結婚して日本在住の石黒マリローズが、「わたしたちにとって唯一の神はあるのがあたりまえでむしろ近しいものだが、欧米人の神は解釈された神のようだ(6)」と書いている。彼女はギリシア正教徒だが、一神教諸宗派のいずれかを問わず、中東の人びとにとって唯一の神は、すべてを超えた超越を感じているもともとの宗教感覚が自覚的になっただけのことであろう。だからいくつもの宗派にわかれていても、「すこし生活習慣の違う人びと」（石黒）くらいの感じでこだわりなくつきあってきており、大きな社会変動のときになにがしか摩擦や衝突があったにしても、大局的には千年以上も諸派が共存してまじりあってきた、身についた共存文化が中東の人びとのあいだにはいまもある。

これに対して、高緯度の地のゲルマンの森などというひどく生態条件の違う西欧の人びとが、あこがれの文明化の原理として輸入した一神教一派の西欧キリスト教は、ギリシア風の理屈で解釈に解釈を重ねる歴史で、文学者の吉田健一の表現を借りれば、「観念としてのキリスト教にふりまわされて(7)」、ために異端狩りと宗教戦争と魔女狩りの連続の歴史であった。「八世紀にもわたる戦国時代のあげく、一八世紀にようやく文明化して」（吉田）小康を得たが長つづきせず、世界に覇権を得た一九世紀末にニーチェが宣告したように「神が死んだ」あと、二

○世紀の世界を「戦争と虐殺の世紀」（堀田善衛）にしてしまった。

なお、王権の構造が遊牧社会との類推で語られるのも、東西洋に共通したことである。東洋の天子の役割は民を牧することであった。トインビーが定式化しているように、西洋の王は牧者、被治者はヤギ・ヒツジの群れ、王の手足として群れをまもる軍人や官僚が牧羊犬というたとえは、西洋一般におこなわれてきたことである。天子みずからが選ぶ宋代の殿試で完成し清代まで行われた科挙官僚制と、解放奴隷を軍人とするマムルークの制にはじまってオスマン帝国で完成した文武の奴隷官僚制は、この比喩の牧羊犬にあたる東西洋に共通の制度として比較してよい。自主独立の猫とちがって主人やリーダーを必需する犬は奴隷の比喩として適切であり、科挙官僚の起源を天子の奴隷にもとめる小島祐馬の説もあったことである。

四　相　異

以上のように、東西洋の王権の基本構造は似ているが、その上に立って違う点があるのも当然である。

①について。天はいわば宇宙の摂理、世界の秩序原理という非人格的な性格がつよいが、allāh は一貫して人格神である。しかし天がときに人格神的様相をみせることもあった。

早くから農耕社会が圧倒的に優位を占めてゆく中国の条件からであろうが、天は地と不可分となり、郊祀にあたっても天壇と並んで地壇が築かれた。ひとが死んだときも、魂《たましい》は天へ還り、魄《からだ》は地に還る。これに対して、土地よりも水が大事な中東の allāh にはこうしたことはなく、大地もその被造物でしかない。ひとが死んだとき、魂魄は遊離するが、審判の日にまた合体して出頭しなければならないので、遺体を焼くことは許されず土葬にするが、これは中東一神教諸派に共通した習である。

②について。天命は言表されないが、allāh の啓示は神みずからの言葉として下され、のちに書きとめられてク

ルアーン(al-qur'ān)となり、神の法の第一の典拠となった。その内容は人事万般にわたる具体性を持つ。

③について。天子は天の子、のちには民の父母と、血縁のことばで語られるが、神の使徒とそのあとつぎは、他のあらゆる人間とおなじく、すべて神の被造物であり、そのうち神と契約を結んだものが信徒（muslim あるいは mu'min）である。信徒たちはいわば理念的に共同体(umma)を形づくる。ただし、神の使徒ムハンマドの子孫がのちに貴種(sharīf)とされたり、メッカ人の大半が属するクラインシュ族の出であることがカリフたる要件のひとつとされるなど、血縁的なものが王権にまつわりつくことがあった(8)。

天命は王朝の代替わりごとに更新されるが、神の啓示はアダム《アーダム》にはじまり、ノア《ヌーフ》、アブラハム《イブラーヒーム》、モーセ《ムーサー》、イエス《イーサー》その他一連の預言者(nabiy)たちに下されたのち、ムハンマドに下されたのが最後で、その意味では、ムハンマドとそのあとつぎたちを一括して啓示が下されたともいえる。預言者ムハンマドの別称である神の使徒(rasūl allāh)にはその意味がふくまれている。預言者は神の啓示を預かってそれを人びとに伝えるだけだが、神の使徒にはそれに加えて信徒の指導統括という役割が賦与されている。この点で、天命を受けて天下を統括する王朝初代の天子と神の使徒は同格である。

他方、統治機能のみを持つ二代目以降の天子と神の使徒のあとつぎ《カリフ》(khalīfa rasūl allāh)は同格だが、交替ないし任免に関してはことなる。被治者との関係がその分岐点である。天子が天下を統べるというとき、天下は支配領域およびそこの民をばくぜんと同時に指しているが、天下が個々の天子の任免を左右することは、天命を受けたと自称する布衣が天下取りに成功したとき(易姓革命)を除いては、ない。ところがカリフの場合、かつて宗教学者のW・C・スミスが指摘したように、理念的にはカリフを任命するのは神と契約を結んだ信徒たちの共同体である。初代カリフのアブー・バクルは信徒の有力者間でおのずから、二代目のウマルはアブー・バクルの指名で、三代目のウスマーンはウマルの指名した有力者六人の相談(shūra)によって、それぞれカリフになったが、いずれにしてもこれは神直接の命ではなく、信徒たち（umma）（を代表すると暗々裡に思われている有力者たち）による任命あるいは互選といえる。ウマルがはじめて使ってその後も頻用されている信徒の長（amīr al-mu'minīn）というカリフの別称も、このことを示している。カリフが神の使徒のあとつぎという、いわば超越に由来する資格の称であるのにたいして、信徒の長は、ひとりひとりが神と契約をむすんだ被治者の側からの称であり、信徒の共同体のなかでおもだった人びとの相談などによって共同体の代表あるいは長とされたものである。ここでは被治者は単なる集合としての民ではなく、神と契約をむすんだひとりひとりの存在として統治者としての信徒の長と直接しており、したがって、直訴は民の自明の権利である。

直訴は公正（'adl）を欠いた（ẓālim）統治そのものに向けられており、それを裁く法廷（maẓālim）が設けられたりもし、バグダードのカリフ制がほろびたあとも、この治者被治者の関係の直接性はいまにいたるまで存在している。カリフを称した最後のオスマン朝でも、直訴を裁いた記録の膨大な「苦情集成」（shikāyet defteri）が残されている[9]。およそ民主主義がないといわれるいまのサウジアラビア王国にも、王の代理としての州知事が直訴をうけつける特定の週日がきめられている。統治者と被治者の関係のこのような直接性を、マムルーク朝に関して長谷部史彦は「対話するスルタンと民衆」と呼んで民衆がイスラムを武器として治者を直接批判する姿を描いており[10]、また、一九世紀エジプトの為政者と農民個々の関係について、加藤博は、パトロン・クライエント関係といえるのではないかといっている[11]。パトロン・クライエント関係なるものは、実態としては貧富その他の差異がありはしても原理的には平等な人間関係の社会にあらわれる人間の結びつき方であって、きわめて流動的なものである。パトロンの資格は、その保有する富や権力の大きさよりもむしろ、必要なときにどれだけの人びとを糾合しうるかというネットワーク能力の大きさである。

信徒の共同体によるカリフの任命は契約関係であるが、それを象徴するのが手打ち（bay'a）の儀礼である。新任のカリフの手に臣下たるものが手を重ねることによって、一方では忠誠を誓い、他方ではその統治を認める。bayʻa は bāʻa(買う)を語源としており、商談がまとまったときの手打ちの形から出たとされている。

いまひとつ、毎週金曜正午の公共礼拝で説教師（khaṭīb）が説教《フトバ》（khuṭba）のさいごに、使徒ムハンマドを讃えたあと、ときの為政者の名をあげてこれを讃えるという儀礼も、被治者の側が王権を認める行為であるといってよい。アッバース朝末期のように世の乱れたときに、現カリフ以外の人物の名があげられそれが王朝をひらいたいくつもの例もあったことである。(12) この儀礼は、治者被治者の契約関係がたえずたしかめ直されるということを意味していよう。なお、カリフが宰相(wazīr)、法官(qāḍī)、市場監督官(muḥtasʻib)などの官僚を任命するさいにも、被命者の側の合意の意思表示がなんらかの形でかならずおこなわれる。王権をめぐる人間関係はすべて契約関係であった。(13)

④について。天の郊祀では、前漢の武帝、後漢の光武帝などは不老長生をも祈願しているが、イスラムの礼拝で現世利益を祈願することは一切ない。礼拝は神にひたすらしたがうこと(islām)の行為表現である。現世利益の祈願は、一一世紀ごろからひろまる聖者崇拝における聖者たち(awlyāʼ 複数形)に対してであり、礼拝より次元が低いとされている。

なお、カリフはもともと信徒たちの礼拝を先導する導師(imām)でもあり、この呼称はカリフの別称ともなった。ただしシーア派では、カリフにあたる治者はもっぱらイマームとよばれ、ムハンマドの子孫だとされてきている。

⑤について。神の法(sharīʻa)は、神と人のつきあい方（ʻibādāt)、人と人とのつきあい方（muʻāmalāt）という、二種の行為規範に分けられているが、礼にはこのような分節化はみられない。

五　上からの天と下からの生の共同体

天子制とカリフ制の構造比較を試みて気がつくことの第一は、後者の方がより分節化していることである。王権に三つの呼称がある。神の使徒のあとつぎ《カリフ》(khaifa rasūl allāh)という称は、神の最終的な啓示の実現を担うという、歴史的な由来を示す。それにふさわしいと、神と契約を結んだ信徒たちが選んだのが信徒の長《アミール・ル・ムウミニーン》(amīr al-mu'minīn)(はじまりはジハードの軍司令官)であり、かれは同時に、神への全面的な帰依《イスラム》をあらわす礼拝《サラート》に信徒たちの導師《イマーム》(imām)をつとめる。以上三つの呼称が実際には互換的に使われてきた背景としては、カリフも、また、神の最終の啓示を受けたという歴史的に一回的な資格を除いては神の使徒ムハンモドも、神に対してはすべて平信徒でしかないというイスラムの構造がある。神に対する儀礼《イバーダート》(ibādāt)と人と人の関係の規範《ムアーマラート》(mu'āmalāt)が峻別されているのもそのためであろうし、前述の、治者・被治者の関係の直接性も、ここに由来していよう。これに対して東洋の場合、権威としての天子と権力としての皇帝という呼称の分節化はみられるが、ひとりひとりの民が超越と直接契約をむすんでゆくという構造はみられない。東洋でそれにあたるのは、つぎに述べる宇宙的生の共同体の意識とでもいえる、天という外在する超越に対して内在的な超越とでもいえるものの意識ではないだろうか。

第二の大きな違いは家族・親族・部族あるいは宗族など血縁をめぐってである。カリフ制の場合、実際にはのちに、メッカ住民の大半を占めたクライシュ族の出であることがカリフたる要件とされたり、ウマイヤ朝・アッバース朝という世襲の王朝がうまれたりはしたものの、神と契約を結ぶ(信徒となる)のは血縁的な紐帯を超えたひとりひとりの決断であるので、血縁的な紐帯を優先することは党派性('aṣabīya)であるとしてかたく禁じられた。神の意にかなうべく、もし必要とあれば親を殺すことも辞さない(クルアーン)というのは、俗縁の最たるものである血縁をも超えることで、その意味ではイスラムに入信するのは出家することである。

これに反して天子制の場合には、家族ないし宗族がいわば自明の主体である。劉・李など天子は王朝ごとに姓を名のり、孝を礼の基本として、天子も天下の民も家族ごとに祖先の祭祀を絶やさない(14)。王権の呼称は天の子であり、天子は民の父母といずれも血縁のことばで表現される。いのちを賭けても祖宗と児孫の名をはずかしめないという司馬遷のモラルにみられるものを、かつてわたしは宇宙的生の共同体（community of universal life）の意識と呼んだことがあるが(15)、それが、おそらく遊牧民由来の最高の超越たる天の思想をもつつみこんでしまったのが天子制の構造なのではないだろうか。

天という、いわば上から、あるいは世界外の異界から降りそそぐ超越に対して、人間という生きものの生理に根ざして、いわば下からたちのぼってゆく血縁的なものの中国における構造については、「世界の歴史」12巻『明清と李朝の時代』のなかの岸本美緒による「10　ヒトと社会――比較伝統社会論」が大きな説得力を持っている。

カリフ制の場合には、血縁的な紐帯を原理的には排除して成立したけれども、カリフのクライシュ族出自や世襲王朝、あるいは神の使徒ムハンマドの子孫が貴種とされてゆくなど、血縁的なものがしのびこんでいったと言える。もちろん、家族・親族・部族などの血縁的な紐帯は実態としては存在しつづけており、その後も王朝の興亡に重大な役割をはたしつづける。一三世紀にモンゴルの大征服でバグダードのカリフ制がほろびたあと、一四世紀のイブン・ハルドゥーンは、それまで部族間の争いなどの無秩序（fawḍā）へのおそれからまともに向きあうことをしなかったこれを、「存在の秩序」（al-amr al-wujūdī）として顕在的な認識対象とすることによってそれまでのカリフ論を「神の法の秩序」(al-amr al-sharʻī)と相対化し、いわばイスラム王権論の脱構築をおこなった。党派心とマイナス価値を担わされていたʻaṣabīyaの観念もそれとともに、連帯・団結というプラス価値を帯びて、王朝交替の原動力とされた(16)。ただし、ウマイヤ朝・アッバース朝あるいはのちのオスマン朝も、カリフは美称はあっても姓を持たず固有名《イスム》で呼ばれる。同じ血縁的な紐帯であっても、天子制では宗族という通時的な制度が根にあるのに対して、カリフ制をめぐっては兄弟という共時的な制度が機能する感じがしないではない。

さいごに、遊牧民の大征服とむすびついて、外の異界から超越の権威がふりそそぐという東西洋に共通のコスモロジー構造が以上の比較を可能にしたものだが、この構造は、地球規模では世界がまだ閉じてはいないことを意味し、したがって、東・西・南洋などの地域的な世界帝国が可能だったのである。広域長期の天下太平はそれによってありえた。一一世紀あたりから以後、下からたちのぼるものが自由な空間を埋めて世界が閉じてゆき、さらに一三世紀のモンゴルの大征服によって旧大陸世界が単一の世界史展開の場となる。

以上、東洋と西洋のそれぞれに成立した世界帝国の王権思想というソフトウェアの世界史的な視点からする構造比較を試みてみた。叱正をまちたい。

（1）『三田史学の現在《いま》』（一九八八年度三田史学会大会総合部会シンポジウム、一九八八年刊、二三―三六ページ参照）。吉田健一の文明論は『書架記』（中央公論社）中のマルドリュス版の「千夜一夜物語」書評、『ヨオロッパの人間』（新潮社、一九七三年）、とりわけ晩年の『昔話』（青土社、一九七六年）に集中的に書かれている。
（2）以上の世界史認識に関しては、三木亘『世界史の第二ラウンドは可能か――イスラム世界の現点から』（平凡社、一九九八年）参照。
（3）三木亘「maslaha の歴史的展開」（『オリエント』Ⅷ～1、一九六五年）。
（4）『世界大百科事典』（平凡社、一九七二年）「天」の項。
（5）金子勝「古代中国の王権」（『人類社会の中の天皇と王権』、岩波書店、二〇〇二年）。
（6）石黒マリローズ『レバノン杉と桜』（広済堂出版、一九七六年）。
（7）吉田健一『昔話』（青山社、一九七六年）。
（8）三木亘「イスラム世界における貴種」（『公家と武家』、思文閣出版、一九九五年）。
（9）ハイム・ガーバー／黒田寿郎訳『イスラームの国家・社会・法』（藤原書店、一九九六年）。
（10）長谷部史彦「マムルーク騎士と民衆」（『都市の文明イスラーム』、講談社現代新書、一九九三年）。

(11) 加藤博『私的土地所有権とエジプト社会』(創文社、一九九三年)。
(12) 清水宏祐「大変動の時代」(『都市の文明イスラーム』、講談社現代新書、一九九三年)。
(13) Māwardī, aḥkām, al-sulṭāniya(マーワルディ/湯川武訳『統治の諸規則』、『イスラム世界』一九・二二・二七・二八・三一・三二号)。
(14) 加地信行『儒教とは何か』(中央公論新社、一九九〇年)。
(15) Miki, Al-Jabartī as a thinker, in "'Abd al-Raḥmān al-Jabartī" al-Qāhira, 1976.
(16) イブン・ハルドゥーン/森本公誠訳『歴史叙説』(岩波文庫、二〇〇一年)。

〔付記〕 本論は『国際シンポジウム 公家と武家の比較文明史』に収録したコメント「天子制とカリフ制――構造比較――」に増補・訂正を加えたものである。

墓所・葬儀からみたビザンツ皇帝権

井上浩一

はじめに

コンスタンティノープルの第四の丘に聳えていた聖使徒教会は、一四五三年の帝都陥落の後まもなく取り壊され、跡地には征服者メフメト二世のモスクが建てられた。ビザンツ帝国の栄華を今日まで伝える聖ソフィア教会とは異なり、聖使徒教会はその跡形すらないが、やはり皇帝と深く結びついた重要な教会であった。聖ソフィア教会が皇帝戴冠の舞台であったのに対して、聖使徒教会はコンスタンティヌス一世（在位三〇六～三三七年）以降、歴代皇帝の墓所とされてきたのである。

第一節で詳しくみるように、歴代皇帝の聖使徒教会への埋葬は複雑な歴史をもっている。同教会には複数の霊廟があり、王朝・皇帝によって異なる霊廟が用いられた。さまざまの理由で、同教会に葬られなかった皇帝も少なくない。歴代皇帝が聖使徒教会に払っていた尊崇から考えても、埋葬場所の相違や変遷は、個々の皇帝の事情に加えて、ビザンツ皇帝権力のあり方とも関係していたと思われる。本稿では、皇帝の埋葬場所とその変化、変化の理由、埋葬場所の変化に伴って生じた皇帝葬儀の変化、について検討し、埋葬場所や葬儀という観点から、ビザンツ皇帝権の性格とその変貌を明らかにしたい。

本論に先立って、史料と先行研究について簡単にまとめておこう。皇帝の葬儀・墓所に関する史料全般は、早くにククレスによって紹介されている[1]。ビザンツ史研究の主要な史料である年代記・歴史書は、皇帝の死亡に関して、「~皇帝が~年統治したのち死んだ」とだけ記し、とくに変わったことがない限り葬儀や埋葬には触れないのが原則である。例外は『スクタリオテス年代記』[2]であるが、同年代記は一三世紀の再編年代記で、元の年代記との照合などの史料批判をふまえて用いる必要がある。

葬儀の式次第に関するもっともまとまった記録は、宮廷儀式の式次第を記した『儀式の書』の第一巻六〇章「皇帝の葬儀」[3]である。埋葬場所については、同書第二巻四二章の「聖使徒教会にある皇帝たちの棺について」[4]が、コンスタンティノス七世（在位九一三~五九年）までの皇帝たちの墓を列挙している。それ以降の皇帝たちの墓所については、ヴェネツィアの年代記に付された『ビザンツ皇帝過去帳』が伝えている[5]。これはビザンツで作成されていた皇帝の在位年数・埋葬地等の記録をもとに、一三世紀にラテン語でまとめられたものである。さらに、一二世紀末の教会人メサリテスの『聖使徒教会描写』の第三九章と四〇章は、同教会に納められている皇帝の棺のうち、計一五名について挙げている[6]。

葬儀に関する研究としては、カーリン・ヘイターの論文がもっとも詳しい。後期ビザンツ時代の皇帝葬儀に関するティンネフェルトの論文や、皇帝の死に関する観念の変容を扱ったラインシュの研究も参考となる[7]。墓所については、C写本・R写本と呼ばれる一一世紀前半の皇帝埋葬記録と比較しつつ、『儀式の書』を詳しく分析したダウニーの史料紹介や、『儀式の書』に加えて『ビザンツ皇帝過去帳』に拠りつつ、四世紀から一一世紀に至る各皇帝の埋葬場所や経過についてまとめたグリアスンの論文が今日でも基本文献である[8]。ただし、ダウニーは史料分析に終始しており、グリアスンも、各皇帝の埋葬場所を確認し、埋葬の経過については詳しく考察しているものの、埋葬場所の選択や変遷を、帝国史のなかで捉えるという視点がない。一一世紀以降の皇帝たちの墓については、ティンネフェルト論文に付された「一〇二八年以降の皇帝墓概観」がさしあたり便利である。

一　皇帝の葬儀と埋葬場所

(1)　皇帝の葬儀

ビザンツ皇帝の葬儀に関するもっとも重要な史料は『儀式の書』第一巻六〇章「皇帝の葬儀」である。『儀式の書』はさまざまの時代、さまざまの機会に行なわれた宮廷儀式の記録を、コンスタンティノス七世がまとめたもので、同皇帝の死後に若干の追加がなされて今日の形になった。それゆえに各時代の儀式が混在しており、年代を特定できない儀式も少なくない。「皇帝の葬儀」の場合、少なくとも一〇世紀にはそのとおりに行なわれていたことが、年代記としては珍しく通常の皇帝葬儀について詳しく記した『続テオファネス年代記』のコンスタンティノス七世自身の葬儀記事[9]から確認できる。

『儀式の書』を中心に、各年代記の断片的な記事も参照しつつ、皇帝の葬儀について整理すると、その式次第は大きく三つの部分から成り立っていたことがわかる。(1)宮殿での儀礼、(2)宮殿から聖使徒教会への葬送行列、(3)聖使徒教会での埋葬である。[10]

(1)宮殿での儀礼

『儀式の書』は、正装した皇帝の遺体を、宮殿内の古代ローマ風の宴会場である十九寝椅子殿に設けられた「嘆きの棺台」に横たえるところから記している。しかしながら、それに先立って、①近親・側近たちによる哀悼表明、②聖職者による遺体清め[11]があったことが、コンスタンティノス七世の葬儀記事から窺える。これらの手続きは、私的なものとして『儀式の書』では省かれたのであろう。逆に、アレクシオス一世（在位一〇八一～一一一八年）の場合、娘アンナの『アレクシオス伝』は近親の嘆きの場面のみを記している。同じくアレクシオス一世の葬儀について、ゾナラス『歴史要略』は「最後の沐浴でもって遺体を清める者がいなかった」と記している。当然なされるべき手続きが省かれたため、特記したのであろう。(12)

そのあと、③皇帝の遺体は正装され、帝冠も被せられて、十九寝椅子殿の黄金の棺台に置かれる。④皇帝の死が正式に告知される。市民に向けての告知はコンスタンティヌス広場で行なわれた。ただし後継皇帝が決まらない場合は、死の告知は延期された。皇帝の死が告示されたのち、⑤十九寝椅子殿において遺体の公示がなされ、聖ソフィア教会の聖職者、元老院議員たちが遺体に公式に弔意を表する。遺体の公示期間は定まっていなかったようである。

(2)宮殿から聖使徒教会への葬送行列

宮殿内での儀礼が終わると、皇帝の遺体は墓所である聖使徒教会にまで運ばれる。⑥宮殿から遺体を運び出す。「行かれよ、皇帝。王のなかの王、主のなかの主があなたを呼んでおられる」という出棺の言葉とともに、十九寝椅子殿から宮殿入口のカルケー殿へ移される。いったんそこに遺体を置いて、聖職者や元老院議員たちが皇帝に別れの挨拶をする。カルケー殿でもう一度出棺の言葉が三唱され、葬列は市内へ出る。⑦宮殿から聖使徒教会まで、コンスタンティノープルの中央大通を行く。約二・五キロの行程である。恐らく途中の広場ごとに止まり、儀式をしたのであろう。葬列は市民の注目を集めた。『続テオファネス年代記』によれば、コンスタンティノス七世を偲んで多くの市民が泣いたという。歴史家のプセルロスは、若い日にロマノス三世(一〇三四年没)の正装した遺体が行進するのを見た、と『年代記』で回顧している。(13)

(3)聖使徒教会での埋葬

⑧聖使徒教会に到着すると、讃美歌が歌われ、儀礼が行なわれる。続いて「入られよ、皇帝。王のなかの王、主のなかの主があなたを呼んでおられる」という言葉が三度繰り返され、遺体を霊廟の中に入れる。ようやくこ

こで帝冠が取り去られて、遺体には緋色の布が巻かれる。⑨霊廟内の石棺に遺体を納めて葬儀は終わる。なお、各皇帝は生前に石棺を準備しておくのが慣わしであった。埋葬が済むと参列者一同は宮殿に戻る。帰り道に関する記録はまったく残されていない。

以上が『儀式の書』などから窺えるビザンツ皇帝の葬儀の式次第である。行論との関係で重要と思われる点をまとめておきたい。

(1)かなりの期間をかけて行なわれる国家の重要な儀式であり、複雑な式次第がきちんと定められていた。(2)市民も参加する儀式であった。市民にも皇帝の死が正式に告知されたし、宮殿から聖使徒教会へ向かう葬列は、町の大通りをゆっくり行進した。(3)皇帝は死んでもなお皇帝であり続ける。遺体は葬儀のあいだ正装して帝冠を帯びており、聖使徒教会の霊廟内で帝冠を取り去られてはじめて皇帝ではなくなる。(4)上記(3)と関連するのであろう、少なくとも一〇世紀の段階では、皇帝の葬儀に新皇帝は参列しなかったと思われる。[14]『儀式の書』にも、『続テオファネス年代記』のコンスタンティノス七世の葬儀記事にも、新皇帝への言及はない。

(2) 歴代皇帝の埋葬場所——コンスタンティヌス霊廟——

皇帝の埋葬場所の検討に先立って、まず歴代皇帝の墓所となった聖使徒教会の成立について簡単にみておこう。

聖使徒教会の設立についてはビザンツ人の記録に矛盾がある。エウセビオス『コンスタンティヌス伝』は、コンスタンティヌス一世が十二使徒を記念した殉教者聖堂を建設したと伝える。[15]多くのビザンツ著作家も、聖使徒教会はコンスタンティヌス一世の設立と記している。しかしながら、六世紀の歴史家プロコピオスや、同教会に関する詳しい記録を残した一二世紀末のメサリテスは、コンスタンティヌスの息子コンスタンティウス二世（在位三三七～六一年）の設立と伝えており、年代記にも、三五六／七年に挙行された使徒の遺骨奉納式や三七〇年の奉献式の記事がみえる。相矛盾するこれらの記録から、同教会の設立事情は次のようであったと思われる(16)。

コンスタンティノープルに都を定めたコンスタンティヌス一世が町外れに建てた埋葬施設が教会の起源である。コンスタンティヌスはこの建物を「十二使徒の思い出」に捧げ、十二の棺台を並べると、その中央に自分の棺を用意した。息子のコンスタンティウス二世は遺言どおりに父を葬ったが、皇帝を神キリストと同一視するかのような措置には教会人の反発があったらしい。そこでコンスタンティウス二世はこの埋葬施設の性格を変えた。三五六／七年、テモテ・アンドレ・ルカの三使徒の遺骨を奉納し、使徒に捧げられた教会――聖使徒教会としたのである。その結果、埋葬施設は同教会の附属霊廟という位置づけとなった。教会が最終的に完成したのはさらにのち三七〇年である。

次に、歴代の皇帝たちがどのように埋葬されたかについて検討しよう。歴代皇帝の墓についてまとめた『儀式の書』第二巻四二章は、石棺の安置場所に従って、「聖コンスタンティヌス大帝の霊廟」「ユスティニアヌス大帝の霊廟」「同教会（聖使徒教会）の南のストア（柱廊）」「同教会の北のストア」の四つの節に分かれている。ただし編集上の不手際か、「同教会の北のストア」の節には、聖使徒教会以外の教会・修道院への埋葬も含まれている。本稿では、もっとも複雑な使われ方をした「聖コンスタンティヌス大帝の霊廟」を分析する。その主要部分は史料1のようである（原文には改行がないが、わかりやすくするため、ダウニーに従って改行し、行番号を振った。括弧内は筆者の補足である。なお、三三七～一一一八年の皇帝の埋葬場所については表「歴代皇帝墓所一覧」参照）。

史料1　「聖コンスタンティヌス大帝の霊廟」

①第一の場所すなわち東に、緋紫斑岩つまりローマ大理石製の聖コンスタンティヌスの石棺がある。そのなかにはコンスタンティヌス（在位三〇六～三三七年）がその至福の母へレネとともに眠っている。

②（一部略）コンスタンティヌス大帝の息子コンスタンティウス（在位三三七〜六一年）。
③（一部略）テオドシウス大帝（在位三七九〜九五年）。
④（一部略）レオーン大帝（在位四五七〜七四年）。
⑤緋紫ローマ大理石のもうひとつの石棺があり、そのなかにマルキアノス（在位四五〇〜五七年）が妃プルケリアとともに眠っている。
⑥（一部略）皇帝ゼノン（在位四七四〜七五、四七六〜九一年）。
⑦（一部略）アナスタシウス・ディコロス（在位四九一〜五一八年）と妃アレアドネ。
⑧もうひとつ別の緑のテサリア石の棺があり、そのなかにテオフィロスの息子ミカエル皇帝（在位八四二〜六七年）が眠っている。ミカエルのこの石棺はユスティニアヌス大帝のものであることを知るべし。それは聖使徒トマス（修道院）の近くのアウグスタ修道院に置かれていた。その修道院（聖トマス）には使徒たちの衣もあった。ところが主皇帝レオーン（六世）がそれを取り出し、ミカエルの遺体を安置するためにここにおいたのである。[17]
⑨もうひとつ別の緑のテサリア石の棺があり、そのなかにバシレイオス（在位八六七〜八六年）がエウドキア、息子アレクサンドロス（在位九一二〜一三年）とともに眠っている。
⑩もうひとつ別のサガリノスないしプネウモヌシオス石の棺があり、そのなかに高名なレオーン（在位八八六〜九一二年）が、息子で緋色の生まれの、のちに死亡したコンスタンティノス（在位九一三〜五九年）とともに眠っている。
⑪（一部略）バシレイオスの息子コンスタンティノス。
（このあと⑫〜⑰としてマケドニア朝の皇族の棺への言及が続く。）

表　歴代皇帝墓所一覧

在位年代	皇　　帝	埋葬場所
306-337	コンスタンティヌス1世	コンスタンティヌス霊廟(1)
337-361	コンスタンティウス2世	コンスタンティヌス霊廟(1)
361-363	ユリアヌス	聖使徒教会北のストア
363-364	ヨヴィアヌス	聖使徒教会北のストア
364-378	ヴァレンス	戦死
379-395	テオドシウス1世	コンスタンティヌス霊廟(1)
395-408	アルカディウス	聖使徒教会南のストア
408-450	テオドシウス2世	聖使徒教会南のストア
450-457	マルキアヌス	コンスタンティヌス霊廟(2)
457-474	レオーン1世	コンスタンティヌス霊廟(2)
474	レオーン2世	失脚
474-491	ゼノン	コンスタンティヌス霊廟(2)
475-476	バシリコス	殺害
491-518	アナスタシウス1世	コンスタンティヌス霊廟(2)
518-527	ユスティヌス1世	アウグスタ修道院？
527-565	ユスティニアヌス1世	ユスティニアヌス霊廟
565-578	ユスティヌス2世	ユスティニアヌス霊廟
578-582	ティベリウス2世	聖使徒教会
582-602	マウリキウス	殺害(⇒ママス修道院)
602-610	フォーカス	殺害
610-641	ヘラクレイオス	ユスティニアヌス霊廟
641	コンスタンティノス3世	ユスティニアヌス霊廟
641	ヘラクロナス	失脚
641-668	コンスタンス2世	殺害(⇒グレゴリウス修道院？)
668-685	コンスタンティノス4世	ユスティニアヌス霊廟
685-711	ユスティニアヌス2世	殺害
695-698	レオンティオス	失脚(⇒プローテー島の教会？)
698-705	ティベリオス3世	失脚(⇒プローテー島？)
711-713	フィリッピコス	殺害(⇒ダルマトイ修道院？
713-715	アナスタシオス2世	失脚(⇒ユスティニアヌス霊廟)
715-717	テオドシオス3世	失脚(⇒フィリッポス教会？)
717-741	レオーン3世	ユスティニアヌス霊廟

741-775	コンスタンティノス5世	ユスティニアヌス霊廟⇒のち破棄
775-780	レオーン4世	ユスティニアヌス霊廟
780-797	コンスタンティノス6世	失脚(⇒エウフロシュネー修道院)
797-802	エイレーネー	失脚(⇒ユスティニアヌス霊廟)
802-811	ニケフォロス1世	戦死
811	スタウラキオス	失脚？(⇒スタウラキオン修道院)
811-813	ミカエル1世	失脚(⇒ミカエル修道院？)
813-820	レオーン5世	殺害(⇒プローテー島)
820-829	ミカエル2世	ユスティニアヌス霊廟
829-842	テオフィロス	ユスティニアヌス霊廟
842-867	ミカエル3世	殺害(⇒**コンスタンティヌス霊廟(3)**)
867-886	バシレイオス1世	**コンスタンティヌス霊廟(3)**
886-912	レオーン6世	**コンスタンティヌス霊廟(3)**
912-913	アレクサンドロス	**コンスタンティヌス霊廟(3)**
913-959	コンスタンティノス7世	**コンスタンティヌス霊廟(3)**
920-944	ロマノス1世	失脚(⇒ミュレライオン修道院)
959-963	ロマノス2世	**コンスタンティヌス霊廟(3)**
963-969	ニケフォロス2世	殺害、**コンスタンティヌス霊廟(3)**
969-976	ヨハネス1世	カルケー殿救世主教会
976-1025	バシレイオス2世	ヘブドモン聖ヨハネ教会
1025-1028	コンスタンティノス8世	**コンスタンティヌス霊廟(3)**
1028-1034	ロマノス3世	ペリブレプトス修道院
1034-1041	ミカエル4世	退位(＝アナルギュロイ修道院)
1041-1042	ミカエル5世	失脚⇒？
1042	ゾエ(テオドラと共治)	アンティフォネテス教会
1042-1055	コンスタンティノス9世	ゲオルギオス修道院
1055-1056	テオドラ	オイコプロアステイア修道院
1056-1057	ミカエル6世	失脚(⇒？)
1057-1059	イサキオス1世	退位⇒(ストゥディオス修道院？)
1059-1067	コンスタンティノス10世	ニコラオス修道院
1068-1071	ロマノス4世	捕虜(⇒プローテー島の修道院)
1071-1078	ミカエル7世	失脚(⇒マヌエル修道院)
1078-1081	ニケフォロス3世	失脚(⇒ペリブレプトス修道院)
1081-1118	アレクシオス1世	フィラントロポス修道院

『儀式の書』によれば、コンスタンティヌス霊廟に埋葬されている皇帝は一二名である。この一二名は時代順に次の三グループに分けることができる。[18]

第一期　　コンスタンティヌス一世～テオドシウス一世＝項目①～③
第一空白期　アルカディウス～テオドシウス二世
第二期　　マルキアヌス～アナスタシウス一世＝項目④～⑦
第二空白期　ユスティヌス一世～テオフィロス
第三期　　ミカエル三世～コンスタンティノス七世＝項目⑧～⑩

第一空白期が生じた理由は、一二世紀末に霊廟の内部を見たメサリテスの記録から推定することができる。彼は棺の配置について次のように記している。

東に、すなわち第一の場所にコンスタンティヌスの遺体がおかれている。……南側の棺は、有名なコンスタンティウス皇帝、この教会の創設者のものである。……その反対側、北にある棺にはテオドシウス大帝の遺体が納められている。[19]

三九五年にテオドシウス一世が埋葬された[20]時点で、コンスタンティヌス霊廟は、入口から見て正面（東）にコンスタンティヌス、右手（南）にコンスタンティウス二世、左手（北）にテオドシウス一世の棺が置かれて、左右対称に棺が並ぶことになった。テオドシウスの息子アルカディウス、孫のテオドシウス二世が教会内の別の墓所に葬られたのは、新たな棺を入れれば均衡が崩れるためであろう。

メサリテスは上の文に続けて、プルケリアの棺がテオドシウスの東隣にあると記している。『儀式の書』にもあるように、マルキアヌスは妃のプルケリアとともに葬られていたから、これはマルキアヌス皇帝の棺である。すなわち、二代、半世紀余の空白ののち、コンスタンティヌス霊廟への埋葬が再開されたのである。再開の理由は伝えられていないが、夫より数年早く死んだプルケリアが、自分の棺はコンスタンティヌス大帝と祖父テオドシウスの間に置いてほしいと、遺言したのであろう。当時、宮廷と教会に対して彼女がもっていた影響力[21]を考えると、その可能性が高い。

メサリテスの記述などを手がかりに、第二期の埋葬は次のように推定できる。東にコンスタンティヌス一世、南にコンスタンティウス二世、北にテオドシウス一世と、三つの棺が整然と並べられていたところへ、プルケリアとマルキアヌスの棺が北東――コンスタンティヌス一世とテオドシウス一世のあいだ――に割り込んだ。これをきっかけに、そのあと順にレオーン一世が南東、ゼノンが南西と棺が納められ、アナスタシウスの棺が北西に置かれた。こうして入口を除く七方向に棺が並び、霊廟は再び満床になった。

五一八年のアナスタシウスを最後に、コンスタンティヌス霊廟への埋葬は長く行なわれなくなり、三世紀半に及ぶ長い第二空白期となる。ユスティヌス一世（在位五一八～二七年）はみずから建設したアウグスタ修道院に葬られた[22]。甥のユスティニアヌス一世（在位五二七～六五年）も同修道院に葬られるつもりで、石棺の準備もしていたようである（史料1―⑧参照）。のちに彼は聖使徒教会の全面的な建替えを行ない、新しい附属霊廟を建設した。これ以降、ユスティニアヌスの霊廟が歴代皇帝の墓所となった。『儀式の書』二巻四二章の「ユスティニアヌス霊廟」の項には、九世紀のテオフィロス（在位八二九～四二年）に至る一一名の皇帝の墓が列挙されている（表参照）。

六世紀初め以降長く使用されなかったコンスタンティヌス霊廟は、九世紀の後半にいたって三たび利用されることになる。埋葬リストに記されている次の皇帝はミカエル三世である（八六七年没、史料1―⑧参照）。続いて、ミカエル三世を殺したバシレイオス一世以下のマケドニア王朝の歴代皇帝が列挙されている。なお、ミカエルの棺がコンスタンティヌス霊廟に納められた事情については、第二章において、バシレイオス一世による同霊廟の再開の理由と絡めて検討したい。マケドニア王朝の歴代皇帝がコンスタンティヌス霊廟に葬られるに際しては、スペースの制約があったようである。アレクサンドロス皇帝が父バシレイオス一世と同じ棺に葬られたり、コンスタンティノス七世はレオーン六世の棺に入れられるなど、同一の棺に複数の皇帝が埋葬される例がみられるようになる。(23)

『儀式の書』の「聖コンスタンティヌス大帝の霊廟」に記されている皇帝は、コンスタンティノス七世が最後であるが、一一世紀前半の埋葬リストなどによれば、その後もなお数代の皇帝がコンスタンティヌス霊廟に埋葬された。ただし、この時期になると、皇帝たちの埋葬は不規則な様相を呈するようになる。王朝の直系でありながら同霊廟に葬られないバシレイオス二世（在位九七六～一〇二五年）のような例も現れた。最後の被葬者はマケドニア王朝最後の男系皇帝コンスタンティノス八世（一〇二八年没）である。

コンスタンティノス八世の死後は、彼の娘ゾエと結婚した人物が次々と皇帝となった。最初の夫ロマノス三世（在位一〇二八～三四年）は、マケドニア王朝に代わる新たな王朝の設立をめざしていたようで、(24)埋葬場所としてペリブレプトス教会附属修道院を建てている。ロマノスは暗殺され新王朝の樹立はならなかったが、これ以降の皇帝たちはすべて、自分が設立した、あるいは生前から関係の深かった修道院に別々に葬られることになる。聖使徒教会は、コンスタンティヌス大帝・ユスティニアヌス大帝の墓のある教会として、帝国末期まで尊崇を集めていたが、コンスタンティノス八世を最後として、皇帝がここに葬られることは二度となかった。

以上、本節では、皇帝葬儀の式次第およびコンスタンティヌス霊廟への埋葬状況を確認した。埋葬場所については、九世紀後半のマケドニア王朝によるコンスタンティヌス霊廟への埋葬の再開、および一一世紀前半に生じた聖使徒教会への埋葬の中止がとくに注目される。以下、第二節では九世紀におけるコンスタンティヌス霊廟の復活、第三節では一一世紀における聖使徒教会への埋葬の中止について考察する。後者に関しては、埋葬場所の変化に伴う葬儀の変化についても検討し、墓所・葬儀の両面からビザンツ皇帝権の変容を明らかにしたい。

二　バシレイオス一世とコンスタンティヌス霊廟の復活

前章でみたように、三〇〇年以上の中断ののち、九世紀の後半に至ってコンスタンティヌス霊廟への埋葬が再開された。本節では、再利用に至る経過を分析したのち、マケドニア王朝がコンスタンティヌス霊廟を墓所とした理由について考察する。

アナスタシウス（五一八年没）の次にリストに挙がっているのはミカエル三世（八六七年没）である。しかし彼の墓がここにあるのは、八八六年、バシレイオス一世没直後に息子のレオーン六世が、父によって殺害されたミカエル三世の遺体を、都の対岸クリュソポリスの修道院から運び出して、改めて聖使徒教会に埋葬した結果である[25]。コンスタンティヌス霊廟への埋葬はこれよりも前に、バシレイオス一世自身によって進められていた。同皇帝が聖使徒教会の全面改修を行なったことを『続テオファネス年代記』は次のように伝えている。

また有名な大聖使徒教会を――同教会はかつての輝きや堅固さを失っていた――彼（バシレイオス一世）は、周りを囲む支柱によって、また破裂した箇所の再建によって、しっかりとさせた。彼は時とともに生じた傷を修復し、でこぼこを除き、新築かと思わせるほどに美しく教会を再建したのである[26]。

注目すべきは、同じく聖使徒教会の全面改修を行なったユスティニアヌス一世とは異なって、バシレイオスは新しい霊廟を建設せず、長く用いられなかったコンスタンティヌス霊廟への埋葬を再開したことである。八七九年、長男で共同皇帝であったコンスタンティノスが死ぬと、バシレイオス一世は総主教に申し入れて、息子を聖人としてもらい、息子に捧げられた修道院も建てた。にもかかわらず、その遺体はコンスタンティヌス霊廟に埋葬されている[27]。また、八八二／三年に死んだ妃エウドキアの棺も同霊廟に納められた。バシレイオスは自分もコンスタンティヌス霊廟に葬られるつもりで、妻子の埋葬をしたのであろう。三〇〇年以上使われなかった同霊廟への埋葬には特別な理由があったに違いない。また前節でみたように、彼以降の皇帝たちも、ひとつの石棺に複数の遺体を納めることまでして、コンスタンティヌス霊廟への埋葬にこだわっている。コンスタンティヌス霊廟復活の理由は、バシレイオス一世以下マケドニア王朝の一貫した政策のなかに求める必要があると思われる。

トラキア地方の農民であったバシレイオスは、都に上ったのち、皇帝ミカエル三世の従者として出世し、八六七年、ミカエルを殺して帝位に就いた。以後二〇〇年に及ぶマケドニア王朝の成立である。ミカエル三世の資質についてては疑問があったものの、バシレイオスの行為の不当性は明らかであった。簒奪から二〇〇年のちにおいても、歴史家プセルロスは、マケドニア王朝を神に嘉され、代々の優れた皇帝を生み出した家系であると述べる一方で、その起源が血塗られたものであることを忘れてはいない[28]。マケドニア王朝の皇帝たちの念頭につねにあったのは、開祖バシレイオス一世による簒奪行為の正当化であっただろうことは想像に難くない。

バシレイオス一世はまず教会の支持確保に努めた。彼は即位後まもなく、前皇帝と強いつながりのあった総主教フォティオスを罷免し、元総主教のイグナティオスを復位させた。このあとフォティオス派が勢力を回復すると、皇帝はフォティオスを都に戻し、息子レオーン（六世）の家庭教師に迎えた。さらに、八七七年にイグナティオスが死ぬと、フォティオスを総主教に復位させた。フォティオスは皇帝の好意に応えて、さまざまの方法で帝位の正統化に協力した。バシレイオスの祖先はアルメニアの王家であると主張したり、『息子への助言』をバシレイオスに代わって執筆し、「汝（レオーン六世）が私（バシレイオス）の手から受け取った帝冠は、神から汝に与えられたものである[29]」と、マケドニア王朝の皇帝権が神に由来すると宣言したのである。

帝位の正統化には歴史学も貢献した。バシレイオスが皇帝となるべく運命づけられていたことを物語る伝説が創り上げられる。彼を身籠った時に母が見た夢の話や、赤ん坊のバシレイオスを鷲がその羽で覆ったという逸話などである。その一方で、ミカエル三世の暴君ぶりが誇張されてゆく。これもまた帝位簒奪を正当化するためであった。これらの伝説はのちに、マケドニア王朝の準正史といってよい、コンスタンティノス七世編の『続テオファネス年代記』に組み入れられることになる。

帝位正統化の一環として謳いあげられたのが、コンスタンティヌス大帝とのつながりであった[30]。やはり実力で帝位に就いたコンスタンティヌスを、バシレイオス一世は自分のモデルとみなしていたようである。早くも八六九年の教会会議において彼は「新しいコンスタンティヌス」の称号を受けた。ユダヤ人に対する強制改宗もコンスタンティヌス大帝を意識しての行為であったといわれる。都コンスタンティノープルの整備もこの文脈のなかに位置づけられるだろう。コンスタンティヌスの名にちなんだ帝都を飾ることは、「新しいコンスタンティヌス」にふさわしい事業であった。『続テオファネス年代記』がバシレイオス一世の建築事業を詳しく述べるのも、大帝の治績を継承する姿を示すためと思われる。

コンスタンティヌス大帝との結びつきによる帝位の正統化も、バシレイオスの孫であるコンスタンティノス七世の時代に完成する。この時期に至って、バシレイオスの母方はコンスタンティヌス大帝に遡るとの主張がなされるようになった[31]。コンスタンティヌス大帝はビザンツ皇帝の理想像であったが、現皇帝が大帝との血縁関係を主張するのは、四世紀以来はじめての現象である。やはりコンスタンティノス七世のもとで、皇帝と都市コンスタンティノープルの結びつきが強調されるようになった[32]。これもまたマケドニア王朝の「コンスタンティヌス神話」を構成する要因であった。

このようにみてくると、コンスタンティヌス霊廟の復活は、コンスタンティヌス大帝との結びつきを誇示し、バシレイオス一世の正統性を示す手段として導入された、と結論することができよう。歴代のマケドニア朝皇帝もその政策を継承し、王朝の正統性を示すために、無理を押して同霊廟への埋葬を継続させたのである。

以上の結論に関連して、さらにふたつの問題を検討しておきたい。ひとつは、先に述べたミカエル三世の改葬である。異例の埋葬であったためか、各年代記に記されている。『続テオファネス年代記』は次のように述べる。皇帝（レオーン六世）は聖職者、蠟燭、戦車とともに、ストラテラテースのアンドレアスおよびその他の元老院議員をクリュソポリスに派遣した。（彼らは）墓からミカエル（の遺体）を取りだし杉の棺桶に入れて、そして棺台に横たえた。厳かに皇帝らしく飾り、町（コンスタンティノープル）へ運んだ。そして讃美歌のなか、聖使徒教会まで行列した。彼（レオーン六世）の兄弟たちもそこまで同行し、棺に納めた[33]。

レオーン六世の措置について、従来ふたつの解釈がなされてきた[34]。ひとつは、レオーンはバシレイオス一世の実子ではなく、先帝ミカエル三世の子であるという噂に注目し、この改葬は実の父の名誉回復をはかったものとする説である。他方は、父バシレイオス一世が帝位に就くために行なった不法行為を償い、マケドニア王朝の正統性を認めさせようとしたものという解釈である。ここでは、バシレイオス一世からレオーン六世への帝位交代期の複雑な政治情勢に立ち入ることはせず、葬儀・埋葬の手続きからみて注目すべき点を指摘しておきたい。

まず確認したいのは、ミカエルの改葬は皇帝葬儀の式次第をきちんと踏まえていることである。年代記の記事は簡単であり、判断が難しいが、第一節でみた皇帝葬儀と食い違う点は認められない。タファーはじめ多くの研究者は、レオーンが葬儀を執り行なったと述べている。しかし年代記を注意深く読めば、新皇帝レオーン六世は参列していないことがわかる。先にみたように、それが正式の式次第であった。さらに、ミカエルの遺体がその父テオフィロスが眠るユスティニアヌス霊廟ではなく、コンスタンティヌス霊廟に納められたことにも注目すべきである。通常の葬儀だったので年代記には記されていないが、ミカエルの改葬と相前後してバシレイオス一世がここに葬られた。ミカエル三世の遺体をバシレイオスと並べて葬ることによって、簒奪行為を浄化しようとしたのではないだろうか。論争に即していえば、レオーンはミカエル三世を「父」としてよりも「皇帝」として葬ったといえるだろう。

マケドニア王朝によるコンスタンティヌス霊廟の再利用の歴史的意義を示すものとして、ロマノス一世（在位九二〇〜四四年）によるミュレライオン修道院の設立にも簡単に触れておきたい。海軍長官として政治の実権を握ったロマノス・レカペノスは、九二〇年、コンスタンティノス七世を共同皇帝に降格させ、みずから正皇帝となった。ロマノス一世は即位後まもなく、都にミュレライオン修道院を設立した。早くも九二二年には妃テオドラをここに葬っている。同じ頃、同修道院に立派な石棺を運び入れたという。皇帝葬儀の準備としてまず行なわれる手続きである。[35] 長男クリストフォロスが九三一年に死ぬと、コンスタンティノス七世より上位の共同皇帝であったにもかかわらず、コンスタンティヌス霊廟ではなくミュレライオン修道院に葬られた。ロマノス一世が聖使徒教会への埋葬を避けたのは、コンスタンティノス七世を共同皇帝にとどめたのと同じく、簒奪との非難をかわすためであろう。ここにも、マケドニア王朝とコンスタンティヌス霊廟との結びつきの強さを窺うことができる。

バシレイオス一世がコンスタンティヌス霊廟への埋葬を復活させたのは、コンスタンティヌス大帝との結びつきを謳いあげることによって帝位の正統化をはかるためであった。レオーン六世以下の皇帝たちもこの政策を受け継ぎ、「コンスタンティヌス神話」を創り上げていった。ビザンツ帝国において同皇帝がもっていた権威は、王朝ごとに新たに「創られた伝統」であることがわかる。帝国の最盛期を現出したマケドニア王朝は、コンスタンティヌス大帝とのつながりをもっとも強く打ち出した王朝でもあった。しかしながら、一一世紀に入ると状況は大きく変わる。

三　墓所・葬儀の変化とその歴史的意義

（1）墓所の変化――聖使徒教会から個別の修道院へ――

マケドニア王朝後期になると、皇帝の埋葬場所はコンスタンティヌス霊廟とは限らなくなり、一〇二八年以降、最終的に聖使徒教会を離れる。そこでまず、一〇世紀後半以降の皇帝たちの埋葬場所を、とくに問題となるケースについて順次確認しておこう。

『儀式の書』の埋葬リストにあるように、コンスタンティノス七世（九五九年没）はその父レオーン六世の石棺に納められた。治世の長さから考えて、石棺の準備が間に合わなかったとは考えにくく、新しい石棺を入れる余地がなかったのであろう。[36] マケドニア朝後期に、聖使徒教会以外に埋葬される皇帝が現れる理由のひとつと考えられる。

埋葬場所に変化が生じたもうひとつの理由は、ニケフォロス二世（在位九六三～六九年）・ヨハネス一世（在位九六九～七六年）と簒奪皇帝が二代続いたことである。前者の葬儀について、レオーン・ディアコノス『歴史』は次のように伝えている。

ニケフォロスの遺体は、一二月一一日丸一日、屋外の雪の中に放置されていた。その日の夜にヨハネス（一世）は、厳かに遺体を運び出すよう命じた。そこで（人々は）即席の木の棺台に（遺体を）とりあえず納め、そして夜のうちにこっそりと聖使徒教会の墓所に運んだ。彼らは、永久に記憶される聖なるコンスタンティヌスの遺体が納められている霊廟で、ニケフォロスを皇帝の棺のひとつに埋葬した。[37]

簒奪皇帝であり、かつクーデターで殺されたにもかかわらず、ニケフォロス二世が聖使徒教会に埋葬された理由は不明である。レオーンの記事からは、葬儀は正式の手続きを踏んでおらず、埋葬も仮のものだったことが窺える。ニケフォロス二世はのちに聖人とされたようで、その時点で正式に聖使徒教会に埋葬されたのであろう。[38] 続くヨハネス一世は死期が近いのを悟ると、棺の製作を急がせ、宮殿のカルケー殿内の救世主聖堂に葬るよう命じた。簒奪皇帝ヨハネスは、コンスタンティヌス霊廟への埋葬を避けたものと思われる。

二代の簒奪皇帝のあと、帝位はマケドニア王朝の直系バシレイオス二世に戻った。注目すべきことに、彼は聖使徒教会ではなく、都の郊外ヘブドモンにあったヨハネ教会に埋葬された。マケドニア王朝の直系男子皇帝でただひとり聖使徒教会に葬られていない皇帝である。『スキュリツェス年代記』は本人の希望だったと記しているが、[39] 跡を継いだ弟コンスタンティノス八世の埋葬から推定すると、コンスタンティヌス霊廟が満杯だったことも理由のひとつであろう。

コンスタンティノス八世は聖使徒教会の全面的な改修を行なったと伝えられる。[40] 軍人で宮廷儀式に関心の薄かった兄とは異なり、伝統的な埋葬場所にこだわったらしい。彼の棺がコンスタンティヌス霊廟に納められたのは、その遺志を尊重した結果かと思われる。石棺は霊廟の中央におかれたというから、すでに満杯になっていたところへ無理に入れたのであろう。彼が聖使徒教会に葬られた最後の皇帝となった。これ以降、埋葬場所はめまぐるしく変わり、三代続けて同じところに葬られることはなかった。

コンスタンティノス八世の跡を継いだのは、その娘ゾエと結婚したロマノス三世である。一〇三四年に暗殺された彼の遺体は、聖使徒教会ではなく、都の南西部のペリブレプトス教会附属修道院[41]に葬られた。彼はロマノス一世やヨハネス一世のような簒奪皇帝ではない。また、その死は公式には自然死として処理され、慣例どおりの葬儀も行なわれた。聖使徒教会に葬られなかったのは、これ以前の簒奪皇帝や廃帝の場合とは異なり、本人の意向と考えるべきであろう。ロマノスがペリブレプトス修道院の建設に示した熱意[42]もそれを裏書きする。

ロマノス三世の暗殺後、皇女ゾエは愛人ミカエルと再婚した。病もちであったミカエル四世（在位一〇三四～四一年）は、病気治療の聖人コスマスとダミアノスにちなむアナルギュロイ教会[43]に特別の配慮をした。教会本体の拡張・改修に加えて、やはり附属修道院を設立したことが注目される。一〇四一年、病が篤くなったミカエル四世はこの修道院に入り、帝衣を脱いで修道服をまとった。彼はその日のうちに亡くなり、修道服姿で同修道院に葬られた[44]。彼もまた聖使徒教会への埋葬を望まなかったと思われる。

皇帝が修道院に入るのは異例のことだったらしい。ミカエルも反対があることを想定してか、誰にも相談せず宮殿を去っている。この事件は個人的な事情――前皇帝殺害による即位、病気――によるところが大きかったが、これ以降、死の直前に修道院に入る皇帝が増える。それに伴って皇帝の葬儀の式次第にも大きな変化が生じた。葬儀についてはのちほど検討することとして、皇帝たちの埋葬場所について確認を続けよう。

ゾエの三人目の夫であるコンスタンティノス九世（在位一〇四二～五五年）はゲオルギオス修道院[45]に葬られた。やはり即位後まもなく建てた修道院で、愛人のスクレライナがすでに埋葬されていた。ロマノス三世と同じく、自分の墓所として修道院を準備しておいたのであろう。『スキュリツェス年代記』は、病が篤くなった皇帝は同修道院で横たわっていたと伝えており、アタレイアテス『歴史』も「宮殿ではなく、自分のイエで死んだ」と伝える[46]。ミカエル四世と同じように、死期を悟って修道士となった可能性が高い。

マケドニア王朝最後の女帝テオドラ（在位一〇五五～五六年）の埋葬場所は、『スクタリオテス年代記』によればオイコプロアステイア修道院とされる。やはりみずから設立した修道院である。聖使徒教会に埋葬されることが正統な皇帝である、という観念が薄れていたことが窺える[47]。同王朝の断絶（一〇五六年）後、帝位はさらにめまぐるしく替わる。多くの皇帝が反乱によって失脚したため、皇帝としての葬儀・埋葬の事例は少ない。ここではとくに注目すべき二例について考察する。一〇五九年、病のイサキオス一世（在位一〇五七～五九年）は都の南西にあるストゥディオス修道院に入った。従来、イサキオス一世は反対派のために退位を余儀なくされたと言われてきた。しかし近年の研究は、イサキオス一世と続くコンスタンティノス一〇世（在位一〇五九～六七年）の両政権の連続性を明らかにし、帝位の交代は禅譲であったと説いている(48)。イサキオス一世の場合も、死を前にした皇帝が自発的に修道院に入った例とみなすべきであろう。埋葬場所はストゥディオス修道院と伝えられており、皇帝は修道士となって死を迎えることが慣例となりつつあったようである。

もうひとり注目したいのはコンスタンティノス一〇世である。彼はニコラオス修道院(49)に葬られた。同皇帝の埋葬には複雑な背景があったようで、同時代史料であるアタレイアテス『歴史』は次のように記している。

しかし彼（コンスタンティノス一〇世）の葬儀は本人が予定した場所では行なわれなかった。（皇帝の遺体は）船で海上を金門の外へ、聖ニコラオスの名前で奉献された修道院のそばまで運ばれて、別人のために準備されていた棺へと納められた(50)。

動乱の一一世紀にあって、コンスタンティノス一〇世の治世は比較的安定していた。皇帝としての葬儀を行なう条件があったにもかかわらず、その葬儀は伝統から外れたものであった。市内行列は行なわれず、埋葬場所も予定とは違った。本人がしきたり通りに石棺を準備していなかったのか、棺も他人のものが転用された。この時期にはすでに、皇帝の葬儀を慣習に従って行なうことが、さほど重視されなくなっていたと思われる。

このあとの皇帝たち――ロマノス四世、ミカエル七世、ニケフォロス三世――はいずれも戦争・反乱等によって失脚しており、次に皇帝として死を迎えるのはアレクシオス一世（一一一八年没）である。彼もみずから設立したフィラントロポス修道院に葬られた(51)。のちにみるように、彼の葬儀は伝統からずいぶん離れたものであったが、その兆しはすでに一一世紀にあったといえよう。

本項の考察をまとめておく。一一世紀には、埋葬場所が聖使徒教会から個別の修道院に変わった。より厳密にいうなら、皇帝たちがみずからの墓所としてあらかじめ修道院を設立し、その修道院で最期を迎えるようになったのである。それに伴い、皇帝の葬儀にも変化が生じていた。次項では、墓所・葬儀に変化が生じた理由、および変化の歴史的意義について検討したい。

(2) 墓所・葬儀の変化の歴史的意義

皇帝の墓所について検討したグリアスンは、聖使徒教会が使われなくなるのと相前後して、やはりコンスタンティヌス大帝以来用いられてきたマルマラ海沿いの大宮殿に代わって、都の西北のブラケルネ宮殿が用いられるようになったことに注目している。聖使徒教会への埋葬の中止を、皇帝権のあり方と関わる問題とみなしているようであるが、それ以上の考察は加えていない。葬儀について研究したカーリン＝ヘイターやティンネフェルトは、変化の具体的な理由をふたつ挙げている。コンスタンティヌス霊廟に埋葬の余地がなくなったことと、皇帝に対する修道士の影響力の増大とともに、永眠の地として修道院を好むという心性が台頭してきたこと、である。[52]

これらの説明のうち、霊廟内のスペースは決定的な理由ではないと思われる。確かに、マケドニア王朝後期にはコンスタンティヌス霊廟は手狭となっていた。しかし、たとえばユスティニアヌス一世が行なったように、聖使徒教会に新たな霊廟を建設することも可能であったのに、一一世紀の皇帝たちは市内外に別個に修道院を設立しているのである。これに対して、永眠の地を修道院に求める心性は、死の直前に修道院に入る皇帝が現われることからも、検討に値する仮説と思われる。そこで、皇帝権のあり方を考えるためにも、まず皇帝と修道院の関係について考察を加えておこう。

埋葬場所としてあらかじめ修道院を準備した先例としては、第二節で述べたロマノス一世のミュレライオン修道院がある。しかしながら、ロマノスの行為は、簒奪皇帝が正統な王朝に対して政治的な配慮をしたものであって、一一世紀の皇帝たちによる修道院設立とは性格が異なる。あえて類例を求めるなら、六世紀のユスティヌス一世によるアウグスタ修道院設立が挙げられよう。ただしユスティヌスの場合は、続くユスティニアヌス一世が聖使徒教会に新霊廟を建てたため、一代限りであった。一一世紀には歴代の皇帝がそれぞれの修道院を埋葬場所として選んでおり、聖使徒教会を離れたのは個人的な事情のためだけではなかったと思われる。

この点で注目すべきは、一一世紀には帝国の各地で修道院が建設されたことである。皇帝だけではなく、貴族たちも修道院設立に熱心であった。この時期、貴族たちは、皇帝権力から一定の自立性をもつ組織としてのイエ——屋敷・所領・従者——を確立しつつあったが[53]、修道院は一族の紐帯の核であるのみならず、経済的な拠点としても、イエの重要な構成要素だったのである。コンスタンティノープルにおける修道院建設は、地方貴族が都に拠点を構える動き、「コンスタンティノープル化[54]」の一環でもあった。この点で、ゲオルギオス修道院で死んだコンスタンティノス九世について、アタレイアテス『歴史』が「自分のイエで死んだ」と表現していることは示唆的である。皇帝もまたみずからのイエをもち、一族の墓所としての修道院をもつようになったのである。

皇帝と修道院の関係について、もう一点、皇帝が修道士になるという現象についても検討しておきたい。退位した皇帝が修道院に入る例は古くからあった。しかし、それはクーデターなどで帝位を追われ、強制的に修道院に入れられたものである。これに対して、皇帝が自発的に修道院に入るという行為は、管見の限りでは一一世紀のミカエル四世が最初である。ミュレライオン修道院を設立したロマノス一世は、晩年、病に罹り、帝位簒奪の罪の意識に苛まれつつも、自発的に修道院に入ることはなかった。死期を悟って棺の製作を急がせたというヨハネス一世も同様である[55]。

皇帝が自発的に修道院に入るようになるのが一一世紀であることは、年代記の記事からも窺える。アタレイアテス『歴史』がコンスタンティノス九世の死について「宮殿ではなく」と記しているのは、なお宮殿で死ぬのが通例であったことを示すものであろう。半世紀あまりのちのアレクシオス一世について『スクタリオテス年代記』は、死の直前に修道士となったと伝えている(56)。これは事実ではない。しかし、そのような誤解が生じた背景として、皇帝は修道院で死ぬという慣行の定着が考えられる。マヌエル一世（在位一一四三～八〇年）の最期についても、ニケタス・コニアテス『歴史』は、死期を悟った皇帝が修道服を求めたことを伝えている。人々はマヌエルの死ぬ姿に、人の命のはかなさ、肉体のみじめさを思い知らされたという。そこに見られるのは、きわめて人間的な死であった(57)。

以上のような変化は皇帝権の変容と密接に関わっていたと思われる。すでに述べたように、一一世紀の皇帝たちが行なった修道院設立は、同時代の貴族たちのイエ修道院の設立と共通の性格をもつ行為であった。他方で、皇帝が修道士となって死ぬ背景には、皇帝もまた罪深い存在であり、死ぬ前に贖罪が必要であるという意識があったと思われる。前者は皇帝権がイエと結びついたものになったこと(58)、後者は「皇帝もまた人間である(59)」という観念の広がりを語っている。皇帝は超越的な絶対者ではなくなり、同じようなイエを持つ有力貴族のひとり、「同輩のなかの第一人者」へと変化したのである。

埋葬場所の変化は、皇帝葬儀の式次第にも影響を与え、ひいてはその国家儀礼としての性格をも変えたと思われる。最後に、一一世紀における皇帝権の変化という上記の結論について、皇帝葬儀の観点から補足的な考察を加えておきたい。

ロマノス三世の場合は、埋葬場所こそ聖使徒教会ではなかったものの、『儀式の書』にみられたような伝統的な葬儀が行なわれたようである。宮殿で暗殺された彼の遺体は、皇帝の正装を施されて、ペリブレプトス修道院まで大通りを行列した。ところが、皇帝が死ぬ前に修道院に入り、そこに葬られるようになると、葬儀の式次第は大きく変わる。第一節でみた伝統的な式次第と比べるならば、一一世紀には、聖使徒教会への埋葬はもちろん、葬儀の主要部分を占める宮殿での儀礼、市内を通る大規模な葬列もなくなった。それだけではなく、かつては皇帝は死んでもなお皇帝であり、葬儀の最後に帝冠を外されたのに対して、今では、皇帝は死ぬ前に帝衣を脱ぎ、修道士となるのである。極論すれば、皇帝の葬儀はなくなったといえよう。

先に述べたように、宮殿で死んだと思われるコンスタンティノス一〇世の葬儀にも、式次第の変化や省略が窺えた。一一一八年八月のアレクシオス一世の葬儀になると、伝統からさらに外れたものとなっている。同皇帝の最期についてゾナラスは次のように伝える。

彼は世界暦六六二六年に治世をみごとに全うして死んだのであるが、それにふさわしい最期ではなかった。というのも、彼はほとんどすべての従者に去られ、最後の沐浴でもって遺体を清める者がいなかったからである。彼の従者は、遺体を皇帝らしく飾るための帝飾品をもっていなかったし、彼は皇帝にふさわしい埋葬をされなかった。他人ではなく息子が帝位を継いだというのに、そうだったのである(60)。

アレクシオス一世の葬儀は、妃のエイレーネーが執り行ない、夫の遺体を自分たち皇帝夫婦が設立したフィラントロポス修道院に納めた。彼の葬儀はまったく私的なものとして営まれたのである。この場合、葬儀は帝位継承となんら関係しなかった。新皇帝ヨハネス二世は父の葬儀にまったく関心を示していない。かつて、新皇帝は葬儀には参列しなかったものの、後継皇帝の決定と葬儀は連動していた(第一節参照)。今やその結びつきもなくなり、皇帝葬儀は国家儀式としての性格を薄めてしまう。

アレクシオス一世の葬儀がきちんと行なわれなかったのは、帝位継承をめぐる混乱のためかもしれない。しかしそれ以降の皇帝をみても、ともにパントクラトール修道院に葬られたヨハネス二世(一一四三年没)やマヌエル一世(一一八〇年没)の葬儀も、たとえば市民の参加などの点で、『儀式の書』に見える式次第とはずいぶん異なっていたようである。一四世紀に編纂された宮廷式典の手引に至っては、皇帝戴冠は詳しく記されているものの、葬儀の章はない。皇帝の父・母・子供が葬儀の際にどのような服装をするかを述べているだけである(61)。

おわりに

すでに紙数も尽きたので、以上の考察をまとめつつ、今後の課題について簡単に述べて稿を終えたい。

第一節では、まず『儀式の書』を中心に、皇帝葬儀の式次第および歴代皇帝の埋葬場所について検討し、バシレイオス一世がコンスタンティヌス霊廟への納棺を復活させたこと、一〇世紀には、聖使徒教会への遺体安置で終わる伝統的な皇帝葬儀が行なわれていたこと、マケドニア王朝最後の男系皇帝コンスタンティノス八世を最後に、聖使徒教会への埋葬が行なわれなくなったこと、を確認した。

第二節では、九世紀におけるコンスタンティヌス霊廟の復活が、コンスタンティヌス大帝との結びつきに王朝の正統性を求めようとした、マケドニア王朝の政策の一環であったと結論した。これ以前にも、簒奪皇帝が息子にコンスタンティノスという名前を付けるといった現象がみられたが、マケドニア王朝ほど徹底して「コンスタンティヌス神話」を創り上げた例はない。この時期の政治文化を考える上で重要な問題とされる、都コンスタンティノープルの特殊な地位や、マケドニア朝ルネサンスと呼ばれる宮廷を舞台とした古典文化の復興運動もまた、この「コンスタンティヌス神話」との関連で再検討することが必要であろう(62)。今後の課題である。

第三節では、一一世紀における聖使徒教会への埋葬の中止とその歴史的意義について考察した。この時期になると、埋葬場所として修道院をあらかじめ設立しておく皇帝、死の直前に帝衣を脱ぎ、修道院に入る皇帝が現れる。墓所の変化は、皇帝という存在が、コンスタンティヌス大帝から続く系譜よりも、修道院に象徴されるイエ・家門とのつながりで理解されるようになったことを語っている。また、皇帝の修道院入りの背景には、皇帝もひとりの罪深い人間として死ぬという観念の普及があった。これらの現象に、「神の代理人」としての超越的な存在から貴族の代表へという、皇帝のあり方の変容を窺うことができよう。しかしながら、貴族の代表者としても、なお皇帝が有していた公的な側面が、新しい墓制・葬制のなかでどう表現されているのかについては、考察を加えることができなかった。一般貴族の修道院とは異なる皇帝修道院の特徴の解明も含めて、今後の課題としたい。

　第三節の最後で、埋葬場所の変化に伴なう葬儀の変化にも言及した。聖使徒教会が墓所でなくなったこと、皇帝が死の直前に修道士となったことによって、『儀式の書』に記されたような葬儀はもはや行なわれなくなった。皇帝がイエとの結びつきを深めるとともに、その葬儀もかつての荘重な国家儀礼ではなくなり、私的な性格を強めたと思われる。ただ、史料の制約もあって推定にとどまった部分も多い。ビザンツ後期の皇帝葬儀の検討もまた今後の課題である。

（1）P. Koukoules, *Byzantion bios kai politismos*, vol. 4, Athens, 1951, pp.227–248.

（2）K. N. Sathas, *Mesaionike bibliotheke*, vol. 7, Venice, 1894.

（3）*De ceremoniis aulae byzantinae*, ed., J. Reiske, 2 vols. Bonn, 1829–30, vol. 1, pp.275–276. Cf. *Le livre des cérémonies*, ed. A. Vogt, 2 vols, Paris, 1935–39, vol. 1, pp.84–85, vol. 2, pp.94–96.

（4）*De ceremonis*, vol. 1, pp.642–649.

（5）R. Cessi, *Origo civitatum Italie seu Venetiarum*, Rome, 1933, pp.102–118.

（6）G. Downey, "Nikolas Mesarites: Description of the Church of the Holy Apostles at Constantinople," *Transactions of the American Philosophical Society*, NS., vol.47, 1957, pp.855–924.

（7）P. Karlin-Hayter, "L'adieu à l'empereur," *Byzantion*, 61, 1991, pp.112–155; F. Tinnefeld, "Rituelle und politische Aspekte des Herrschertodes im späten Byzanz," in L. Kolmer (ed.), *Der Tod des Mächtigen: Kult und Kultur des Todes spätmittelalterlicher Herrscher*, Paderborn, 1997, pp.217–228; D. R. Reinsch, "Der Tod des Kaisers: Beobachtungen zu literarischen Darstellungen des Sterbens byzantinischer Herrscher," *Rechtshistorisches Journal*, 13, 1994, pp.247–270.

（8）G. Downey, "The Tombs of the Byzantine Emperors at the Church of the Holy Apostles in Constantinople," *Journal of*

Hellenic Studies, 79, 1959, pp.27–51; P. Grierson, "Tombs and Obits of the Byzantine Emperors (337–1042)," *Dumbarton Oaks Papers*, 16, 1962, pp.1–63.

（9）Theophanes continuatus, *Chronographia*, ed., I. Bekker, Bonn, 1838, pp.467–468.

（10）Karlin-Hayter, op. cit. pp.121は、在位中に行われる石棺の準備から聖使徒教会への遺体安置まで九つの手続きを列挙している。

（11）皇帝の墓荒らしを伝える記録によれば、遺体の保存状態は良かったという。清拭のあと、遺体の腐敗を防ぐため香を施したようである。Cf. Karlin-Hayter, op. cit., p.128.

（12）*Annae Comnenae Alexias*, 2 vols., ed., D. R. Reinsch and A. Kambylis, Berlin, 2001, vol. 1, pp.501–503; Zonaras, *Epitomae Historiarum*, 3 vols, ed. Th. Büttner-Wobst, Bonn, pp. 1897. vol. 3, p.764.

（13）*Michele Psello, Impertori di Bizanzio (Cronografia)*, ed., S. Impellizzeri, 2 vols. Venezia, 1984, vol. 1, p.118.

（14）Karlin-Hayter, op. cit., 137–139. ユスティニアヌス一世の葬儀には後継皇帝ユスティヌス二世が参列していたようである。*Flavius Cresconius Corripus, In laudem Iustini imperatoris*, ed. Av. Cameron, London, 1976, pp.60–62; cf. Tinnefeld, op. cit., pp.219–220.

（15）エウセビオス『コンスタンティヌスの生涯』秦剛平訳、京都大学出版会、二〇〇四年、三一二～三一六頁。

（16）G. Dagron, *Emperor and Priest: The Imperial Office in Byzantium*, Cambridge, 2003, pp.192–201.『コンスタンティヌスの生涯』三一七頁註⑵も参照。

（17）この項目については写本に誤まりがあるようで、研究者によりさまざまの解釈や修正がなされている。Downey, "Tombs," pp.48–51.

（18）Grierson, op. cit., pp.21–29.

（19）Downey, "Mesarites," p.915

（20）ユリアヌス（在位三六一～六三年）の遺体は三九〇年頃に都に戻ったが、テオドシウス一世が自分の埋葬場所を確保しようとして、コンスタンティヌス霊廟に納めなかったと思われる。ヨヴィアヌス（在位三六三～六四年）はコンスタンティヌス一族ではなかった。これらの理由で、両皇帝は別の場所（北のストア）に葬られたのであろう。

（21）足立広明「皇姉プルケリア――帝国と教会を支配した禁欲の処女」（『歴史学研究』七〇四号、一九九七年）二四～三六頁。

（22） ユスティヌス一世の墓については史料（*De ceremoniis*, vol. 1, pp.642, 646; R. Cessi, *op. cit.*, p.106.）に混乱がある。Cf. Grierson, op. cit., pp.45-46; Downey, "Tombs," pp.48-51.

（23） 埋葬リストの末尾のマケドニア王朝皇族は小型石棺に葬られている。霊廟内のスペースが限られてきたのであろう。*De ceremoniis*, vol. 1, p.643.

（24） *Michele Psello*, vol. 1, p.70.

（25） Theophanes continuatus, *Chronographia*, p.353. Cf. Leon Grammatikos, *Chronographia*, ed., I. Bekker, Bonn, 1842, p.252.

（26） Theophanes continuatus, *Chronographia*, p.323.

（27） Grierson, op. cit., p.27; cf. Dagron, *op. cit.*, p.202.

（28） *Michele Psello*, vol. 1, p.248.

（29） *Exhortatio ad filium*, Patrologiae cursus completus, series graeca. vol. CVII, col.32. フォティオスによる王朝の正統化全般については、A. Markopoulos, "Constantine the Great in Macedonian Historiography: Models and Approaches." in P. Magdalino (ed.), *New Constantines: The Rhythm of Imperial Renewal in Byzantium, 4th-13th Centuries*, St. Andrews, 1994, pp.161-162.

（30） Markopoulos, op. cit., pp.159-170; Dagron, *op. cit.*, pp.200-201. E. アルヴェレール『ビザンツ帝国の政治的イデオロギー』尚樹啓太郎訳、東海大学出版会、一九八九年、五〇頁以下。

（31） *Die Werke Liudprands von Cremona*, 3. Aufl. hrsg. J. Bekker, Hannover und Leipzig, 1915, pp.11-12, 88. 帝位を簒奪した皇帝が息子の名前をコンスタンティノスと変えることはこれ以前にもみられた。P. Magdalino, *New Constantines*, p.3.

（32） 井上浩一「コンスタンティノープルと聖遺物」（『都市文化研究』、第七号、二〇〇六年）二一～一九頁。

（33） Theophanes continuatus, *Chronographia*, p.353; cf. Leon Grammatikos, *Chronographia*, p.252.

（34） S. Tougher, *The Reign of Leo VI (886-912): Politics and People*, Leiden,1997, p.62-67.

（35） Theophanes continuatus, *Chronographia*, pp.403-404; cf. Grierson, op. cit., pp.28-29; Karlin-Hayter, op. cit., pp.122-123. 皇帝の石棺については A. A. Vasiliev, "Imperial Porphyry Sarcophagi in Constantinople," *DOP*. 4, 1948, pp.1-26.

（36） Cf. Theophanes continuatus, *Chronographia*, p.468. コンスタンティノス七世の遺体はのちに単独の棺に移されたらしい。Cf. Downey, "Mesarites," p.915.

（37） *Leonis Diaconi Caloensis Historiae*, ed., C. B. Hase, Bonn, 1828. p.91.

(38) E. Patlagean, “Le basileus assassiné et la sainteté imperiale,” *Media in Francia...Melanges Karl Ferdinand Werner*, Paris, 1989, pp.345-361. メサリテスもニケフォロス二世の棺に言及している。Downey, “Mesarites,” p.915.

(39) *Ioannis Schylitzae Synopsis historiarum*, ed., I. Thurn, Berlin, 1973, p.369; Cf. C. Holmes, *Basil II and the Governance of Empire (976-1025)*, Oxford, 2005, p.524-525.

(40) Downey, “Mesarites,” p.915.

(41) R. Janin, *Le Géographie ecclésiastique de l'Empire byzantin, I: Le siège de Constantinople et le patriarcat oecuménique, 3: Les églises et les monastères*, 2nd ed., Paris, 1969, pp.218-222.

(42) *Michele Psello,* vol. 1, pp.88-90; *Schylitzes*, p.384.

(43) Janin, *op. cit.*, pp.286-289.

(44) Cessi, *op. cit.*, p.112.

(45) Janin, *op. cit.*, pp.70-76.

(46) *Schylitzes*, p.477; Michael Attaleiates, *Historia*, ed., I. Bekker, Bonn, 1853, p.47.

(47) Sathas, *op. cit.*, p.163. 同じくコンスタンティノス八世の娘で女帝となったゾエも聖使徒教会ではなく、みずから設立した修道院に葬られた。表参照。Cf. Tinnefeld, op. cit., p.227.

(48) 根津由喜夫「イサキオス一世とコンスタンティノス十世の治世をめぐって」(『史林』八〇巻五号、一九九七年)二三～二五頁。

(49) Janin, *op. cit.*, p.372-373.

(50) *Attaleiates*, p.92; cf. *Ioannis Schylizes continuatus*, ed. E. T. Tsolakes, Thessalonica, 1968, p.118.

(51) *Niketae Choniatae Historia*, ed., J.-L. van Dieten, vol. 1, Berlin, 1975, p.8.

(52) Grierson, op. cit., p.29; Karlin-Hayter, op. cit., pp.118-120; Tinnefeld, op. cit., p.221.

(53) 井上浩一「遺言状からみた十一世紀ビザンツ貴族のイエ」(前川和也編『家族・世帯・家門――工業化以前の世界から――』ミネルヴァ書房、一九九三年)九六～一二四頁。

(54) H. G.-Ahrweiler, ”Recherches sur la société byzantine au XIe siècle: Nouvelles hiérarchies et nouvelles solidalités,” *Travaux et Mémoires*, 6, 1976, pp.99-124.

(55) スタウラキオス(在位八一一年)の場合も、クーデターによって修道院に入れられたものと考えるべきであろう。

Theophanes, *Chronographia*, ed., de Boor, 2 vols, Leipzig, 1883-85, vol. 1, p.493.

(56) Sathas, *op. cit.*, p.186.

(57) *Niketae Choniatae Historia*, vol. 1, pp.221-222; Reinsch, op. cit., p.62.

(58) 皇帝が公式に苗字を名乗り始めるのがまさに十一世紀の半ばである。井上浩一「十一世紀ビザンツ帝国におけるイエの成長と国家構造の転換」(『人文研究』五三巻第二分冊、二〇〇一年)三三～五四頁。

(59) 一一世紀の地方貴族ケカウメノスの発言。彼はまた「皇帝の奴隷」ではなく「友人」たれと説く。G. G. Litavrin, *Soviety i Racckazy Kekavmena*, Moscva, 1972, pp.274, 298.

(60) *Zonaras*, op. cit., pp.764-765. Cf. Karlin-Hayter, op. cit., pp.120-121. なお、Reinsch, op. cit., pp.261-263は、アレクシオス一世の死が皇帝ではなく私人の死として描かれていることを強調している。

(61) *Pseudo-Kodinus*, *Traité des offices*, ed., J. Verspeaux, Paris, 1966, p.284; cf. Tinnefeld, op. cit., p.224.

(62) さしあたり、P. Magdalino (ed.), *New Constantine* に収められた諸論文を参照。

君主記念の施設——日仏比較史の試み——

江川　溫

はじめに

パリのサン・ドニ修道院のフランス王の墓所の王墓群は、現在では王の遺体を収納してはいない。しかしかつて墓棺の蓋であった板石の上についている横臥像は、死者の臨在を強く感じさせる。こうした墓は多くの日本人には異様な印象を与えるであろう。三〇年以上前に、西洋中世史研究者の鯖田豊之は、上記の印象から出発して一冊の書物を書いた。[1]これは肉食という慣習を出発点とする壮大な西欧文明論で、部分的には西欧と日本の権力者の墓の比較も試みられている。しかし論理的には多くの弱点を持っている。また墓のありかたをもっぱら葬られる王や王族の心性のレベルから説明している点に問題がある。つまりサン・ドニの王の墓が、権力のモニュマンとして政治的なメッセージを発するように整備されたものであることを、十分考慮していないのである。

私は数年前からサン・ドニにおける王墓の発展について調べ、その一部を論文としている。[2]もちろんフランスの国王の死をとりまくさまざまな問題については、さらに調べなければならないことが残っている。しかしここではやや大胆な問題提起を試みる。すなわちフランス中世・近世の国王の墓ないし記念物と日本の中世・近世の政治的支配者の同種のものの歴史的変化を比較し、そこから二つの文化における権力者の死後記念について、共通性と異質性を取り出すことである。

私が日本とフランスおよび西欧の権力者の記念について見いだしている近似性とは次のようなものである。都出比呂志は王陵の比較史的考察の中で、古代の神聖王権が一般の死者の墓とは隔絶した巨大墓としての王陵を築くのに対し、王を越える宗教的権威が確立した社会ではそうしたものが築かれない、としている[3]。そこでは神聖王権が成り立たないので、王の墓といえども、規模や材質はともかくとして、一般の死者のそれと本質的には変わらないものとなるからである。都出はこのような王の墓として、ヨーロッパ世界におけるキリスト教聖堂内の王墓、日本における仏教寺院内の天皇の墓およびその他権力者の墓を例に挙げる。そして日本についてこうしたレベルを越える例外的な王陵として、日光東照宮を挙げている。

しかし権力者の墓に含まれる記念物ないし記念施設としての機能に注目するならば、事態はもう少し複雑であるように思える。西欧世界では一二世紀ごろから、王を含む有力者の墓は、しだいに一般人の墓とは異なる記念物としての性格を帯びるようになる。フランスの場合は大多数の王墓がひとつの修道院に集中していくが、これが展示品として整備されることで、王朝のモニュマンとなっていく。こうした王墓が民衆を含む参観者を意識しながら整備されたものであることについては、後でやや詳しく説明する。ところが、このように墓が過去の権力者を公衆の目に見える形で記念する役割をになうという事態は、一六世紀半ばでほぼ終わり、市街地に設置される王の彫像がこの役割を引き継ぐ。

他方で日本では、一六、一七世紀になっても天皇の墓には大きな変化はない。しかし一六世紀に大名の割拠を克服して国家統一を成し遂げた武将、あるいはそれに従って一地方の支配権を獲得した武将（以後、武家諸侯と総称する）たちの何人かは、これまでの権力者の墓に比べてはるかに記念施設としての性格が強い墓、あるいは神社を与えられることになるのであって、それは家康に限らない。これらの記念施設は上記の武将たちを神、あるいは特別の死者とすることで、彼の子孫である支配者たちの正統性を、武士たちのみならず民衆にも印象づけるものだった。

私は都出の命題を引き継いで、次のような命題を提起したいと考える。ひとたび王権を越える宗教的権威が確立した社会で、王権その他の権力がしだいに統治権力として強化されていく時、当初は墓を活用する形で、次いで墓から独立した権力者の記念物ないし記念施設が発展する、しかしこのプロセスはそれぞれの文化圏の宗教のありかた、死者のイメージ、権力のイメージに束縛され、独自の形をとる、と。以下、フランスと日本のプロセスを概観し、ついでこの二つのプロセスに共通する要素、相互に異なる要素について検討することとする。

一　フランスにおける王の墓と記念物

クローヴィスがキリスト教に改宗して以来、フランク王国の王たちは例外なくキリスト教聖堂内に埋葬されるようになった(4)。しかし墓所となった聖堂は多数存在し、パリのサン・ドニ修道院聖堂もそのひとつに過ぎない。フランク王国からフランスが分立し、カペー朝の時代になって初めて、サン・ドニ修道院はほぼ王墓の独占に成功した。ユーグ・カペーが即位した九八七年からカペー朝直系が途切れる一三二八年までの間に一四人の王が没したが、サン・ドニ修道院以外の場所に葬られた王は二人だけである。しかも一三世紀には二人の王が遠方で没したが、遺体から内臓を取り除くなどの処置をしてサン・ドニ修道院に持ち帰っており、この墓所への執着の強さは明らかである。ただし、心臓や内臓を別の聖堂に埋葬する事例は存在する。

ところで一三二八年までに限ると、王妃は散発的にしかサン・ドニに葬られておらず、また王子も例外的である。これについて多くの研究者は、塗油を受けた王の身体が特別の聖性を認められていたから、あるいは聖ドニがすぐれて国王の守護聖人であるから、といった説明をしている。そういう観念の影響は否定できないであろうが、私の見るところ、一番大きな理由は、《ad sanctos》ということばに込められた観念、つまり聖人の救霊の力はその墓に近接した部分で最も強く働くので、できるだけ聖人の墓に近く葬ることが望ましいという観念であろう。聖ドニの墓に近接した聖堂内陣の地下スペースは、すでに多数の王たちの墓棺で混雑していた。王をこの聖なる場所に葬り続けるためには、王以外の人間の埋葬を控えるしかなかったと考えられる。

ところで西欧中世における有力者の墓はどのようなものだったのであろうか。一二世紀ごろまでは、遺体は石棺に納めて聖堂の床下に埋葬するのが一般的である。被葬者を特定する印としては、棺蓋となる板石に名前が刻まれるのがせいぜいであった。しかし一一世紀から、散発的ではあるが、司教や修道院長の遺体を横臥像と呼ばれる彫刻付きの墓棺に入れて室内に安置する事例がでてくる。横臥像は被葬者の横たわった姿の像で、最初はレリーフ様のものだったが、しだいに立体的な彫像となっていく。一二世紀末からは、王や王妃の遺体でも横臥像付き墓棺に入れて聖堂内に安置する事例が出てくる。これはおそらく西欧キリスト教世界で君主の像が公の場に設置される最初の契機となった。そして一三世紀になると、過去に床下埋葬された王についても、横臥像付きの棺を新調して聖堂内に改葬する事例がでてくる。たとえばクローヴィス一世が埋葬されたパリのサン・ザポトル聖堂を引き継いでいたサント・ジュヌヴィエーヴ修道院では、彼の墓棺を新たに作成し、展示した。

フィリップ・アリエスはこうした変化に、墓棺に個人のアイデンティティを明示しようとする意識を読みとった[5]。彼によれば、こうした墓は西欧人が「己の死」を自覚するプロセスの始まりである。しかし、王の墓についてはそれ特有の広告機能を考えなければならない。多くの場合、横臥像付き王墓は遺体を保有する教会団体のイニシアティヴによって作成されたものと推定される。横臥像は復活の日の肉体のイメージであって、過去の王がこの場所で復活の日を待っているというメッセージを与え、参観者である公衆の歴史的想像力をかき立てる。そしてこの教会団体と被葬者である王との特殊な結びつきを公衆に誇示するのである。

以上述べたことはサン・ドニについてもそのまま当てはまる。一二世紀前半のルイ六世はまだサン・ドニの床下に埋葬されている。過去の王たちの墓棺で混み合っている祭壇近辺の地下で、彼の埋葬場所を見つけるのに苦労したことを、サン・ドニ修道院長のシュジェールが書き残している。(6) 一三世紀前半になって初めて、像をともなう棺の堂内展示が始まった。まずフィリップ・オギュストのために青銅製の横臥像付きの墓棺が作られ、堂内に展示された。他方では遠い過去の王のうち、修道院に大きな貢献をしたと見なされたシャルル禿頭王のために、その立像をレリーフで刻んだ青銅の墓碑板が作られ、地下の棺の直上の床に、あたかも棺蓋のように台付きで設置された。彼は皇帝でもあったので、皇帝特有の衣装を付けた姿で刻まれている。そして世紀の半ばごろ、修道院の創設者であるダゴベール一世のために、厨子型の装飾をつけた棺が堂内に作られて改葬がなされた。

しかし、一二六三年、六四年の王墓整備ははるかに大規模なものだった。これは聖王ルイとサン・ドニ修道院の協力で行われたと考えられる。まず過去にサン・ドニに葬られたとされた一六人の王・王妃について横臥像付きの墓棺を新調し、地下の墓棺からの改葬を行った。またこれらの新しい一六の墓棺を内陣の床に一定のプランにしたがって配置した。主祭壇および三位一体祭壇の南側にはメロヴィング、カロリング朝の王と王妃の棺を並べ、北側にはカペー朝の先祖であるロベール家とカペー朝の王、王妃の棺を並べた。そして両祭壇の中間に、フィリップ・オギュスト、その子ルイ八世、ルイ八世の子である聖ルイの墓棺が、南北の棺列の橋渡しをするように並ぶことになっていた。

このプランは、ひとつには「王権のカロリング系統への復帰」という主張、つまりフィリップ・オギュスト以降のカペー朝が、女性を介してカロリング朝の血統も引いており、新しいカロリング朝でもあるという主張を背景にしている。またフィリップ・オギュストおよびルイ八世の棺が金属の蓋に覆われ、その西方の延長線上にシャルル禿頭王・皇帝の青銅の墓碑板が配されているところに、以後のフランス国王が皇帝の位格を帯びるという自己主張も読みとれるだろう。いずれにせよ、王の男系血統の連続、墓所の固定に加え、横臥像付きの棺列の配置によって、カペー朝は西ヨーロッパで最初に王朝というものを眼に見える形で提示することに成功したのである。

サン・ドニの王墓を見る公衆の存在はどのように確認できるだろうか。サン・ドニの修道士ギヨーム・ド・ナンジは、一二八五年にラテン語でフランス諸王の略伝を執筆したが、後にこれのフランス語版を作成し、その序文で執筆理由を明示している。修道院聖堂を訪れる多くの人びとが、高貴な人びとも含めて、修道院に葬られた王たちの生まれや事績を知りたがるからだ、と。(7) このフランス語版は現在も二四の写本が残っており、おそらくサン・ドニで王墓の参観者に貸与される解説書として用意されたものと推定される。

しかし人が集まるという点では、一二七一年に作られた聖王ルイの墓棺は特別だった。この墓棺は最初は横臥像すらなく、石の蓋に銘文を刻んだだけのものだったが、病人、障害者、乞食などが群れをなして彼の墓に殺到し、棺の上の埃をとろうとし、あるいは石を削り取ろうとしたとしたので、木の柵を設けねばならないほどだった。(8) やがて貴金属製の横臥像付きの蓋がこれに被せられた。聖王ルイの奇蹟を期待して集まった群衆が、他の王の墓棺にどれほどの興味を示したかどうかはわからない。しかしサン・ドニの墓所に貴族から民衆まで、多様な人びとが集まっていたことは、以上の証拠から確認できる。

一四世紀に入ると、王妃や王子、王女などの墓棺がサン・ドニに置かれる事例が増大してくる。また国王に仕えて功績があったと認められる人物の墓棺を置く事例も現れる。コレット・ボーヌの言葉を借りれば、サン・ドニは「英雄のパンテオンにして王の血族の菩提所」となったのである。(9) しかしすでに内陣は過去の王の墓棺で満ちており、急増する墓棺を受け入れることはできなかった。シャルル五世時代の一三七三年からは、聖堂の南側に位置するサン・ジャン・バティスト祭室があらたな墓所となった。

なぜ、サン・ドニはこのように王族、功臣に門戸を拡げたのだろうか。ボーヌは聖性の拡大を想定する。つまり王個人が塗油によって聖化された状況に続いて、王族全体が聖化される状況がやってきたのだというのである[10]。しかしこれでは功臣の墓の存在は説明できない。私はむしろアラン・ブローとともに、社会全体の世俗化の中で、王個人を普通の人間と見なす感覚が強まって行くと考えている[11]。一六世紀の死後の肉体をリアルに表現するトランシ像が示唆しているのは、王といえども通常の人間として死ななければならないということであって、ブローの説明に適合的である。この考えを前提とすると、王墓を家族や功臣のそれとともに置くことは、王墓を参観に来る公衆に、家族と愛で結ばれた王、功臣を家族のように愛する王のイメージを与え、いわば自分と等価の人間として王に好意と共感を抱かせることを狙いとしているのではないかと想像できる。

一六世紀前半には、王・王妃の生前の姿と死後間もなくの姿（トランシ像）を対比し、彼らの栄光と悲惨を物語るような大規模な王墓が作られた。しかしこのように肥大した王墓・王族墓は突然見捨てられた。アンリ四世については彫像付きの墓の計画はあったが、実現しなかった。ブルボン朝の時代には、君主の遺体を入れた簡素な鉛と木の棺がサン・ドニの地下祭室に並べられただけである。それは一般の参観者を引きつけるようなものではなかったし、おそらく地下祭室には彼らは入れなかったのであろう。王墓と公衆は、いわば切り離された。

しかし、この時期には王について別種の彫像による記念物がすでに登場していた。それは市街地に置かれた彫像、とりわけ騎馬像である。この起源はイタリアにある。ここでは一四世紀から、君主や貴族の墓に横臥像の他に騎馬像を付し、しかも公的空間に提示する例が出現する。たとえば一三三〇年代に制作されたとおぼしきヴェローナの統治家系であるスカリジェッリ家のカングランデ（一三二九年没）の墓は、同市サンタ・マリア・アンティカ聖堂の外壁に接して天蓋を備えた廟として作られた。棺の上には横臥像があるが、天蓋の上には塔が立ち、その頂点にカングランデの騎馬像が付されていた[12]。他方で一五世紀には傭兵隊長の青銅製騎馬像が、聖堂から独立して市街地の中に単独で建てられるようになった。それとともに墓との結びつきは失われていく。一四五三年にドナテッロが制作し、パドヴァに設置された傭兵隊長ガッタメラータの像は、墓の体裁をとっているが、それは装飾に過ぎない。[13] しかし都市君主の本格的な青銅製騎馬像が市街地に建てられるのは、一六世紀も末になってからである。

フランスの王権について言えば、一四世紀初にフィリップ四世の墓がサン・ドニの他にパリのノートルダム聖堂に作られた時、その上部に木心、銅張りの騎馬像が付されたが、これは例外的である。[14] 一六世紀になって、青銅製の国王騎馬像を市街地に建てる計画が出現する。こうした計画はフランソワ一世、アンリ二世の時にもあったが、最初に実現したのはアンリ四世の騎馬像で、一六一四年にパリのポン・ヌフに置かれた。この像は王の生前から計画されたが、実現は王の死後になってしまった。ルイ一三世の像は一六三九年にパリの国王広場（現在のヴォージュ広場）に設置された。そしてルイ一四世の治世には王の騎馬像がパリに二つ、それ以外の四つの大都市にひとつずつ出現する。

騎馬像は基本的にその時期に統治している王を顕彰するために作られたもので、墓のように過去の王を記念するために作られるわけではない。しかし、王が死んでも取り壊すわけではないので、時間が経てば過去の王を記念するモニュマンにもなっていく。そして騎馬像は王の力と権威を強調するとともに、アレゴリーとしての意味を帯びたレリーフ、装飾、台座に刻まれた銘文で、王権イデオロギーを墓よりも直接に表現できた。しかも、王の肉体を一部でも収蔵しなければならない墓と異なり、騎馬像は数や立地に制約がないという有利さを持っていた。それゆえ、騎馬像は王権の宣伝・記念のための媒介物（メディア）として、一七世紀以降王墓に取って代わることになった。

二　日本における天皇および武家諸侯の墓と記念施設

ここでは筆者なりに日本の史実を整理する。まず天皇の墓についていえば、七世紀後半から八世紀初めにかけて仏教国家の体制が整うとともに、天皇のための大規模古墳は終わりを告げる。九世紀からは大多数の天皇は火葬されるようになった。一一世紀からは郊外で火葬され、寺院境内に埋骨されることが一般的となる。(15) この場合、この二カ所がともに陵と称される。陵の工作物は石塔に限られた。現在、陵の大多数は樹木で石塔を囲んでおり、玉垣などが巡らされているが、こうした整備が行われたのは元禄期から近代にかけてであり、もとは石塔が孤立していたと考えられる。

一二世紀から一六世紀にかけては、埋骨所における石塔の建立も省略される場合が多くなった。骨は法華堂や塔の下に埋められるのである。たとえば深草の法華堂には一三世紀から一六世紀の一二人の天皇の遺骨が納められていた。この堂は一六世紀の初めには荒廃していたようで、一七世紀初めになってようやく再建された。他方で一四世紀後半から泉涌寺が通常の火葬の場となっていった。江戸時代には泉涌寺が天皇の排他的な菩提所としての地位を確立するが、火葬に代わって土葬が行われるようになり、寺の境内である東部の山麓に九重の石塔を備えた陵墓群が作られた。

都出が指摘するように、九世紀以降の天皇の陵は、臣下にその権威を見せつけ、あるいは記憶を大々的に喚起するような外見を備えていない。石塔の建立が省略された場合はなおさらである。

天皇陵がいたって簡素なものとなったことは、九世紀以降の天皇制に特有の退位制度と対応していると思われる。天皇の地位に就く個々人にとって、その地位に伴う権威は一時的に預かるものに過ぎなかった。天皇在位のまま死ぬ人物は例外的な存在で、大多数は生きているうちに天皇の位を他の人物に譲り渡して上皇となっている。

さらに相当数の元天皇は仏教僧となり、その地位のまま死んだ。天皇の地位を経験した個人の肉体と、代々受け継がれる天皇の権威とは、通常はその個人の生前にすでに遮断されていたのである。E・カントロヴィチは主著『王の二つの身体』で、西欧について、中世後期に王の生身の肉体と王権の区別がどのように生じてきたかを詳しく論じているが、[16] この区別は日本の天皇について言えば、古くから自明のことだったように思われる。退位した先祖が簡素な陵に甘んじているとすれば、それは、在位のまま没した天皇についても陵のありかたを抑制することになろう。

しかし、九世紀以降の天皇陵も、過去の天皇の記憶を公に喚起するための媒体としての機能を失ったわけではない。たとえば七世紀の後半から一五世紀まで、朝廷から天皇陵に対する奉幣や使節派遣が行われている。[17] 田中聡によれば、とりわけ重要であるのはさまざまな機会に行われる臨時奉幣や告文使派遣、参拝であり、そうした儀礼の対象となる陵は状況に応じて多様である。しかし、その中で九世紀以降では、天智や桓武を起点として数代の天皇の陵を対象とするパターンと、直近の先祖の陵を対象とするパターンが目立ってくるという。天智、桓武は当時の天皇たちにとっていわば家門の始祖であり、その陵は朝廷にとって特別の意味を持っていたようであるが、桓武以降の天皇の陵も、時として人々の注目を集めたわけである。

次に一二世紀以降、武家の頂点に立った支配者の場合を検討する。鎌倉幕府の将軍、北条家の執権、室町幕府の将軍たちはいずれも寺院に葬られている。源頼朝は法華堂という礼拝堂の堂内に葬られたが、他の支配者たちはほとんどが寺院境内に埋葬され、石塔墓を与えられている。ただし石塔はいずれも小規模で簡素なものである。彼らの墓所のある寺院では死後の供養が定期的に行われ、家臣が参列した。室町幕府の将軍の場合、多数の公家も出席する盛大な法事が営まれたようである。[18] ただ墓参については具体的なことはよくわからない。戦国大名の墓もほとんどが寺院境内の石塔墓である。

一六世紀の武家諸侯の記念施設はこの面でひとつの転機であった。まず織田信長は生前から自分を神として崇拝させる構想を練っていたという説がある。具体的には一五八二年に安土山に総見寺という寺を建てさせ、自己の神体としてボンサンと呼ばれる石を置いて、彼の誕生日に人々に礼拝させたというのである。これはフロイスの『日本史』および『イエズス会日本年報』を根拠とするが[19]、多分に宣教師たちの解釈が入った叙述であって、そのまま史実とすることには疑問がある[20]。私は信長が安土城や安土山の鎮護のために神仏習合の宗教施設をおき、それへの参拝を働きかけたというのが実状であろうと推定する。おそらく宣教師たちはこの振舞いに失望し、『ダニエル書』のネブガドネザル王叙述になぞらえて、信長を傲慢の悪徳に陥って神罰を受ける君主として描いたのであろう。

もちろん信長の支配体制が継続し、彼が自分の死後の記念について構想をめぐらすゆとりがあれば、おそらくそれまでの伝統と相当に隔絶した墓ないし施設が考慮されたと思われる。そしてその際に、この総見寺の神体を信長自身と観念させるような設定がとりこまれる可能性は、大いにあり得た。しかし彼にはそうした構想の時間は与えられなかった。現実には大徳寺総見院にやや大きめの石塔が、その他二・三の仏教寺院に供養塔が建てられたに過ぎない。

秀吉は生前から京都の東山に自らのために神仏習合の祭祀空間を形成することを意図していた[21]。仏教施設としては、生前すでに方広寺大仏殿を建築していた。また神道の神として祀られることを望み、それを可能とする吉田神道に接近していた。一五九八年の死の翌年には、方広寺大仏殿の東側に豊国社の社殿が完成し、その時点で朝廷から豊国大明神の称号が贈られた。彼の遺骸は社殿の完成直前に豊国社の東にある阿弥陀ヶ峰の山頂に葬られ、石塔墓が建てられた。

こうして方広寺・豊国社は、秀吉の墓を包含する神仏習合の一大記念施設となった。家門の始祖を神格化し、その廟を神仏習合の施設とする例は、すでに藤原氏、足利氏にある。しかし秀吉は死後直ちに神となり、しかも豊臣氏の始祖神であるだけでなく、国家と臣民全体に幸福をもたらす神となったのである。さらに以前の始祖神たちの施設が都市を遠く離れた場所にあったのに対し、秀吉のそれは首都郊外の一角を占有するものだった。君主の記念物としてこれは革命的なものである。さらに、このこれらの施設を中心に京都の民衆に秀吉の記憶を浸透させる祭礼、つまり豊国廟の祭礼が組織された。一六〇四年、つまり秀吉の七回忌に行われた祭礼の様子は「豊国祭礼図」に残されている。(22) それによれば境内では猿楽などの芸能が行われ、また方広寺周辺では京都の各町組によって豊国踊りが行われた。

しかし豊臣氏滅亡とともに、秀吉を記念する祭礼は終わった。豊国社は方広寺の鎮守としてのみ存続を許され、本来の敷地では大部分の建築が撤去された。石塔墓や残存建物は破壊されなかったが、一切の維持は行われず、朽ちるに任せることになった。

次に家康は遺言により、久能山を墓所とすること、ただ日光山に神として分霊して祀ることを命じた。(23) 彼は実際に最初久能山に葬られ、東照大明神の神号を得て東照社という神社で祀られた。しかしその後、側近であった天海僧正の強い主張により、関東における修験道の聖地であった日光に中心的な記念施設を置くことが決まり、墓も日光に移転した。日光では三体の権現を長く崇敬してきたが、こうした伝統にのっとって家康も他の二体の権現を従える東照大権現という神格を与えられる。これも徳川家門の始祖神で国家の繁栄をもたらす神である。日光では輪王寺という仏教寺院と東照社が新たに組織され、これらと家康の廟が組み合わされて記念施設を構成することになる。東照社は後に「神宮」の呼称を得て日光東照宮となった。孫の家光は、日光東照宮の大造営を行うとともに、自らも東照宮敷地の中の大猷院という仏教的な廟に葬られた。

こうして完成した東照宮に、家光以後の将軍たちは少なくとも在位時一回は参詣の旅を行った。他の大名たちも徳川政権への忠誠心を示すために、将軍に随行して参詣した。また天皇は毎年奉幣使を送った。

小松和彦は、庶民に開かれた祝祭拠点としての豊国社と、徳川家の閉ざされた聖地としての日光東照宮のあり方を対比している。確かに日光東照宮は庶民には閉ざされた場所であった。しかし東照大権現への崇敬は、徳川家や大名に限られていたわけではない。神社という施設は、勧請という手続きを経て神の依る場を次々と増やすことができるという特徴を持っている。日光東照宮は家康の墓でもあるが、新たに形成される各地の東照宮は家康の墓ではなく、西欧カトリック世界における聖遺物の分与のような行為を必要としない純然たる記念物である。倉地克直によれば、江戸時代に全国で五五〇余りの東照宮が造営され、大きな城下町に置かれたものは民衆を含む多数の参拝者を集め、大規模な祭礼の拠点となった[24]。

なお家康の後継者の将軍たちは、家光を例外として江戸の寛永寺または増上寺に葬られ、多くの場合、門と社殿を備えた廟が作られた。将軍は過去の将軍の年忌にこれらの寺に参拝し、江戸滞在中の大名がこれに従った。

徳川将軍以外の大名にも、やや小規模ながら、公衆に開かれた空間に記念碑的な墓ないし記念施設を作る動きが見られる。まず近世初期に領国を獲得した有力大名の中には、その後継者たちから家門の始祖として崇敬を受け、大規模な墓や記念施設を与えられている者がいる。たとえば肥後の大名となった加藤清正の墓は熊本市内の本妙寺にあり、浄地廟と呼ばれているが、拝殿と本殿を備えた神社風の建物である。また加賀の前田利家の場合、墓そのものは簡素な石塔であるが、死後神として祀られた。徳川家をはばかって独立の神社を造ることはなかったが、城下町金沢の郊外の神社に八幡神とともに利家を祀っている[25]。これとは別に、幕藩体制下で保科正之のように吉田神道と接触を深め、死後神号を得て神社を与えられた大名もいる。

三　比較の試み

以上のように、一三世紀から一七世紀のフランスと一六世紀から一七世紀の日本では、死没した支配者の記念に関して、特別な墓、さらには墓から分離した記念物ないし記念施設の出現という、部分的には並行的な現象が見られた。ここではフランスと日本の事例比較から見えてくるそれぞれの記念の特質、またそれに関連する課題を挙げてみたい。

まず死没した君主を一般的な死者から取り出し、特別の扱いをする際に用いられるイデオロギーや信条の問題がある。日本では神道が大きな役割を演じた。それではフランスでは何が活用されたのであろうか。中世の西欧では一般的な死者と区別される特別な死者といえば聖人である。一三世紀における横臥像付きの墓棺からは、王を聖人に準ずる存在として扱っているような印象を受ける。これに対して一七世紀からの王の騎馬像は、王に古典古代の神のイメージを重ね合わせているように見える。これらはいずれも直感的印象であって、さらに検討する必要があるだろう。

次に君主の記念に用いられる像の問題がある。フランスの王の記念では常にその彫像が大きな役割を演じた。日本でも過去の支配者の像がないわけではない。足利家の将軍たちのためには木像が作られ、法事に用いられた。前田利家の場合は神像も造られた(26)。しかしこうした像は限られた用途に用いられ、公衆の面前に出ることはなかった。

この差異の説明は、非常に複雑なものにならざるを得ない。死後世界についての観念の違いが重要な要素であることは疑いないが、それと並んで、権力と権力者の肉体との関係という問題があることを指摘しておきたい。この時期のフランスの支配者は常にその肉体を公衆に見せ、自らの手で臣下に触れている。これに対して日本の権力者は安定的地位を得るにしたがって公衆から姿を隠し、臣下とも直接の接触を避けるように見える。一般に権力や権威は日本では眼に見えないもの、見えてはいけないものとされてきたが、それがこうした君主の記念にも及んでいると考えられる。

さらに重要な差異は次の点であろう。フランスでは歴代の国王がそれぞれの存在を公衆に印象づけることが必要と見なされていた。王朝の権威はもちろん活用されていたが、それは王一人一人のプロパガンダの土台に過ぎなかった。これに対し、日本では支配者家門の始祖の権威を公衆に印象づけることが決定的に重要であった。後継君主は、始祖のそれに比べてはるかに規模の小さい葬送と墓を望み、そのようになされるのが通例だった。ある神的な英雄が獲得した統治権は、それ以後は家系に伝えられる職責となるのであり、後継者たちは謙虚にその職責に応えるべきである、これが武家諸侯の墓と記念施設から導かれる日本近世の権力観である。

(1) 鯖田豊之『生と死の思想――文明史の旅から』朝日新聞社、一九七一年。
(2) 江川溫「中世フランス国王の墓所と墓」(江川溫・中村生雄編『死の文化誌　心性・習俗・社会』昭和堂、二〇〇二年)。
(3) 都出比呂志『王陵の考古学』岩波新書、二〇〇〇年、一三三頁、一五七〜一六〇頁。
(4) 以下本章の叙述全般については江川前掲論文参照。
(5) Philippe Ariès, *L'homme devant la mort*, 1977. 成瀬駒男訳『死を前にした人間』みすず書房、一九九〇年、一七五〜一五四頁。
(6) Suger, *Vie de Louis le Gros*, éd. et trad. par H. Waquet, 1964, p.84.
(7) Alain Erlande-Brandenburg, *Le roi est mort: étude sur les funérailles, les sépultures et les tombeaux des rois de France jusqu'à la fin de XIIIe siècle*, 1975, p.106.
(8) Ibid, p.166; Jacques Le Goff, Saint Louis, 1996. 岡崎敦・森本英夫・堀田郷弘訳『聖王ルイ』、二〇〇一年、一〇七二頁。
(9) Colette Beaune, *Naissance de la nation France*, 1985, p.122-123.

(10) Id., Les sanctuaires royales: De Saint-Denis à Saint-Michel et Saint-Léonard, *Les lieux de mémoire 1*, sous la directions de Pierre Nora, 1997, p.651.

(11) Alain Boureau, *Le simple corps du roi: impossibile sacralité des souverains français, XIVe-XVIIIe siècle*, 1988.

(12) Sergio Bertelli, *The King's Body: Sacred Rituals of Power in Medieval and Early Modern Europe.* (First Published in 1990 under the title *Il corpo del re: Sacralità del potere nell' Europa medievale e moderna.*), p.217.

(13) 鯖田前掲書、六五頁。

(14) 以下の叙述については、次の文献を参照。Michel Martin, *Les monuments équestres de Louis XIV: Une grande entreprise de propagande monarchique*, 1986, pp.28-45.

(15) 以下、天皇の葬方と陵形態の変遷については、羽中田岳夫「江戸時代における天皇陵と幕府・民衆」（日本史研究会・京都民科歴史部会編『「陵墓」からみた日本史』青木書店、一九九五年）一六三頁。

(16) Ernest H. Kantrowicz, *The King's Two Bodies: A Study in Medieval Political Theology*, 1957. 小林公訳『王の二つの身体』平凡社、一九九二年。

(17) 田中聡「「陵墓」にみる「天皇」の形成と変質——古代から中世へ」（前掲『「陵墓」からみた日本史』）一一七～一四二頁。

(18) 冨島義幸「等持寺仏殿と相国寺八講堂——顕密仏教空間としての評価について——」（『佛教藝術』二七三、二〇〇四年）。

(19) フロイス『日本史』五五章、松田毅一・川崎桃太訳、中央公論社、一九七八年、一三四～一三五頁。イエズス会『日本年報 上』村上直次郎訳、柳谷武夫編輯、雄松堂書店、一九六九年、二〇七～二〇八頁。

(20) 脇田修『織田信長』中公新書、一九八七年、一三八頁。

(21) 秀吉の墓と記念施設については、伊藤聡・遠藤潤・松尾恒一・森瑞枝著『日本史小百科 神道』東京堂出版、二〇〇二年、一一三、一一四頁、小松和彦『神になった人びと』淡交社、二〇〇一年、一四三～一五六頁。

(22) 京都国立博物館編『洛中洛外圖』角川書店、一九六六年、図版二〇、六一頁。

(23) 家康の墓と記念施設については、『日本史小百科 神道』前掲箇所・小松前掲書、一五七～一七〇頁。

(24) 倉地克直『近世の民衆と支配思想』柏書房、一九九六年、一九七～二一八頁。

(25) 金沢市史編纂委員会編『金沢市史』金沢市、一九九六年、七二七～七二八頁。

(26) 同右書同頁。

【付記】 これは、二〇〇四年一一月五日―七日にフランスのストラスブールで行われた「大阪大学フォーラム　日本、もうひとつの顔」で筆者が行った報告に、加筆修正したものである。

本稿のうち、日本に関する叙述については、本書の編者である笠谷和比古教授を始め、「公家と武家」共同研究会の日本史研究者たちの教示と示唆に多くを負っている。厚く感謝する次第である。

日文研共同研究「公家と武家―王権と儀礼の比較文明史的研究―」※共同研究会開催一覧

〔平成一二（二〇〇〇）〕

第一回

四月一四日（金）

共同研究会の運営方針　笠谷和比古

文化人類学における王権論　小松和彦

王権と儀礼のコスモロジー　石井紫郎

四月一五日（土）

ロシアと日本の国王比較論　A・メシェリャコフ

日本古代の女帝論　瀧浪貞子

西欧世界における王権と儀礼　江川溫

第二回

六月九日（金）

摂関時代の王権　朧谷寿

天皇と徳川将軍　笠谷和比古

六月一〇日（土）

王権と儀礼の諸相　村井康彦

中国皇帝論　平田茂樹

第三回

八月四日（金）

ビザンツ皇帝の凱旋式　井上浩一

八月五日（土）

奈良時代における王権と宮都　橋本義則

中世後期の天皇と芸能　川嶋将生

第四回

一〇月一三日（金）

中世門跡寺院における修法執行手続き　下坂守

清朝皇帝における対面接触の問題　谷井俊仁

一〇月一四日（土）

王権の肖像　黒田日出男

近世のヨーロッパと社会的規律化　坂口修平

第五回

一二月一日（金）

公家社会における婚姻儀礼　辻垣晃一

―婿取り婚から嫁取り婚へ―

王権と医師とイスラム　三木亘

冊封体制における朝鮮国権　平木實

―国名と印璽に関連して―

一二月二日（土）

王権の儀礼的起源と進化　平山朝治

ローマ帝政盛期の皇帝権力と儀礼　南川高志

〔平成一三年（二〇〇一）〕

第六回

一月二六日（金）

オスマン朝スルタンめぐるライフ・サイクル、年中行事と儀礼　鈴木　董

封禅史略考　竺沙雅章

第七回

四月一三日（金）

院政の政治構造―その権威と権力―　元木泰雄

護国御修法成立の思想的基盤　頼富本宏

四月一四日（土）

足利将軍と葬送儀礼　原田正俊

近世武士の儀礼と格式　磯田道史

第八回

六月二日（土）

王国の森―イングランドの森林法と狩猟―　川島昭夫

漢代の皇帝権　大庭　脩

第九回

八月三日（金）

遊牧の王権　松原正毅

近世における朝廷儀礼の復興　名和　修

八月四日（土）

唐宋時代における刑罰と皇帝権　辻　正博

『寛政重修諸家譜』データベースの概要　小野芳彦

琉球王権と仏教―正月儀礼を中心に―　津田順子

第一〇回

一〇月五日（金）

摂関盛期における天皇の葬送　朧谷　寿

狂言と権力―「媒介者」としての役割を中心に―　テモテ・カーン

一〇月六日（土）

中世王権の虚構と実像　谷口　昭

王都遊覧―北京・ヴェルサイユ・江戸―　渡辺　浩

第一一回

一二月七日（金）

室町期における禁裏小番　源城政好

騎馬文明の中日比較―その九つの問題―　蔣　立峰

中世フランス王国の墓所と墓　江川　溫

〔平成一四年（二〇〇二）〕

第一二回

一月二五日（金）

「父殺し」と天皇制―ホカート＝フロイト的観点から―　平山朝治

宋代宮廷の葬送　竺沙雅章

日本古代における立后儀礼　橋本義則

第一三回

四月五日(金)

共同研究総括および国際シンポジウム開催について　笠谷和比古

中世門跡寺院における修法　下坂守

イスラム世界におけるカリフ制　三木亘

四月六日(土)

室町将軍と芸能儀礼　川嶋將生

ドイツ中世の国王統治とコミュニケーション行為　服部良久

平等院の一切経会について　西山恵子

第一四回

六月一四日(金)

政治日記から見た中国宋代の政治構造　平田茂樹

ビザンツ皇帝の葬儀と墓所　井上浩一

六月一五日(土)

中国中世における皇帝権と律令　辻正博

武士道の定義の追求　アレクサンダー・ベネット

第一五回

八月三〇日(金)

王地山公園ささやま荘、青山歴史村にて合宿

八月三一日(土)

善導寺檀信徒会館にて合宿

(篠山市立青山歴史村・篠山藩青山家文書見学)

第一六回

一〇月四日(金)

王位継承と血縁集団の構造　官文娜

室町期の禁裏小番について　源城政好

一〇月五日(土)

年中行事に見る足利将軍と仏教諸宗派　原田正俊

福沢諭吉と武士的素養　竹村英二

第一七回

一二月六日(金)

オスマン朝君主の登場と退場のプロセス　鈴木董

皇帝の葬送儀礼　竺沙雅章

一二月七日(土)

一二六四、六五年、シモン・ド・モンフォールの議会　朝治敬三

摂関期天皇の葬送儀礼　朧谷寿

清朝皇帝における対面接触の問題　谷井俊仁

〔平成一五(二〇〇三)〕

第一八回

一月二四日(金)

成果報告論集『公家と武家』の執筆・作成スケジュール

三月開催の国際シンポジウムに関する打ち合わせ

古代天皇制をめぐる諸問題　村井康彦

キンスキー，ミヒャエル (Michael KINSKI)
1962年生．テュービンゲン大学にて博士号取得．ベルリン・フンボルト大学にて「教授資格」取得 (Habilitation)．ベルリン・フンボルト大学日本語・日本文化研究所教員・研究員．ツューリヒ大学東洋学研究所客員教授．*Knochen des Weges. Katayama Kenzan als Vertreter des eklektischen Konfuzianismus im Japan des 18. Jahrhunderts*, Otto Harrassowitz Verlag: Wiesbaden 1996.「礼は飲食に始まる―近世日本の作法書をめぐって」(『人文学報』第86号，京都大学人文科学研究所，2002年３月) "*Materia Medica* in Edo Period Japan. The Case of *Mummy,* Takai Ranzan's *Shokuji kai,* Part Two", *Japonica Humboldtiana* 9, Otto Harrassowitz Verlag 2005.

杉立義一 (すぎたつ　よしかず)
1923～2005年．京都大学医学専門部卒．京都府立医科大学研究科修了．産科医院開業の傍ら医学史を研究．『京都の医学史』(共著，思文閣出版，1980年)『医心方の伝来』『京の医史跡探訪 (増補版)』(ともに思文閣出版，1991年)『御産の歴史――縄文時代から現代まで』(集英社，2002年)

平木　實 (ひらき　まこと)
1938年生．天理大学外国語学部朝鮮学科卒．元天理大学国際文化学部教授．京都府立大学文学部講師 (非常勤)．『韓国通史』(翻訳，学生社，1976年)『朝鮮社会文化史研究』(国書刊行会，1987年)『朝鮮社会文化史研究Ⅱ』(阿吽社，2001年)『択里志』(平凡社東洋文庫，2006年)

大庭　脩 (おおば　おさむ)
1927～2002年．龍谷大学大学院東洋史学研究科修了．関西大学文学部教授，東西学術研究所長．大阪府立近つ飛鳥博物館長などを歴任．『江戸時代における唐船持渡書の研究』(関西大学東西学術研究所，1967年)『秦漢法制史の研究』(創文社，1982年)『江戸時代における中国文化受容の研究』(同朋舎出版，1984年)『漢簡研究』(同朋舎出版，1992年)

官　文娜 (Guan Wenna)
1953年生．京都大学大学院博士後期課程修了 (国史学)．立命館大学非常勤講師．武漢大学中国伝統文化研究センター客員教授．「氏族系譜における非出自系譜の性格」(大山喬平教授退官記念会編『日本社会の史的構造』古代・中世，思文閣出版，1997年)「中国の宗法制と宗族およびその研究の歴史と現状」(『立命館文学』557号，1998年)「日本古代社会における氏族系譜の形とその性格――中国の族譜との比較において」(『立命館文学』559号，1999年)『日中親族構造の比較研究』(思文閣出版，2005年)

谷井俊仁 (たにい　としひと)
1960年生．京都大学大学院文学研究科博士後期課程研究指導認定退学．三重大学人文学部教授．『中国法制史――基本資料の研究』(共著，東京大学出版会，1993年)「清朝官僚制における合理性」(『Historia Juris 比較法史研究』10，2002年)「一心一徳考」(『東洋史研究』63－4，2005年)

三木　亘 (みき　わたる)
1925年生．東京大学文学部史学科卒業 (西洋史学)．Village in Ottoman Egypt and Tokugawa Japan, ILCAA, 1976, Herb drugs and herbalists シリーズ (Middle East, 1979, Maghrib, 82, Turkey, 86, Pakistan, 86, Syria and North Yemen, 90) ILCAA.『世界史の第二ラウンドは可能か――イスラム世界の視点から』(平凡社，1998年)

井上浩一 (いのうえ　こういち)
1947年生．京都大学大学院文学研究科博士課程修了 (西洋史学)．大阪市立大学大学院文学研究科教授．『ビザンツ帝国』(岩波書店，1982年)『ビザンツ皇妃列伝』(筑摩書房，1996年)『ビザンツとスラヴ』(共著，中央公論社，1998年)

江川　溫 (えがわ　あつし)
1950年生．京都大学大学院文学研究科博士課程中退 (西洋史学)．大阪大学大学院文学研究科教授．『西洋中世史 (中) (下)』(共編著，ミネルヴァ書房，1995年)『岩波講座世界歴史８　ヨーロッパの成長』(共編著，岩波書店，1998年)『死の文化誌―心性・習俗・社会』(共編著，昭和堂，2002年)

執筆者一覧（収録順）

笠谷和比古（かさや　かずひこ）
1949年生．京都大学大学院文学研究科博士課程修了（国史学）．国際日本文化研究センター教授．『近世武家社会の政治構造』（吉川弘文館，1993年）『近世武家文書の研究』（法政大学出版局，1998年）『江戸御留守居役』（吉川弘文館，2000年）『関ヶ原合戦と近世の国制』（思文閣出版，2000年）

頼 富 本 宏（よりとみ　もとひろ）
1945年生．京都大学大学院文学研究科博士課程修了（仏教学）．種智院大学学長．『中国密教の研究』（大東出版社，1979年）『密教仏の研究』（法藏館，1988年）『曼荼羅の鑑賞基礎知識』（至文堂，1991年）

朧 谷　　寿（おぼろや　ひさし）
1939年生．同志社大学文学部文化史学専攻卒業．同志社女子大学現代社会学部教授．『藤原氏千年』（講談社，1996年）『源氏物語の風景』（吉川弘文館，1999年）『平安貴族と邸第』（吉川弘文館，2000年）

辻 垣 晃 一（つじがき　こういち）
1972年生．龍谷大学大学院文学研究科博士後期課程単位取得後依願退学（国史学）．京都府立東舞鶴高等学校浮島分校常勤講師．「鎌倉時代における密懐」（『中世公武権力の構造と展開』吉川弘文館，2001年）「嫁取婚の成立時期について――公家の場合――」（『比較家族史研究』第15号，2001年）「嫁取婚の成立時期について――武家の場合――」（『龍谷史壇』第117号，2001年）

平 山 朝 治（ひらやま　あさじ）
1958年生．東京大学大学院経済学研究科博士課程修了（経済思想）．筑波大学大学院人文社会学研究科助教授．『「日本らしさ」の地層学』（情況出版，1993年）『比較経済思想』（近代文芸社，1993年）『イエ社会と個人主義』（日本経済新聞社，1995年）

森田登代子（もりた　とよこ）
武庫川女子大学大学院博士後期課程修了．大阪樟蔭女子大学非常勤講師．『近世商家の儀礼と贈答』（岩田書院，2001年）「大雑書研究序説――『永代大雑書萬暦大成』の内容分析から」（日文研紀要『日本研究』第29集，2004年）「チベット文化圏の服飾文化について――とくに西チベット・インドヒマチャルプラディシュ州を中心に」（『マンダラの諸相と文化　下　胎蔵界の巻』法藏館，2005年）

マクマレン，ジェームス（James MCMULLEN）
1939年生．ケンブリッジ大学にて博士号取得．オックスフォード大学講師・ペンブロオクカレッジTEPCo フェロー．日本近世思想史専攻．『熊沢蕃山「源氏外伝」攷』(Ithaca Press, 1991); *Religion in Japan: Arrows to heaven and earth* (ed. with P.K. Kornicki; Cambridge University Press, 1996); *Idealism, protest and the Tale of Genji* (Oxford University Press, 1999).

武内恵美子（たけのうち　えみこ）
国立音楽大学音楽学部楽理科卒業．同大学大学院音楽研究科音楽学専攻修了．総合研究大学院大学文化科学研究科国際日本研究専攻修了．秋田大学教育文化学部助教授．『歌舞伎囃子方の楽師論的研究――近世上方を中心として――』（和泉書院，2006年）「上方歌舞伎データベースと統計分析による長唄の変遷と組織形態の解明」（『じんもんこんシンポジウム論文集』，情報処理学会，2004年）「近世上方演劇文化変容における下層劇団の歴史的役割――関蟬丸神社と説教讃語をめぐって――」（『日本研究』第25号，国際日本文化研究センター，2002年）他公家《くげ》と武家《ぶけ》Ⅲ――王権《おうけん》と儀礼《ぎれい》の比較文明史的考察《ひかくぶんめいしてきこうさつ》――

2006(平成18)年11月1日　発行

定価：本体7,800円(税別)

編　者　笠谷和比古

発行者　田 中 周 二

発行所　株式会社　思文閣出版

〒606-8203 京都市左京区田中関田町2-7

電話 075-751-1781(代表)

印　刷
製　本　株式会社図書印刷同朋舎

　ISBN4-7842-1322-8　C3021